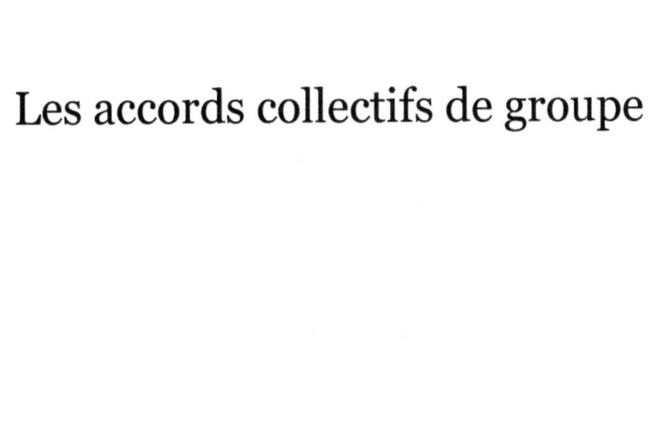

Les accords collectifs de groupe

Logiques Juridiques

Collection fondée par Gérard Marcou

Le droit n'est pas seulement un savoir, il est d'abord un ensemble de rapports et pratiques que l'on rencontre dans presque toutes les formes de sociétés. C'est pourquoi il a toujours donné lieu à la fois à une littérature de juristes professionnels, produisant le savoir juridique, et à une littérature sur le droit, produite par des philosophes, des sociologues ou des économistes notamment.

Parce que le domaine du droit s'étend sans cesse et rend de plus en plus souvent nécessaire le recours au savoir juridique spécialisé, même dans des matières où il n'avait jadis qu'une importance secondaire, les ouvrages juridiques à caractère professionnel ou pédagogique dominent l'édition, et ils tendent à réduire la recherche en droit à sa seule dimension positive. À l'inverse de cette tendance, la collection « Logiques juridiques » des éditions L'Harmattan est ouverte à toutes les approches du droit. Tout en publiant aussi des ouvrages à vocation professionnelle ou pédagogique, elle se fixe avant tout pour but de contribuer à la publication et à la diffusion des recherches en droit, ainsi qu'au dialogue scientifique sur le droit. Comme son nom l'indique, elle se veut plurielle.

Dernières parutions

Isabelle ALVAREZ, *Essai sur la notion d'exécution contractuelle*, 2017.
Abuhamoud ALSHIABANI, *La démocratie en droit international, Étude critique sur le statut juridique de la démocratie en droit interntional et la légitimité de l'imposer par la force,* 2017.
Vasiliki KALIMERI, *Le conseil de l'europe et les collectivités territoriales, contribution à l'étude de l'autonomie locale,* 2017.
Marjorie BRUSORIO AILLAUD, *La responsabilité civile des enseignants en cas d'accident scolaire,* 2017.
Gabriel ECKERT et Jean-Pierre KOVAR, *Les objectifs de la régulation économique et financière,* 2017.
Pierre-Alexis BLEVIN, *Les micro-États européens*, 2016.
Danièle AZÉBAZÉ LABARTHE, *Quelle nouvelle politique de l'énergie pour l'Union européenne ?,* 2016
Constance CASTRES SAINT-MARTIN, *Les conflits d'intérêts en arbitrage commercial international,* 2016.
Daphne AKOUMIANAKI, *Les rapports entre l'ordre juridique constitutionnel et les ordres juridiques européens. Analyse à partir du droit constitutionnel grec*, 2016.
Boris BARRAUD, *La Recherche juridique. Sciences et pensées du droit*, 2016.

Alexandra Théodoropoulos

Les accords collectifs de groupe

Préface de Gérard Vachet

5-7, rue de l'Ecole-Polytechnique, 75005 Paris

http://www.harmattan.fr

ISBN : 978-2-343-12269-4
EAN : 9782343122694

Je tiens à remercier les personnes qui ont, chacune à leur manière, participé à la réalisation de cette étude.

Monsieur le Professeur Gérard Vachet pour ses conseils avisés, sa confiance, son écoute et sa disponibilité.

Ma famille, pour son affection et son soutien inconditionnel,

Mes amis, pour leur présence bienveillante, leur patience et leur entrain.

Je tiens également à remercier les professeurs Paul-Henri Antonmattéi, Dominique Asquinazi-Bailleux, Gilles Auzero et Franck Petit, qui m'ont fait l'honneur de participer à mon jury de thèse, et dont les observations pertinentes ont apporté un nouvel éclairage à mes recherches.

PREFACE

Madame Alexandra Théodoropoulos a rédigé un remarquable travail sur les accords collectifs de groupe.

Reconnu comme niveau de négociation par la loi du 4 mai 2004, le groupe a vu son régime refondé par la loi du 8 août 2016 : négociation, représentativité, valeur et portée des accords.

440 accords de groupe ont été conclus en 2010, 781 en 2014. En outre, la négociation de groupe apparaît beaucoup plus qualitative que la négociation d'entreprise.

La créativité et l'innovation sociale se révèlent dans la négociation de groupe : on les mesure aux accords conclus sur l'emploi et la mobilité, l'égalité hommes-femmes, la diversité, le dialogue social ou la responsabilité sociale des entreprises.

Dix millions de salariés sont occupés dans des entreprises relevant de groupes de sociétés, de toutes tailles, qu'ils soient français ou étrangers. Le niveau du groupe est très souvent le lieu réel de la gouvernance, celui du partage du résultat économique et de la redistribution, celui de la mise en œuvre de politiques de l'emploi, de la protection sociale.

La loi du 8 août 2016 prévoit que toutes les négociations prévues au niveau de l'entreprise par la loi peuvent, par principe, être engagées, sous réserve de certaines adaptations, au niveau du groupe.

Un accord de méthode conclu au niveau du groupe peut disposer qu'une ou plusieurs des négociations obligatoires d'entreprise seront engagées au niveau du groupe, les obligations de négocier des entreprises en relevant étant présumées remplies sur le thème couvert par celui-ci. Les entreprises sont alors dispensées d'engager elles-mêmes des négociations sur ce thème. Les entreprises sont également dispensées d'engager une négociation obligatoire lorsqu'un accord portant sur le même thème a été conclu au niveau du groupe.

L'accord de groupe peut déroger à l'accord de branche sans que celui-ci le prévoie expressément. Il peut également se substituer aux accords d'entreprise ou d'établissement. Lorsqu'un accord conclu dans tout ou partie d'un groupe le prévoit expressément, ses stipulations peuvent prévaloir sur celles ayant le même objet des conventions ou accords conclus antérieurement ou postérieurement dans les entreprises ou les établissements compris dans le périmètre de cet accord. Un accord de groupe, même s'il est moins favorable aux salariés, pourra donc primer sur les accords d'entreprise ou d'établissement.

Madame Théodoropoulos a analysé le contenu de 135 accords de groupe, examiné l'articulation de ces accords avec les autres mesures applicables et étudié l'évolution du périmètre du groupe : entrée, sortie du groupe et ses conséquences sur l'application de ces accords.

Cette thèse remarquablement écrite, démontrant de grandes qualités juridiques a fait l'objet d'un prix prestigieux : le prix Voltaire dont le jury est composé d'universitaires éminents et de praticiens reconnus.

Elle sera d'une grande utilité pour tous les praticiens du droit social.

Gérard VACHET
Professeur émérite à l'Université
Lyon III Jean Moulin

Liste des abréviations

Abréviations du texte

AGEFIPH	Association de gestion du fonds pour l'insertion professionnelle des handicapés
ATC	assurance temps collective
BDES	base de données économiques et sociales
CCE	comité central d'entreprise
CDI	contrat à durée indéterminée
CERFA	Centre d'enregistrement et de révision des formulaires administratifs
CESU	chèque emploi service universel
CET	compte épargne-temps
CFDT	Confédération française démocratique du travail
CGPME	Confédération générale des petites et moyennes entreprises
CGT	Confédération générale du travail
DIF	droit individuel à la formation
DRH	Direction des ressources humaines
DSCN	délégué syndical central national
DSN	délégué syndical national
FO	Force ouvrière
GAE	gestion active de l'emploi
GPEC	gestion prévisionnelle des emplois et des compétences
IEG	industries électriques et gazières
INSEE	Institut national de la statistique et des études économiques
MEDEF	Mouvement des entreprises de France
OPCA	organismes paritaires collecteurs agréés
PDV	plan de départ volontaire
PEE	plan d'épargne entreprise
PEG	plan d'épargne groupe

PERCO	plan d'épargne pour la retraite collectif
PSE	plan de sauvegarde de l'emploi
RSE	responsabilité sociétale des entreprises
RSG	représentation syndicale de groupe
SNPE	Société nationale des poudres et des explosifs
UES	unité économique et sociale

Abréviations à caractère bibliographique

ANACT	Agence nationale pour l'amélioration des conditions de travail
Ass. Nat.	Assemblée Nationale
Ass. Plén.	Assemblée Plénière
BOI	bulletin officiel des impôts
C. com.	code de commerce
C. trav.	code du travail
C. trav. anc.	ancien code du travail
C.E.	Conseil d'État
C.G.I.	code général des impôts
C.U.F.	collection des universités de France
CA	cour d'appel
Cass.	Cour de cassation
CE	comité d'entreprise
CEREQ	centre d'études et de recherches sur les qualifications
Ch. Soc.	chambre sociale
Ch. Mixte	chambre mixte
CHSCT	comité d'hygiène, de sécurité et des conditions de travail
Cons. Const.	Conseil Constitutionnel
Coordin.	Coordination
CSS	code de la sécurité sociale
DARES	Direction de l'animation de la recherche, des études et des statistiques
DC	Décision

DGEFP	Direction générale du travail, de l'emploi et de la formation professionnelle
DGEFP-DRT	Délégation générale à l'emploi et à la formation professionnelle – Direction des relations du travail
DGT	Direction générale du travail
DIRECCTE	Direction régionale des entreprises, de la concurrence, de la consommation, du travail et de l'emploi
DILA	Direction de l'information légale et administrative
DSS	Direction de la sécurité sociale
DTE	Direction du travail et de l'emploi
EURACTA	European action on transnational company agreements
EVA	échelle visuelle analogique
Fond. IFRAP	Fondation pour la recherche sur les administrations et les politiques publiques
IRES	Institut de recherches économiques et sociales
JORF	journal officiel de la République Française
LGDJ	librairie générale de droit et de jurisprudence
MARS	mesure d'audience de la représentativité syndicale
OMS	Organisation mondiale de la Santé
PMSS	plafond mensuel de sécurité sociale
Pr.Univ. Rennes	presses universitaires de Rennes
RG	répertoire général
SDFSS	sous-direction du financement de la sécurité sociale
SRCV	statistiques sur les ressources et les conditions de vie

Abréviations des revues citées

Act. Jur. CFDT	action juridique CFDT
AJDA	actualité juridique du droit administratif
BMIS	bulletin Joly mensuel d'information des sociétés
Bull. Ch. Mixte	bulletin chambre mixte
Bull. Civ.	bulletin civil
Cah. DRH	les cahiers du DRH

Chr. Inter. IRES	Chroniques internationales de l'IRES
Chr. ouvr.	chronique ouvrière
CSBP	cahiers sociaux du barreau de Paris
D.	recueil Dalloz-Sirey
Doc. française	la documentation française
Dr. Ouv.	droit ouvrier
Dr. Patr.	droit patrimonial
Dr. Soc.	droit social
Gaz. Pal.	gazette du palais
JCP, E	juris-classeur périodique, édition entreprise et affaires
JCP, G	juris-classeur périodique, édition générale
JCP, S	juris-classeur périodique, édition sociale
JSL	jurisprudence sociale Lamy
Liais. Soc. Mag.	liaisons sociales magazine
Opt. Fin.	option finances
Petites Affiches	les petites affiches
RDSS	Revue de droit sanitaire et social
RDT	revue droit du travail
Rev. Lamy Dr. Aff.	revue Lamy droit des affaires
Rev. Proc. Coll.	revue des procédures collectives
Rev. Soc.	revue des sociétés
RFDA	revue française de droit administratif
RJS	revue de jurisprudence sociale
RPDS	revue pratique de droit social
RTD Com.	revue trimestrielle de droit commercial
Sem. Soc. Lamy	semaine sociale Lamy

SOMMAIRE

Introduction

1 Les entreprises ont toujours essayé de se concentrer et de se regrouper pour faciliter leur développement. Mais ces dernières décennies, les regroupements des sociétés ont connu un remarquable essor. Une prolifération, mais aussi une accélération sans doute induites par l'environnement économique mondialisé qui s'est imposé à partir des années 1980, environnement économique où la compétitivité devient nécessité. Les réalités des groupes de sociétés sont diverses, complexes, et connaissent des mutations rapides bousculant les règles légales et conventionnelles des entreprises.

Les groupes de sociétés, réalités économiques nées de la pratique, mais ne bénéficiant pas de la personnalité juridique, questionnent le régime juridique des entreprises ainsi que celui des relations sociales. D'abord envisagé comme un regroupement de sites industriels, ce modèle économique s'est progressivement déployé dans l'ensemble des secteurs d'activité. Au 1er juillet 2008, l'INSEE recensait en France 40.700 groupes de sociétés, employant plus de 8,5 millions de salariés, soit environ 58 % des salariés du territoire[1]. Les groupes de sociétés sont donc devenus en peu de temps des acteurs incontournables de la vie économique du pays. Législateur et praticiens du droit ont dégagé un certain nombre de règles sans toutefois réussir à fixer une définition du groupe de sociétés.

2 La notion de groupe demeure parfaitement abstraite, malgré les divers systèmes de classifications proposés par la doctrine pour conceptualiser le phénomène[2]. Qu'ils soient basés sur les structures utilisées, la nature des liens unissant les entreprises qui le composent, ou les objectifs poursuivis par le groupe, aucun de ces systèmes de classification ne parvient à appréhender l'infinie variété des réalités économiques rassemblées derrière la seule notion de groupe. Il a pu être soutenu qu'il y a autant de formes de groupes qu'il existe d'ensembles groupés[3].

Il a cependant pu être observé « un abandon progressif du mode d'organisation pyramidal et fortement hiérarchisé » au profit de la « montée en puissance de nouveaux schémas organisationnels fondés sur une

---

1 INSEE, « Images économiques des entreprises et des groupes au 1er janvier 2008 », *Insee Résultats*, n° 46 Économie, avril 2010.

2 CHAMPAUD (C.), « Les méthodes de groupement des sociétés », *RTD Com.*, 1967, p. 1005.

3 MORIN (C.), *Le groupe de sociétés au regard du droit social*, Thèse en droit, Université de Toulon, 2000, 518 p.

décentralisation des activités opérationnelles »[4]. Les groupes de sociétés tendent désormais à s'organiser sur deux niveaux : la société-mère, qui prend les décisions, et les filiales qui les appliquent. Dans le même temps, l'intégration conventionnelle de sociétés aux groupes s'est développée, ce qui suppose une réelle volonté d'adhésion à l'objet social du groupe, et non plus une contrainte liée à l'existence d'une détention capitalistique.

Une définition générique du groupe de sociétés a pu être proposée compte tenu de ces problématiques : une entité économique dépourvue de la personnalité morale, composée d'une société dominante dirigeant et contrôlant d'une manière effective et permanente ses filiales et sous-filiales, qui peut englober des sociétés juridiquement distinctes ayant une même direction et présentant une communauté d'intérêts, et qui peut enfin résulter de la collaboration de plusieurs sociétés, sur une base contractuelle, ayant abouti à une intégration de ces relations contractuelles et à une cohésion économique totale[5]. Il y a fort à parier que la pratique dégagera encore de nouvelles structures de groupes de sociétés, au fur et à mesure de l'évolution des contraintes légales et des stratégies de ces ensembles.

3 Du point de vue légal, la notion de groupe est appréhendée de diverses manières, selon l'objectif recherché. Pour la mise en place d'une convention d'intégration fiscale, le groupe s'entend de l'ensemble composé par la société-mère et les sociétés dont elle détient, directement ou indirectement, 95 % au moins du capital de manière continue au cours d'un exercice[6]. Pour la mise en place d'un comité de groupe, le groupe s'entend de l'entreprise dominante, des entreprises qu'elle contrôle, et des entreprises sur lesquelles elle exerce une influence dominante. Il n'existe donc pas de définition unique des groupes de sociétés, pas plus qu'il n'existe d'ailleurs un droit des groupes de sociétés. Les groupes de sociétés n'ont pas non plus la personnalité juridique. Le législateur n'est jusqu'ici intervenu que par touches successives, pour la reconnaissance de droits particuliers, sans jamais s'engager dans une approche globale du droit des groupes.

Ce constat est d'autant plus flagrant en droit social : alors que le groupe s'entend des entreprises comprises dans le périmètre de consolidation s'agissant du droit d'accès de l'expert-comptable du comité de groupe aux informations relatives aux filiales du groupe[7], il peut également comporter, pour la mise en œuvre de l'obligation de reclassement en cas de licenciement

---

4 GILLY (J.-P.) (dir.), *L'europe industrielle horizon 93*, Tome 1, Les groupes et l'intégration européenne, MORIN (F.), POTTIER (C.), TANDEAU (B.) *et al.*, Doc. française, 1991, 171 p.

5 ATTIA (T.), *La prise en compte des groupes de sociétés par le droit du travail*, Thèse en droit, Strasbourg : Université Robert Schuman, 1991, 791 p.

6 *C.G.I.*, art. 223 A et s.

7 Cass. Soc., 6 déc. 1994, n° 92-21437, *Bull. Civ.*, V, n° 327 p.223.

pour motif économique, des entreprises situées à l'étranger, dès lors que la permutation du personnel y est possible[8]. Le législateur et la jurisprudence ont ainsi rapidement intégré la notion de groupe dans certains aspects identifiés du droit social, comme la représentation du personnel[9] ou le licenciement pour motif économique[10], sans jamais retenir une conception unique du groupe de sociétés. Chaque droit identifié relève donc de sa propre définition du groupe. Plusieurs raisons peuvent le justifier. Outre la grande diversité de configurations structurelles regroupées sous l'appellation de groupes de sociétés, « une très grande instabilité caractérise la plupart des groupes qui évoluent sans cesse en s'adaptant à leur contexte, qui est celui du marché »[11]. Or « les modes d'appréhension légaux du groupe supposent une certaine stabilité ». La définition du groupe doit être suffisamment générale pour permettre d'anticiper ses modifications structurelles et d'organiser en conséquence l'application du dispositif légal. L'intervention du législateur quant à la consécration d'un régime juridique propre à ce modèle économique doit donc s'appuyer sur les acquis de l'expérience.

4 La reconnaissance légale du groupe comme acteur des relations collectives de travail est intervenue en plusieurs étapes. Le législateur a tout d'abord admis la possibilité de créer une instance de représentation du personnel spécifique au groupe, composée de représentants du personnel des entreprises qui le composent : le comité de groupe[12]. Il a par la suite consacré la possibilité de négocier et de conclure dans le cadre du groupe des accords relatifs à la participation des salariés aux résultats de l'entreprise[13], validant ainsi une pratique établie de longue date. Il a ensuite élargi le champ des accords de groupe à l'intéressement et à la mise en place de dispositifs d'épargne salariale[14].

Ce n'est qu'avec la loi du 4 mai 2004 qu'il a reconnu au groupe une compétence générale pour la négociation et la conclusion d'accords collectifs de groupe. Ce dispositif n'a lui-même fait qu'entériner la position prise à la même époque par la Cour de cassation sur cette problématique. Alors que la haute juridiction judiciaire avait admis dès 1994 la compétence

---

8 Cass. Soc., 5 mars 1996, n° 92-44246, *RJS*, 4/96, n° 432.

9 *C. trav.*, art L.2331-1 (comité de groupe).

10 Cass., Soc, 27 avril 2000, n° 98-42521 (reclassement dans le cadre du groupe).

11 VATINET (R.), « La pieuvre et l'Arlésienne », Groupes de sociétés et droit du travail, *Dr. Soc.*, 2010, p. 801.

12 *Loi relative à la négociation collective et au règlement des conflits collectifs du travail*, 13 nov. 1982, n° 82-957, *JORF*, 14 nov. 1982, p. 3414.

13 *Loi relative à l'amélioration de la participation des salariés dans l'entreprise*, 25 juil. 1994, n° 94-640, *JORF*, n° 172, 27 juil. 1994, p. 10832.

14 *Loi sur l'épargne salariale, 19 fév. 2001, n° 2001-152, JORF*, 20 fév. 2001, n°43, p. 2774 ; *C. trav. anc*, art. L.444-3.

du groupe pour négocier et conclure des accords collectifs dans son arrêt Mutuelles du Mans[15], elle a finalement reconnu le groupe comme un niveau spécifique de négociation et de conclusion d'accords collectifs, par son célèbre arrêt Axa du 30 avril 2003[16]. Il ne s'agissait là que du premier acte de la reconnaissance légale des accords de groupe. La loi du 20 août 2008 a par la suite précisé les conditions de la négociation et de la conclusion de ces accords au regard de la réforme de la représentativité des organisations syndicales et des conditions de validité des accords collectifs de travail. Enfin, la loi du 8 août 2016 a fixé le champ d'intervention et les effets des accords de groupe, en les plaçant au même niveau que les accords d'entreprise dans la hiérarchie des normes.

5 Si la négociation collective de groupe est aujourd'hui appréhendée juridiquement au plan national, elle n'a pas manqué de se développer bien au-delà des frontières, en fonction de l'implantation effective des entreprises des groupes. Dans un contexte de mondialisation et de concurrence exacerbées, certains thèmes de négociation se portent tout particulièrement au cadre transnational, et notamment celui des délocalisations, ou encore des thèmes fédérateurs tels que la santé et la sécurité au travail. Les groupes transnationaux sont aujourd'hui devenus des acteurs clés dans l'économie mondiale, qui sont en mesure de combler le « déficit de gouvernance entre les stratégies du capital de plus en plus globalisées et l'ancrage profondément territorial des travailleurs et des syndicats »[17]. Bien que constaté de longue date, le développement d'accords de groupe transnationaux intervient dans un contexte global tout à fait particulier.

Au niveau mondial, l'Organisation Internationale du Travail a pu mettre en évidence une évolution à la baisse du nombre de groupes sous l'effet des concentrations de capital, accompagnée d'une augmentation du nombre de leurs salariés, qui s'élève désormais à environ 200 millions. C'est donc bien au niveau du groupe, quel que soit son champ d'implantation géographique, qu'une harmonisation des conditions de travail et d'emploi des salariés peut être développée de la manière la plus efficace.

Au niveau européen, il faut observer que le droit de la négociation collective tend à se renforcer dans les pays du nord, alors qu'il est démantelé

---

[15] Cass. Soc., 29 juin 1994, *Mutuelles du Mans*, n° 91-18640, *Bull. Civ.*, 1994, V, n° 219, p. 149 ; *Dr. Soc.*, 2001, n° 5, p. 498, n. J. SAVATIER ; *JCP, G*, 1995, 3817, obs. P.-H. ANTONMATTÉI.

[16] Cass. Soc., 30 avril 2003, *Fédération des employés et cadres CGT-Force ouvrière c/ société Axa France assurances*, n° 01-10027 ; *Lexbase* n° A7524BSH ; *Bull. Civ.*, 2003, V, n° 155, p. 151 ; *Dr. Ouv.*, 2003, n° 662, p. 398, n. M.-F. BIED-CHARRETON ; *JSL*, 2003, n° 125, p. 14, n. J.-E. TOUREIL.

[17] EURACTA 2, « Accords d'entreprise transnationaux : résultats de la recherche et recommandations ».

dans les pays du sud en application de décisions de la Troïka[18]. Les accords de groupe pourraient ainsi être une porte d'entrée vers la reconnaissance de la négociation collective en tant que droit fondamental.

Au niveau interne, les accords de groupe se développent dans un contexte d'affaiblissement de la norme collective de branche. Cette situation peut justement s'expliquer par le cadre contraint de la négociation de branche. Il n'est plus aujourd'hui possible pour une norme strictement limitée au cadre national de remplir sa fonction économique dans un contexte économique et social mondialisé. L'accord de groupe offre ici des solutions pouvant être déployées dans un champ géographique qui transcende les frontières des États et des continents.

6 Néanmoins, les accords de groupe transnationaux étant fondés sur une négociation volontaire et autonome entre les partenaires sociaux, ils ne bénéficient d'aucun cadre légal spécifique et ne produisent donc aucun effet légal immédiat ou direct sur l'ensemble des entités visées. Cette situation est génératrice de nombreuses interrogations. Outre l'identification des parties à l'accord, se pose également la question du statut juridique de ces textes, et plus particulièrement de savoir comment ces dispositifs peuvent être appliqués de façon homogène et efficace dans l'ensemble des filiales des groupes, quel que soit le pays où elles sont implantées[19]. Dans cette optique, le rapport Combrexelle préconise une mise en valeur des bonnes pratiques des accords transnationaux qu'une meilleure articulation avec les accords nationaux[20].

Le déploiement transnational des accords de groupe fera sans nul doute l'objet d'importants débats dans les années à venir. Nous n'aborderons pas cependant ces problématiques particulières dans le cadre de la présente étude, que nous avons volontairement restreinte au cadre national.

7 L'essor des accords de groupe dans le cadre national, s'il est avéré, reste néanmoins en relatif retrait. L'étude d'impact relative à la loi du 8 août 2016 relève, à titre d'exemple, que le nombre d'accords et d'avenant de groupe est passé de 440 en 2010 à 781 en 2014[21]. Pour autant, la proportion des accords

---

18 KARAKIOULAFIS (Ch.), « Grèce. Les syndicats dans la ligne de mire de la Troïka », *Chr. Inter.IRES*, n°143-144, nov. 2013, p. 121 à 132.

19 LAULOM (S.), « Passé, présent et futur de la négociation collective transnationale », *Dr. Soc.*, 2007, p. 623.

20 COMBREXELLE (J.-D.), « *La négociation collective, le travail et l'emploi* », Rapport au premier ministre, France Stratégie, sept. 2015.

21 *Projet de loi visant à instituer de nouvelles libertés et de nouvelles protections pour les entreprises et les actifs*, NOR ETSX1604461L, Étude d'impact, 24 mars 2016.

de groupe reste très marginale dans le paysage conventionnel[22]. Ce développement mitigé peut s'expliquer au regard des règles légales encadrant la négociation et la conclusion de ces accords. La loi du 8 août 2016 a néanmoins apporté son lot de précisions pour développer et sécuriser leur négociation.

Alors que plus de la moitié des salariés travaille au sein d'un groupe de sociétés et que ces groupes constituent désormais un niveau autonome de négociation de nature à apporter des droits et des garanties supplémentaires aux salariés, le législateur a laissé aux partenaires sociaux toute latitude pour déterminer le champ d'application des accords de groupe qu'ils négocient. Aux termes de l'article L.2232-30 du code du travail, « la convention ou l'accord de groupe fixe son champ d'application constitué de tout ou partie des entreprises constitutives du groupe ». L'administration est venue préciser sur ce point que, « l'accord peut couvrir l'ensemble des entreprises constitutives du groupe ou ne couvrir qu'une partie d'entre elles[23]». En d'autres termes, si le législateur prévoit la possibilité d'exclure des entreprises du groupe du champ d'application de l'accord de groupe, il ne semble pas possible d'y inclure des entreprises qui n'appartiendraient pas au périmètre initial du groupe. D'où la nécessité d'envisager la définition la plus large possible du groupe, pour ne pas restreindre artificiellement le champ d'application des accords de groupe.

Les travaux parlementaires relatifs à la loi du 4 mai 2004 ont considéré qu'il était préférable de « développer la négociation de groupe sur le fondement du droit commun de la négociation collective selon lequel les accords fixent eux-mêmes leur champ d'application »[24]. Cette approche devait laisser toute latitude aux partenaires sociaux pour déterminer le champ d'application de l'accord de groupe qu'ils négocient. Elle permettait au surplus de sécuriser les accords déjà conclus, lesquels étaient déjà nombreux avant l'entrée en vigueur de la loi du 4 mai 2004.

8 Cette faculté de détermination conventionnelle du champ d'application des accords de groupe marque une opposition radicale avec les accords d'entreprise, dont le champ d'application est régi par le principe de l'égalité de traitement. Aux termes de ce principe, « un accord d'entreprise ne peut prévoir de différences de traitement entre salariés d'établissements différents

---

[22] De l'ordre de 2% en 2014 : Projet de loi visant à instituer de nouvelles libertés et de nouvelles protections pour les entreprises et les actifs, NOR ETSX1604461L, Étude d'impact, 24 mars 2016.

[23] *Circulaire relative au titre II de la loi n° 2004-391 du 4 mai 2004 relative à la formation professionnelle tout au long de la vie et au dialogue social*, 22 sept. 2004, *JORF*, 31 oct. 2004, n° 255, p. 18472, Fiche n°5.

[24] Ass. Nat., *Débats parlementaires, Compte-rendu intégral*, 17 déc. 2003, 1ère séance, *JORF*, 18 déc. 2003, n° 125, p.12493.

d'une même entreprise [...] que si elles reposent sur des raisons objectives dont le juge doit contrôler concrètement la réalité et la pertinence »[25]. Ce dispositif n'est pas applicable aux accords de groupe. La détermination conventionnelle du champ d'application de l'accord traduit bien à notre sens la volonté du législateur de distinguer la négociation de groupe de la négociation d'entreprise. Le groupe ne saurait être réduit à une simple addition d'entreprises, il s'agit d'un ensemble tout à fait spécifique, qui doit pouvoir allier stabilité et sécurité juridique avec souplesse et liberté contractuelle.

Le législateur s'en remet ici clairement à la commune intention des parties pour fixer le champ d'application des accords de groupe. Il en résulte que les parties à la négociation d'un accord de groupe peuvent décider d'exclure certaines entreprises du groupe du champ d'application de l'accord, voire même de rendre l'accord applicable à un ensemble très restreint d'entreprises du groupe. Cette solution avait déjà été retenue par la Cour de cassation dans son arrêt Axa, l'accord de groupe querellé étant en l'espèce applicable à 27 sociétés sur les 375 composant le groupe[26].

9 On peut également se demander si le champ d'application des accords de groupe peut être arrêté dans un cadre différent de celui de l'entreprise. Si l'accord de groupe peut limiter son champ d'application à une partie des entreprises du groupe, peut-il être circonscrit à une partie de chacune de ces entreprises ? Une réponse positive s'impose à notre sens, compte tenu des spécificités de la négociation des accords de groupe. Ainsi, un accord de groupe pourrait s'appliquer à certains établissements d'une entreprise, ou bien même à certains services de plusieurs entreprises relevant du périmètre du groupe[27].

Une telle solution permettrait clairement de distinguer les accords de groupe d'accords collectifs relativement similaires, tels que les accords d'unité économique et sociale, ou encore les accords interentreprises, qui ne s'inscrivent pas nécessairement dans le cadre d'un groupe de sociétés : les accords de groupe ont vocation à s'appliquer dans un champ librement déterminé par les parties, dans les limites toutefois du périmètre du groupe. Le champ d'application de l'accord de groupe transcende les frontières des

---

25 Cass. Soc., 8 juin 2011, n° 10.30162, *Bull. Civ.*, 2011, V, n° 154 ;*RJS*, 2011, n° 8, p. 631 ; *Sem. Soc. Lamy*, 2011, n° 304, n. J.-P. LHERNOULD.

26 Cass. Soc., 30 avril 2003, *Fédération des employés et cadres CGT-Force ouvrière c/ société Axa France assurances*, n° 01-10027 ; *Lexbase* n° A7524BSH ; *Bull. Civ.*, 2003, V, n° 155, p. 151 ; *Dr. Ouv.*, 2003, n° 662, p. 398, n. M.-F. BIED-CHARRETON ; *JSL*, 2003, n° 125, p. 14, n. J.-E. TOUREIL.

27 À titre d'exemple, les accords Areva « Tricastin » du 17 novembre 2008 et du 8 juin 2009 applicables aux entités établies sur le site du Tricastin, soit à quatre filiales du groupe et à un établissement d'une filiale.

entreprises auxquelles il s'applique : non seulement il s'appliquera de la même manière dans l'ensemble des entreprises comme si elles n'étaient pas juridiquement autonomes, mais il pourra aussi tracer de nouvelles frontières au sein des entreprises pour fixer son propre champ d'application.

10 Il faut également revenir sur la notion de périmètre de négociation de l'accord de groupe, qui s'intercale entre le champ du groupe et celui de l'accord de groupe, non sans ambiguïtés. Aux termes de l'article L.2232-31 du code du travail, l'accord de groupe est négocié entre « d'une part l'employeur de l'entreprise dominante ou un ou plusieurs représentants mandatés à cet effet, des employeurs des entreprises concernées par le champ de l'accord » et « d'autre part, les organisations syndicales de salariés représentatives dans le groupe ou dans l'ensemble des entreprises concernées par le champ de l'accord ». Le législateur envisage donc deux alternatives à la détermination du périmètre de la négociation des accords de groupe : une conception large, par référence aux parties représentant le groupe dans son ensemble, et une structure plus restreinte, limitée aux parties représentatives au niveau du champ d'application de l'accord. Ce point de la détermination du périmètre de la négociation des accords de groupe avait été largement débattu par les parlementaires avant la promulgation de la loi du 4 mai 2004. Deux approches ont été envisagées par le législateur.

11 La première approche se réfère à une notion objective du groupe définie par la loi ou par le juge : le périmètre de la négociation est fixé par référence au périmètre du groupe. C'est la position retenue par l'administration, qui considère que « si le législateur n'a donné aucune définition du groupe, [l'article L.2232-31] fait cependant explicitement référence à la notion d'entreprise dominante, renvoyant de la sorte à la définition prévue à l'article [L.2331-1] qui dispose qu'un groupe est formé par une entreprise dominante et des entreprises qu'elle contrôle ou sur lesquelles elle exerce une influence dominante »[28]. Il est vrai que l'article L.2232-31 du code du travail prévoit que les accords de groupe peuvent être conclus notamment par « l'employeur de l'entreprise dominante » et que l'article L.2331-1 du code du travail fait référence à « l'entreprise dominante » pour la constitution d'un comité de groupe. Il y aurait donc lieu selon cette analyse de calquer le périmètre de la négociation des accords de groupe sur celui du comité de groupe.

Cette solution présente de nombreux avantages. Tout d'abord, elle permet d'identifier de manière certaine et non équivoque les parties à la négociation

---

28 *Circulaire relative au titre II de la loi n° 2004-391 du 4 mai 2004 relative à la formation professionnelle tout au long de la vie et au dialogue social*, 22 sept. 2004, *JORF*, 31 oct. 2004, n° 255, p. 18472, Fiche n°5.

des accords de groupe, celles-ci demeurant par la suite libres de limiter le champ d'application des accords qu'ils négocient à certaines entreprises dans ce périmètre. Il faut d'ailleurs observer qu'il est fait référence à cette définition du groupe lorsqu'il existe une obligation légale de négocier assortie d'une sanction financière pour les entreprises dépassant un certain seuil d'effectifs. Il en est ainsi s'agissant des accords relatifs au contrat de génération ou à la pénibilité, sur lesquels nous reviendrons.

12 Elle offre également une stabilité du périmètre du groupe dans le temps, et donc des acteurs de la négociation collective dans ce cadre. En effet, « lorsque le comité de groupe est déjà constitué, toute entreprise qui établit avec l'entreprise dominante, de façon directe ou indirecte, les relations définies à l'article L.2331-1, est prise en compte pour la constitution du comité de groupe lors du renouvellement de celui-ci »[29]. Une assimilation complète de la notion de groupe applicable à la négociation collective et à la constitution d'un comité de groupe supposerait donc que le périmètre du groupe soit figé pour toute la durée de l'accord, et que ses évolutions ultérieures ne prennent pas immédiatement effet. Il en serait de même s'agissant de la détermination des parties amenées à négocier et à conclure des accords de groupe. Cet élément pourrait se révéler particulièrement sécurisant pour la détermination de la représentativité des organisations syndicales, comme nous le développerons par la suite.

On pourrait cependant opposer que la définition du groupe prévue par l'article L.2331-1 du code du travail ne prend pas en compte l'intégralité des intérêts financiers et économiques qui pourraient justifier la mise en place d'un statut social commun à plusieurs entreprises d'un même groupe. Il faut d'ailleurs remarquer que pour la mise en place d'un dispositif d'épargne salariale, le groupe est constitué « d'entreprises juridiquement indépendantes, mais ayant établi entre elles des liens financiers et économiques »[30]. Par cette définition résolument plus large, le législateur a souhaité étendre le plus possible le périmètre au sein duquel peut être délimité le champ d'application des accords de groupe conclus sur ce thème. Quelle que soit la définition retenue, une conception objective du groupe envisagé comme périmètre de négociation permet d'enfermer la conclusion d'accords de groupe dans un cadre strictement identifié et distinct d'autres cadres de négociation pouvant s'y apparenter (notamment la négociation d'accords d'UES ou d'accords interentreprises). Mais telle n'a pas été la position retenue par le législateur au terme des débats parlementaires.

---

29 *C. trav.*, art. L.2331-2 al. 3.

30 *C. trav.*, art L.3344-1.

13 La seconde approche est une conception résolument subjective du groupe, qui considère que la détermination du périmètre du groupe au sein duquel peut être conclu un accord de groupe est laissée à la diligence des parties, en fonction des finalités de l'accord et des contraintes économiques et structurelles de chaque entité du groupe. Il revient ici aux parties de fixer le périmètre de la négociation des accords de groupe, en fonction du champ d'application qu'elles entendent lui donner. En d'autres termes, le périmètre de la négociation des accords de groupe peut être modulé par les parties à l'accord. On peut ici observer que plus on avance dans le processus de négociation, moins les pratiques sont encadrées par le législateur. La dimension contractuelle de la négociation collective dans le groupe est très largement dominante.

Il convient d'observer que la première version du projet de loi relatif à la formation professionnelle tout au long de la vie et au dialogue social faisait expressément référence au groupe au sens de l'article L.2331-1 du code du travail pour fixer le périmètre de négociation des accords de groupe[31]. Mais cette solution n'a finalement pas été retenue, et ce dans le but affiché d'offrir une plus grande marge de manœuvre aux partenaires sociaux pour négocier et conclure des accords de groupe.

Dès lors, contrairement à ce que soutient l'administration, on ne saurait considérer que la seule référence à l'employeur de l'entreprise dominante figurant à l'article L.2232-1 du code du travail puisse s'analyser en un renvoi exprès à la définition du groupe prévue par l'article L.2331-1 du même code. Si telle avait été l'intention du législateur, il lui aurait suffi de valider la première version du projet de loi qui consacrait ce dispositif. Mais son caractère très restrictif a été largement dénoncé par les parlementaires. Pour une partie de la doctrine, le silence gardé par le législateur autorise bien les parties à définir conventionnellement le périmètre de la négociation de l'accord de groupe[32]. Mais le législateur n'a pas cru bon de trancher fermement cette question.

14 On peut s'interroger sur l'efficacité de la solution finalement adoptée par le législateur, laquelle ne fixe que peu de limites au périmètre du groupe envisagé comme espace de négociation, alors même que les partenaires sociaux sont déjà libres de fixer le champ d'application des accords de groupe qu'ils négocient. La possibilité offerte aux partenaires sociaux de créer des périmètres de négociation à géométrie variable pourrait être

---

[31] *Projet de loi relatif à la formation professionnelle tout au long de la vie et au dialogue social*, n° 1233, 19 nov. 2003

[32] TEYSSIÉ (B.), « Variations sur les conventions et accords collectifs de groupe », *Dr. Soc.* 2005, p. 643.

vectrice d'instabilité et d'insécurité dans la négociation et la conclusion d'accords de groupe.

Il faut observer qu'en pratique, de très nombreux accords de groupe fixent leur champ d'application dans un périmètre qui, s'il ne fait pas toujours expressément référence à l'article L.2331-1 du code du travail, s'inscrit pourtant bien dans ce cadre, voire même dans un périmètre encore plus restreint. Ce constat n'est pas nouveau et était déjà avancé dès l'origine des débats par le professeur Antonmattéi pour défendre une conception objective du périmètre du groupe[33].

Les formules de styles sont très variées, mais pourraient systématiquement s'inscrire dans le cadre fixé par l'article L.2331-1 du code du travail. Ainsi, des accords de groupe pourront s'appliquer aux entreprises du groupe dont le capital est détenu « directement ou indirectement à plus de 50 % par l'entreprise dominante »[34], à « toutes les sociétés françaises incluses dans le périmètre de consolidation par intégration globale du groupe [...] ou dont la majorité du capital social est détenue directement ou indirectement par [l'entreprise dominante], sous réserve du respect du critère de l'influence dominante »[35], ou encore « toutes les filiales françaises du groupe [...], quel que soit l'effectif et les caractéristiques de ses instances représentatives du personnel »[36].

15 Il faut également souligner que la plupart des accords de groupe que nous avons pu étudier font peu de cas de la distinction entre le périmètre de la négociation et le champ d'application de l'accord. À titre d'exemple, l'accord de participation du groupe Carrefour renvoie à la liste des entreprises figurant en annexe pour préciser tant le périmètre du groupe que le champ d'application de l'accord[37]. L'accord compétitivité-emploi du groupe Renault est quant à lui conclu dans le périmètre composé de « la société Renault SAS et de ses filiales industrielles », et son champ d'application est arrêté à « l'ensemble des établissements de la société Renault SAS situés en France et ses filiales industrielles »[38]. On peut même observer que ces deux notions sont régulièrement confondues dans les

---

33 ANTONMATTÉI (P.-H.), « L'accord de groupe », Quel droit pour la négociation collective de demain ? , *Dr. Soc.*, 2008, p. 57.

34 *Accord groupe relatif à l'engagement de Thalès en faveur de l'emploi des jeunes et des seniors et au soutien de la transmission des savoirs et des compétences*, 23 juil. 2013.

35 *Accord groupe France GDF SUEZ relatif au contrat de génération*, 25 sept. 2013.

36 *Accord groupe CAHORS relatif au contrat de génération*, 12 nov. 2013.

37 Par exemple : *Accord de participation de groupe Carrefour France,* 28 juin 2013.

38 *Accord de groupe « Contrat pour une nouvelle dynamique de croissance et de développement social de Renault en France* », groupe Renault, 13 mars 2013.

accords de groupe, certains d'entre eux faisant même référence au « périmètre de l'accord »[39] pour arrêter la composition du groupe.

Notons enfin que les rares groupes qui utilisent à bon escient ces deux concepts le font systématiquement dans un périmètre qui aurait tout à fait pu être celui de l'article L.2331-1 du code du travail. À titre d'exemple, le groupe EADS conclut divers accords « dans le périmètre du groupe en France », et arrête leur champ d'application en fonction du thème envisagé. Son accord sur le plan d'épargne groupe[40] est ainsi applicable « aux filiales directes et indirectes c'est-à-dire dont le capital est détenu directement ou indirectement à plus de 50 % par EADS NV) dont le siège est situé en France, et aux sociétés françaises dont le siège est situé en France et dont le capital est détenu directement ou indirectement à plus de 10 % et jusqu'à 50 % par EADS NV », alors que son accord relatif au dispositif intergénérationnel ne s'applique qu'aux sociétés « de 300 salariés et plus au 31/12/2012 »[41].

16 De fait, les partenaires sociaux ne font que très rarement usage de la possibilité de définir le périmètre du groupe en fonction d'autres critères que ceux envisagés par l'article L.2331-1 du code du travail. Quelques accords s'écartent du champ traditionnel des accords de groupe et intègrent, par exemple, des associations ou des fondations, créées au sein de ces groupes pour la mise en œuvre de garanties particulières[42]. Cette intégration n'a pas pour autant pour effet d'étendre le champ d'application des dispositifs prévus par l'accord, mais il permet de contractualiser l'intervention d'un organisme intragroupe pour la mise en œuvre des garanties de l'accord. Dès lors, on peut considérer que la souplesse laissée par le législateur pour déterminer le périmètre du groupe, espace de négociation, risque de dénaturer les accords en intégrant artificiellement à la négociation des entités souvent créées de toute pièce par la direction du groupe. La référence à l'article L.2331-1 du code du travail nous paraît largement suffisante pour fixer le périmètre des groupes au sein desquels négocier des accords de groupe, et ce d'autant plus qu'il est toujours possible pour une entreprise d'adhérer par la suite à l'accord.

---

39 À titre d'exemple :*Accord de groupe relatif à l'égalité professionnelle entre les femmes et les hommes au sein du groupe Alcatel-Lucent en France,* 7 janv. 2011. Le groupe est composé des sociétés françaises détenues directement ou indirectement à plus de 50 % par Alcatel Lucent et le champ d'application de l'accord est identique.

40 *Accord sur le plan d'épargne groupe EADS en France*, 17 déc. 2008.

41 *Accord de groupe EADS en France sur un dispositif intergénérationnel*, 18 juil. 2013.

42 À titre d'exemple la fondation Casino : *Accord groupe sur la responsabilité sociale d'entreprise, groupe Casino,* 18 avril 2014.

17 Il faut également relever qu'une conception subjective du périmètre du groupe dans lequel est fixé le champ d'application des accords de groupe pourrait faire peser un important risque de contestations judiciaires : l'employeur ou les salariés d'une entreprise du groupe pourraient contester devant le juge judiciaire la délimitation du périmètre du groupe dans lequel intervient la négociation, afin d'y être inclus, ou au contraire, de s'y soustraire. Une telle situation supposerait alors une intervention du juge dans l'identification du périmètre du groupe, et pourrait se révéler source d'insécurité juridique si les tribunaux n'adoptaient pas une position unifiée sur ce point. Et même à supposer accueillir favorablement une conception subjective du groupe comme périmètre de négociation, il ne serait pas opportun que le juge judiciaire, saisi d'une demande de contestation du périmètre du groupe, accepte de s'engager dans la voie de l'identification dudit périmètre, compte tenu de la liberté laissée par le législateur aux partenaires sociaux pour déterminer ce périmètre[43]. Cette difficulté paraît insoluble.

18 La construction du régime juridique des accords de groupe a modifié la conception que l'on pouvait avoir des fondements et des limites de l'entreprise. Comme l'a justement souligné un auteur, « l'existence du groupe se caractérise par un paradoxe : autonomie des sociétés au sein d'un ensemble économique unique »[44]. Pour autant, le législateur et le juge judiciaire refusent d'attribuer la personnalité juridique à cet ensemble[45]. La Cour de cassation est venue rappeler ce principe dans de nombreux arrêts, précisant notamment que le groupe de sociétés est « dépourvu de la personnalité morale et de la capacité de contracter »[46], et qu'il ne peut « faute de personnalité morale, être titulaire de droits et d'obligations et se voir infliger une condamnation »[47]. C'est donc le principe de l'indépendance des personnes morales au sein du groupe de sociétés qui trouve à s'appliquer. Les conséquences en sont multiples.

Au premier chef, chaque société composant le groupe demeure responsable de ses propres pertes et supporte les conséquences des décisions qu'elle met en œuvre en matière sociale. Ce n'est que dans des hypothèses de fictivité de la personne morale ou de confusion des patrimoines des

---

43 TEYSSIÉ (B.), « *Droit du travail, Relations collectives* », Lexis Nexis, 8ème éd., 2012.

44 MORIN (C.), *Le groupe de sociétés au regard du droit social*, Thèse en droit, Université de Toulon, 2000, 518 p.

45 Cass. Com., 2 avril 1996, n° 94-16380 ; *Bull. Civ*, 1996, II, n° 88, p. 56 ; *RDSS*, 1997, p. 898.

46 Cass. Com., 2 avril 1996, n° 94-16380 ; *Bull. Civ*, 1996, II, n° 88, p. 56 ; *RDSS*, 1997, p. 898.

47 Cass. Com., 15 nov. 2011, n° 10-21701 ;*Rev. Soc.*, 2012, p. 37, n. S. Prévost ; *BMIS*, 2012.

sociétés membres du groupe que le principe d'autonomie des personnes morales peut être remis en cause[48]. Pourtant, le regroupement de plusieurs entreprises sous la domination d'une société-mère opère nécessairement un transfert d'une partie de leurs attributions au profit de l'entreprise dominante, qui détermine une stratégie commune applicable à l'ensemble groupé. Dès lors, il n'est pas rare que l'employeur d'une filiale se voit imposer une décision de la société-mère, tout en restant par principe, le seul à en supporter les conséquences sociales. L'actualité ne nous le rappelle que trop souvent. Si la jurisprudence a tenté de rétablir un certain équilibre en développant la théorie du co-emploi, l'étendue de son champ d'application reste fluctuante et peu sécurisante.

19 Si le groupe de sociétés n'est pas reconnu comme une entité de droit à part entière, il n'en demeure pas moins une entité de fait, ce qui suppose une adaptation des règles juridiques à sa réalité économique. La négociation collective de groupe en est un exemple flagrant. La négociation et la conclusion d'accords de groupe ne peuvent s'opérer par une simple assimilation des règles applicables aux autres niveaux de négociation, comme celui de l'entreprise ou de l'unité économique et sociale. Cette configuration implique un abandon de la logique de l'intérêt individuel de chaque structure au profit d'un intérêt collectif commun à l'ensemble des entités du groupe. L'application des accords de groupe dans les entreprises concernées fait également naître un ensemble de droits et d'obligations à l'égard de l'ensemble des employeurs et des salariés concernés, et transcende donc les limites générées par l'autonomie juridique des personnes morales. Toute la difficulté pour le législateur est de trouver le juste équilibre entre l'autonomie juridique des sociétés et la recherche d'une harmonie sociale dans le groupe.

S'agissant de la méthodologie appliquée, c'est bien de l'observation des accords de groupe tels qu'ils sont conclus par les partenaires sociaux et des difficultés d'application soumises au juge judiciaire que le législateur a pu établir les apports et les limites de ces textes conventionnels. Le groupe de sociétés est donc, d'une certaine manière, le laboratoire du législateur pour définir l'espace de liberté qu'il peut accorder aux partenaires sociaux dans la conclusion d'accords de groupe, et pour garantir leur sécurité juridique. Le régime juridique applicable aux accords de groupe est en construction permanente, et doit sans cesse se renouveler au regard des orientations prises par les partenaires sociaux sur les différentes problématiques qu'il soulève.

---

[48] Cass. Com., 28 mai 1991, n° 89-20587 ;*Bull. Civ.*, 1991, IV, n° 182, p. 129; *Rev. Soc.*, 1991, p. 764.

Cette démarche s'inscrit d'ailleurs pleinement dans le processus de concertation prévu par le chapitre préliminaire du code du travail relatif au dialogue social.

20 Le législateur a ici clairement consacré les mécanismes d'interactivité existant entre les acteurs de la négociation collective et les pouvoirs publics. Il lui appartient de laisser aux partenaires sociaux une marge de manœuvre suffisante pour leur permettre d'expérimenter, d'innover et de créer des dispositifs susceptibles d'être retranscris par la suite dans le code du travail. Les exemples de retranscription légale des propositions des partenaires sociaux sont nombreux[49]. Cette démarche s'inscrit plus généralement dans le sillage de l'élaboration de la norme telle qu'elle était perçue dès l'antiquité, notamment par Aristote au soutien de la théorie du droit naturel[50]. Selon son analyse, l'élaboration de la norme légale doit nécessairement reposer sur l'observation des pratiques : le droit est l'art d'atteindre le juste par l'observation de la nature. La valeur normative de la loi se fonde sur l'habitude et se trouve confirmée par elle[51]. Or c'est justement dans cet ordre que s'est opérée la construction légale du régime juridique applicable aux relations collectives de travail dans le groupe.

21 La difficulté principale générée par cette mécanique tient du fait que la consécration par le législateur d'un dispositif de caractère général et impersonnel soulève nécessairement des interrogations lorsqu'il doit être appliqué dans le cadre d'un groupe de sociétés. Ainsi que l'a très justement indiqué Jean-Denis Combrexelle dans son rapport de septembre 2015, « dans une société moderne et complexe toute règle de droit nouvelle suscite de façon quasi immédiate ses propres « anticorps » visant à la neutraliser, la contourner, parfois à la potentialiser bien au-delà des effets voulus. Il en

---

49 *Position commune sur la représentativité, le développement du dialogue social et le financement du syndicalisme*, 9 avril 2008 à l'origine de la loi portant rénovation de la démocratie sociale et réforme du temps de travail, 20 août 2008, n° 2008-789, JORF, 21 août 2008, n° 0194, p. 1306 ; *Accord national interprofessionnel du 11 janvier 2013 pour un nouveau modèle économique et social au service de la compétitivité des entreprises et de la sécurisation de l'emploi et de parcours professionnels des salariés*, à l'origine de la loi relative à la sécurisation de l'emploi, 14 juin 2013, n° 2013-504, JORF, 16 juin 2013, p. 9958 et s.

50 ARISTOTE, *Éthique à Nicomaque*, / Traduit du grec par BODÉÜS (R.), Paris : Flammarion,
2008, 126 p.

51 DE ROMILLY (J.), *La loi dans la pensée grecque*, Les Belles Lettres, 2001, 268 p. ; ARISTOTE, *Politique II*, / Traduit du grec par BARTHÉLÉMY SAINT-HILAIRE (J.), Paris : Librairie Philosophique de Ladrange, 1874, 229 p., chap. V, § 14 : « la loi, pour se faire obéir, n'a d'autre force que l'habitude, et l'habitude ne se forme qu'avec le temps et les années » / *« ὁ γὰρ νόμος ἰσχὺν οὐδεμίαν ἔχει πρὸς τὸ πείθεσθαι παρὰ τὸ ἔθος, τοῦτο δ' οὐ γίνεται εἰ μὴ διὰ χρόνου πλῆθος »*.

résulte des séquences de plus en plus rapides dans lesquelles interviennent des règles nouvelles puis, dans un court laps de temps, des normes venant apporter des corrections et des ajouts à la norme initiale. Ce phénomène est particulièrement remarquable dans les domaines où les réformes sont très nombreuses. Il existe un « effet multiplicateur » de la norme très prégnant dans le monde du social »[52]. En d'autres termes, plus le législateur intervient, plus il sera amené à préciser le sens de son intervention en réponse aux dérives de la pratique.

Or les interventions du législateur se sont multipliées depuis la consécration du groupe comme niveau autonome de négociation et de conclusion d'accords collectifs de travail. Si l'entrée en vigueur de la loi du 4 mai 2004 a fait couler beaucoup d'encre et n'appelle plus aujourd'hui à des précisions particulières, de nombreuses interrogations sont apparues à mesure que les réformes législatives se sont succédé, et qu'elles ont dû être appréhendées sous l'angle de la négociation d'accords de groupe.

Il en est ainsi de la loi du 20 août 2008 portant réforme du dialogue social, qui a profondément modifié la représentativité des organisations syndicales. Il en est de même de la loi du 14 juin 2013 relative à la sécurisation de l'emploi qui a renforcé le poids de la négociation collective dans la mise en œuvre de certains dispositifs protecteurs des salariés, et de la loi du 17 août 2015 relative au dialogue social et à l'emploi[53], qui a institué une réorganisation des thèmes de la négociation collective dans l'entreprise. Enfin, la loi du 8 août 2016 relative au travail, à la modernisation du dialogue social et à la sécurisation des parcours professionnels[54], nonobstant son objectif clairement affirmé de sécurisation des accords de groupe, laisse d'importantes zones d'ombres, notamment s'agissant du positionnement de ces accords dans la hiérarchie des normes. La prise en compte de ce nouvel ensemble de normes dans la négociation et la conclusion des accords de groupe va représenter un défi de taille pour les partenaires sociaux, et ceci d'autant plus que les dernières réformes se sont succédé à une allure qui n'a pas permis aux praticiens de les mettre en application avec le recul nécessaire.

22 C'est dans ce contexte social particulièrement mouvementé que la présente étude a été menée. Ce travail est fondé sur l'analyse de plus d'une centaine d'accords de groupe. Le choix d'un échantillon très large procède

---

[52] COMBREXELLE (J.-D.), « *La négociation collective, le travail et l'emploi* », Rapport au premier ministre, France Stratégie, sept. 2015.

[53] *Loi relative au dialogue social et à l'emploi*, 17 août 2015, n° 2015-994, *JORF*, 18 août 2015, n° 0189, p. 14346.

[54] *Loi relative au travail, à la modernisation du dialogue social et à la sécurisation des parcours professionnels*, 8 août 2016, n° 2016-1088, *JORF*, 9 août 2016, n° 0184.

de la volonté de dresser le portrait le plus représentatif possible du paysage conventionnel des groupes de sociétés, en fonction de leur mode d'organisation, de leur taille, des activités exercées et de leur propre culture sociale. Il sera largement développé au travers de ces lignes le caractère tout à fait spécifique des accords de groupe selon le groupe dans lequel ils s'inscrivent et la politique sociale qu'il entend mettre en œuvre. D'une certaine manière, il existe autant de catégories d'accords de groupes que de groupes, d'où le parti pris de l'auteur d'étudier « les accords collectifs de groupe », et non pas « l'accord collectif de groupe ».

23 Cette étude tentera de répondre aux objectifs suivants :

- faire le lien entre les pratiques dégagées par les partenaires sociaux et le cadre fixé par le législateur,
- étudier l'impact des différentes réformes intervenues sur le contenu des accords de groupe,
- identifier les difficultés soulevées par l'introduction de ces réformes dans l'élaboration et l'évolution des accords de groupe,
- identifier les champs d'action non réglementés et leurs conséquences en termes de sécurité juridique des accords et de garantie des engagements conventionnels pris,
- proposer des solutions permettant de sécuriser les accords existants et à venir.

24 Elle s'inscrit dans le prolongement de nombreux travaux réalisés par les théoriciens et les praticiens du droit. Elle tire son originalité de sa volonté de mettre en perspective leurs apports dans les orientations choisies par le législateur et par les partenaires sociaux. Elle tentera également de mettre en évidence les insuffisances et parfois les incohérences du régime légal encadrant les accords de groupe, au travers de la pratique. Elle a donc vocation à appréhender et à anticiper les orientations futures des acteurs de la négociation des accords de groupe.

Il doit être précisé à ce stade que cette analyse n'a pas vocation à traiter de l'ensemble des problématiques inhérentes à la négociation collective dans les groupes de sociétés. La présente étude se borne en premier lieu à l'étude des accords de groupe applicables sur le territoire national, sans aborder la conclusion et l'application des accords mis en œuvre à l'échelle européenne et/ou mondiale. Il s'agit d'un parti pris dont l'objectif est de permettre une analyse en profondeur du droit et des pratiques applicables au plan national. La limitation du sujet aux seuls accords de groupe répond aux mêmes objectifs, et ce d'autant plus que les autres niveaux de négociation et de conclusion d'accords collectifs applicables dans les groupes de sociétés obéissent à un ensemble de normes clairement définies par le législateur, qu'il s'agisse des accords de branche, des accords d'entreprise ou d'établissement et des accords d'unité économique et sociale. Ces derniers seront uniquement envisagés sous l'angle de leur articulation avec les accords collectifs de groupe dans le cadre de la présente étude.

25 La présente étude s'attachera donc dans un premier temps à la conclusion des accords de groupe (première partie). Il y aura lieu ici de déterminer quelles sont les parties habilitées à négocier et à conclure des accords de groupe, du côté employeur comme du côté salarié. Il faudra également préciser ici comment le champ d'intervention des accords de groupe doit être appréhendé, de manière à laisser à chaque entreprise la possibilité d'adapter ses stipulations à ses propres spécificités économiques et structurelles. Si certains thèmes de la négociation se prêtent tout particulièrement au cadre du groupe, d'autres semblent en effet relever prioritairement du cadre de l'entreprise.

Dans un second temps, il sera traité de l'application des accords de groupe dans le temps et dans l'espace (deuxième partie). Il y aura lieu ici de déterminer de quelle manière ces accords doivent s'articuler avec les autres normes applicables à la relation de travail. Seront également envisagées ici les problématiques liées à l'évolution des accords de groupe. Ces évolutions peuvent concerner tant le champ d'application de l'accord, notamment à l'occasion d'opérations de restructuration, que son contenu, qui doit être adapté sans cesse au contexte dans lequel il s'inscrit. Nous nous interrogerons enfin sur l'évolution des parties à l'accord, leur légitimité pouvant être régulièrement remise en cause.

Toute la difficulté tient ici de la nécessité de sécuriser l'application des accords de groupe quelles que soient les circonstances, tout en laissant la souplesse nécessaire à leur adaptation dans le temps et dans l'espace.

PREMIÈRE PARTIE

La conclusion des accords de groupe

26 Consacrés de longue date par la pratique et plus récemment par le législateur, les accords de groupe n'ont cessé de se développer ces dernières décennies. Initialement cantonnés au secteur industriel, les groupes de sociétés se sont progressivement installés dans l'ensemble des secteurs d'activité, d'où une importante diversification des dispositifs sociaux qu'ils peuvent être amenés à mettre en place. Comme en témoignent les exemples que nous allons analyser dans le cadre de la présente étude, des accords de groupe sont aujourd'hui conclus tant dans le secteur agroalimentaire que dans l'industrie automobile ou encore le secteur bancaire.

Dans ces conditions, la mise en place d'un régime juridique de portée générale pour la conclusion de ces accords constitue un véritable défi pour le législateur, qui avance à pas feutrés dans cette direction. Toute la difficulté provient de la nécessité de concilier la rigueur d'un dispositif légal avec la souplesse requise pour assurer la prise en compte des spécificités de chaque groupe.

27 Ces spécificités sont de plusieurs ordres. La très grande diversité de secteurs d'activité représentés suppose une étendue tout aussi conséquente des configurations structurelles du groupe. Alors que certains groupes seront composés d'un nombre restreint de filiales de taille importante, d'autres pourront rassembler une nuée d'entités de petite ou de moyenne taille.

Le législateur doit au surplus prévoir toutes les précautions nécessaires pour que le périmètre du groupe puisse évoluer en fonction du contexte économique global et des orientations stratégiques déployées par la maison mère. C'est là tout l'intérêt du rassemblement d'entités juridiquement autonomes au sein d'un même groupe : offrir des possibilités d'adaptation dans chaque structure le composant pour assurer la cohérence de l'ensemble qu'il a façonné.

28 L'accord de groupe doit donc jaillir de l'échange entre les représentants de l'ensemble des salariés du groupe et de leurs dirigeants, ce qui n'est pas sans poser des difficultés techniques. Côté patronal, la question se pose de la place des dirigeants de chaque entreprise dans la négociation de groupe, compte tenu de la position dominante de la société-mère. Côté salarial, le défi consiste à déterminer quels acteurs pourront légitimement représenter l'ensemble des salariés indépendamment de la configuration de chaque groupe.

Les singularités de chaque groupe sont également fonction de la politique sociale déployée par l'entreprise dominante, laquelle sera d'ailleurs directement impactée par le contexte économique global et les facultés d'ajustement qu'elle pourra mettre en œuvre. Tout l'enjeu est ici de déterminer sur quels thèmes la négociation collective peut être engagée dans le cadre du groupe sans remettre en cause la faculté pour chaque employeur de mettre en place un régime social adapté à sa propre structure.

Il y a aura donc lieu dans un premier temps de s'attacher aux parties à la négociation des accords de groupe (titre 1), puis d'analyser dans un second temps le contenu des accords de groupe (titre 2).

TITRE 1 : LES PARTIES À LA NÉGOCIATION DES ACCORDS DE GROUPE

29 Théoriquement, les acteurs de la négociation collective sont clairement identifiés : des représentants de l'employeur d'une part, et des représentants des salariés d'autre part. Mais lesquels ? Les parties ayant qualité pour négocier des accords de groupe suscitent de nombreuses interrogations en l'état du dispositif légal actuel. Il convient de déterminer qui peut négocier ces accords, tant pour la partie patronale (chapitre 1) que pour la partie salariale (chapitre 2).

Chapitre 1 : La partie patronale

30 Alors que l'accord d'entreprise est exclusivement négocié et conclu par l'employeur lui-même, ou par son représentant investi d'une délégation de pouvoir, un accord de groupe peut être négocié et conclu, pour la partie patronale, « par l'employeur de l'entreprise dominante ou un ou plusieurs représentants mandatés à cet effet, des employeurs des entreprises concernées par le champ de la convention ou de l'accord »[55]. Plusieurs options semblent donc se dégager de ce dispositif pour déterminer la partie patronale aux accords de groupe : l'employeur de l'entreprise dominante d'une part (section 1), et les employeurs des entreprises concernées par l'accord d'autre part (section 2). Il convient d'en analyser la portée à la lumière des solutions adoptées par la pratique.

Section 1 : L'employeur de l'entreprise dominante

31 L'article L.2232-31 du code du travail dispose que l'accord de groupe peut être négocié et conclu en premier lieu « par l'employeur de l'entreprise dominante ». Le législateur semble consacrer par ce dispositif la reconnaissance d'attributions particulières dévolues à l'employeur de l'entreprise dominante pour la négociation et la conclusion des accords de groupe. L'administration confirme cette analyse, en précisant que l'employeur de l'entreprise dominante « a vocation à représenter l'ensemble des employeurs, sans avoir à justifier d'un mandat exprès des employeurs des entreprises comprises dans le périmètre concerné »[56]. Son statut particulier lui conférerait donc une légitimité naturelle pour diligenter la négociation des accords de groupe.

Une partie de la doctrine adhère à cette position, considérant que l'article L.2232-31 du code du travail consacre ainsi un nouveau cas de représentation légale[57]. Selon cette analyse, l'employeur de l'entreprise

55 *C. trav.*, art L.2232-31.

56 *Circulaire relative au titre II de la loi n° 2004-391 du 4 mai 2004 relative à la formation professionnelle tout au long de la vie et au dialogue social*, 22 sept. 2004, *JORF*, 31 oct. 2004, n° 255, p. 18472, Fiche n° 5.

57 Dans ce sens : TEYSSIÉ (B.), « Variations sur les conventions et accords collectifs de groupe », *Dr. Soc.*, 2005, p. 643 ; COUTURIER (G.), « Nouveaux contrats : conventions et accords de groupe », in *Le nouveau droit de la négociation collective (loi n°2004-391 du 4 mai 2004)*, éd. Panthéon-Assas, 2004, p. 79-94 ; GRANGÉ (J.), « Les conventions et accords collectifs de groupe », *Sem. Soc. Lamy*, 2004, n° 1183, p. 73.

dominante serait le représentant de droit de l'ensemble des employeurs des entreprises du groupe, et il pourrait à ce titre négocier et conclure des accords de groupe pour son propre compte, mais également au nom et pour le compte de l'ensemble des employeurs des entreprises du groupe.

32 Les conséquences de la reconnaissance de ce mandat légal de représentation au profit de l'employeur de l'entreprise dominante ont fait couler beaucoup d'encre. S'est notamment posée la question de déterminer le cadre dans lequel il pourrait user de cette prérogative. Il ressort des travaux parlementaires relatifs à la loi du 4 mai 2004 que le mandat de représentation légale pourrait permettre à l'employeur de l'entreprise dominante de conduire une négociation pour le groupe, quel que soit le champ d'application de l'accord. Plus précisément, il pourrait mener une négociation pour autrui lorsque l'entreprise dominante n'est pas comprise dans le champ d'application de l'accord[58].

La circulaire du 22 septembre 2004 a également pu préciser sur ce point que rien n'empêcherait non plus l'employeur de l'entreprise dominante de confier la négociation à un mandataire qu'il aura pu choisir dans le champ d'application de l'accord, pour représenter l'ensemble des employeurs des entreprises concernées[59]. L'employeur de l'entreprise dominante serait donc libre de désigner lui-même le représentant des entreprises concernées par l'accord, pour peu qu'il soit choisi dans le champ d'application de l'accord.

33 Mais la délimitation des attributions de l'employeur de l'entreprise dominante en matière de négociation collective ne devrait pas à notre sens être appréhendée en fonction du champ d'application de l'accord, compte tenu du moment de sa détermination. On imagine mal en effet comment l'employeur de l'entreprise dominante pourrait avoir la certitude que son mandataire est bien compris dans le champ d'application de l'accord lorsqu'il le désigne, alors que le champ d'application peut être définitivement arrêté au moment de la signature de l'accord.

La négociation devrait plutôt, selon notre analyse, s'engager dans le périmètre du groupe, indépendamment de l'étendue du champ d'application de l'accord, celui-ci pouvant être modelé au fil des négociations. L'employeur de l'entreprise dominante pourrait donc désigner n'importe quel mandataire dans le périmètre du groupe, peu important que l'entité à

---

[58] Sénat, CHERIOUX (J.), *Rapport fait au nom de la commission des affaires sociales*, 28 janv. 2004, n°179 (2003-2004), art.40 III.

[59] *Circulaire relative au titre II de la loi n° 2004-391 du 4 mai 2004 relative à la formation professionnelle tout au long de la vie et au dialogue social*, 22 sept. 2004, *JORF*, 31 oct. 2004, n° 255, p. 18480, Fiche n°5.

laquelle il appartient soit ultérieurement comprise ou non dans le champ d'application de l'accord.

Ce dispositif se révélerait particulièrement utile lorsque l'entreprise dominante est une holding dépourvue d'effectifs salariés, ou bien lorsqu'elle ne dépasse pas le seuil d'effectif justifiant l'application de l'accord. De fait, l'employeur de l'entreprise dominante pourrait alors mettre en place un statut social ou une organisation structurelle harmonisés dans le groupe, même si ces dispositifs n'ont pas vocation à s'appliquer dans l'entité qu'il dirige.

34 Il faut clairement à notre sens distinguer le groupe envisagé comme cadre de négociation d'un accord de groupe du champ d'application de l'accord définitivement arrêté, ces deux notions recouvrant des temporalités différentes : le périmètre de la négociation de groupe doit être fixé avant toute négociation de manière stable et pérenne, alors que le champ d'application des accords de groupe peut différer selon le thème envisagé par l'accord et être délimité au cours des négociations. Le plus souvent, le champ d'application de l'accord de groupe fait d'ailleurs l'objet d'une clause spécifique de l'accord[60]. Il sera par ailleurs souvent amené à évoluer dans le temps, ce que nous pourrons préciser par la suite.

Une négociation de groupe menée dans ces conditions permet au surplus de fixer un seul et même cadre de négociation pour l'ensemble des accords de groupe, ce qui n'empêche pas pour autant de prévoir un champ d'application spécifique pour chacun d'entre eux. On peut remarquer que certains groupes semblent d'ores et déjà s'engager dans cette voie. À titre d'exemple, on peut citer le système adopté par le groupe EADS, lequel conclut divers accords « dans le périmètre du groupe en France », et arrête par la suite leur champ d'application en fonction du thème envisagé. Son accord sur le plan d'épargne groupe[61] est ainsi applicable « aux filiales directes et indirectes c'est-à-dire dont le capital est détenu directement ou indirectement à plus de 50 % par EADS NV dont le siège est situé en France, et aux sociétés françaises dont le siège est situé en France et dont le capital est détenu directement ou indirectement à plus de 10 % et jusqu'à 50 % par EADS NV », alors que son accord relatif au dispositif intergénérationnel[62] ne s'applique qu'aux sociétés « de 300 salariés et plus au 31/12/2012 ».

On peut également relever que le groupe Sanofi a entériné par accord de groupe un cadre unique de négociation dans le groupe, précisant la

60 Les exemples sont très fournis sur ce point, on peut notamment citer les accords conclus au sein des groupes Alcatel-Lucent, Casino, Lactalis, Areva, Cahors, EADS.

61 *Accord sur le plan d'épargne groupe EADS en France*, 17 déc. 2008.

62 *Accord de groupe EADS en France sur un dispositif intergénérationnel*, 18 juil. 2013.

composition de l'instance de négociation, tant côté patronal que salarial, ainsi que ses modalités de fonctionnement[63]. Chaque nouvel accord négocié dans le cadre de ce groupe le sera par conséquent dans les conditions définies par l'accord susvisé.

35 Une interprétation contraire supposerait que le périmètre du groupe soit systématiquement réévalué, à l'occasion de chaque négociation, compte tenu du champ d'application que les parties auront conventionnellement fixé à l'accord. Les parties pourraient alors différer d'un accord de groupe à l'autre, tant du côté patronal que salarial, en fonction du champ d'application de chacun d'entre eux. Une telle solution se révélerait particulièrement difficile à mettre en œuvre à notre sens, notamment s'agissant de l'appréciation de la représentativité des organisations syndicales, que nous envisagerons par la suite.

La pratique adoptée par les groupes semble d'ailleurs valider notre analyse. En effet, nous n'avons pas recensé d'accords de groupe qui auraient été négociés et conclus par un représentant de l'entreprise dominante choisi en dehors de cette structure. Les mandats confiés pour la négociation d'accords de groupe par l'employeur de l'entreprise dominante sont établis le plus souvent à la Direction des Ressources Humaines du groupe, ce qui nous semble d'ailleurs plus cohérent avec la réalité socio-économique du terrain. Un mandataire choisi dans le cadre de l'entreprise dominante aura une vision plus acérée des problématiques spécifiques au groupe qu'un représentant désigné au sein d'une de ses filiales.

Dans les groupes, la politique économique et sociale est en effet insufflée par la seule entreprise dominante, sans que les employeurs des entreprises comprises dans son périmètre ne puissent exercer de véritable influence sur les orientations stratégiques arrêtées par la maison mère. Le groupe répond à des problématiques distinctes de celles des entreprises qui le composent en matière sociale. Par ailleurs, nous avons pu relever que de nombreux accords étaient conclus et négociés par l'employeur de l'entreprise dominante, sans mandat exprès, et ce même lorsque l'entité qu'il représente n'était pas comprise dans le champ d'application de l'accord[64]. Pourtant, cette analyse est loin de faire l'unanimité en doctrine. Il convient dès lors de préciser le rôle de chaque employeur dans la négociation des accords de groupe.

---

[63] *Accord-cadre sur l'instance de négociation dans le groupe Sanofi*, 8 sept 2009.

[64] A titre d'exemple, l'accord groupe CAHORS relatif au contrat de génération du 12 novembre 2013 conclu par la holding groupe Cahors, et rendu applicable seulement aux filiales françaises du groupe.

36 Une partie de la doctrine condamne fermement l'idée que l'employeur de l'entreprise dominante puisse être doté de prérogatives particulières en matière de négociation d'accords de groupe. À cet effet, il a pu notamment être opposé que la représentation légale par l'employeur de l'entreprise dominante ne ressort pas clairement du texte de loi, et qu'elle ne va pas de soi tant elle remet en cause « l'indépendance juridique des différentes entités composant le groupe »[65].

La reconnaissance d'un pouvoir propre à l'entreprise dominante supposerait en effet une double dérogation au droit commun : dérogation tout d'abord à la relativité de l'effet des contrats, puisque l'accord qu'il conclut aura vocation à s'appliquer à l'ensemble des entités comprises dans le champ d'application qu'il aura fixé, et dérogation à l'autonomie juridique de chaque société, puisque les entités concernées ne prendraient pas directement part à la négociation[66].

37 Si l'on admet que l'employeur de l'entreprise dominante puisse représenter de plein droit l'ensemble des employeurs concernés par le champ de l'accord, certaines entités pourraient se trouver soumises à une norme conventionnelle à laquelle elles n'auront pas expressément consenti, et pour l'élaboration de laquelle elles n'auraient pas participé. De la même manière, d'autres entreprises relevant du périmètre du groupe pourraient être exclues du champ d'application de l'accord sur la seule décision de l'employeur de l'entreprise dominante, sans qu'elles aient eu la possibilité de faire connaître leur propre position dans le cadre de la négociation. Il appartiendrait alors à la seule entreprise dominante de déterminer les entités couvertes par l'accord collectif, et ce quand bien même elle ne serait pas elle-même couverte par l'accord de groupe.

Pour les opposants à la théorie du mandat de représentation légale, l'employeur de l'entreprise dominante devrait au contraire être considéré de la même manière que tout autre employeur d'une entreprise du groupe. Il ne pourrait donc pas mener les négociations, à moins d'avoir été expressément mandaté par l'ensemble des employeurs des autres entités du groupe à cet effet.

38 Un auteur a au surplus avancé, au soutien de cette analyse, qu'en l'absence de mandat exprès consenti à l'employeur de l'entreprise dominante pour négocier et conclure des accords de groupe, le groupe pourrait se trouver confronté à un risque aggravé de reconnaissance d'une unité

---

65 AUZERO (G.), « La vie des conventions et accords collectifs de groupe », *RDT*, 2006, p. 230.

66 LEGRAND (H.-J.), « Accords collectifs de groupe et d'unité économique et sociale : une clarification inachevée », *Dr. Soc.*, 2008, p. 60.

économique et sociale. En effet, cette absence de mandat pourrait concourir à la reconnaissance d'une concentration des pouvoirs de direction entre les mains de l'employeur de l'entreprise dominante. Or il s'agit précisément d'un des critères de reconnaissance de l'unité économique et sociale[67].

La pratique ne semble pas toutefois abonder en ce sens, de nombreux accords de groupe étant conclus par l'employeur de l'entreprise dominante, en l'absence de mandat exprès accordé par les employeurs des entités concernées[68]. Une telle analyse reviendrait en outre à dénier toute spécificité à la négociation d'accords de groupe par rapport à la négociation d'accords d'entreprise, et ferait peser un risque judiciaire conséquent sur l'ensemble des accords qui ont été conclus en ce sens.

Quant à l'autonomie juridique des sociétés, elle doit nécessairement connaître des aménagements lorsque lesdites sociétés sont détenues ou contrôlées par une entreprise dominante. L'appartenance d'une société à un groupe entraîne un transfert de souveraineté au profit de l'entreprise dominante, et c'est d'ailleurs cette unité de direction au sein de l'ensemble des filiales qui justifie une harmonisation du statut social et de l'organisation structurelle dans le groupe. Ce sont d'ailleurs ces deux objectifs qui conduisent le plus souvent à la conclusion d'accords de groupe. L'employeur d'une filiale, ou l'ensemble des employeurs des filiales visées par l'accord n'ont pas le même intérêt à la conclusion d'un accord de groupe que l'employeur de l'entreprise dominante lui-même. Ce dernier a tout intérêt à négocier un tel dispositif, même s'il n'a pas vocation à être appliqué dans sa propre structure.

39 On peut également remarquer, au soutien de la théorie du mandat légal de représentation, qu'en matière de participation des salariés aux résultats du groupe, le législateur impose expressément que chaque employeur partie à l'accord de groupe donne mandat exprès pour se faire représenter par l'employeur de l'entreprise dominante[69]. Ces mandats sont impérativement annexés à l'accord de groupe lors de son dépôt auprès de la DIRECCTE[70]. On pourrait en déduire qu'en l'absence de dispositif spécifique prévu par le législateur, l'employeur de l'entreprise dominante peut tout à fait négocier et conclure un accord de groupe, au nom et pour le compte de l'ensemble des

---

[67] LAGESSE (P.), « Sur les conventions et accords de groupe », in *Le nouveau droit de la négociation collective (loi n°2004-391 du 4 mai 2004)*, éd. Panthéon-Assas, 2004, p. 95-100.

[68] On peut citer à titre d'exemple les accords conclus dans les groupes Korian, Areva, Alcatel-Lucent, ou encore Thalès.

[69] *C. trav.*, art. L.3322-7.

[70] *C. trav.*, art. D.3323-4.

employeurs concernés, sans qu'il soit nécessaire de lui établir un mandat exprès en ce sens.

Il faut également relever que l'article L.2232-31 du code du travail ne reconnaît pas à l'ensemble des employeurs des entités du groupe la possibilité de négocier et de conclure directement des accords de groupe. Leur intervention ne peut se matérialiser que par l'intermédiaire de représentants, mandatés à cet effet, ce que nous allons préciser. Il y aurait donc bien des attributions spécifiques reconnues à l'employeur de l'entreprise dominante par le législateur, puisqu'il est le seul à pouvoir négocier et conclure des accords de groupe sans l'intervention d'un mandataire.

Section 2 : Les employeurs des entreprises concernées par l'accord

40 L'article L.2232-31 du code du travail prévoit également que la négociation d'un accord de groupe peut être menée « par un ou plusieurs représentants, mandatés à cet effet, des employeurs des entreprises concernées par le champ de la convention ou de l'accord ». Une lecture littérale du texte suggérerait que la négociation doit être conduite soit par la seule entreprise dominante, soit par un ou plusieurs représentants des entreprises concernées, expressément mandatés à cet effet.

Cette option soulève deux interrogations. Il faut tout d'abord déterminer qui décide de faire diligenter la négociation par l'employeur de l'entreprise dominante ou par un ou plusieurs autres mandataires (§ 1), avant de préciser qui peut mandater ces représentants des employeurs des entreprises concernées par le champ d'application de l'accord (§ 2).

§ 1 : Les décisionnaires de la composition de la délégation patronale

41 Il convient de rappeler que le premier projet de loi relatif à la formation professionnelle tout au long de la vie et au dialogue social n'envisageait que la négociation diligentée par l'employeur de l'entreprise dominante, excluant ainsi toute possibilité pour les employeurs des entreprises concernées de négocier et de conclure des accords de groupe. Le législateur n'a finalement pas retenu ce dispositif, considérant qu'il valait mieux laisser les partenaires sociaux libres de déterminer de quelle manière devaient être menées les négociations.

Il semblerait que le législateur, tout en reconnaissant des prérogatives particulières à l'employeur de l'entreprise dominante en matière de négociation collective, n'a pas entendu pour autant lui confier l'exclusivité pour la négociation et la conclusion des accords de groupe. Les employeurs des entreprises relevant du champ de l'accord pourraient également mener la négociation, par l'intermédiaire de représentants qu'ils auront expressément mandatés à cet effet. Suivant ce raisonnement, les employeurs des entreprises du groupe devraient donc pouvoir décider de la manière de mener à bien les négociations, en neutralisant au besoin les attributions de l'employeur de l'entreprise dominante.

Cette analyse peut se justifier tout particulièrement si l'on considère que le champ d'application d'un accord de groupe peut se limiter à certaines entreprises du groupe. Dans ce cas, il pourrait donc être avancé que la négociation ne devrait s'engager qu'entre les entreprises concernées, et que si l'entreprise dominante ne relève pas du champ d'application de l'accord, les employeurs des entreprises concernées devraient alors désigner un autre représentant dans ce périmètre. Mais il y a lieu à notre sens de rejeter cet argument, la négociation d'accords de groupe devant s'engager selon nous dans un seul et même périmètre, quel que soit le champ d'application de l'accord.

42 Quoi qu'il en soit, cette position du législateur traduit bien son embarras dès qu'il s'agit de trancher les débats relatifs au régime juridique des accords de groupe. Si nous approuvons son analyse de la position particulière de l'entreprise dominante pour la négociation et la conclusion d'accords de groupe, nous déplorons cependant qu'il ne soit pas allé au bout de son raisonnement, en lui confiant l'exclusivité de la négociation, à charge pour lui de déterminer de quelle manière il entend composer la délégation patronale.

En sa qualité de représentant légal de l'ensemble des employeurs des entreprises du groupe, il pourrait décider, selon le thème envisagé, soit de mener les débats de son propre chef, soit de confier la négociation à un autre mandataire, soit de l'engager de concert avec l'ensemble des employeurs concernés afin de recueillir leurs observations sur le dispositif qu'il entend mettre en place et de profiter de leur bonne connaissance du terrain. Reconnaître une compétence exclusive à l'employeur de l'entreprise dominante ne constituerait pas à notre sens un empêchement à la participation des autres employeurs à la négociation de l'accord.

La question devrait être selon nous tranchée en fonction la place que l'on entend donner à l'employeur de l'entreprise dominante dans la négociation et la conclusion des accords de groupe. On peut envisager deux alternatives.

43 La première serait de reconnaître des prérogatives particulières à l'employeur de l'entreprise dominante pour la négociation et la conclusion d'accord de groupe, auquel cas il faut laisser à son appréciation le choix de la configuration de la délégation patronale. Il lui incomberait alors de déterminer si la négociation doit être engagée côté patronal par ses soins, par un représentant qu'il mandaterait à cet effet, ou par l'ensemble des employeurs compris dans le périmètre du groupe, en fonction du dispositif envisagé. Selon cette analyse, les autres employeurs des entreprises de groupe n'interviendraient donc dans le processus de négociation que si l'employeur de l'entreprise dominante engage une démarche positive en ce sens.

Si l'employeur de l'entreprise dominante décide au contraire d'entamer seul des négociations avec la partie salariale, les employeurs des autres entreprises du groupe ne pourraient pas s'y opposer. Une telle analyse ne priverait pas pour autant les employeurs des autres entreprises du groupe de leur qualité de parties à l'accord. Elles seraient simplement représentées par l'entreprise dominante pour la conduite des négociations, ce qui ne les empêcherait pas d'intervenir par la suite, notamment lorsqu'elles souhaitent faire cesser l'application de l'accord de groupe dans leur propre structure. Nous reviendrons sur ce point dans le cadre de l'étude de l'évolution des accords de groupe. Il faut au surplus relever que des dispositifs de représentation similaires existent pour la partie salariale, comme nous le préciserons par la suite.

44 La seconde alternative serait au contraire de réfuter la théorie du mandat légal reconnu à l'employeur de l'entreprise dominante, et de lui dénier toute spécificité dans la conclusion et la négociation des accords de groupe. Dans ce cas, faute de mandat légal de représentation clairement établi par les textes, c'est l'ensemble des employeurs compris dans le périmètre du groupe qui devrait déterminer de quelle manière devraient être menées les négociations.

Ils pourraient ainsi participer tous ensemble à la négociation et à la conclusion des accords, ou bien désigner un ou plusieurs mandataires pour les représenter dans cette procédure. Il pourrait bien s'agir ici de l'employeur de l'entreprise dominante, mais celui-ci n'aurait pas, dans cette hypothèse, davantage de légitimité qu'un autre employeur pour mener ces négociations. L'intervention de l'employeur de l'entreprise dominante en qualité de représentant de l'ensemble des employeurs des entreprises du groupe serait ici subordonnée à l'existence d'un mandat exprès consenti par l'ensemble des employeurs des entreprises du groupe à cet effet.

45 La pratique ne semble pas valider cette seconde théorie, mais face aux incertitudes que soulève le dispositif légal, certains groupes prennent la précaution d'établir à l'employeur de l'entreprise dominante un mandat exprès pour la négociation et la conclusion des accords de groupe[71]. Cette démarche est d'ailleurs vivement recommandée par certains auteurs[72].

Il faut également relever que le texte légal distingue clairement l'entreprise dominante des représentants expressément mandatés pour la négociation des accords de groupe[73]. Cette formulation particulière n'aurait à notre sens aucun intérêt en l'absence de reconnaissance d'attributions spécifiques de l'entreprise dominante par rapport aux autres entités composant le groupe. On ne saurait donc dans ces conditions dénier l'existence d'un mandat légal reconnu à l'employeur de l'entreprise dominante pour la négociation et la conclusion d'accords de groupe. Cette rédaction particulière conduit par ailleurs à nous interroger sur les parties pouvant mandater expressément un représentant.

§ 2 : Les mandataires de la délégation patronale

46 Lorsque l'accord de groupe n'est pas négocié et conclu par l'employeur de l'entreprise dominante, il peut l'être « par un ou plusieurs représentants mandatés à cet effet, des employeurs des entreprises concernées par le champ de la convention ou de l'accord ». Cette rédaction surprend de prime abord d'un point de vue chronologique, en ce qu'elle fait référence aux entreprises « concernées par le champ de [...] l'accord », alors que le champ d'application de l'accord peut être lui-même un des objets de la négociation. Il aurait été plus opportun à notre avis de faire référence aux employeurs des entreprises comprises dans le périmètre du groupe, ou dans le périmètre de négociation de l'accord, afin de garantir la sécurité juridique des accords, quel que soit leur champ d'application.

47 S'agissant de la détermination des mandants, la circulaire du 22 septembre 2004 considère que « du côté patronal, la partie à la négociation peut être soit la direction de l'entreprise dominante, soit un ou plusieurs représentants des employeurs concernés par le champ de l'accord et mandatés à cet effet par l'employeur de l'entreprise dominante ou par

---

71 À titre d'exemple : *Accord de groupe « Contrat pour une nouvelle dynamique de croissance et de développement social de Renault en France »*, groupe Renault, 13 mars 2013; *Accord-cadre sur le droit syndical au sein du groupe Axa en France*, 24 mai 2013.

72 Dans ce sens : AUZERO (G.), « La vie des conventions et accords collectifs de groupe », *RDT*, 2006, p. 230 ; ANTONMATTÉI (P.-H.), « La consécration législative de la convention ou de l'accord de groupe : satisfactions et interrogations », *Dr. Soc.* 2004, p. 601 ; LAGESSE (P.), « Sur les conventions et accords de groupe », in *Le nouveau droit de la négociation collective (loi n°2004-391 du 4 mai 2004)*, éd. Panthéon-Assas, 2004, p. 95-100.

73 *C. trav.*, art L.2232-31.

l'ensemble des employeurs concernés ». Cette précision ne manque pas d'intérêt, compte tenu du silence du législateur sur ce point : l'article L.2232-16 du code du travail ne détermine pas qui peut mandater les représentants des employeurs concernés par l'accord.

Mais le résultat de cette interprétation n'est pas clair. Tout d'abord, il ne paraissait pas nécessaire de préciser que l'employeur de l'entreprise dominante peut mandater un ou plusieurs représentants des employeurs concernés par l'accord s'il bénéficie d'un mandat de représentation légale de ceux-ci. Comme nous l'avons déjà précisé, cette prérogative particulière devrait lui permettre de choisir de quelle manière il entend composer la délégation patronale, et il pourrait tout à fait, dans le cadre de son pouvoir de représentation, mandater expressément un autre employeur pour mener les négociations.

48 Un autre auteur a mis en évidence que la possibilité pour l'employeur de l'entreprise dominante de désigner un mandataire nous conforterait bien dans l'idée qu'il dispose d'un pouvoir propre d'engagement pour tout ou partie des entreprises du groupe, car il ne lui serait pas reconnu un tel pouvoir s'il n'était lui-même que le mandataire des employeurs de l'ensemble des entreprises du groupe[74]. Il semblerait donc que l'intérêt principal de l'interprétation de la circulaire réside plutôt dans la possibilité pour l'ensemble des employeurs des entités concernées par l'accord de procéder à la désignation de leurs propres représentants pour la négociation.

Mais la reconnaissance d'un tel pouvoir aux employeurs de l'ensemble des entreprises du groupe ne saurait coexister avec des prérogatives spécifiques qui seraient dévolues à l'employeur de l'entreprise dominante pour la négociation et la conclusion des accords de groupe, à moins qu'il ne soit institué une hiérarchie entre ces différents modes de négociation. Ici encore, on peut dégager deux hypothèses de travail, selon la place que l'on entend accorder à l'employeur de l'entreprise dominante dans la négociation et la conclusion des accords de groupe.

49 Si l'on admet la spécificité de l'employeur de l'entreprise dominante en matière de négociation collective, il bénéficierait, en sa qualité de représentant légal de l'ensemble des entreprises comprises dans le périmètre de l'accord, d'une primauté pour la négociation et la conclusion des accords de groupe. C'est en effet le seul interlocuteur qui peut diligenter une telle procédure sans avoir à justifier d'un mandat écrit en ce sens. Il serait donc libre de déterminer de quelle manière il entend orchestrer la négociation.

---

74 LEGRAND (H.-J.), « Accords collectifs de groupe et d'unité économique et sociale : une clarification inachevée », *Dr. Soc.*, 2008, p. 60.

Pour les défenseurs de la théorie du mandat légal, « la position éminente occupée par l'entreprise dominante justifie de lui reconnaître, en tout état de cause, le pouvoir d'organiser la délégation patronale »[75]. L'option énoncée par l'article L.2232-31 du code du travail laisserait donc à l'entreprise dominante le choix de conduire seule la négociation, même si la négociation n'intéresse qu'une fraction du groupe excluant l'entreprise dominante, ou d'y associer les représentants des entreprises concernées, ou bien de laisser cette charge aux seuls représentants des entreprises concernées.

Les représentants des entreprises concernées par l'accord de groupe ne pourraient alors être désignés par celles-ci que lorsqu'elles y ont été conviées par l'employeur de l'entreprise dominante. Les employeurs des entreprises du groupe n'en demeureraient pas moins parties à l'accord, peu important qu'elles aient matériellement participé ou non à sa négociation. Lorsque l'entreprise dominante mène seule les négociations, elle agit au nom et pour le compte de l'ensemble des entreprises du groupe, de la même manière que si elle avait été expressément mandatée à cet effet : la représentation des entreprises du groupe pour la négociation n'altère en rien leur qualité de parties à l'accord. Elles demeurent libres d'exercer individuellement les droits et prérogatives qui découlent de cette qualité par la suite. Nous reviendrons sur cet aspect lorsque nous évoquerons les évolutions des accords de groupe.

50 Si l'on réfute au contraire la théorie du mandat légal de représentation, il y aurait lieu de faire primer la seconde partie du dispositif prévu par l'article L.2232-31 du code du travail, et de considérer que c'est l'ensemble des employeurs des entreprises concernées par l'accord qui doit décider de la composition de la délégation patronale. Mais cette analyse ne saurait être retenue, pour deux raisons.

Tout d'abord, elle suppose que le champ d'application de l'accord soit définitivement arrêté en amont de toute négociation, ce qui à notre sens, doit être exclu. Ensuite, la première partie du dispositif légal consacré à l'employeur de l'entreprise dominante se trouverait dépourvue d'objet : si l'ensemble des employeurs est considéré comme le décisionnaire de la composition de la délégation patronale, la faculté particulière de négocier reconnue par le législateur à l'employeur de l'entreprise dominante ne pourrait plus valablement s'appliquer…

---

[75] TEYSSIÉ (B.), « Variations sur les conventions et accords collectifs de groupe », *Dr. Soc.* 2005, p. 643.

Conclusion du Chapitre 1

51 Le dispositif légal prévu pour déterminer la partie patronale aux accords de groupe s'est voulu volontairement large, pour ne pas restreindre les opportunités de négociation. Il prévoit ainsi la possibilité de faire conduire ces négociations soit par l'employeur de l'entreprise dominante, soit par l'ensemble des employeurs concernés, par l'intermédiaire de représentants expressément mandatés à cet effet.

Mais une telle rédaction ne permet pas de donner toute leur efficacité aux prérogatives spécifiques qu'il a ainsi dévolues à l'employeur de l'entreprise dominante : l'article L.2232-31 du code du travail reconnaît un pouvoir particulier à l'employeur de l'entreprise dominante, tout en offrant la possibilité aux autres employeurs des entreprises du groupe de le contrer en mandatant leurs propres représentants pour la négociation. Ces deux alternatives ne sauraient valablement coexister, à moins d'instituer une hiérarchie entre elles. Ce pouvoir devrait relever à notre sens du seul employeur de l'entreprise dominante, qui pourra tout à fait inviter les employeurs des entreprises concernées à désigner leurs représentants.

52 A trop vouloir assouplir le régime juridique de la négociation des accords de groupe, le législateur a finalement mis en place un dispositif peu cohérent, voire même contradictoire, à charge pour les partenaires sociaux d'en extraire les éléments les plus efficaces. La pratique n'a pas manqué d'y procéder, en laissant l'employeur de l'entreprise dominante trancher la question de la composition de la délégation patronale à la négociation. La faculté accordée aux employeurs des entreprises concernés de composer la délégation patronale à la négociation des accords de groupe se révèle donc en pratique parfaitement artificielle.

Chapitre 2 : La partie salariale

53 La détermination de la partie salariale à la négociation collective soulève également des difficultés particulières s'agissant d'accords de groupe. Aux termes de l'article L.2232-31 du code du travail, les accords de groupe sont négociés et conclus par « les organisations syndicales de salariés représentatives dans le groupe ou dans l'ensemble des entreprises concernées par le champ de la convention ou de l'accord ».

Tout d'abord, ce dispositif semble instituer un monopole des organisations syndicales représentatives pour la négociation et la conclusion des accords de groupe. Ce principe connaît toutefois des exceptions, ce qui nous amènera à nous interroger sur sa portée (section1).

Ensuite, l'appréciation de la représentativité des organisations syndicales dans le cadre des groupes se heurte à certaines difficultés inhérentes à leur configuration. Il faudra donc étudier de quelle manière le dispositif légal, essentiellement envisagé pour la négociation d'accords d'entreprise, d'établissement, ou de branche, peut être adapté aux spécificités structurelles des groupes de sociétés (section 2).

Il faudra également analyser les spécificités attachées à la désignation de représentants des salariés pour la composition de la délégation patronale (section3), avant d'évoquer le rôle des institutions représentatives du personnel dans la négociation et la conclusion des accords de groupe (section 4).

Section 1:Le monopole des organisations syndicales représentatives

54 Il convient de rappeler que la Constitution de 1946 affirme que tout salarié « participe, par l'intermédiaire de ses délégués, à la détermination collective des conditions de travail », et que l'article L.2221-1 du code du travail reconnaît « le droit des salariés à la négociation collective de l'ensemble de leurs conditions d'emploi et de travail et de leurs garanties sociales ». Il apparaissait donc légitime que le législateur consacre ce droit dans le cadre des groupes de sociétés, dès lors que les entreprises qui les composent peuvent organiser un statut social commun à l'ensemble de leurs salariés. Comme nous l'avons déjà souligné concernant la partie patronale, le groupe constitue un ensemble dont les intérêts sont distincts de ceux de chaque entreprise le composant. L'intérêt collectif des salariés du groupe peut être différent de celui des salariés de chaque entreprise du groupe.

Le législateur n'envisage la possibilité de négocier et de conclure des accords de groupe qu'avec « les organisations syndicales de salariés représentatives dans le groupe ou dans l'ensemble des entreprises concernées par le champ de la convention ou de l'accord »[76]. La vocation première des organisations syndicales est effectivement d'assurer la défense des intérêts individuels et collectifs des salariés. Elles participent à ce titre tout naturellement à la détermination collective des conditions de travail, par la voie de la négociation collective. Ainsi, les organisations syndicales représentatives dans le groupe peuvent négocier et conclure des accords de groupe avec la direction du groupe, en vue de déterminer les conditions de travail et les garanties sociales de l'ensemble des salariés du groupe.

55 Il convient toutefois de s'interroger sur la portée qu'il faut donner à ce dispositif. S'il est tout à fait légitime pour le législateur de consacrer la primauté des organisations syndicales pour la négociation des accords de groupe, on peut se demander s'il a entendu leur accorder une compétence exclusive en la matière.

Sur ce point, le Conseil Constitutionnel a pu préciser que « si les dispositions des6° et 8° du préambule de la Constitution du 27 octobre 1946 confèrent aux organisations syndicales vocation naturelle à assurer, notamment par la voie de la négociation collective, la défense des droits et intérêts des travailleurs, elles n'attribuent pas pour autant à celles-ci un monopole de la représentation des salariés en matière de négociation collective. Des salariés désignés par la voie de l'élection ou titulaires d'un mandat assurant leur représentativité peuvent également participer à la détermination collective des conditions de travail dès lors que leur intervention n'a ni pour objet ni pour effet de faire obstacle à celles des organisations syndicales représentatives »[77].

56 Pour donner tout son effet au droit de participer à la détermination collective des conditions de travail constitutionnellement reconnu aux salariés, le législateur a progressivement consacré des modes subsidiaires de négociation dans les entreprises dépourvues de représentation syndicale, avec la loi du 4 mai 2004, la loi du 20 août 2008, et plus récemment avec la loi du 17 août 2015 et la loi du 8 août 2016.

Ainsi, dans les entreprises dépourvues de délégués syndicaux[78], des représentants élus du personnel au comité d'entreprise ou à la délégation

---

[76] *C. trav.*, art. L.2232-31.

[77] Cons. Const., 6 nov. 1996, déc. n° 96-383 DC, *JO*, 13 nov. 1996, p. 16531 ;*JCP, G*, 1996, III, 69213.

[78] Ou de délégué du personnel désigné comme délégué syndical dans les entreprises de moins de cinquante salariés.

unique du personnel ou, à défaut, les délégués du personnel, mandatés par les organisations syndicales représentatives au niveau de la branche, ou à défaut, au niveau national ou interprofessionnel, peuvent désormais négocier et conclure des accords collectifs de travail, sous réserve de leur approbation par les salariés à la majorité des suffrages exprimés[79]. En l'absence de représentants élus du personnel mandatés, des représentants élus du personnel non mandatés peuvent négocier, conclure et réviser des accords collectifs de travail sur des mesures dont la mise en œuvre est subordonnée par la loi à un accord collectif[80]. Ces représentants peuvent également conclure des accords sortant de ce cadre strictement défini par la loi, mais ces derniers ne vaudront alors qu'engagement unilatéral de l'employeur.

De la même manière, dans les entreprises dépourvues de délégué syndical, et lorsqu'aucun élu n'a manifesté son souhait de négocier, une négociation peut s'ouvrir avec des salariés mandatés par une ou des organisations syndicales représentatives dans la branche, ou à défaut, au niveau national ou interprofessionnel[81], sur toutes les mesures qui peuvent être négociées par accord d'entreprise ou d'établissement.

Enfin, en l'absence de délégué syndical, une organisation syndicale non représentative ayant constitué une section syndicale dans l'entreprise peut en désigner un représentant, et le mandater en vue de négocier et de conclure un accord d'entreprise[82]. Dans ces deux dernières hypothèses, les accords devront être approuvés par les salariés de l'entreprise à la majorité des suffrages exprimés[83].

57 Ces dispositifs sont toujours au cœur des préoccupations du législateur et des partenaires sociaux, et cristallisent les divergences d'opinions entre les organisations patronales et les organisations salariales. En témoigne la loi du 17 août 2015. Parmi les dispositifs les plus critiqués se trouve, en filigrane d'une simplification des instances représentatives du personnel, la possibilité étendue à toutes les entreprises de signer des accords collectifs en l'absence de délégués syndicaux. L'article 21 de la loi a supprimé le plafond de deux cents salariés, antérieurement en vigueur pour ouvrir les modes de négociation subsidiaires dans les entreprises. Une priorité est ensuite accordée aux représentants élus du personnel mandatés par les organisations

79 *C. trav.*, art. L.2232-21 et L.2232-21-1.

80 À l'exception des accords de méthode : *C. trav.*, art L.2232-22.

81 *C. trav.*, art L.2232-24.

82 *C. trav.*, art L.2143-23 al. 1.

83 *C. trav.*, art L.2232-27 (salariés mandatés) ; *C. trav.*, art L.2232-14 (représentants de section syndicale).

syndicales représentatives au niveau de la branche, ou à défaut, au niveau national ou interprofessionnel pour engager ces négociations[84].

58 Mais si le législateur a souhaité étendre la possibilité de négocier des accords collectifs en l'absence de délégués syndicaux, cet assouplissement semble encore aujourd'hui strictement limité au cadre de l'entreprise. En effet, comme nous avons déjà pu le relever, les textes relatifs à la négociation et à la conclusion d'accords de groupe font exclusivement référence aux organisations syndicales représentatives pour identifier la partie salariale[85].

On peut également observer que les textes relatifs à la négociation d'accords d'entreprises par des représentants autres que les organisations syndicales représentatives ne font jamais référence au groupe[86]. Il en est de même de la loi du 17 août 2015 relative au dialogue social et à l'emploi. L'administration n'est guère plus engageante dans cette voie. Bien au contraire, alors qu'elle reconnaît la possibilité de négocier des accords collectifs avec le comité d'entreprise d'une unité économique et sociale, elle considère qu'il est impossible de négocier avec le comité de groupe, lequel n'a « pas de compétence en matière de négociation, compte tenu de sa nature et de ses pouvoirs »[87]. Aucune modalité de négociation subsidiaire à celle menée par les organisations syndicales représentatives n'est donc prévue dans les groupes qui seraient dépourvus de représentation syndicale.

Le professeur Teyssié considère sur ce point que « l'esprit du texte n'incline pas à penser qu'une telle négociation soit applicable dans le cadre du groupe, sa formulation étant plutôt conçue à destination des petites et moyennes entreprises »[88]. Il avance au surplus que la réunion des conditions exigées pour une telle négociation ne paraît guère vraisemblable dans le cadre du groupe. Cet argument doit toutefois être relativisé, compte tenu de l'évolution de l'implantation et de la configuration des groupes de sociétés.

59 Il faut tout d'abord relever que la France se caractérise sur le plan international par une forte proportion de très petites entreprises : une

---

84 *C. trav.*, art. L. 2232-21.

85 *C. trav.*, art L.2232-31.

86 *C. trav.*, art L.2232-21 (représentants élus du personnel mandatés) *; C. trav.,*art L.2232-22(représentants élus du personnel non mandatés) *; C. trav., art L.2232-24 (*salariés mandatés)*; C. trav.*, art L.2143-23 al. 1 (représentant de section syndicale mandaté).

87 *Circulaire relative au titre II de la loi n° 2004-391 du 4 mai 2004 relative à la formation professionnelle tout au long de la vie et au dialogue social*, 22 sept. 2004, *JORF*, 31 oct. 2004, n° 255, p. 18472, Fiche n° 6.

88 TEYSSIÉ (B.), « Variations sur les conventions et accords collectifs de groupe », *Dr. Soc.* 2005, p. 643 ; TEYSSIÉ (B.), « Les conventions et accords collectifs de groupe », *Petites Affiches*, 2004, n° 967, p. 59.

entreprise sur dix emploie plus de dix salariés, contre une sur trois en Allemagne[89]. S'est donc tout naturellement posée la question d'un éventuel lien de corrélation entre la taille des entreprises et les seuils d'effectifs imposant la mise en œuvre d'obligations légales en matière de représentation du personnel.

Il faut rappeler en effet que, sauf accord plus favorable, la désignation de délégués syndicaux n'intervient que dans les entreprises dont l'effectif est d'au moins 50 salariés[90]. Il est également possible de désigner des délégués du personnel comme délégués syndicaux, mais cela suppose un effectif d'au moins onze salariés dans l'entreprise concernée[91]. Or si les groupes de sociétés pouvaient répondre initialement à un objectif de concentration industrielle pour acquérir une position de force dans un secteur économique donné, ils ont rapidement diversifié leur expansion en regroupant des activités non plus identiques, mais complémentaires. Cette concentration économique s'est progressivement doublée d'une concentration financière, si bien que « depuis longtemps, la logique industrielle a pu être perdue de vue dans les prises de contrôle obéissant désormais à des motivations purement financières »[92]. La constitution de groupes de sociétés s'est progressivement développée dans de nombreux secteurs d'activités, lesquels ne cadrent pas nécessairement avec le modèle traditionnel de concentration industrielle.

60 Il en résulte qu'à l'heure où nous écrivons ces lignes, il existe bel et bien des groupes de sociétés dont l'organisation structurelle ne justifie pas, en l'état actuel du droit, la désignation de délégués syndicaux. Tel est le cas lorsque les effectifs salariés de chaque entreprise du groupe ne dépassent pas les seuils de déclenchement des obligations légales de mise en place d'institutions représentatives du personnel.

Il n'est d'ailleurs pas rare qu'une telle organisation soit volontairement mise en place par la direction du groupe qui, en alliant un ingénieux découpage des filiales avec une mobilité facilitée dans le cadre du groupe, peut ainsi éviter de dépasser, dans chaque entreprise du groupe, les seuils d'effectifs imposant la mise en place d'une représentation du personnel. C'est d'ailleurs ce constat, loin d'être nouveau, qui a justifié la création jurisprudentielle de la notion d'unité économique et sociale.

---

89 DILA., « *Représentation du personnel dans l'entreprise : les seuils sociaux en débat* », 13 oct. 2014 ; CECI-RENAUD (N.) et CHEVALIER (P.-A.), « *Les seuils de 10, 20, 50 salariés : un impact limité sur la taille des entreprises françaises* », INSEE Analyses, n° 2, déc. 2011.

90 *C. trav.*, art. L.2143-3.

91 *C. trav.*, art. L.2143-6.

92 VATINET (R.), « La pieuvre et l'Arlésienne », Groupes de sociétés et droit du travail, *Dr. Soc.*, 2010, p. 801.

61 L'hypothèse de groupes constitués d'entités dépourvues d'instances représentatives du personnel entraînerait deux types de conséquences du point de vue de la représentation syndicale. Tout d'abord, il n'y aurait pas lieu de procéder à la désignation de délégués syndicaux, ou de délégués du personnel comme délégués syndicaux, dans la mesure où les effectifs salariés de chaque entreprise sont inférieurs au seuil de déclenchement des obligations de l'employeur quant à la mise en place d'institutions représentatives du personnel. Par ailleurs, il serait impossible d'apprécier la représentativité des organisations syndicales dans le groupe, leur audience devant s'apprécier au regard des résultats des dernières élections professionnelles organisées dans chaque entreprise du groupe.

Une telle configuration conduirait donc à un blocage pur et simple de la négociation d'accords de groupe en l'absence de modes subsidiaires de négociation. La question de l'impact des seuils sociaux sur la taille des entreprises n'a pas échappé aux praticiens, et revient de manière récurrente dans les débats. L'INSEE s'est également saisi de cette difficulté, pour finalement conclure, dans une étude datant de 2011, que les seuils d'effectifs mis en place par le législateur français n'ont qu'un impact très limité sur la taille des entreprises[93].

62 Cette position n'est toutefois pas partagée par le MEDEF qui a clairement argué que ces seuils d'effectifs constituent un frein à l'embauche et à la croissance, notamment dans le cadre de la négociation nationale interprofessionnelle engagée le 9 octobre 2014 sur la qualité et l'efficacité du dialogue social dans les entreprises et l'amélioration de la représentation des salariés, quelle que soit la taille de leur entreprise[94]. La CGPME a précisé sur ce point que « le passage de 49 à 50 salariés [...] déclenche 35 obligations administratives supplémentaires, ce qui aboutit à majorer le prix de l'heure travaillée de plus de 4 % »[95]. On ne saurait donc exclure que les seuils d'effectifs jouent un rôle dans la taille des entreprises, et dans la structuration des groupes qui les réunissent. Dans ces conditions, il y aurait lieu de s'interroger sur la possibilité d'instituer un dialogue social dans des groupes dépourvus de représentation syndicale. Certains dispositifs légaux pourraient nous amener à envisager la reconnaissance de tels modes de négociation complémentaires.

---

93 CECI-RENAUD (N.) et CHEVALIER (P.-A.), « *Les seuils de 10, 20, 50 salariés : un impact limité sur la taille des entreprises françaises* », INSEE Analyses, n° 2, déc. 2011.

94 MEDEF, « Négociation relative à la qualité et à l'efficacité du dialogue social dans l'entreprise et à l'amélioration de la représentation des salariés », 10 déc. 2014.

95 CGPME, « *Les propositions de la CGPME concernant l'allègement du seuil « social » de 50 salariés* », 12 fév. 2014.

Tout d'abord, l'article L.2232-11 du code du travail qui ouvre la section relative aux conventions et accords collectifs d'entreprise, et dans laquelle s'insèrent les modalités de négociation d'accords en l'absence de délégué syndical, prévoit que « la présente section détermine les conditions dans lesquelles s'exerce le droit des salariés à la négociation dans l'entreprise et dans le groupe ». On pourrait donc légitimement en déduire que les modalités subsidiaires de négociation prévues en l'absence de représentation syndicale dans les entreprises pourraient également s'appliquer à la négociation d'accords de groupe.

63 Il faut relever que le législateur a prévu de très longue date des modes subsidiaires de négociation d'accords de groupe, dans des domaines particuliers dans lesquels il a entendu favoriser la mise en œuvre d'un dispositif contractuel. Il en est ainsi notamment des accords de groupe relatifs à la participation des salariés aux résultats du groupe. Des modalités de conclusion d'accords de groupe très attractives ont été mises en place par la loi du 25 juillet 1994 relative à l'amélioration de la participation des salariés dans l'entreprise[96].

Pour éviter que l'absence de représentation syndicale de groupe ne soit un obstacle à la mise en œuvre d'un tel dispositif, l'ancien article L.442-11 du code du travail prévoyait qu'un accord de groupe pouvait être conclu sur ce thème dans les mêmes conditions qu'un accord d'entreprise au sein d'une entité dépourvue de représentation syndicale, c'est-à-dire avec un ou plusieurs salariés mandatés, ou avec les représentants mandatés par chacun des comités d'entreprise concernés, ou bien suite à la ratification à la majorité des deux tiers du personnel d'un projet d'accord proposé par la direction. Ce dispositif est toujours en vigueur à l'heure où nous écrivons ces lignes[97], et n'a pas été révisé suite aux modifications introduites par la loi du 17 août 2015. On voit ici clairement s'illustrer une des limites du parti pris du législateur français de ne pas envisager une véritable réflexion de fond sur les problématiques dégagées par les groupes de sociétés en matière de négociation collective. En n'intervenant que par touches successives, sans envisager le droit des groupes dans son ensemble, il a abouti à une superposition de solutions, dont la portée est limitée et la cohérence parfois discutable.

64 La conclusion d'accords de groupe est, par principe, l'apanage des seules organisations syndicales représentatives. Pourtant, des dérogations existent.

---

96 *Loi relative à l'amélioration de la participation des salariés dans l'entreprise*, 25 juil. 1994, n° 94-640, *JORF*, n° 172, 27 juil. 1994, p. 10832.

97 *C. trav.*, art. L.3322-7.

Il faut donc déterminer de quelle manière doivent s'articuler ces différents dispositifs. Plusieurs analyses peuvent être avancées.

Tout d'abord, on pourrait concevoir qu'après avoir pris une mesure particulière pour la mise en place d'une participation des salariés aux résultats du groupe, le législateur a entendu mettre en place un dispositif de portée générale pour étendre la possibilité de conclure des accords de groupe à tous les thèmes qui peuvent alimenter un dialogue social dans le groupe. La chronologie de ses interventions pourrait justifier une telle position. Après être intervenu ponctuellement pour consacrer la négociation d'accords de groupe en matière de participation avec la loi du 7 novembre 1990 relative à l'amélioration de la participation, il aurait étendu la possibilité de conclure des accords de groupe à tous les domaines pouvant faire l'objet d'une négociation contractuelle par la loi du 4 mai 2004, en limitant toutefois la représentation de la partie salariale aux seules organisations syndicales représentatives.

Il faut en effet remarquer que le dispositif prévu par l'article L.3344-1 du code du travail a une portée très limitée dans la pratique. Nous n'avons relevé aucun accord de participation de groupe conclu via un mode subsidiaire de négociation dans le cadre de la présente étude. On pourrait imaginer que si le législateur a fait le même constat, il n'a pas peut être pas entendu maintenir en vigueur un dispositif dépourvu d'effets.

On peut aussi remarquer que la consécration des accords de groupe et la mise en place de dispositifs subsidiaires de négociation, en l'absence de représentation syndicale, dans le cadre de l'entreprise, ont été formalisées dans le même texte de loi[98]. On pourrait donc raisonnablement penser que le législateur n'a pas souhaité étendre trop hâtivement les possibilités de négociation d'accords de groupe au-delà du champ de la représentation syndicale, mais qu'il a préféré mesurer les effets, la portée et les limites de ces deux dispositifs avant d'envisager de les faire interagir.

65 Il y aurait alors lieu de considérer que les accords de groupe, quel que soit le thème qu'ils abordent, doivent être négociés et conclus exclusivement avec les organisations syndicales représentatives, et que les modes complémentaires de négociation énoncés à l'article L.3344-1 du code du travail pour la participation doivent être relégués au rang de survivances rédactionnelles d'un dispositif légal antérieur. La consécration générale des accords de groupe par la loi du 4 mai 2004 éclipserait donc le dispositif mis en place par la loi du 7 novembre 1990 en matière de participation, et la compétence des organisations syndicales représentatives devrait être exclusive. Mais une telle analyse ne saurait pleinement nous satisfaire, dans

---

98 *Loi relative à la formation professionnelle tout au long de la vie et au dialogue social*, 4 mai 2004, n° 2004-391, *JORF*, 5 mai 2004, n° 105, p. 7983.

la mesure où elle priverait les groupes dépourvus de représentation syndicale de la possibilité de négocier et de conclure des accords qui pourraient constituer un socle commun de garanties sociales supplémentaires pour l'ensemble de leurs salariés.

66 Une autre analyse de l'articulation de ces dispositifs pourrait se fonder sur l'application de l'adage *specialia generalibus derogant*, considérant que la règle générale serait la négociation d'accords de groupe par les seules organisations syndicales représentatives, et qu'il serait néanmoins possible d'y déroger, dès lors qu'un texte législatif le prévoit, comme c'est le cas en matière de participation des salariés aux résultats de l'entreprise[99].

Cette solution permettrait au législateur d'envisager la négociation d'accords de groupe en l'absence de représentation syndicale, tout en en limitant sa portée à des thèmes strictement encadrés, et limitativement énumérés. On pourrait ainsi imaginer étendre les modes de négociations subsidiaires prévus pour la conclusion d'accords d'entreprise à tous les accords de groupe conclus sur des thèmes pour lesquels le législateur a édicté une obligation légale de négocier. Ces thèmes n'ont cessé de se développer ces dernières années, à l'instar de l'obligation triennale de négocier en matière d'égalité salariale[100], de même que sur le contrat de génération[101]. Ces obligations demeurent néanmoins circonscrites aux entreprises et aux groupes de plus de trois cents salariés, dotés d'une représentation syndicale, ce qui limite considérablement leur portée.

67 En admettant la possibilité de négocier des accords de groupe avec d'autres interlocuteurs que les seules organisations syndicales représentatives, le champ des groupes de sociétés soumis à ces obligations légales de négocier s'en trouverait considérablement étendu, tout comme, corrélativement, le champ des salariés bénéficiaires de tels dispositifs. Selon cette analyse, il serait donc possible de prévoir des modes subsidiaires de négociation des accords de groupe pour des thèmes spécifiques sur lesquels le législateur entend particulièrement développer le dialogue social. La primauté des organisations syndicales représentatives serait préservée, tout autant que la possibilité pour les salariés de participer, par l'intermédiaire de leurs représentants, à la détermination de leurs conditions de travail.

Mais cette solution ne saurait pleinement nous satisfaire, dans la mesure où elle limiterait nécessairement le champ de la négociation collective dans les groupes dépourvus de représentation syndicale. Il ne pourrait ici être

---

99 Dans ce sens : ANTONMATTÉI (P.-H.), « La consécration législative de la convention ou de l'accord de groupe : satisfactions et interrogations », *Dr. Soc.*, 2004, p. 601.

100 *C. trav.*, art. L.2241-3.

101 *C. trav.*, art. L.5121-9.

recouru à un mode subsidiaire de négociation que pour des thèmes strictement définis par la loi. Or il apparaît clairement dans ses interventions successives que le législateur a entendu favoriser la négociation collective dans les groupes de sociétés, en laissant aux partenaires sociaux toute latitude quant au contenu de cette négociation. Limiter le recours à des modes subsidiaires de négociation à des thèmes limitativement énumérés serait donc contraire à l'esprit des textes organisant la négociation collective.

68 Quelle que soit la solution retenue, le monopole de organisations syndicales représentatives pour la négociation et la conclusion d'accords de groupe est difficilement contestable en l'état actuel du droit, et aucun élément de fait ou de droit ne nous semble s'orienter dans une autre direction. Plusieurs tempéraments peuvent d'ailleurs être apportés à la problématique de l'absence de représentation syndicale dans certains groupes, afin que leurs salariés ne se trouvent pas privés de garantie conventionnelle.

Comme nous l'avons rappelé plus haut, la pratique de la multiplication des entreprises aux fins d'éviter le franchissement des seuils de déclenchement des obligations légales des employeurs en matière de représentation du personnel n'est pas nouvelle, et la jurisprudence a tenté d'y mettre un coup d'arrêt en introduisant la notion d'unité économique et sociale[102].

Ce concept permet désormais d'envisager un ensemble d'entreprises juridiquement autonomes comme une seule et même entité pour la mise en place d'une représentation du personnel, dès lors que peuvent être établies entre elles une unité de direction, une unité sociale et une unité d'activités. Mais si ce dispositif a été à l'origine créé dans l'unique but d'instituer une représentation du personnel dans des structures qui en étaient artificiellement dépourvues, il est désormais acquis que des accords d'entreprise peuvent valablement être conclus dans ce cadre, dès lors que des délégués syndicaux y ont été désignés[103].

Il peut donc être intéressant, dès lors que les conditions sont réunies, de privilégier la reconnaissance d'une unité économique et sociale sur celle d'un groupe. Nous reviendrons sur la distinction et la complémentarité de ces deux terrains de négociation lorsque nous évoquerons leur articulation dans le cadre de l'étude de l'application des accords de groupe.

69 Il faut également indiquer que le seuil d'effectifs déclenchant l'obligation légale de mise en place d'institutions représentatives du personnel peut tout à

---

[102] Cass. Crim., 23 avril 1970, n° 68-91333 ; *Bull. Crim.*, 1970, n° 144, p. 335 ; *D.*, 1970, 444; Cass. Soc., 8 juin 1972, n° 71-12860 ; *Bull. Civ.*, 1972, V, n° 418, p. 382 ; *JCP*, 1973, II, 17316; Cass. Soc., 19 déc. 1972, n° 72-60088, *Bull. Civ.*, 1972, V, n°710, p. 650 ; *D.*, 1973, p. 381, n. M. DESPAX.

[103] Cass. Soc., 25 janv. 2012, n° 11-60088 ; Cass. Soc., 29 mai 2013, n° 12-60262 ; *Bull. Civ.*, 2013, V, n° 141 ; *Dr. Soc.*, 2013, n° 7/8, p. 653, n. F. PETIT.

fait être abaissé conventionnellement. Il est alors possible de mettre en place une représentation syndicale dans tous les groupes, quels que soient leurs effectifs. Le MEDEF avait largement argué en ce sens dans le cadre de la négociation nationale interprofessionnelle sur le dialogue social engagée fin 2014 pour justifier un gel du dépassement des seuls d'effectifs déclenchant les obligations légales de mise en place d'institutions représentatives du personnel[104].

Mais cette solution séduisante n'est guère suivie d'effets en pratique : la qualité du dialogue social va souvent de pair avec l'étendue des moyens que le groupe peut déployer pour sa mise en œuvre, et le plus souvent, les garanties supplémentaires accordées aux salariés en matière de représentation relèvent davantage d'une stratégie de communication de la direction que d'une réelle volonté d'amélioration du dialogue social. Nous n'avons d'ailleurs relevé aucun accord de groupe prévoyant des instances de négociation supplétives pour pallier à l'absence d'une représentation syndicale imposée par le législateur, ni même des accords de groupe qui abaisseraient le seuil de déclenchement des obligations de mise en place d'institutions représentatives du personnel dans les entreprises composant le groupe.

Mais il n'est pas exclu que cet aspect de la négociation des accords de groupe continue d'alimenter les débats. Le développement de la représentation des salariés dans les très petites entreprises demeure plus que jamais au cœur des préoccupations du législateur et des partenaires sociaux. Les nouvelles perspectives de négociation ouvertes aux très petites entreprises vont nécessairement influer sur la mise en place d'un dialogue social dans les groupes dépourvus de représentation syndicale. Nonobstant l'ensemble de ces considérations, la négociation des accords de groupe avec les organisations syndicales représentatives n'en demeure pas moins la règle, qu'on s'entende ou non à lui conférer un caractère exclusif.

---

104 MEDEF, « Négociation relative à la qualité et à l'efficacité du dialogue social dans l'entreprise et à l'amélioration de la représentation des salariés », 10 déc. 2014.

Section 2 : La représentativité des organisations syndicales

70 La représentativité d'un syndicat peut être définie comme son « *aptitude à s'exprimer au nom de la collectivité des travailleurs, mais aussi à prendre des engagements pour le compte de celle-ci* »[105]. Depuis la loi du 20 août 2008 portant rénovation de la démocratie sociale[106], la représentativité des organisations syndicales ne peut plus se présumer et doit être justifiée d'après un certain nombre de critères cumulatifs[107]. Outre les critères qualitatifs tels que le respect des valeurs républicaines, l'indépendance, la transparence financière et l'influence, les organisations syndicales implantées dans l'entreprise doivent désormais justifier d'une ancienneté minimale de deux ans et d'avoir recueilli au moins 10 % des suffrages exprimés au premier tour des dernières élections des titulaires au comité d'entreprise, ou de la délégation unique du personnel, ou à défaut, des délégués du personnel, quel que soit le nombre de votants. Le taux d'audience recueilli par les organisations syndicales peut ainsi fonder pour partie leur représentativité, mais il peut corrélativement la remettre en cause lors de chaque nouveau scrutin.

Cette évolution peut notamment s'expliquer du fait de la reconnaissance législative de la possibilité de conclure des accords dérogatoires. Dès lors, il devenait indispensable de renforcer la légitimité des organisations syndicales susceptibles de prendre part à la négociation. « Si l'objet de la négociation n'est que de créer des avantages plus favorables, l'ordre public n'est pas menacé par la signature d'un syndicat ayant une faible audience »[108]. Nous reviendrons plus précisément sur ce point lors de l'étude de l'articulation des accords de groupe avec les accords d'entreprise.

71 On peut donc relever que ce nouveau dispositif, s'il confère une légitimité renforcée aux organisations syndicales pour la négociation et la conclusion d'accords collectifs, les place toutefois en situation d'instabilité et les contraint à justifier périodiquement de leur représentativité. Cette innovation mise à part, la détermination du caractère représentatif d'une organisation syndicale ne pose pas de difficulté particulière dans le cadre d'une

---

105 BÉLIER (G.) et LEGRAND (H.-J.), *La négociation collective après la loi du 20 août 2008*, éd. Liaisons, 2009.

106 *Loi portant rénovation de la démocratie sociale et réforme du temps de travail*, 20 août 2008, n° 2008-789, *JORF*, 21 août 2008, n° 0194, p. 13064.

107 *C. trav.*, art L.2121-1.

108 BARTHÉLÉMY (J.) et G. CETTE (G.) : « Pour une nouvelle articulation des normes en droit du travail », *Dr. Soc.*, 2013, p. 20.

entreprise. Il en va toutefois différemment dans le cadre des groupes de sociétés.

Les groupes de sociétés recouvrant des réalités très disparates, la détermination d'un dénominateur commun à l'ensemble de ces structures suscite des difficultés d'interprétation. Si la loi du 8 août 2016 a récemment apporté des éclairages supplémentaires quant à l'appréciation de la représentativité des organisations syndicales dans les groupes, elle n'a pas pour autant écarté l'ensemble des zones d'ombre dénoncées par la doctrine. Après avoir évoqué le cadre de l'appréciation du critère de l'audience des organisations syndicales de groupe (§ 1), il faudra préciser de quelle manière l'ensemble des scrutins doit être pris en compte dans le temps (§ 2), avant d'évoquer l'incidence de l'absence d'élections ou de résultats dans certaines entités du groupe (§ 3), ainsi que les problématiques pouvant découler de l'inadéquation du cadre de l'unité de négociation avec celui des élections professionnelles (§ 4).

§ 1 : Le cadre de l'appréciation du critère d'audience

72 Pour être représentative au niveau du groupe, une organisation syndicale doit recueillir au moins 10 % des suffrages exprimés au premier tour des dernières élections professionnelles dans les entreprises qui le composent. Si ce seuil d'audience ne prête pas à interprétation dans le cadre de l'entreprise, il faut cependant déterminer de quelle manière les résultats exprimés dans chaque entité du groupe doivent être consolidés pour légitimer la représentativité des organisations syndicales dans le groupe. Plusieurs analyses ont pu être envisagées.

73 Tout d'abord, la Cour de cassation a adopté, par un arrêt du 13 mai 2003[109], une solution toute particulière pour apprécier la représentativité des syndicats amenés à négocier et à conclure des accords de groupe portant sur la constitution et le fonctionnement d'un comité de groupe.

En l'espèce, un accord de groupe instituant un comité de groupe prévoyait la désignation d'un représentant syndical par chaque organisation syndicale représentative au niveau du groupe. La cour d'appel de Paris avait annulé la désignation d'un représentant syndical, considérant que la représentativité de l'organisation syndicale qui l'avait désigné n'était pas établie au niveau du groupe. La Cour de cassation a rejeté cette analyse, précisant que « les syndicats qui ont valablement désigné des représentants du personnel au comité de groupe parmi leurs élus aux comités d'entreprises [...] sont par là

---

[109] Cass. Soc., 13 mai 2003, n° 00-19035, *Bull. civ.*, 2003, V, n° 165, p. 160 ;*CSBP*, 2003, n° 152, S,. p. 351, obs. C. CHARBONNEAU ;*Dr. Soc.*, 2003, n° 11, p. 1030, n. M. COHEN.

même représentatifs au niveau du groupe »[110]. En d'autres termes, une organisation syndicale n'aurait pas à faire la preuve de sa représentativité au niveau du groupe, dès lors que sa représentativité est acquise dans l'une des entreprises du groupe.

On pourrait tout à fait appliquer ce raisonnement à l'ensemble des accords de groupe, et considérer que dès lors qu'une organisation syndicale est représentative dans une entreprise du groupe, elle l'est nécessairement au niveau du groupe. Il y aurait alors lieu d'inviter, pour la négociation d'accords de groupe, l'ensemble des organisations syndicales représentatives dans chaque entreprise du groupe. Cette solution présenterait l'avantage de faire participer à la négociation l'ensemble des organisations syndicales qui auront pu justifier de leur représentativité dans le cadre d'au moins une entreprise du groupe. Dans notre démonstration[111], il y aurait lieu de négocier avec les deux organisations syndicales, puisque chacune d'elle totalise un taux d'audience supérieur à 10 % dans au moins une entreprise du groupe.

74 Il pourrait être argué à l'appui de cette solution que l'audience des organisations syndicales étant exprimée dans le cadre de l'entreprise, une organisation syndicale serait tout naturellement représentative dans le cadre du groupe, dès lors qu'elle l'est dans une ou plusieurs entreprises le composant.

Il doit être précisé à ce stade que la loi du 8 août 2016 prévoit désormais l'information de l'ensemble des organisations syndicales représentatives dans chaque entreprise ou établissement compris dans le périmètre de l'accord [de groupe], préalablement à l'ouverture d'une négociation dans ce périmètre[112]. Elle consacre ainsi le rôle de l'ensemble des organisations syndicales représentatives des entités concernées dans le processus de négociation des accords de groupe. Pour autant, elle réaffirme avec force quels sont les acteurs directs de cette négociation : pour la négociation en cause, les organisations syndicales de salariés représentatives « à l'échelle de l'ensemble des entreprises comprises dans le périmètre de cet accord » peuvent désigner un ou des coordonnateurs syndicaux de groupe [...][113].

Calquer la représentativité des organisations syndicales de groupe sur celle des entreprises qui le composent reviendrait à faire peu de cas des spécificités de la négociation des accords de groupe. Un accord de groupe, s'il est conclu entre plusieurs entreprises distinctes, ne saurait s'analyser en

---

[110] Cass. Soc., 13 mai 2003, n° 00-19035, *Bull. civ.*, 2003, V, n° 165, p. 160 ; *CSBP,* 2003, n° 152, S,. p. 351, obs. C. CHARBONNEAU ; *Dr. Soc.*, 2003, n° 11, p. 1030, n. M. COHEN.

[111] *Cf.* Annexe 1.

[112] *C. trav.*, art. L.2232-32 al. 1.

[113] *C. trav.*, art. L.2232-32 al 2

une simple addition d'accords d'entreprises. La négociation collective engagée dans le cadre du groupe répond en effet à des objectifs et à des finalités distincts de ceux qui peuvent motiver la conclusion d'un accord d'entreprise.

De la même manière, la représentativité des organisations syndicales doit s'apprécier de manière spécifique dans le cadre du groupe. Il faut en déduire, comme cela a déjà été soutenu par une partie de la doctrine, que la solution dégagée par la chambre sociale de la Cour de cassation dans son arrêt du 13 mai 2003[114] est strictement liée aux spécificités de constitution et de fonctionnement du comité de groupe, et qu'il n'y a donc pas lieu de l'appliquer à d'autres types d'accords de groupe[115].

75 Pour assurer la spécificité du groupe pris comme niveau de négociation, une partie de la doctrine préconise de se référer au principe de concordance[116]. Selon cette analyse, la représentativité syndicale devrait s'apprécier « au niveau et dans le cadre où s'exerce la prérogative pour laquelle elle est exigée »[117]. Ainsi, le fait qu'un syndicat soit représentatif dans une entreprise du groupe n'emporterait pas la preuve de sa représentativité au niveau du groupe lui-même[118]. Il resterait alors à déterminer dans quelles conditions le critère d'audience doit être rempli pour que la représentativité d'une organisation syndicale soit reconnue au niveau du groupe. Deux solutions peuvent être avancées.

On pourrait tout d'abord considérer que le seuil des 10 % de suffrages doit être atteint de manière distributive, c'est-à-dire entreprise par entreprise. Dans ce cas, la représentativité d'une organisation syndicale ne pourrait être reconnue que lorsque le critère d'audience a été atteint dans chaque entreprise du groupe. Cette analyse permettrait d'assurer une représentativité effective des organisations syndicales dans l'ensemble des entités composant le groupe. Elle pose cependant une difficulté pratique, en ce qu'elle exclut la reconnaissance de la représentativité des organisations syndicales, dès lors qu'elles recueilleraient un taux d'audience inférieur à 10 % dans une seule entreprise du groupe.

---

114 Cass. Soc., 13 mai 2003, n° 00-19035, *Bull. civ.*, 2003, V, n° 165, p. 160 ;*CSBP,* 2003, n° 152, S,. p. 351, obs. C. CHARBONNEAU ;*Dr. Soc.*, 2003, n° 11, p. 1030, n. M. COHEN.

115 Dans ce sens GRANGÉ (J.), « Les conventions et accords collectifs de groupe », *Sem. Soc. Lamy*, 2004, n° 1183, p. 73.

116 GRANGÉ (J.), « Les conventions et accords collectifs de groupe », *Sem. Soc. Lamy*, 2004, n° 1183, p. 73.

117 GRANGÉ (J.), « Les conventions et accords collectifs de groupe », *Sem. Soc. Lamy*, 2004, n° 1183, p. 73.

118 GRANGÉ (J.), « Les conventions et accords collectifs de groupe », *Sem. Soc. Lamy*, 2004, n° 1183, p. 73.

76 On pourrait également considérer que le taux d'audience servant à déterminer la représentativité des organisations syndicales devrait être appréhendé de manière cumulative, c'est-à-dire en additionnant les résultats des élections au sein de chacune des entreprises et en les rapportant au nombre total des suffrages exprimés dans le groupe. Il s'agissait déjà de la méthode retenue par l'administration pour l'appréciation de la représentativité des organisations syndicales dans les entreprises à établissements multiples : la représentativité d'un syndicat au niveau de l'entreprise se calcule par l'addition de l'ensemble des suffrages obtenus par les syndicats dans l'ensemble des établissements, quel que soit le taux d'audience qu'il a obtenu par établissement[119].

Cette seconde méthode permet d'analyser l'audience globale des organisations syndicales dans le groupe, comme s'il constituait une entité juridique à part entière, au sein de laquelle il n'y aurait pas lieu de dissocier les résultats de chaque scrutin organisé. Le législateur a favorablement accueilli cette analyse, au point de l'inscrire expressément dans le code du travail[120].La représentativité d'une organisation syndicale ne saurait par conséquent être remise en cause du seul fait qu'elle ne justifierait pas d'un taux d'audience suffisant dans une ou plusieurs entreprises du groupe.

77 Selon cette méthode, un taux d'audience inférieur à 10 % des suffrages dans certaines entreprises du groupe ne ferait pas obstacle à la reconnaissance de la représentativité d'une organisation syndicale dans le groupe. On peut observer que certains accords de groupe y font expressément référence. Il en est ainsi notamment de l'accord du groupe Casino relatif au dialogue social[121], lequel précise que « le champ d'action des délégués syndicaux de groupe correspond au périmètre défini dans le présent accord, y compris pour les sociétés au sein desquelles son organisation syndicale n'est pas représentative ». Il ressort tant de la pratique que de la position du législateur et de l'administration que cette méthode de consolidation des résultats électoraux au niveau du groupe doit s'appliquer pour la détermination de la représentativité des organisations syndicales.

Encore faut-il déterminer s'il y a lieu ici de se référer ici au groupe, au périmètre de négociation ou au champ d'application de l'accord. Dans la première hypothèse, la détermination du champ d'appréciation de la représentativité des organisations syndicales serait parfaitement objective : il faudra prendre en compte l'ensemble des entreprises entrant dans le champ de l'article L.2331-1 du code du travail. Les deux autres hypothèses, si elles

---

119 DGT, *Circulaire relative à la loi du 20 août 2008 portant rénovation de la démocratie sociale et réforme du temps de travail,* 13 nov. 2008, n° 20, Fiche n° 13.

120 *C. trav.*, art. L.2122-4.

121 *Accord de dialogue social au sein du groupe Casino*, 5 nov. 2012.

offrent une véritable cohérence entre les parties à l'accord et son champ d'application, pourraient en revanche permettre à l'employeur de l'entreprise dominante de déterminer le champ d'application de l'accord en fonction des organisations syndicales qu'il souhaite convier à la table des négociations. Maître Legrand souligne sur ce point qu'« il peut être tentant de restreindre le cadre de la négociation afin de laisser de côté le bastion d'un syndicat considéré comme trop obstiné, ou inversement, de l'étendre dans l'espoir de diluer l'audience de ce syndicat »[122]. Compte tenu de la méthode de consolidation des suffrages des organisations syndicales, il serait en effet possible de modeler le champ d'application de l'accord en fonction du taux d'audience que l'on souhaite attribuer à chaque organisation syndicale.

78 Il existe donc un risque que la mesure de l'audience des organisations syndicales soit détournée de sa finalité première et utilisée comme un moyen de contrôle par la direction des organisations syndicales amenées à négocier et à conclure un accord de groupe. La fixation du cadre d'appréciation de la mesure de l'audience des organisations syndicales est donc un enjeu majeur de la détermination de leur représentativité. Les innovations introduites par la loi du 8 août 2016 quant à la prise en compte des résultats électoraux ne font qu'accentuer les incertitudes sur ce point.

§ 2 : La prise en compte des résultats électoraux

79 La prise en compte des résultats des élections professionnelles pour déterminer la représentativité des syndicats se heurte à une autre difficulté dans les groupes de sociétés, compte tenu du moment auquel interviennent les élections dans chaque entreprise du groupe. Alors que certaines entreprises auront pu organiser des élections professionnelles peu de temps avant l'ouverture des négociations, les derniers résultats électoraux disponibles dans certaines entités pourront être largement antérieurs à cette période. Dans cet intervalle de temps, le taux d'audience des organisations syndicales aura pu être amené à évoluer, et ce tout particulièrement au regard des accords qui auront été négociés et conclus avant le scrutin. Des organisations syndicales jugées trop complaisantes à l'égard de la direction s'exposeraient alors au risque d'être désavouées par le vote démocratique. Il en résulte que plus la période de prise en compte des suffrages électoraux est étendue, moins ses résultats refléteront l'orientation des salariés au jour de l'ouverture des négociations. Plusieurs solutions peuvent être envisagées

---

[122] LEGRAND (H.-J.), « Accords collectifs de groupe et d'unité économique et sociale : une clarification inachevée », *Dr. Soc.*, 2008, p. 60.

pour fixer le champ des scrutins qui doivent être consolidés dans le cadre du groupe.

80 Une première méthode, encouragée par l'administration[123], consiste à additionner les suffrages recueillis par les organisations syndicales sur la base de cycles électoraux. Le point de départ du premier cycle est constitué par les résultats des élections professionnelles de la première entreprise du groupe pour laquelle la première réunion de négociation du protocole préélectoral est postérieure à la publication de la loi du 20 août 2008. Le point d'arrivée est constitué par les résultats des premières élections de la dernière entreprise du groupe depuis l'entrée en vigueur de la loi du 20 août 2008, permettant ainsi de connaître l'ensemble des suffrages pour la détermination de la représentativité des organisations syndicales dans le groupe. Par la suite s'ouvre un nouveau cycle d'électoral qui suivra la même chronologie.

La Cour de cassation semble valider ce raisonnement, considérant que « la représentativité des organisations syndicales, dans un périmètre donné, est établie pour toute la durée du cycle électoral »[124]. Cette méthode offre un résultat clair et durable et assure ainsi la stabilité et la sécurité des négociations engagées, ce qui lui vaut d'être saluée par une partie de la doctrine[125]. Elle est néanmoins critiquée par certains auteurs[126], en ce qu'elle ne tient pas compte des évolutions pouvant intervenir dans le groupe pendant un cycle électoral. Ces évolutions sont de deux ordres.

81 Tout d'abord, elles peuvent s'entendre du résultat des élections intervenues dans les entreprises du groupe depuis la fin du cycle électoral sur la base duquel a été fondée la représentativité des organisations syndicales. Lorsqu'un cycle s'étend sur une durée conséquente compte tenu de la période qui sépare les élections intervenues dans la première et dans la dernière entité du groupe, un certain nombre de scrutins auront pu intervenir

---

123 DGT, *Circulaire relative à la loi du 20 août 2008 portant rénovation de la démocratie sociale et réforme du temps de travail,* 13 nov. 2008, n° 20, fiche n°1.

124 Cass. Soc., 13 fév. 2013, *Fédération confédérée FO de la métallurgie c/ Fédération générale des mines et de la métallurgie CFDT*, n° 12-18098, *Bull. Civ.*, 2013, V, n° 42 ; *RJS*, 2013, n° 4, p. 245 ; *Dr. Ouv.*, 2013, n° 779, p. 429, n. F. CANUT ; *JSL*, 2013, n° 340, p. 20, n. J.-E. TOUREIL.

125 PETIT (F.), « La représentativité acquise pour toute la durée d'un cycle électoral », *Dr. Soc.*, 2013, p. 374 ; ANTONMATTÉI (P.-H.), « Représentativité syndicale : la Cour de cassation consacre la méthode du cycle électoral », *Rev. Lamy Dr. Aff., 2013*, p. 80.

126 BÉLIER (G.) et LEGRAND (H.-J.), *La négociation collective après la loi du 20 août 2008*, éd. Liaisons, 2009 ; CRÉDOZ -ROSIER(J.) et GRANGÉ (J.), « Jusqu'où la stabilité syndicale peut-elle primer sur la légitimité syndicale ? », *Sem. Soc. Lamy*, 2013, 1599, suppl. ; FAVENNEC-HÉRY (F.), « L'accès à la représentativité », *JCP, S*, 2012, I, 1234.

au titre du cycle électoral suivant, mais ils ne pourront pas être pris en compte pour apprécier l'audience des organisations syndicales dans le groupe, dans la mesure où ces résultats ne pourront être consolidés qu'à l'issue du cycle auquel ils se rapportent. Cette méthode ne permet donc pas d'apprécier en temps réel l'audience des syndicats dans le groupe.

D'autre part, le périmètre du groupe peut être amené à évoluer durant un cycle électoral, en fonction de la stratégie déployée par le groupe, sans que l'intégration ou la sortie d'entreprises du groupe au cours du cycle électoral ne puisse impacter le taux d'audience des organisations syndicales dans le groupe. Au fur et à mesure de l'avancée du cycle électoral, les résultats dégagés risquent d'être de moins en moins fidèles à la véritable répartition des suffrages dans le groupe. Il y aura lieu d'attendre la consolidation des résultats du cycle électoral pour mesurer l'impact des évolutions des suffrages dans le groupe. La solution dégagée par la Cour de cassation dans son arrêt du 13 février 2013 semble confirmer cette analyse, puisqu'elle précise que la représentativité des organisations syndicales est établie pour toute la durée du cycle électoral, « dans un périmètre donné »[127].

82 Une telle approche pourrait notamment se justifier à la lumière des dispositions légales déterminant le devenir des institutions et des mandats des représentants du personnel en cas de transfert d'entreprises. Rappelons en effet que lorsque survient une modification dans la situation juridique de l'employeur, les mandats des membres du comité d'entreprise et des représentants syndicaux de l'entreprise subsistent lorsque l'entreprise conserve son autonomie juridique[128]. Dès lors, compte tenu de l'autonomie juridique des sociétés dans le groupe, on pourrait considérer que les modifications affectant le périmètre du groupe devraient demeurer sans incidence quant à la détermination des suffrages obtenus par les organisations syndicales dans le cadre du groupe, pendant toute la durée des mandats qui ont été transférés. On ne saurait en effet présager que les résultats des élections professionnelles auraient été identiques au terme de l'opération qui a entraîné l'intégration ou la sortie d'une entreprise du périmètre d'un groupe. Dès lors, on pourrait avancer que les seules audiences constatées avant le transfert demeurent pertinentes, et que les modifications ayant affecté le périmètre du groupe entre le terme d'un cycle électoral et le déclenchement d'une négociation ne devraient pas impacter immédiatement la représentativité des organisations syndicales.

---

127 Cass. Soc., 13 fév. 2013, *Fédération confédérée FO de la métallurgie c/ Fédération générale des mines et de la métallurgie CFDT*, n° 12-18098, *Bull. Civ.*, 2013, V, n° 42 ; *RJS*, 2013, n° 4, p. 245 ; *Dr. Ouv.*, 2013, n° 779, p. 429, n. F. CANUT ; *JSL*, 2013, n° 340, p. 20, n. J.-E. TOUREIL.

128 *C. trav.*, art. L.2324-26 al.1.

Bien que cette analyse soit parfaitement fondée juridiquement, elle ne permet pas toutefois d'apprécier en temps utile le temps d'audience des organisations syndicales. Celui-ci peut alors se fonder sur des résultats électoraux anciens, qui ne reflètent plus la réalité du vote démocratique. De la même manière, et comme l'ont justement relevé certains auteurs, elle ne permet pas de prendre en compte les « transferts qui ont pu remodeler entre-temps le corps social de manière substantielle »[129], ce qui pourrait remettre en cause la légitimité des accords collectifs négociés et conclus sur la base de cette mesure.

83 Une seconde méthode de prise en compte des résultats électoraux peut dès lors être envisagée. Cette solution consisterait en une mesure et une révision des audiences en fonction des derniers résultats électoraux, ce qui aboutirait à un résultat beaucoup plus fidèle au vote démocratique. Cette analyse semble notamment défendue par les auteurs de la position commune du 9 avril 2008[130]. Cette méthode supposerait d'une part que seules les dernières élections professionnelles intervenues dans les entreprises du groupe doivent être prises en compte pour déterminer l'audience des organisations syndicales dans le groupe, et d'autre part que le périmètre du groupe doit être évalué au jour du déclenchement de la procédure de négociation, en tenant compte des entrées et sorties d'entreprises intervenues antérieurement à cette date. Chaque élection et chaque modification du périmètre du groupe devraient alors provoquer une révision de la mesure de l'audience des organisations syndicales dans le groupe.

Cette méthode « au fil de l'eau » défendue par une partie de la doctrine[131], paraît davantage conforme à l'esprit de la réforme de 2008, et plus appropriée en matière de négociation collective, en ce qu'elle « garantit en permanence l'actualisation de l'audience respective des différents syndicats »[132]. Elle privilégie l'expression collective des travailleurs plutôt que la stabilité des instances représentatives. Elle s'appuie sur une lecture littérale de l'alinéa 8 du préambule de la constitution de 1946, qui dispose que « tout travailleur participe, par l'intermédiaire de ses délégués, à la détermination collective des conditions de travail ». Ce principe de

---

[129] BÉLIER (G.) et LEGRAND (H.-J.), *La négociation collective après la loi du 20 août 2008*, éd. Liaisons, 2009.

[130] Position commune sur la représentativité, le développement du dialogue social et le financement du syndicalisme, 9 avril 2008.

[131] BÉLIER (G.) et LEGRAND (H.-J.), *La négociation collective après la loi du 20 août 2008*, éd. Liaisons, 2009 ; CRÉDOZ –ROSIER (J.) et GRANGÉ (J.), « Jusqu'où la stabilité syndicale peut-elle primer sur la légitimité syndicale ? », *Sem. Soc. Lamy*, 2013, 1599, suppl. ; FAVENNEC-HÉRY (F.), « L'accès à la représentativité », *JCP, S*, 2012, I, 1234.

[132] BÉLIER (G.) et LEGRAND (H.-J.), *La négociation collective après la loi du 20 août 2008*, éd. Liaisons, 2009.

participation est donc un droit des travailleurs, et non de leurs délégués. Or il a pu être mis en avant que « déclarer que la stabilité des mandats passe avant l'expression de la collectivité des travailleurs, c'est faire primer le moyen [la représentation] sur la finalité [la communauté] »[133].

84 Or la méthode retenue pour déterminer les élections à prendre en compte pour apprécier le taux d'audience des organisations syndicales peut considérablement en impacter le résultat. Compte tenu de la durée maximale des mandats des représentants du personnel, les suffrages pris en compte pour déterminer l'audience des organisations syndicales ne pourraient être antérieurs de plus de quatre ans à l'ouverture des négociations.

Il convient toutefois d'observer que si cette méthode offre un résultat plus fidèle aux résultats du vote démocratique en entreprise, elle pourrait être génératrice d'instabilité compte tenu de la nécessité d'évaluer l'audience des organisations syndicales lors de chaque négociation. Une telle approche serait source d'une telle lourdeur administrative qu'elle pourrait freiner les négociations.

85 Dans ces conditions, une théorie alternative a pu être proposée par certains auteurs pour combiner ces deux approches[134]. Cette méthode consisterait à appliquer la logique des cycles électoraux, tout en procédant à une nouvelle mesure de l'audience en cas de modification du périmètre affectant la composition du corps social et de la représentation du personnel. Elle permettrait ainsi de concilier la stabilité de la méthode des cycles électoraux avec la prise en compte des évolutions affectant le périmètre du groupe.

Les innovations apportées par la loi du 8 août 2016[135] quant à l'appréciation de la représentativité syndicale au niveau du groupe semblent clairement inspirées de cette dernière méthode et tendent à la recherche d'équilibre entre stabilité des partenaires sociaux et démocratie sociale. Trois hypothèses doivent désormais être distinguées[136].

Tout d'abord, si le périmètre des entreprises ou établissements compris dans le champ d'un accord de groupe est identique à celui d'un accord conclu au cours du cycle électoral précédent l'engagement des négociations, il faut distinguer selon que les élections intervenues dans l'ensemble des entités concernées se sont tenues à la même date ou à des dates différentes.

---

133 FAVENNEC-HÉRY (F.), « L'accès à la représentativité », *JCP, S*, 2012, I, 1234.

134 CRÉDOZ-ROSIER(J.) et GRANGÉ (J.), « Jusqu'où la stabilité syndicale peut-elle primer sur la légitimité syndicale? » , *Sem. Soc. Lamy*, 2013, n°1584. Sur ce point : WEISSMANN (R.), « Les conséquences d'une modification du corps électoral sur la représentativité », *Sem. Soc. Lamy*, 2014, n° 1645, suppl..

135 *Loi relative au travail, à la modernisation du dialogue social et à la sécurisation des parcours professionnels*, 8 août 2016, n° 2016-1088, *JORF*, 9 août 2016, n° 0184.

136 *C. trav.*, art L.2122-4.

Dans la première hypothèse, la représentativité des organisations syndicales sera appréciée « par addition de l'ensemble des suffrages obtenus pour le cycle en cours ». Cette référence au cycle en cours doit s'entendre à notre sens des dernières élections professionnelles intervenues dans les entités composant le groupe. Dès lors que le groupe a mis en place des élections synchronisées dans l'ensemble des entités le composant, le cycle électoral commence au jour de la proclamation des résultats des élections professionnelles et s'achève au jour de l'expiration des mandats des représentants du personnel dans les entités du groupe. Dès lors, à la date de l'ouverture des négociations, quelle que soit cette date, les résultats des élections intervenues dans le cadre du cycle en cours sont effectivement connus et permettront d'apprécier la représentativité des organisations syndicales dans le groupe. En d'autres termes, l'organisation d'élections synchronisées dans l'ensemble des entités composant le groupe aboutira à la prise en compte des résultats des dernières élections professionnelles pour apprécier la représentativité des organisations syndicales dans le groupe et offrira des garanties supplémentaires de démocratie sociale.

Dans la seconde hypothèse, lorsque les élections se sont tenues à des dates différentes, la représentativité des organisations syndicales devra s'apprécier sur la base des résultats « des dernières élections intervenues au cours du cycle précédant le cycle en cours ». À périmètre constant, si les élections professionnelles intervenant dans le groupe sont échelonnées dans le temps, il y aurait donc lieu de prendre en compte les résultats des élections intervenues au cours du cycle précédant le cycle en cours.

D'un point de vue sémantique, la référence aux « dernières » élections intervenues au cours du cycle précédent le cycle en cours n'apporte aucun éclairage juridique pertinent, dès lors que le cycle électoral ne peut contenir qu'une session électorale par entité composant le groupe. Il y a lieu de se référer soit aux résultats des élections professionnelles intervenues au cours du cycle électoral précédant pour garantir la stabilité des intervenants à la négociation, soit aux résultats des dernières élections professionnelles, peu important qu'elles soient intervenues au cours du cycle précédent ou du cycle en cours, lorsque l'on entend privilégier la démocratie sociale.

86 L'inconvénient majeur de cette solution est bien entendu le décalage temporel important qui peut exister entre le moment de l'ouverture des négociations et le moment où sont exprimés les votes des salariés.

Cette distinction à périmètre constant peut s'expliquer par le fait que dans la première hypothèse, le taux d'audience des organisations syndicales est apprécié à la même date dans toutes les structures concernées. Son évolution traduit donc une image fidèle de la voix des électeurs à un instant précis. Tel ne serait pas le cas en revanche, à périmètre constant, si la prise des derniers résultats électoraux intervenait à des périodes différentes dans chaque entité du groupe. Pour autant, s'il n'est pas possible dans une telle configuration d'apprécier le vote des salariés à un instant donné, la référence au cycle électoral précédant ne fait qu'accentuer à notre sens le fossé qui sépare la représentativité des organisations syndicales et le vote démocratique des salariés.

87 Si cette solution semble donc offrir un compromis entre démocratie et stabilité des instances représentatives, elle ne permettrait pas pour autant d'obtenir une représentation fidèle du vote démocratique, compte tenu du décalage entre la date des élections et la date de l'ouverture des négociations. Elle présente par ailleurs les inconvénients inhérents à la méthode de prise en compte « au fil de l'eau » des suffrages, à savoir l'instabilité de l'audience des organisations syndicales, et les difficultés matérielles liées au calcul systématique de cette audience.

On peut au surplus relever un arrêt de la Cour de cassation du 13 février 2013 qui apporte un éclairage supplémentaire quant à l'incidence de nouvelles élections sur la représentativité des organisations syndicales, en cas d'élections partielles[137]. L'arrêt précise que « les résultats obtenus lors d'élections partielles ne pouvaient avoir pour effet de modifier la mesure de la représentativité calculée lors des dernières élections générales », confirmant ainsi la nécessaire stabilité de la mesure de la représentativité au cours d'un cycle électoral.

Cette interprétation pourrait tout à fait selon nous s'appliquer à la détermination de l'audience des organisations syndicales dans le groupe : il faudrait alors considérer que les résultats des élections intervenues postérieurement à un cycle électoral sur la base duquel a été calculée la représentativité des organisations syndicales ne pourraient être pris en compte que dans le cadre du cycle électoral suivant. Ainsi, la représentativité des organisations syndicales ne serait réévaluée que lorsque l'ensemble des entités du groupe aura procédé à de nouvelles élections sur la base desquelles sera apprécié le nouveau taux d'audience de chaque organisation syndicale.

De la stabilité de la représentativité des organisations syndicales dépend également celle des délégués syndicaux amenés à négocier et à conclure des accords de groupe : la perte de représentativité d'une organisation syndicale suppose en effet la fin du mandat des délégués syndicaux qu'elle a désignés, de plein droit. Or une remise en cause continuelle de la représentativité des organisations syndicales entraînerait une instabilité des interlocuteurs salariés à la négociation d'accords de groupe. Le moindre scrutin intervenant

---

137 Cass. Soc., 13 fév. 2013, *Fédération confédérée FO de la métallurgie c/ Fédération générale des mines et de la métallurgie CFDT*, n° 12-18098, *Bull. Civ.*, 2013, V, n° 42 ; *RJS*, 2013, n° 4, p. 245 ; *Dr. Ouv.*, 2013, n° 779, p. 429, n. F. CANUT ; *JSL*, 2013, n° 340, p. 20, n. J.-E. TOUREIL.

dans le cadre du groupe serait alors de nature à faire perdre aux délégués syndicaux cette qualité, dès lors que l'organisation syndicale qui les a mandatés a perdu son caractère représentatif. Telle n'a pas été à notre avis l'intention du législateur, la loi du 20 août 2008 instituant une remise en cause périodique de la représentativité des organisations syndicales calquée sur la durée des mandats des représentants du personnel, soit par principe tous les quatre ans[138].

88 Une autre spécificité inhérente aux groupes de sociétés doit être évoquée pour déterminer quelle méthode de prise en compte des suffrages devrait s'appliquer pour mesurer l'audience des organisations syndicales. Il s'agit des opérations de restructuration, particulièrement utilisées par les groupes pour adapter en temps réel leur configuration aux exigences économiques, financières et sociales du marché. Il en est ainsi notamment en cas de transfert partiel d'activité ou de fusion. Dans ces hypothèses, l'entité transférée ne conserve pas son autonomie, et les mandats professionnels préexistants n'ont plus de raison d'être. Les organisations syndicales qui agissaient dans l'ancienne structure ne sont alors plus en mesure d'établir leur audience au sein de la nouvelle collectivité de travail, tant que de nouvelles élections n'y sont pas organisées. Il en est de même dans la structure d'accueil, dont la représentation ne prend pas en compte les salariés transférés ni leur vote en faveur d'une organisation syndicale particulière.

Cette difficulté a été soulevée de longue date en doctrine[139], s'agissant de l'appréciation de l'audience des organisations syndicales signataires d'accords de groupe[140]. De la méthode de prise en compte des suffrages dépend la solution à apporter : si l'on opte pour la méthode des cycles électoraux, la survenance d'une telle opération sera sans incidence immédiate sur l'audience des organisations syndicales. Ce ne sera qu'à l'occasion des élections professionnelles suivantes dans l'entité d'accueil et dans l'entité d'origine que l'impact de l'opération pourra être mesuré sur l'audience des organisations syndicales dans le groupe.

Si l'on favorise au contraire la méthode « au fil de l'eau », il y aurait lieu, comme cela a d'ailleurs été proposé par certains auteurs, d'organiser immédiatement de nouvelles élections professionnelles dans l'entité concernée, afin d'appréhender au plus juste l'audience des organisations syndicales dans le temps et dans l'espace[141], avec toutes les contraintes

---

[138] *C. trav.*, art. L.2324-24 (membres du comité d'entreprise) ; *C. trav.*, art. L.2314-26 (délégués du personnel)

[139] PÉCAUT-RIVOLIER (L.), « La détermination des unités de représentation », Représentativité syndicale et négociation collective, *Dr. Soc.*, 2013, p. 316.

[140] La représentativité des syndicats n'était pas encore fondée sur le critère d'audience.

[141] BÉLIER (G.) et LEGRAND (H.-J.), *La négociation collective après la loi du 20 août 2008*, éd. Liaisons, 2009.

qu'une telle révision suppose. Cette problématique nous conforte donc dans notre analyse en faveur de la méthode des cycles électoraux. Il en est de même de la pratique.

89 On peut observer à ce titre qu'un certain nombre d'accords de groupe font expressément référence à la méthode des cycles électoraux pour fonder la représentativité syndicale. Certains adaptent même les principes de cette méthode à leurs propres spécificités de fonctionnement. Il en est ainsi notamment de l'accord du groupe Véolia relatif au dialogue social, qui consacre la méthode de la consolidation des suffrages sur la base du cycle électoral, en fixant la durée de ce dernier à trois ans, de manière à neutraliser son caractère anachronique[142]. Il est expressément convenu dans cet accord que pendant cette période triennale, la représentativité des organisations syndicales est figée, et que les modifications susceptibles de bouleverser le périmètre du groupe ne seront pas prises en compte.

La représentativité des organisations syndicales s'apprécie donc dans ce groupe à date fixe, pour une période donnée. Elle suppose également, et il est intéressant de le relever, que l'intégralité des accords de groupe conclus durant la période triennale le seront dans le même périmètre, quel que soit leur champ d'application, ce qui nous conforte dans notre interprétation de la notion de groupe applicable à la négociation collective.

90 La loi du 8 août 2016 a précisément envisagé, à l'article L.2122-4 alinéa 3 du code du travail, l'hypothèse dans laquelle « le périmètre des entreprises ou établissements compris dans le champ de l'accord de groupe est différent de celui d'un accord conclu au cours du cycle électoral précédant l'engagement des négociations ». Dans ce cas, la représentativité des organisations syndicales dans le groupe devra s'apprécier « par addition de l'ensemble des suffrages obtenus lors des dernières élections organisées dans les entreprises ou établissements compris dans le périmètre de l'accord ». C'est donc la méthode au fil de l'eau qui doit s'appliquer lorsque l'accord négocié s'inscrit dans un champ différent des accords négociés antérieurement.

Cela implique qu'en cas de négociation d'un accord de groupe dans un champ nouveau, les résultats électoraux obtenus par une entité nouvellement exclue du groupe seront désormais neutralisés, et qu'à l'inverse, ceux d'une entité nouvellement incluse dans le groupe seraient immédiatement pris en compte pour apprécier la représentativité des organisations syndicales dans ce nouveau cadre. Cette prise en compte de l'évolution du périmètre du groupe pour apprécier la représentativité des organisations syndicales amenées à négocier et à conclure des accords de groupe constitue, à notre sens, l'apport le plus significatif de cette réforme. Mais si cette mesure

[142] *Accord sur l'exercice du droit syndical et le dialogue social dans le groupe Veolia Transdev en France*, 24 fév. 2012.

représente un réel progrès de démocratie sociale, son application pratique risque de soulever de multiples difficultés et d'importants risques contentieux, notamment pour les groupes qui appliquent de longue date la méthode des cycles électoraux.

91 Au demeurant, la lecture de l'article L.2122-4 du code du travail suscite d'autres interrogations. En premier lieu, on peut légitimement s'interroger sur ce qu'il faut entendre par périmètre des entreprises ou établissements compris « dans le champ d'un accord de groupe ». S'agit-il du périmètre de la négociation ou du champ d'application de l'accord ? Il faut rappeler à ce stade que les partenaires sociaux peuvent fixer conventionnellement le périmètre de la négociation d'accords de groupe, indépendamment du périmètre du groupe lui-même. Si la détermination du périmètre du groupe repose sur des critères objectifs clairement fixés par le législateur, la plus grande liberté est laissée aux partenaires sociaux pour déterminer, dans ce cadre, le périmètre de la négociation d'un accord de groupe.

En outre, le champ d'application de l'accord de groupe ne sera pas forcément identique au périmètre de la négociation. Ici encore, il incombe aux partenaires sociaux de trancher ce point. À titre d'exemple, il peut être décidé qu'un accord de groupe ne sera applicable qu'aux entreprises d'au moins trois cents salariés (notamment en matière de pénibilité), alors que la représentativité des organisations syndicales qui l'ont négocié a été appréciée compte tenu des suffrages recueillis dans l'ensemble des entités du groupe, peu important leurs effectifs. Une pratique largement répandue consiste en effet à négocier l'ensemble des accords de groupe avec les mêmes partenaires sociaux, lesquels fixent ensuite, selon le thème de la négociation, le champ d'application de l'accord.

Compte tenu du décalage manifeste qui peut exister entre le périmètre de négociation et le champ d'application de l'accord, il y a lieu selon notre analyse de faire référence au périmètre de négociation d'un accord conclu au cours du cycle électoral précédant plutôt qu'au champ d'un accord de groupe.

§ 3 : Une audience incomplète

92 La référence légale aux « suffrages exprimés au premier tour des dernières élections des titulaires au comité d'entreprise, ou de la délégation unique du personnel ou, à défaut, des délégués du personnel »[143] soulève d'autres difficultés techniques dans le cadre du groupe. En premier lieu, ces élections ne sont pas nécessairement organisées dans toutes les entités du

---

[143] *C. trav.*, art L.2122-1.

groupe, compte tenu de leur composition. En deuxième lieu, l'organisation de telles élections ne permet pas toujours de dégager des résultats permettant d'assurer la mise en place ou le renouvellement d'institutions représentatives du personnel. En troisième lieu, le cadre des unités de représentation du personnel n'est pas toujours compatible avec celui dans lequel s'exercent les prérogatives des organisations syndicales. Il y a donc lieu d'envisager à ce stade l'impact d'une absence d'élections professionnelles dans le groupe (A), avant d'étudier les situations de carence aux élections professionnelles (B).

93 Ces problématiques sont plus que jamais d'actualité depuis la loi 17 août 2015 relative au dialogue social et à l'emploi, et tout particulièrement à la lumière de ses dispositifs favorisant la mise en place de délégations uniques du personnel dans toutes les entreprises, quel que soit leur effectif. L'étude d'impact réalisée dans le cadre de cette réforme a mis en évidence une très faible représentation du personnel dans les petites et moyennes entreprises, nonobstant les obligations légales existant en la matière[144]. À son appui, une enquête réalisée par la DARES[145] démontre qu'en 2012, un quart des entreprises de 40 à 59 salariés étaient dépourvues d'institution représentative du personnel (ni DP, ni CE, ni DUP, ni CHSCT), et une sur six pour les entreprises de 60 à 99 salariés. L'absence d'institutions représentatives du personnel apparaît encore plus élevée lorsqu'elle s'appuie sur les résultats issus de la base MARS retraçant les résultats des élections professionnelles dans les entreprises : près d'une entreprise sur trois ayant moins de 100 salariés n'aurait pas d'instances représentatives du personnel, et une sur huit entre 100 et 200 salariés[146].

Sans présager de l'efficacité de ce nouveau dispositif, la simplification des instances représentatives du personnel qu'il ambitionne pourra, nous l'espérons, résoudre pour partie les problématiques que nous allons développer.

A) L'absence d'élections professionnelles

94 L'absence d'élections professionnelles sur la base desquelles fonder l'audience des organisations syndicales dans le groupe peut tout d'abord être la conséquence des effectifs salariés de chaque entreprise du groupe. Lorsque ces entreprises ne dépassent pas onze salariés, aucune obligation légale de mise en place d'institutions représentatives du personnel ne pèse

---

144 Projet de loi relatif au dialogue social et à l'emploi, NOR ETSX1508596L, *Étude d'impact*, 21 avril 2015.

145 DARES, « *Enquête Relations professionnelles et Négociations d'entreprise* », 2012.

146 Projet de loi relatif au dialogue social et à l'emploi, NOR ETSX1508596L, *Étude d'impact*, 21 avril 2015.

sur l'employeur. L'étude d'impact réalisée dans le cadre de la loi du 17 août 2015 relative au dialogue social et à l'emploi a d'ailleurs révélé que cette situation privait 4,6 millions de salariés de toute représentation élue.

Il convient de relever sur ce point que des dispositifs existent pour permettre une désignation de représentants du personnel dans les très petites entreprises, comme la mise en place de délégués de site prévue par l'article L.2312-5 du code du travail, mais leur impact s'est révélé très limité. De plus, ces dispositifs ne permettent pas de dynamiser la représentation syndicale dans les très petites entreprises, compte tenu du très faible taux de syndicalisation qui y est observé[147]. Il faut également noter que la notion de site permet l'élection de délégués du personnel, mais en aucun cas de délégués syndicaux[148]. Néanmoins, cette subtilité ne semble pas à notre sens remettre en cause la possibilité pour les organisations syndicales de mandater un délégué de site pour la négociation d'accords collectifs dans ce cadre.

95 De la même manière, la mise en place de commissions paritaires régionales interprofessionnelles pour les employeurs et les salariés des entreprises de moins de onze salariés prévue par la loi du 17 août 2015 n'aura aucune incidence sur l'appréciation du taux d'audience des organisations syndicales dans les entreprises et dans le groupe, s'agissant d'une instance extérieure à ce cadre.

Il n'est pas rare que les groupes de sociétés limitent volontairement les effectifs salariés des entreprises qui le composent, en créant de nouvelles structures au besoin, ou en favorisation la mobilité interne, afin d'éviter les contraintes légales liées à la représentation du personnel et à la mise en œuvre d'un dialogue social dans ces entités. Certaines entreprises semblent même prendre le parti de passer outre les obligations légales en la matière, vu le nombre effectif d'entreprises dépourvues d'instances représentatives du personnel. Il en résulte que des entreprises peuvent être comprises dans le périmètre d'un accord de groupe négocié avec des organisations syndicales représentatives, dont le taux d'audience n'aura pas pu être mesuré dans chaque entreprise concernée. Il faut alors déterminer si cette situation est de nature à influer sur la représentativité des organisations syndicales parties aux accords de groupe. Plusieurs solutions doivent être envisagées

96 On pourrait tout d'abord soutenir que l'absence d'élections professionnelles dans certaines entreprises du groupe n'aurait pas d'incidence sur la détermination de la représentativité des organisations syndicales. Dans la

---

[147] INSEE, « *Enquête SRCV 2010* » : 3 % dans les TPE, contre 9 % dans les entreprises de plus de 11 salariés.

[148] Cass. Soc., 13 janv. 1999, n° 97-60783.

mesure où il est impossible de mesurer leur audience dans ces structures, il y aurait lieu de les exclure purement et simplement du champ de la détermination de la représentativité des organisations syndicales.

Il convient d'observer que l'administration s'est prononcée en ce sens dans sa circulaire du 22 septembre 2004, s'agissant toutefois de la détermination de l'audience des organisations syndicales signataires d'un accord de groupe. La problématique est identique, puisqu'il s'agissait de déterminer l'impact de l'absence d'élections professionnelles sur l'audience des organisations syndicales dans le groupe. La circulaire a précisé sur ce point qu'« en cas de carence d'élections professionnelles dans une entreprise couverte par l'accord de groupe, cette entreprise n'est pas prise en compte pour l'appréciation du caractère majoritaire des organisations syndicales dans le périmètre de l'accord »[149].

En d'autres termes, s'il n'est pas nécessaire que les organisations syndicales recueillent un taux d'audience supérieur à 10 % dans chaque entreprise du groupe pour être représentatives, leur représentativité ne serait pas davantage affectée par l'impossibilité de mesurer leur audience dans certaines entreprises du groupe.

97 Cette solution peut toutefois être critiquée, dans la mesure où elle peut conduire à des résultats peu représentatifs de la position de l'ensemble des salariés du groupe[150]. Lorsqu'un nombre important d'entreprises du groupe n'organise pas d'élections professionnelles, des accords de groupe pourraient alors être conclus par des organisations syndicales qualifiées de représentatives sur la base des suffrages exprimés par une minorité de salariés.

Cette difficulté n'a d'ailleurs pas échappé à l'administration du travail, puisqu'elle prévoit, pour apprécier la représentativité des organisations syndicales au niveau national, interprofessionnel, et de branche, un « scrutin sur sigle » organisé à l'échelle régionale. Ce vote permet aux salariés des entreprises de moins de onze salariés dépourvues de représentation élue du personnel, d'exprimer leur choix en faveur d'une organisation syndicale[151] amenée à négocier et à conclure des accords collectifs susceptibles de leur être applicables.

Il pourrait être intéressant d'étendre ce dispositif à l'appréciation de l'audience des organisations syndicales dans le cadre du groupe, la

---

149 *Circulaire relative au titre II de la loi n° 2004-391 du 4 mai 2004 relative à la formation professionnelle tout au long de la vie et au dialogue social*, 22 sept. 2004, *JORF*, 31 oct. 2004, n° 255, p. 18472, Fiche n°5.

150 TEYSSIÉ (B.), « Variations sur les conventions et accords collectifs de groupe », *Dr. Soc*. 2005, p. 643.

151 *Circulaire relative à la mesure d'audience des organisations syndicales dans les très petites entreprises*, 7 sept. 2012, NOR : JUSC1233740C.

problématique de la détermination de l'audience des syndicats dans les entreprises dépourvues de représentation du personnel étant tout aussi présente à ce niveau. Une telle solution pourrait permettre d'assurer la plénitude de l'expression collective des salariés dans le groupe, quel que soit l'effectif des entreprises qui le composent. Parallèlement aux scrutins organisés dans les entreprises lorsqu'il existe une obligation légale en ce sens, il y aurait lieu de tenir des scrutins à l'échelle régionale dans les autres structures, de manière à mesurer périodiquement le taux d'audience des organisations syndicales dans le groupe à la lumière des suffrages exprimés par l'ensemble de ses salariés.

98 Il faut cependant relever que la tendance législative n'est guère à l'extension de la représentation syndicale. Bien au contraire, la loi 17 août 2015, qui fait le constat de la faiblesse de l'implantation syndicale dans les entreprises, propose, pour favoriser la négociation collective, un assouplissement de la négociation d'accords collectifs avec des salariés non syndiqués. En l'absence de délégués syndicaux, une négociation peut désormais s'engager avec des représentants élus du personnel, mandatés par une organisation syndicale représentative au niveau de la branche ou à défaut, au niveau national ou interprofessionnel[152]. L'objectif est clairement ici de conforter le rôle central des organisations syndicales dans la négociation collective.

Mais force est de constater qu'un tel dispositif n'apporte aucune solution à la problématique qui nous préoccupe dans ces lignes. Au lieu de renforcer la mise en place d'institutions représentatives du personnel dans les entreprises, ce qui permettrait une mesure plus efficace du taux d'audience des organisations syndicales dans le groupe, le législateur tend à favoriser les modes de négociation subsidiaires, lesquels ne peuvent être utilisés dans le cadre du groupe en l'état actuel du droit.

À moins d'envisager à terme la possibilité de conclure des accords de groupe en l'absence de représentation syndicale dans ce cadre, l'orientation proposée par la loi du 17 août 2015 risque d'accentuer encore davantage le blocage de la négociation des accords de groupe. À tout le moins, elle confirme la faible légitimité des organisations syndicales amenées à négocier et à conclure des accords collectifs dans ce cadre.

B) Les carences aux élections professionnelles

99 Lorsque l'effectif salarié de l'entreprise impose l'organisation d'élections professionnelles, celles-ci n'aboutissent pas nécessairement à la mise en place ou au renouvellement de représentants du personnel. Deux situations

---

152 *C. trav.*, art. L.2232-21.

peuvent générer une carence aux élections professionnelles. En premier lieu, il s'agit du défaut de quorum atteint (1). En second lieu, il y a aura carence totale aux élections professionnelles dans l'entreprise en l'absence de candidatures de salariés (2).

1. *Défaut de quorum*

100 Les résultats exprimés au premier tour des élections professionnelles dans le cadre de l'entreprise ne peuvent être pris en compte que lorsque le nombre de suffrages exprimés est au moins égal à la moitié des électeurs inscrits[153]. À défaut, les suffrages exprimés ne pourront pas aboutir à l'élection de représentants du personnel et aucune représentation syndicale ne pourra s'implanter dans les structures concernées.

Mais les suffrages exprimés à l'occasion de ces élections pourront néanmoins être pris en compte pour apprécier l'audience des organisations syndicales dans le groupe. L'article L.2122-1 du code du travail applicable à la détermination de la représentativité des organisations syndicales dans le groupe précise en effet que « sont représentatives les organisations syndicales qui [...] ont recueilli au moins 10 % des suffrages exprimés au premier tour des dernières élections des titulaires au comité d'entreprise ou de la délégation unique du personnel ou, à défaut, des délégués du personnel, quel que soit le nombre de votants ».

101 Cette référence explicite au nombre de votants met fin à d'importants débats qui ont jalonné la détermination du taux d'audience des organisations syndicales avec la loi du 4 mai 2004. Il faut en effet rappeler qu'aux termes de l'ancien article L.132-2-2 III du code du travail, la validité des accords d'entreprise et des accords de groupe était subordonnée soit à leur signature « par une ou des organisations syndicales de salariés représentatives ayant recueilli au moins la moitié des suffrages exprimés au premier tour des dernières élections au comité d'entreprise ou, à défaut, des délégués du personnel », soit « à l'absence d'opposition d'une ou plusieurs organisations syndicales de salariés représentatives ayant recueilli au moins la moitié des suffrages exprimés au premier tour des dernières élections au comité d'entreprise ou, à défaut, des délégués du personnel ».

Il fallait alors déterminer s'il y avait lieu de prendre en compte les suffrages exprimés par les salariés pour la détermination de l'audience des organisations syndicales lorsque le quorum n'était pas atteint dans la structure concernée. La Cour de cassation, par un arrêt du 20 décembre 2006, a donné une réponse négative, considérant que « lorsque le quorum [...] n'est pas atteint au premier tour des élections professionnelles, [...] il

---

153 *C. trav.*, art. L.2314-23 (délégués du personnel) ; *C. trav.*, art. L.2324-22 (représentants au comité d'entreprise).

n'y a pas lieu de décompter les suffrages exprimés en faveur de chacune des listes syndicales »[154]. Cette analyse a été vivement critiquée par une partie de la doctrine, dès lors qu'elle ne permettait pas aux accords de groupe de reposer sur une véritable majorité[155].

Pour renforcer la légitimité des organisations syndicales dans le groupe, il avait alors été proposé de prendre en compte l'intégralité des suffrages exprimés dans chaque entreprise du groupe, que le premier tour des élections ait débouché ou non sur la proclamation d'élus faute de quorum requis atteint[156]. Si des suffrages ont été exprimés, ils devraient alors entrer dans le processus de comptabilisation pour assurer une prise en compte plus effective de la volonté exprimée par les salariés du groupe.

102 La problématique de la prise en compte des suffrages exprimés en l'absence de quorum atteint est tout à fait identique lorsqu'il s'agit d'apprécier la représentativité des organisations syndicales dans le groupe, dès lors qu'elle repose, depuis la loi du 20 août 2008, sur un critère d'audience : l'audience des organisations syndicales est appréciée de la même manière pour déterminer leur représentativité, et donc leur aptitude à participer à la négociation d'un accord de groupe, que leur capacité à signer de tels accords. On peut donc en déduire que le législateur, par sa formule « quel que soit le nombre de votants », a tiré toutes les conséquences de l'imprécision du dispositif qu'il avait antérieurement mis en œuvre avec la loi du 4 mai 2004. Depuis l'entrée en vigueur de la loi du 20 août 2008, il n'y a donc plus lieu de se référer au quorum pour la prise en compte des suffrages des salariés aux élections professionnelles, qu'il s'agisse d'apprécier la représentativité des organisations syndicales ou leur capacité à conclure un accord de groupe.

L'administration précise en outre, dans sa circulaire du 27 juillet 2011, que « les suffrages exprimés à prendre en compte pour être représentatifs correspondent au nombre de bulletins valables, recueillis par chaque liste ». Aucune restriction liée au quorum n'y est apportée. De la même manière, la notice annexée aux formulaires CERFA « procès-verbal d'élection » indique que « le premier tour doit être dépouillé, quel que soit le nombre de votants, et même en l'absence de quorum, car il sert de fondement à la détermination des organisations syndicales représentatives dans l'entreprise ». Nul doute ne

---

[154] Cass. Soc., 20 déc. 2006, *CGT Adecco c/ SAS Adecco*, n° 05-60345 ; *Bull. Civ.*, 2006, V, n° 399, p. 386 ; *JCP, S*, 2007, n° 30, p. 37, n. J.-Y. KERBOUC'H ; *JCP, E*, 2007, n° 27/28, p. 44, n. G. VACHET. *JSL*, 2007, n° 204, p. 9, n. M. HAUTEFORT.

[155] TEYSSIÉ (B.), « Variations sur les conventions et accords collectifs de groupe », *Dr. Soc.*, 2005, p. 643.

[156] GRANGÉ (J.), « Les conventions et accords collectifs de groupe », *Sem. Soc. Lamy*, 2004, n° 1183, p. 73 ; TEYSSIÉ (B.), « Variations sur les conventions et accords collectifs de groupe », *Dr. Soc.*, 2005, p. 643.

subsiste donc désormais sur ce point : tous les suffrages exprimés doivent être pris en compte pour déterminer l'audience des organisations syndicales dans le groupe.

103 Mais si cette solution garantit un résultat plus fidèle à la volonté des salariés dans le cadre du groupe, il n'est pas pour autant tout à fait représentatif, dans la mesure où certains salariés du groupe ne sont tout simplement pas en mesure de manifester leur volonté par la voie des urnes. Il en est ainsi en l'absence d'élections professionnelles organisées dans le cadre de l'entreprise à laquelle ils appartiennent, comme nous avons déjà pu l'évoquer. Il en est de même lorsque des élections professionnelles sont organisées dans l'entreprise, mais que les candidatures de salariés font défaut.

2. Défaut de candidature

104 Dans cette hypothèse, bien que des élections aient été organisées, les salariés n'auront pas été en mesure d'exprimer leur choix. L'absence de candidature peut concerner l'entreprise ou l'établissement dans lequel sont organisées les élections, ou bien seulement un ou plusieurs collèges. Ces deux situations ont été envisagées successivement par la circulaire du 27 juillet 2011[157].

En cas de carence totale de résultats d'élections professionnelles dans l'une des entreprises du groupe, l'administration considère que « la carence n'empêche pas de recueillir les suffrages exprimés dans les autres entreprises du groupe pour calculer l'audience et permettre de déterminer la représentativité ». Faute d'avoir pu recueillir les suffrages des salariés dans ces entités, il y aurait lieu de les écarter purement et simplement de la mesure de l'audience des organisations syndicales dans le groupe.

Il en est de même en cas de carence au premier tour dans un ou plusieurs collèges d'un établissement ou d'une entreprise, sans qu'il s'agisse de la totalité des collèges de cette entité. Dans ce cas, l'administration précise que « pour le calcul de la représentativité [...], on additionne les suffrages exprimés au premier tour des élections et cela même si, du fait d'une carence, on ne dispose pas de suffrage dans certains collèges de l'entreprise ou de l'établissement ». Ici encore, il faut exclure les collèges dans lesquels les suffrages n'auront pas pu être exprimés de la mesure de l'audience des organisations syndicales.

[157] DGT, Circulaire d'information répondant aux questions posées dans le cadre de la mise en œuvre de la loi du 20 août 2008 portant rénovation de la démocratie sociale et réforme du temps de travail, n° 06, 27 juil. 2011.

105 Cette position semble logique : dès lors que l'audience des organisations syndicales dans le groupe se mesure sur la base des suffrages exprimés dans les entreprises ou les établissements le composant. Seules les entités dans lesquelles des suffrages peuvent être recueillis pourront fonder l'expression collective des salariés. Il en résulte qu'un grand nombre de salariés ne seront pas en mesure d'exprimer leur préférence pour une organisation syndicale, et que la représentativité des organisations syndicales dans le groupe reposera sur une appréciation tronquée de la position des salariés.

On peut dès lors s'interroger sur la légitimité des organisations syndicales amenées à négocier des accords de groupe, certains salariés concernés par ces accords étant exclus de la mesure de l'audience des organisations syndicales. Une réflexion doit donc s'engager sur la compatibilité du cadre de la représentation du personnel avec celui de la négociation d'accords collectifs.

§ 4 : Une représentation du personnel inadaptée à la négociation de groupe

106 En marge des problématiques de recueil des suffrages des salariés dans certaines entreprises du groupe se pose plus largement la question de l'adéquation entre le cadre de représentation du personnel dans lequel doit s'effectuer la mesure de l'audience des organisations syndicales et celui dans lequel est envisagée la négociation d'accords collectifs. Il faut tout d'abord déterminer dans quel cadre de représentation du personnel doit être envisagée la mesure de l'audience des organisations syndicales amenées à négocier et à conclure des accords de groupe (A), avant d'évoquer la stricte délimitation du champ de la négociation de groupe par rapport à d'autres cadres de négociation (B).

A) Le cadre de la représentation du personnel

107 Une difficulté supplémentaire ressort du dispositif légal en vigueur, à savoir la détermination du périmètre des élections dans lequel il convient de recueillir les suffrages pour mesurer l'audience des organisations syndicales. L'article L.2122-1 du code du travail fait en effet référence aux « dernières élections des titulaires au comité d'entreprise ou de la délégation unique du personnel ou, à défaut, des délégués du personnel ». Ce dispositif institue donc une hiérarchie entre les périmètres d'élections, qui a soulevé de nombreuses interrogations lorsqu'il a pu servir de base au calcul de l'audience des organisations syndicales dans le groupe.

108 Il a tout d'abord fallu clarifier ce qu'il convenait d'entendre par une prise en compte des suffrages aux élections des délégués du personnel « à défaut », compte tenu du fait qu'une entreprise peut disposer d'un comité d'entreprise et de délégués du personnel élus dans chaque établissement distinct.

La circulaire du 13 novembre 2008 est venue préciser ce point : « dans une entreprise avec un seul comité d'entreprise, mais composée de plusieurs établissements distincts dans lesquels se déroulent des élections de délégués du personnel, ce sont les élections au comité d'entreprise qui sont prises en compte pour déterminer les syndicats représentatifs dans l'entreprise et l'ensemble des établissements »[158]. Le même raisonnement pourrait s'appliquer pour la détermination des organisations syndicales représentatives dans le groupe. Cette analyse a été soutenue par une partie de la doctrine, considérant que la prise en compte de l'élection des délégués du personnel ne pourrait intervenir qu'en l'absence d'un comité d'entreprise, quels que soient les périmètres respectifs des différents scrutins et les modalités de dépouillement[159]. Elle a cependant été loin de faire l'unanimité.

109 Dans le rapport de la commission des affaires culturelles, familiales et sociales de l'Assemblée nationale en date du 25 juin 2008, il était soutenu que « si le lieu de mesure de l'audience est l'établissement ou l'entreprise, en cas d'entreprise à établissements multiples, comme le précise le point 2-1 de la position commune, l'audience devra être mesurée au niveau le plus fin, celui de l'établissement, ainsi que le rapporteur l'a exposé *supra* […]. Lorsqu'une entreprise dispose de plusieurs établissements, c'est donc bien au niveau de l'établissement que seront agrégés les résultats permettant à un syndicat de revendiquer sa représentativité »[160].

Aux termes de cette seconde analyse, l'influence électorale dans un établissement devrait être mesurée à partir de l'élection des représentants du personnel au comité d'entreprise, lorsque son résultat est disponible dans le périmètre de l'établissement. À défaut, c'est l'élection des délégués du personnel qui devrait être prise en compte[161]. Si l'on applique ce raisonnement au groupe, il y aurait lieu de prendre en compte les suffrages exprimés dans les établissements, et non dans les entreprises pour apprécier le taux d'audience des organisations syndicales. On peut cependant douter de l'intérêt de mesurer au plus fin l'audience des organisations syndicales dans

---

158 DGT, *Circulaire relative à la loi du 20 août 2008 portant rénovation de la démocratie sociale et réforme du temps de travail,* 13 nov. 2008, n° 20.

159 PETIT (F.), « Les périmètres de l'entreprise en matière syndicale et électorale », *Dr. Soc.*, 2010, p. 634.

160 Ass. Nat., Rapport n° 992 de la Commission des affaires culturelles, familiales et sociales sur le projet de loi, après déclaration d'urgence, portant rénovation de la démocratie sociale et réforme du temps de travail, présenté par POISSON (J.-F.), 25 juin 2008.

161 MASSON (P.), « Entreprise et établissements : quelle mesure de la représentativité ? », *Sem. Soc. Lamy,* 2010, n° 1455.

les entreprises lorsqu'il s'agit de l'apprécier dans le cadre du groupe. Bien au contraire, il y aurait ici lieu de prendre en compte uniquement les suffrages exprimés lors des élections des représentants au comité d'entreprise lorsqu'ils existent, et à défaut, ceux exprimés aux élections des délégués du personnel.

110 S'est également posée la question de déterminer quels résultats devaient être pris en compte lorsque certaines sociétés du groupe ont un comité d'entreprise et des délégués du personnel, alors que d'autres n'ont que des délégués du personnel[162]. Deux analyses peuvent être envisagées. La première consisterait à prendre en compte les résultats des élections des titulaires au comité d'entreprise dans les sociétés qui en possèdent un, et les résultats des élections des délégués du personnel dans les entités dépourvues de comité d'entreprise. La seconde ne s'attacherait qu'aux résultats des élections des délégués du personnel pour l'ensemble des sociétés, dès lors qu'elles ne disposent pas toutes d'un comité d'entreprise. En d'autres termes, il y avait lieu de déterminer si l'existence d'un comité d'entreprise ou d'une délégation unique du personnel devait s'apprécier dans le cadre de l'entreprise ou dans le cadre du groupe.

La Cour de cassation a tranché cette question par un arrêt du 13 juillet 2010[163], qui précise que les élections des délégués du personnel ne peuvent être prises en compte que s'il ne s'est pas tenu dans l'entreprise d'élections au comité d'entreprise ou à la délégation unique du personnel permettant de mesurer l'audience. On peut donc en déduire qu'il y a lieu de retenir les suffrages exprimés dans le cadre des élections des titulaires au comité d'entreprise ou à la délégation du personnel dans les entreprises qui disposent d'une telle institution, et les suffrages exprimés pour l'élection des délégués du personnel uniquement dans les entreprises qui en sont dépourvues. Mais cette analyse n'a pas permis de résoudre l'ensemble des interrogations suscitées par le dispositif légal en vigueur.

111 La question s'est également posée de savoir, lorsque des élections ont été organisées pour l'élection des titulaires au comité d'entreprise, mais n'ont pas permis de recueillir les suffrages des salariés, si les résultats des élections des titulaires délégués du personnel organisées dans le même périmètre pouvaient être pris en compte pour mesure l'audience des organisations syndicales dans le groupe.

---

[162] VACHET (G.), « Les problèmes spécifiques aux accords d'entreprise et de groupe », *Sem. Soc. Lamy,* 2008, n° 1361, suppl..

[163] Cass. Soc., 13 juil. 2010, *Union départementale Force ouvrière Drôme-Ardèche c/ Urssaf de l'Ardèche*, n° 10-60148 ; *Bull. Civ.*, 2010, V, n° 176 ; *Dr. Soc.*, 2010, n° 11, p. 1133, n. F. PETIT ; *JCP, S,*2010, n° 40, p. 37, n. B. GAURIAU ; *CSBP*, 2010, n° 223, p. 310, n. F.-J. PANSIER.

Pour l'administration, une réponse positive s'impose : en cas de carence totale au premier tour des élections des titulaires au comité d'entreprise, et lorsque des suffrages ont été recueillis au premier tour des élections des titulaires délégués du personnel dans un périmètre identique, ces suffrages pourront être pris en compte pour la détermination de la représentativité syndicale[164]. Cette interprétation souple du dispositif légal tend clairement à inclure, dès que cela s'avère possible, les suffrages des salariés dans la mesure de l'audience des organisations syndicales. Mais force est de constater que le cadre actuel de mise en œuvre des élections est complexe et ne permet pas de recueillir la position de l'ensemble des salariés du groupe. Il est possible de se baser sur d'autres cadres de représentation du personnel pour apprécier au plus près l'audience des organisations syndicales, mais dans ce cas, la négociation n'entre plus dans le cadre du groupe.

112 Certains dispositifs institués par la loi du 17 août 2015 pourraient atténuer ces difficultés à terme, notamment les mesures favorisant le regroupement des instances représentatives du personnel au sein d'une délégation unique du personnel dans l'ensemble des entreprises, quel que soit leur effectif. Encore faut-il cependant que ces mesures soient suivies d'effets dans la pratique. Or cette configuration, qui séduit les employeurs, est abondamment critiquée côté salarié, en ce qu'elle affaiblirait la qualité du dialogue social. Lors des débats parlementaires, il a été exposé que dans la délégation unique du personnel, les représentants des salariés sont moins nombreux et disposent de moins de moyens pour traiter des sujets plus étendus[165]. Il n'est donc pas acquis que la mise en place de délégations uniques de personnel se généralise, et ce particulièrement parce qu'elle suppose la conclusion d'un accord majoritaire.

B) Le champ de la négociation collective de groupe

113 Le dispositif légal régissant la négociation et la conclusion des accords de groupe s'est voulu très souple, pour ne pas en restreindre la portée. La jurisprudence n'adopte pas cependant la même position. Alors que le périmètre de négociation des accords de groupe et le champ d'application de ces accords semblent attachés à la seule volonté des parties pour le législateur, les juges du fond considèrent que la représentativité des organisations syndicales doit s'apprécier dans le cadre dans lequel s'exercent leurs prérogatives, reconnaissant ainsi la possibilité d'organiser conventionnellement des niveaux de négociation distincts de ceux prévus par le

---

164 DGT, Circulaire d'information répondant aux questions posées dans le cadre de la mise en œuvre de la loi du 20 août 2008 portant rénovation de la démocratie sociale et réforme du temps de travail, n° 06, 27 juil. 2011, question n° 8.

165 Ass. Nat., Débats parlementaires, Compte rendu intégral, 7 juil. 2015.

législateur. Ainsi, la négociation des accords de groupe serait strictement encadrée et se distinguerait d'autres cadres de négociation qui pourraient exister dans le périmètre du groupe. C'est la solution qui semble se dégager de l'arrêt de la cour d'appel de Grenoble du 27 juin 2011 relatif aux accords conclus dans le cadre du groupe Areva « Tricastin ».

En l'espèce, les juges du fond ont été saisis de trois accords conclus dans le périmètre du site Tricastin du groupe Areva, sur lequel sont implantées quatre filiales du groupe Areva, ainsi qu'un établissement d'une autre filiale : l'accord « Avenir Tricastin » du 17 novembre 2008 visant à l'accompagnement des enjeux industriels du site du Tricastin du groupe Areva, ainsi que deux accords du 8 juin 2009 relatifs au fonctionnement du comité « Tricastin » et à la mise en place d'un coordinateur syndical groupe Areva « Tricastin ».

114 Ces accords ont été portés à l'examen des juges du fond par une organisation syndicale non signataire, au motif notamment qu'une négociation collective ne peut exister qu'au sein d'entités juridiques de même nature, et non au sein d'un périmètre géographique regroupant des entreprises et des établissements relevant de régimes juridiques différents. Le syndicat appelant a également contesté l'appréciation de la représentativité des organisations syndicales dans le périmètre du site, considérant qu'il s'agissait d'accords de groupe entrant dans le cadre des dispositions des articles L.2230-32 et suivants du code du travail, et que la représentativité des organisations syndicales devait donc s'apprécier au niveau de l'entreprise et au niveau de ses établissements et non au niveau d'un site sur lequel sont implantés les établissements et filiales d'une entreprise.

La société Areva NC, entreprise dominante, a soutenu quant à elle que les accords querellés n'instituaient pas des instances de négociation au niveau du groupe au sens de L.2232-30 du code du travail, mais qu'ils créaient des instances complémentaires à celles prescrites par la loi. Dès lors, le niveau d'appréciation de la représentativité des organisations syndicales dans le cadre du site était conforme au principe selon lequel la représentativité s'apprécie au niveau où l'organisation syndicale entend exercer son action.

La cour d'appel de Grenoble a validé cette seconde argumentation, confirmant d'une part la licéité de la mise en place d'un sous-groupe territorial de site, et précisant de seconde part que la représentativité des organisations syndicales devait s'apprécier au niveau territorial ou professionnel auquel elles exercent leurs prérogatives[166]. Elle rappelle en effet que le droit des salariés à la négociation collective permet la création conventionnelle de niveaux de négociation, à condition qu'ils ne se substituent pas aux institutions légales. En l'espèce, c'était donc à bon droit

---

[166] CA Grenoble, Ch. Soc., 27 juin 2011, N° RG10/03674.

que la représentativité des organisations syndicales avait été appréciée dans le cadre du site, puisqu'il s'agit du périmètre dans lequel l'accord avait vocation à s'appliquer[167]. Plusieurs observations peuvent être formulées à la lecture de ce dispositif.

115 Tout d'abord, la cour d'appel, comme les juges de première instance, n'entendent pas qualifier les accords « Tricastin » d'accords de groupe, dans la mesure où ils ne s'adressent qu'à une partie des entreprises et établissements du groupe et qu'il était conventionnellement prévu un niveau spécifique de représentation du personnel dans le cadre du site du Tricastin. Dès lors, il y avait lieu de distinguer ce cadre de négociation de celui du groupe Areva. On pourrait donc en déduire que le cadre du groupe doit se rattacher à une définition légale, et que l'audience des organisations syndicales amenées à négocier des accords de groupe doit s'apprécier dans le cadre des unités de représentation qu'il comprend.

Ensuite, les juges du fond reconnaissent, parallèlement aux dispositifs légaux de représentation du personnel, la possibilité de créer conventionnellement d'autres niveaux de représentation du personnel, dès lors qu'ils ne se substituent pas aux instances légales de représentation. Cette faculté pourrait nous conforter dans l'idée qu'il n'est pas nécessaire d'instituer une trop grande souplesse pour la négociation des accords de groupe. Lorsque ce cadre légal ne permet pas d'assurer une représentation des salariés adaptée aux spécificités de la négociation, il y aurait alors lieu de mettre en place conventionnellement un niveau intermédiaire de représentation du personnel, permettant la mise en place d'une représentation syndicale spécifique à ce niveau. En pareille hypothèse, les accords conclus n'entreraient pas dans le cadre du dispositif légal applicable aux accords de groupe, mais obéiraient à un régime juridique qui leur serait spécifique.

La Cour de cassation a d'ailleurs validé à plusieurs reprises cette analyse, considérant que « sauf accord collectif en disposant autrement, le périmètre de désignation des délégués syndicaux est le même que celui retenu lors des dernières élections pour la mise en place d'un comité d'entreprise ou d'établissement »[168]. Le périmètre de la représentation syndicale peut donc

---

167 L'accord précisait sur ce point que « les fédérations syndicales procèderont à une nouvelle désignation des coordinateurs syndicaux groupe AREVA "Tricastin" en fonction de la représentativité appréciée sur le périmètre du Tricastin au terme du cycle électoral en cours dans ce périmètre ».

168 Cass. Soc., 18 mai 2011, *Société Brink's c/ Union locale CGT d'Orly*, n° 10-60383 ; *Bull. Civ.*, 2011, V ; n°120 ; *Dr. Ouv.*, 2011, n° 758, p. 577, n. P. Rennes ; *Sem. Soc. Lamy*, 2011, n° 1507, p. 87, n. L. Pécaut-Rivolier ; *Dr. Soc.*, 2011, n° 9/10, p. 1005, n. F. Petit ; *JCP, S,* 2011, n° 26, p. 44, n. L. Dauxerre. Dans ce sens également : Cass. Soc., 14 nov. 2012, *Société Brink's Security services c/Hamiani*, n° 11-13785 ; *RJS*, 2013, n° 1, p. 50.

être valablement déterminé par voie d'accord, et ce n'est qu'en l'absence d'un tel accord que s'imposera le cadre de l'entreprise ou de l'établissement.

116 La pratique nous semble bien œuvrer dans ce sens, en ce qu'elle est également beaucoup moins souple que le législateur quant à la détermination du périmètre des accords de groupe : les accords de groupe que nous avons pu analyser dans le cadre de la présente étude ont, pour la plupart, un périmètre de négociation et un champ d'application identiques, déterminés selon des critères objectifs existant dans le dispositif de l'article L.2231-1 du code du travail. De plus, lorsque tel n'est pas le cas, la détermination du champ d'application de l'accord repose le plus souvent sur d'autres critères objectifs définis par la loi[169]. Il n'y aurait donc pas lieu dans ces hypothèses d'envisager un périmètre supplémentaire de négociation. Il en est de même lorsque l'accord de groupe ne vise que certaines catégories de salariés.

117 Le cadre du groupe, comme celui de l'entreprise ne permettent pas toujours une mesure représentative de l'audience des organisations syndicales, en ce qu'ils font référence à des unités de représentation qui ne sont pas nécessairement concordantes avec le cadre de l'exercice des prérogatives des organisations syndicales. Certains auteurs ont mis en évidence sur ce point que « l'unité de représentation doit être une notion fonctionnelle »[170] et adaptable à la structuration du groupe et à la communauté de travail concernée, d'où la nécessité d'engager une « réflexion de fond sur les lieux pertinents d'implantation des représentants des salariés »[171].

Mais si le cadre de la représentation du personnel doit effectivement être ajusté pour garantir la légitimité des organisations syndicales amenées à négocier des accords collectifs, il nous semble bien qu'apparaît ici la limite de ce que peut organiser le législateur : lorsque le cadre légal du groupe ne permet plus une appréciation fidèle de l'audience des organisations syndicales dans le cadre d'exercice de leurs prérogatives, il y aurait alors lieu de mettre en place un cadre conventionnel de représentation et de négociation.

118 Les limites des unités de représentation du personnel n'ont d'ailleurs pas échappé aux partenaires sociaux, et n'ont cessé d'alimenter les débats sur la réforme du dialogue social dans l'entreprise, concrétisée par la loi du 17 août

---

[169] À titre d'exemple, le déclenchement d'une obligation légale de négocier dans les entreprises et les groupes de plus de 300 salariés.

[170] PÉCAUT-RIVOLIER (L.), « La détermination des unités de représentation », Représentativité syndicale et négociation collective, *Dr. Soc.*, 2013, p. 316.

[171] BORENFREUND (G.), « L'établissement distinct: unité de représentation », *Sem. Soc. Lamy*, 2003, n° 1140.

2015. Dans le cadre de la négociation nationale interprofessionnelle lancée fin 2014, le MEDEF avait proposé la mise en place d'une instance unique de représentation du personnel dans les entreprises de plus de onze salariés[172]. Si cette proposition n'a finalement pas été retenue, le gouvernement semble s'en être inspiré dans son projet de loi relatif au dialogue social dans l'entreprise.

En permettant la mise en place de délégations uniques du personnel dans l'ensemble des entreprises, quel que soit leur effectif[173], la loi du 17 août 2015 pourrait améliorer la prise en compte des suffrages des salariés du groupe pour la mesure de l'audience des organisations syndicales amenées à négocier et à conclure des accords de groupe. La légitimité des organisations syndicales représentatives dans le groupe s'en trouverait renforcée. Mais la généralisation des délégations uniques du personnel est encore loin d'être acquise, compte tenu des polémiques que suscite leur mise en place.

Section 3 : La composition de la délégation salariale

119 Le représentant naturel des salariés dans la négociation d'accords d'entreprise est clairement déterminé par le code du travail : dans les entreprises de plus de cinquante salariés, il s'agit des délégués syndicaux désignés par chaque organisation syndicale représentative ayant constitué une section syndicale parmi les candidats aux élections professionnelles ayant recueilli au moins 10 % des suffrages au premier tour des dernières élections, et dûment mandatés par elles à cet effet[174]. Dans les entreprises de moins de cinquante salariés, un délégué du personnel peut être désigné comme délégué syndical par les syndicats représentatifs[175].

Aucun dispositif équivalent n'est prévu par le législateur pour désigner l'interlocuteur amené à négocier et à conclure un accord de groupe avec la direction. Le statut de délégué syndical de groupe n'existe pas dans le code du travail. Il est pourtant largement consacré par la pratique.

On pourrait considérer, par emprunt aux dispositions légales applicables aux entreprises, que les organisations syndicales intéressées sont représentées à la table des négociations par l'ensemble de leurs délégués syndicaux présents dans les entreprises relevant du périmètre du groupe. Mais une telle représentation pourrait se révéler problématique dans les

---

172 MEDEF, « Négociation relative à la qualité et à l'efficacité du dialogue social dans l'entreprise et à l'amélioration de la représentation des salariés », 10 déc. 2014.

173 *Loi relative au dialogue social et à l'emploi*, 17 août 2015, n° 2015-994, *JORF*, 18 août 2015, n° 0189, p. 14346 (art 13 et 14).

174 *C. trav.*, art. L.2143-3.

175 *C. trav.*, art. L.2143-6.

groupes de sociétés. Des solutions existent cependant pour désigner des interlocuteurs spécifiques en vue de la négociation d'accords de groupe, afin de limiter le nombre des intervenants. Il s'agit des coordonnateurs syndicaux prévus par le code du travail d'une part (§ 1), et des délégués syndicaux de groupe institués par la pratique d'autre part (§ 2).

§ 1 : La désignation légale de coordonnateurs syndicaux de groupe

120 Le code du travail permet aux organisations syndicales représentatives dans le groupe de désigner, pour une négociation particulière, « un ou plusieurs coordonnateurs syndicaux de groupe choisis parmi les délégués syndicaux du groupe, et habilités à négocier et à signer [...] l'accord de groupe »[176]. Ce dispositif avait été initialement proposé dans le cadre du rapport Virville, afin de faciliter la négociation des accords de groupe. Il est à noter que la commission envisageait à ce stade la désignation d'un seul coordonnateur syndical par organisation syndicale représentative[177]. La pratique avait consacré de longue date cette technique, de manière à limiter le nombre des intervenants à la négociation, et par voie de conséquence, les éventuelles dissonances qui pourraient exister au sein d'une même organisation syndicale. En particulier, il avait pu être constaté des situations dans lesquelles des délégués syndicaux désignés par une même organisation syndicale avaient, pour certains, signé un accord de groupe, alors que d'autres faisaient usage de leur droit d'opposition pour invalider l'accord... Pour éviter cet imbroglio, il est préconisé de s'entendre en interne sur la désignation d'un seul représentant pour faire entendre la voie de chaque organisation syndicale participant à la négociation[178].

On peut à ce titre signaler l'intervention de coordonnateurs syndicaux dans certains groupes, avant même l'entrée en vigueur de la loi du 4 mai 2004[179]. Le dispositif légal a finalement prévu la possibilité pour chaque organisation syndicale de désigner un ou plusieurs coordonnateurs syndicaux pour la négociation en cause. L'article L.2232-32 du code du travail appelle plusieurs observations.

---

176 *C. trav.*, art. L.2232-32.

177 VIRVILLE (M.), « Pour un code du travail plus efficace : rapport au ministre des affaires sociales, du travail et de la solidarité », 15 janv. 2004, proposition n° 49, p. 86.

178 CAUCHOIS (D.), « Dialogue social : la stratégie de la CFDT », *Sem. Soc. Lamy*, 2006, n° 1267.

179 *Accord-cadre relatif à l'articulation de la consultation et de la négociation dans les hypothèses de projets de restructuration*, Groupe Bull, 28 déc. 2000 ; *Accord de méthode sur le développement du dialogue social*, Groupe Areva, 11 fév. 2002.

121 Le législateur fait ici référence aux « délégués syndicaux du groupe », c'est-à-dire aux délégués syndicaux désignés dans les entreprises du groupe et exerçant leurs prérogatives dans ce cadre. Il n'évoque en aucun cas des « délégués syndicaux de groupe », c'est-à-dire des délégués syndicaux qui auraient été désignés par les organisations syndicales représentatives dans le groupe, et exerçant leurs attributions spécifiquement dans le cadre du groupe.

On peut également s'interroger sur la portée qu'il convient ici de donner à la notion de groupe. Plus précisément, il faudrait déterminer si le coordonnateur syndical peut être un délégué syndical désigné dans le périmètre de la négociation, ou s'il doit impérativement être désigné dans le seul champ d'application de l'accord.

122 La liberté laissée par le législateur aux partenaires sociaux dans la détermination du champ d'application de chaque accord de groupe peut effectivement poser problème si le coordonnateur désigné est le délégué syndical d'une entreprise qui ne serait pas comprise dans le champ de l'accord envisagé. La légitimité de cet interlocuteur pourrait alors être remise en cause.

En effet, le code du travail prévoit leur désignation « parmi les délégués syndicaux du groupe »[180], alors que le groupe ne renvoie pas à une définition particulière, mais doit s'entendre de l'ensemble des entreprises visées par l'accord. Dès lors, il a pu être soutenu par une partie de la doctrine que seuls les délégués syndicaux désignés dans le champ d'application de l'accord devraient pouvoir être désignés coordonnateurs syndicaux[181].

Nous ne partageons pas toutefois cette analyse, considérant, comme un auteur a pu justement le souligner[182], que ce sont les organisations syndicales qui sont parties à l'accord de groupe. Le coordonnateur syndical n'est que leur représentant et ne dispose d'aucune prérogative autre que celles que les organisations syndicales qui l'ont désigné auront bien voulu lui confier. Dans ces conditions, les organisations syndicales de groupe devraient à notre sens pouvoir choisir leur représentant librement dans le périmètre de la négociation, même si ses fonctions de délégué syndical sont exercées dans une entreprise du groupe qui ne serait pas concernée par l'accord. D'après nous, le coordonnateur syndical devrait même pouvoir être désigné en dehors du cadre du groupe, dès lors qu'il ne s'agit que d'un mandataire des organisations syndicales parties à l'accord.

---

180 *C. trav.*, art. L.2232-32.

181 CESARO (J.-F.), « La négociation collective dans les groupes de sociétés », Groupes de sociétés et droit du travail, *Dr. Soc.*, 2010, p. 780.

182 GRANGÉ (J.), « Les conventions et accords collectifs de groupe », *Sem. Soc. Lamy*, 2004, n° 1183, p. 73.

123 Il faut également souligner que la désignation d'un coordonnateur syndical telle que prévue par l'article L.2232-32 du code du travail ne vaut que pour une négociation déterminée, et que ce représentant ne dispose pas d'un statut spécifique dans le cadre de sa mission. L'administration a d'ailleurs précisé sur ce point que le coordonnateur syndical ne peut être « une institution pérenne de négociation au sein du groupe »[183]. La désignation d'un coordonnateur syndical peut donc s'analyser en un mandat accordé par les organisations syndicales pour être représentées dans le cadre de la négociation et de la signature d'un accord de groupe. Le coordonnateur syndical n'a cependant pas vocation à représenter son syndicat de manière permanente au sein du groupe, le législateur n'ayant pas souhaité lui accorder des prérogatives de nature à éclipser l'expression des organisations syndicales elles-mêmes.

124 La question de l'indépendance du coordonnateur syndical par rapport à l'organisation syndicale qui l'a mandaté peut toutefois être sujette à débat. Alors qu'une partie de la doctrine soutient que le coordonnateur syndical est lié par la position de son mandant, ce qui assurerait la « prééminence de l'organisation syndicale sur ses délégués »[184], le professeur Teyssié considère, compte tenu de la spécificité des intérêts qu'il représente, qu'un seul et même coordonnateur syndical pourrait être désigné en commun par plusieurs organisations syndicales, lui conférant un surcroît d'autorité[185].

Il est vrai que la lecture de l'article L.2232-32 du code du travail permet d'envisager une telle interprétation, puisqu'il dispose que « les organisations syndicales de salariés représentatives peuvent désigner un ou des coordonnateurs syndicaux ». Nous restons néanmoins dubitatifs quant à la possibilité d'une entente de l'ensemble des organisations syndicales représentatives sur la ligne de conduite à adopter dans le cadre d'une négociation, et ceci tout particulièrement lorsqu'elle s'engage dans un contexte défavorable aux salariés. À titre d'exemple, certaines organisations syndicales pourront tenter d'obtenir les meilleures garanties possibles dans le cadre de la négociation d'un accord de maintien dans l'emploi, alors que d'autres pourront être résolument opposées à l'idée même de concessions réciproques. Dans ces conditions, il nous paraît peu probable que les organisations syndicales puissent s'entendre sur la désignation d'un seul et même interlocuteur pour défendre la position des salariés.

---

183 *Circulaire relative au titre II de la loi n° 2004-391 du 4 mai 2004 relative à la formation professionnelle tout au long de la vie et au dialogue social*, 22 sept. 2004, *JORF*, 31 oct. 2004, n° 255, p. 18472, Fiche n°5.

184 GRANGÉ (J.), « Les conventions et accords collectifs de groupe », *Sem. Soc. Lamy*, 2004, n° 1183, p. 73.

185 TEYSSIÉ (B.), « Le syndicat dans le groupe », *Sem. Soc. Lamy*, 2006, n° 1263, suppl.

125 On peut enfin observer qu'en pratique, la mise en place de coordonnateurs syndicaux pour la négociation d'accords de groupe s'est poursuivie après l'entrée en vigueur de la loi du 4 mai 2004[186]. Le dispositif légal n'a donc pas freiné cette pratique, mais bien au contraire, lui a concédé une solide assise juridique. Mais les possibilités de désignation de représentants des salariés pour la négociation d'accords de groupe ne se sont pas arrêtées en si bon chemin.

§ 2 : La mise en place conventionnelle de délégués syndicaux de groupe

126 Si le législateur ne reconnaît pas le délégué syndical de groupe, la pratique a largement consacré ce statut particulier, n'hésitant pas à instituer ces représentants de manière pérenne dans le groupe et à leur attribuer un statut protecteur et des moyens spécifiques pour mener à bien leur mission. À titre d'exemple, l'accord du groupe Casino relatif au dialogue social du 30 juin 2009 confirme l'existence de la fonction de délégué syndical de groupe, et de son adjoint, « facilitant ainsi une concertation au plus haut niveau entre la Direction des Ressources Humaines du groupe et les organisations syndicales représentatives ». Chaque organisation syndicale représentative dans le cadre du groupe a la possibilité de désigner un délégué syndical de groupe, ainsi qu'un délégué syndical de groupe adjoint, chacun étant choisi parmi ses adhérents faisant partie du personnel du groupe.

C'est également le système qui a été adopté au sein du groupe Veolia. Son accord relatif au dialogue social du 24 février 2012 prévoit ainsi que « chaque organisation syndicale représentative au niveau de Véolia Transdev en France pourra désigner un délégué syndical national et deux délégués syndicaux coordonnateurs nationaux [...] parmi leurs adhérents, salariés d'une entité de Véolia Transdev en France ».

Ce mécanisme conventionnel diffère donc radicalement du dispositif légal prévu pour faciliter le dialogue social dans le groupe. Tout d'abord, on peut observer que ces accords n'imposent nullement que le délégué syndical de groupe soit désigné parmi les délégués syndicaux des entreprises du groupe. Il suffit qu'il soit salarié d'une entreprise du groupe, et adhérent à l'organisation syndicale qui le désigne. Nous approuvons cette analyse, considérant que les fonctions de délégué syndical dans le cadre de l'entreprise et dans le cadre du groupe sont radicalement différentes, tout autant que le sont les intérêts en présence.

---

[186] *Accord sur le développement du dialogue social dans le groupe Safran*, 19 juil. 2006 ; Accord-cadre pour la mise en œuvre de la GPEC dans les entreprises françaises du *groupe* Saint-Gobain, 19 mars 2008.

127 Cette position n'est toutefois pas unanime. On peut à ce titre relever que l'accord du groupe Axa France sur le droit syndical du 30 juin 2010 précise que « les membres de la représentation syndicale de groupe sont désignés parmi les représentants du personnel élus aux comités d'entreprise et d'établissement, ou délégués syndicaux des entreprises du périmètre »[187]. De la même manière, l'accord du groupe Thalès relatif au dialogue social du 18 novembre 2014, prévoit que « dans le cadre des négociations « groupe » [...] la délégation de chacune des organisations syndicales pourra être composée de quatre membres ayant chacun un mandat syndical »[188]. Il n'en demeure pas moins que de nombreux groupes n'imposent pas que leurs délégués syndicaux de groupe justifient d'un mandat professionnel dans l'une des entités visées par les accords de groupe qu'ils négocient.

Il faut d'ailleurs remarquer que la Cour de cassation a validé ce procédé dès son arrêt Axa du 30 avril 2003, en reconnaissant la validité d'accords de groupe organisant une représentation syndicale de groupe, sans que les délégués syndicaux de groupe ne soient nécessairement des délégués syndicaux d'entreprises du groupe[189]. La chambre sociale a ici précisé que « des syndicats représentatifs peuvent instituer, par voie d'accord collectif, en vue de négocier des accords portant sur des sujets d'intérêt commun aux personnels des entreprises concernées du groupe, une représentation syndicale de groupe composée de délégués choisis par les organisations syndicales selon des modalités préétablies, dès lors que les négociations pour lesquelles il lui donne compétence ne se substituent pas à la négociation d'entreprise ». Il appartiendrait donc aux seules organisations syndicales représentatives de fixer les conditions de la désignation de la délégation syndicale.

128 Il n'y aurait donc pas lieu d'étendre la condition imposée par l'article L.2232-32 du code du travail concernant la désignation des coordonnateurs syndicaux à la désignation de délégués syndicaux de groupe conventionnellement instituée. Les partenaires sociaux disposent des plus larges pouvoirs pour instituer une représentation syndicale de groupe par la voie de la négociation collective, et ce n'est qu'en l'absence de telles stipulations que le dispositif légal, plus restrictif, devra s'appliquer.

---

[187] *Accord relatif à la représentation syndicale du groupe Axa en France*, 30 juin 2010, [http://cfdtaxa.com/modules/tpl_pv.php?id=71].

[188] *Accord de groupe sur l'exercice du droit syndical et le dialogue social*, groupe Thalès, 18 nov. 2014, [http://www.miroirsocial.com/uploads/agreements/2014-11-18_Droit_syndical.pdf].

[189] Cass. Soc., 30 avril 2003, *Fédération des employés et cadres CGT-Force ouvrière c/ société Axa France assurances*, n° 01-10027 ; *Lexbase* n°A7524BSH ; *Bull. Civ.*, 2003, V, n° 155, p. 151 ; *Dr. Ouv.*, 2003, n° 662, p. 398, n. M.-F. BIED-CHARRETON ; *JSL*, 2003, n° 125, p. 14, n. J.-E. TOUREIL.

L'accord du groupe Véolia opère d'ailleurs une stricte distinction entre la représentation syndicale dans le cadre du groupe et dans le cadre des entreprises qui le composent. Il précise à ce titre que « seuls les DSN et DSCN ont vocation à constituer les délégations des organisations syndicales représentatives pour négocier les accords pour le groupe Véolia Transdev », ce qui exclut donc que les délégués syndicaux désignés dans les entreprises du groupe puissent participer à la négociation et à la conclusion d'accords de groupe. Corrélativement, « les DSN et DSCN n'ont pas mandat pour participer aux négociations ou/et conclure des accords collectifs d'entreprise qui demeurent de la seule compétence des représentants syndicaux des entreprises ».

129 Il faut cependant observer que ces accords prévoient parfois une interaction de ces différents niveaux de négociation. En particulier, la mise en place de délégués syndicaux de groupe pourra permettre de pallier à l'absence de représentation syndicale qui peut exister dans certaines entités du groupe. Ainsi l'accord du groupe Casino du 5 novembre 2012[190] prévoit que « dans le cas où l'une des organisations syndicales représentatives au niveau du groupe ne serait pas représentative dans une des filiales comprises dans le périmètre du présent accord, le délégué syndical de groupe aura la possibilité de demander à la DRH de la filiale concernée communication des dossiers d'information/consultation soumis aux instances représentatives du personnel ».

Outre ses prérogatives spécifiques dans le cadre du groupe, le délégué syndical de groupe assurerait aussi des missions de délégué syndical d'entreprise dans les entités qui en seraient dépourvues. Dans ce sens, l'accord du groupe Véolia relatif au dialogue social[191] précise que « dans les entités dépourvues d'instances représentatives du personnel, les organisations syndicales représentatives pourront charger leurs DSN ou un DSCN de négocier des accords d'entreprise [lesquels] devront être ratifiés en local ».

130 Ces pratiques nous confortent dans l'idée que les délégués syndicaux du groupe exerçant des prérogatives tout à fait particulières, il n'y a pas lieu d'ériger l'existence d'un mandat de délégué syndical dans une entreprise du groupe en condition préalable à leur désignation. Dès lors, la mise en œuvre d'un cadre spécifique de représentation du personnel dans le groupe, dont les membres seraient directement élus par l'ensemble des salariés du groupe nous paraît tout à fait envisageable.

---

190 *Accord de dialogue social au sein du groupe Casino*, 5 nov. 2012.

191 *Accord sur l'exercice du droit syndical et le dialogue social dans le groupe Veolia Transdev en France*, 24 fév. 2012.

En marge des interlocuteurs directs à la négociation des accords de groupe, il faut à présent évoquer le rôle des institutions représentatives du personnel dans la vie des accords de groupe.

Section 4 : L'intervention des institutions représentatives du personnel

131 Bien qu'elles ne participent pas directement à la négociation et à la conclusion des accords collectifs, les institutions représentatives du personnel exercent un rôle dans leur élaboration. Le code du travail précise en effet que le comité d'entreprise « a pour objet d'assurer une expression collective des salariés permettant la prise en compte permanente de leurs intérêts dans les décisions relatives à la gestion et à l'évolution économique et financière de l'entreprise, à l'organisation du travail, à la formation professionnelle et aux techniques de production »[192] et que « les décisions de l'employeur sont précédées de la consultation du comité d'entreprise [...] »[193].

L'interprétation de ce dispositif par la jurisprudence a conduit à une consultation quasi-systématique du comité d'entreprise sur les projets d'accords d'entreprise et leurs évolutions. Ceci étant, la Cour de cassation a considéré que le défaut de consultation du comité d'entreprise sur un tel projet ne saurait entraîner la nullité de l'accord collectif, la validité et la force obligatoire de ce texte demeurant soumises aux règles qui leur sont propres[194]. De même, elle a pu considérer que les juges n'ont pas à suspendre l'entrée en vigueur d'un accord pour contraindre l'employeur à respecter la procédure de consultation[195]. Il en résulte que la procédure de consultation des instances représentatives du personnel en matière de négociation collective s'est révélée purement formelle et dépourvue de tout effet utile.

132 C'est en tout cas la position soutenue par le gouvernement à l'initiative de la loi 17 août 2015 relative au dialogue social et à l'emploi, laquelle a supprimé l'obligation de consultation liée à la négociation, à la révision ou à la dénonciation d'accords collectifs depuis le 1er janvier 2016[196].

---

192 *C. trav.*, art. L.2323-1.

193 *C. trav.*, art. L.2323-2.

194 Cass. Soc., 5 mai 1998, n° 96-13498; *Bull. Civ.*, 1998, V, n° 219.

195 Cass. Soc., 17 juin 2003, *Mayen c/ Société Alitalia et autre*, n° 01-41522; *Bull. Civ.*, V, n° 195; *Dr. Soc.*, 2004, n° 7/8, p. 694, n. A. JEAMMAUD.

196 *C. trav.*, art. L. 2323-2 al. 2 : « les projets d'accord collectif, leur révision ou leur dénonciation ne sont pas soumis à l'avis du comité d'entreprise ».

L'étude d'impact réalisée dans le cadre de cette réforme a mis en évidence que l'intérêt d'une telle consultation n'est plus avéré compte tenu du renforcement du lien entre comité d'entreprise et délégué syndical et de la mesure de la représentativité de ces dernières avec la loi du 20 août 2008 : la consultation des institutions représentatives du personnel ne revêt plus le même intérêt qu'auparavant, dans la mesure où les acteurs de la négociation sont souvent des élus au comité d'entreprise, et que la mesure de l'audience des organisations syndicales est calée sur les résultats des élections du comité d'entreprise[197].

Il reste cependant intéressant de préciser l'évolution de cette obligation consultative (§ 1), pour mettre en évidence son inadéquation à la négociation collective de groupe (§ 2).

§ 1 : Les négociations donnant lieu à consultation

133 La jurisprudence a progressivement posé le principe d'une consultation obligatoire du comité d'entreprise lors de la négociation d'accords collectifs « *portant sur l'une des* questions soumises à l'avis du comité »[198]. Rappelons ici que le comité d'entreprise dispose d'attributions consultatives particulières dans toutes les décisions relatives « à la gestion et à l'évolution économique et financière de l'entreprise, à l'organisation du travail, à la formation professionnelle et aux techniques de production »[199]. Or une très large majorité des accords collectifs sont effectivement conclus sur des thèmes qui entrent dans le champ de ces compétences particulières. Il en est ainsi notamment des accords relatifs au temps de travail, à la formation professionnelle, ou encore aux dispositifs d'épargne salariale. La lettre du dispositif légal antérieur suscitait toutefois des interrogations lorsqu'il trouvait à s'appliquer à la négociation d'accords de groupe. Outre la notion de décision de l'employeur à retenir (A), d'autres difficultés d'interprétation se sont révélées (B).

A) La notion de décision de l'employeur

134 L'article L.2323-2 alinéa 1 du code du travail impose la consultation des instances représentatives du personnel préalablement « aux décisions de l'employeur ». Cette notion appelle à précisions. Tout d'abord, la Cour de cassation a considéré qu'il n'y avait pas lieu de distinguer « selon que la

---

197 Projet de loi relatif au dialogue social et à l'emploi, NOR ETSX1508596L, *Étude d'impact*, 21 avril 2015.

198 Cass. Soc., 19 mars 2003, n° 01-12094 ;*Bull. Civ.*, 2003, V, n° 105, p. 101; *Sem. Soc. Lamy*, 2003, n° 1133, p. 59.

199 *C. trav.*, art. L.2323-1.

décision en cause est une décision unilatérale ou prend la forme de la négociation d'un accord collectif d'entreprise portant sur l'un des objets soumis légalement à l'avis du comité d'entreprise »[200]. Plus récemment, elle a même étendu l'obligation de consultation du comité d'entreprise à l'application d'un accord de branche étendu dans l'entreprise, dès lors qu'il était de nature à affecter l'organisation et la marche générale de l'entreprise, rappelant que le champ d'intervention du comité d'entreprise ne se limite pas aux décisions unilatérales de l'employeur[201].

Un pas supplémentaire a été franchi dans l'interprétation extensive des attributions consultatives du comité d'entreprise, c'est pourquoi il a pu être préconisé de prévoir une consultation post-signature sur la manière dont serait appliqué l'accord lorsque le thème qu'il abordait relevait de la compétence du comité d'entreprise. Il a même été soutenu que cette consultation devrait tout autant intervenir pour la mise en œuvre d'une loi nouvelle dans l'entreprise, dès lors que son dispositif touche à l'organisation et à la marche générale de l'entreprise[202].

135 La notion de décision sur laquelle se fonde la consultation du comité d'entreprise est donc tout à fait particulière, et ce d'autant plus dans le cadre des groupes. On a ainsi pu relever que certaines restructurations devaient donner systématiquement lieu à la consultation du comité d'entreprise, alors même que le dirigeant de la structure concernée ne disposait d'aucun pouvoir de décision dans l'opération projetée.

C'est le cas notamment en cas de cession de contrôle, laquelle doit s'analyser en cession d'une société par l'entreprise dominante à une autre entreprise[203]. Lorsqu'une entreprise dominante décide de céder une partie du capital qu'elle détient dans une de ses filiales, l'employeur de l'entité cédée doit consulter son comité d'entreprise sur l'opération en cours. Il en est de même lorsque la société-mère décide de la fermeture d'une filiale : la procédure de consultation du comité d'entreprise incombe à l'employeur de la filiale concernée, bien qu'il ne dispose pas d'un réel pouvoir de décision. C'est d'ailleurs l'argument qui a été soutenu dans l'affaire Marks & Spencer, mais rejeté par le juge des référés[204]. Mais l'interprétation de la notion de

---

200 Cass. Soc., 5 mai 1998, n° 96-13498; *Bull. Civ.*, 1998, V, n° 219.

201 Cass, Soc, 21 nov. 2012, *Société Aux Galeries de la Croisette c/ Comité central d'entreprise de l'UES groupe Monoprix*, n° 11-10625 ; *RJS*, 2013, n° 2, p. 122 ; *Gaz. Pal.*, 2013, n° 81, p. 23, n. F. Marron ; *JSL*, 2013, n° 335, p. 20, n. M. Hautefort.

202 HAUTEFORT (M.), « Le comité d'entreprise doit être consulté quand l'employeur applique un accord collectif », *JSL*, 2013, n° 335.

203 Cass. Crim., 2 mars 1978, n° 76-92008, *Dr. Soc.*, 1978, p. 369, obs J. Savatier.

204 TGI Paris, 9 avril 2001, Fédération CGT du commerce, de la distribution et des services et a. c/ SA Marks & Spencer France, n° 01-54016 ; RJS, 7/01, n° 883 ; RPDS, 2001, p. 263 ; Sem. Soc. Lamy, 2001, n° 1024, p. 8.

décision était loin d'être la seule difficulté à laquelle s'exposait la consultation des comités d'entreprise dans le cadre de la négociation des accords de groupe.

B) D'autres difficultés d'interprétation

136 L'interprétation jurisprudentielle du code du travail supposait la consultation des comités d'entreprise préalablement à la conclusion de tout accord collectif portant sur un sujet qui relevait de ses domaines de compétences[205]. Mais la mise en œuvre de ce principe pouvait se heurter à de nombreuses difficultés lorsqu'il s'appliquait à la conclusion d'un accord de groupe.

Tout d'abord, il supposait la consultation de l'ensemble des comités d'entreprise existant dans les entités concernées par l'accord. Outre la lourdeur administrative d'une telle procédure, il fallait que le champ d'application de l'accord soit déterminé préalablement à la conclusion de l'accord. Lorsque le champ d'application de l'accord faisait lui-même l'objet de négociations, il était donc impossible de déterminer avant la signature de l'accord quels comités d'entreprise devront être consultés.

Ensuite, la composition de la délégation patronale à la négociation pouvait rendre difficile la détermination des comités d'entreprise qui devaient être consultés : lorsqu'un accord de groupe était négocié et conclu par l'employeur de l'entreprise dominante, en l'absence de tout mandat exprès consenti par les employeurs des filiales en ce sens, y avait-il lieu de consulter les comités d'entreprise, alors que les employeurs concernés n'avaient pas directement participé à la négociation ? Pour le professeur Cesaro, une réponse négative devait s'imposer : il y avait lieu de se référer à la notion de « décision » prévue par l'article L2323-2 du code du travail, et de ne faire peser l'obligation de consultation que sur les employeurs qui figuraient effectivement dans la délégation patronale qui avait négocié l'accord de groupe[206].

137 Ces difficultés ne se limitaient pas au stade de la négociation et de la conclusion des accords, la Cour de cassation considérant que la dénonciation par le chef d'entreprise d'un accord intéressant la marche générale de l'entreprise devait également donner lieu à la consultation préalable du comité d'entreprise[207]. Si cette interprétation ne posait pas de difficultés

---

205 Cass. Soc., 5 mai 1998, n°96-13498; *Bull. Civ.*, 1998, V, n° 219.

206 CESARO (J.-F.), « La négociation collective dans les groupes de sociétés », Groupes de sociétés et droit du travail, *Dr. Soc.*, 2010, p. 780.

207 Cass. Soc., 5 mars 2008, *SA Oce Business services et autres c/ Syndicat CGT Oce France et autres*, n° 07-40273 ; *JurisData* n° 2008-043017 ; *RJS*, 2008, n° 5, p. 449 ; *JCP, E*,

particulières lorsque l'accord de groupe était dénoncé par un ou plusieurs employeurs, il pouvait en aller différemment lorsqu'il était dénoncé par l'employeur de l'entreprise dominante, au nom et pour le compte de l'ensemble des employeurs relevant du champ d'application de l'accord. À suivre l'analyse de la Cour de cassation, il y avait lieu de consulter les comités d'entreprise dans l'ensemble des entités auxquelles la dénonciation était applicable, et ce bien que les employeurs concernés n'avaient aucunement pris part à la décision. Nous reviendrons longuement sur les techniques permettant de favoriser l'harmonisation du statut social des salariés du groupe, et les montages juridiques permettant d'assurer son adaptation aux évolutions structurelles du groupe dans le cadre de notre deuxième partie. On peut cependant d'ores et déjà relever que la souplesse de ces techniques dans le groupe serait considérablement atténuée si chaque opération devait donner lieu à une consultation préalable des comités d'entreprise.

138 De l'ensemble de ces observations découle un seul et même constat : à supposer que la consultation des institutions représentatives du personnel présente encore un intérêt en matière de négociation collective, son efficacité serait encore plus discutable lorsque sont négociés des accords de groupe, compte tenu de l'inadéquation existant entre le niveau de la négociation des accords et le niveau de la consultation des représentants du personnel.

§ 2 : Un niveau de consultation inadapté à la négociation de groupe

139 Si l'obligation de consultation des instances représentatives du personnel en cas de conclusion d'un accord collectif a été supprimée depuis le 1er janvier 2016, ses effets seront néanmoins amenés à perdurer au travers des accords collectifs qui l'ont retranscrit. On peut dès lors s'interroger sur le niveau auquel doit intervenir la consultation en présence d'un accord de groupe. Plusieurs solutions ont pu être envisagées.

140 En premier lieu, on pouvait imaginer une application stricte du dispositif légal et considérer que dès lors qu'un accord collectif était de nature à affecter la marche générale de l'entreprise, son comité d'entreprise devait être consulté, quel que soit le niveau auquel avait été conclu l'accord. Une partie de la doctrine préconisait en effet de se calquer sur la solution retenue

---

2008, 40, p. 48-50, n. G. VACHET ; *JCP, S*, 2008, 22, p. 40, n. D. CORRIGNAN-CARSIN ; *CSBP*, 2008, n° 201, p. 243, n. S. NOUREDINE.

par la Cour de cassation en matière d'accords d'entreprises[208], à savoir la consultation systématique des comités d'entreprise, lorsque l'objet de l'accord de groupe relevait de leurs compétences[209]. À titre d'exemple, lorsqu'un accord de groupe était négocié en matière d'aménagement du temps de travail, il appartenait alors à chaque employeur relevant du champ d'application de l'accord de consulter son propre comité d'entreprise sur le projet d'accord en cours de discussion.

Cette démarche supposait toutefois que chaque employeur ait pris une part active à la négociation de l'accord pour pouvoir consulter son comité d'entreprise en amont de la conclusion de l'accord. L'accord du groupe Lactalis relatif à l'aménagement du temps de travail[210] prévoit sur ce point un aménagement intéressant du dispositif légal antérieur, en stipulant que « le présent accord est d'application directe dans les entreprises relevant du champ d'application de l'accord, après consultation de leurs instances représentatives du personnel ». En d'autres termes, cet accord subordonne l'applicabilité de l'accord dans les entreprises concernées à une démarche de consultation des représentants du personnel initiée dans chaque filiale. Le défaut de consultation n'aurait donc pas d'incidence sur l'applicabilité générale de l'accord, mais seulement sur son applicabilité dans l'entreprise concernée. Rappelons que la Cour de cassation considère que le défaut de consultation n'affecte pas les conditions de validité des accords collectifs. En l'espèce, il ne remettrait en cause l'application de l'accord que dans les entreprises qui n'auraient pas satisfait à leurs obligations consultatives.

141 La mise en place de tels dispositifs ne nous semble pas conforme à l'esprit du dispositif légal antérieur à la loi du 17 août 2015. Rappelons en effet qu'outre la nécessité d'informer les instances représentatives du personnel et de recueillir leur avis sur le projet qui leur est soumis, l'employeur devait également être en mesure de fournir des explications sur ce projet, voire même de l'amender. La consultation des instances représentatives du personnel supposait que la décision de l'employeur n'était pas encore définitivement arrêtée. Certains accords de groupe semblent cependant répondre à ces objectifs.

À titre d'exemple, l'accord du groupe Casino relatif au Plan d'Épargne Retraite Collectif érige la consultation des instances représentatives du personnel en condition suspensive générale de l'application de l'accord : « le

---

208 Cass. Soc., 5 mai 1998, Conseil supérieur consultatif des comités mixtes à la production c/ EDF-GDF, n° 96-13.498, Bull. Civ., V, n° 219.

209 GRANGÉ (J.), « Les conventions et accords collectifs de groupe », *Sem. Soc. Lamy*, 2004, n° 1183, p. 78.

210 *Accord de groupe relatif à l'aménagement du temps de travail*, groupe Lactalis, 13 oct. 2010.

présent accord est conclu à la condition suspensive de l'avis des comités centraux d'entreprise, des délégations uniques du personnel et des comités d'entreprise des sociétés du périmètre ». En l'espèce, la validité de l'accord est donc subordonnée à la consultation de l'ensemble des instances représentatives du personnel des entreprises concernées. Il suffirait donc qu'un seul employeur méconnaisse ses obligations consultatives pour priver l'ensemble des entités du groupe du dispositif négocié. Il en résulte qu'au moment où sont consultées les instances représentatives du personnel dans les entreprises, le projet n'est pas encore définitivement arrêté au niveau du groupe.

142 Mais il n'est pas toujours possible d'initier une telle démarche dans le cadre du groupe. En particulier, l'évolution du périmètre du groupe peut amener à intégrer de nouvelles entités dans le champ d'application d'un accord de groupe déjà conclu, notamment par la mise en œuvre d'une procédure d'adhésion. Nous reviendrons plus longuement sur cet aspect dans le cadre de notre deuxième partie. Quoi qu'il en soit, on peut relever que certains groupes organisent une procédure de consultation du comité d'entreprise préalablement à l'adhésion d'une entreprise à un accord de groupe préexistant. Il en est ainsi notamment de l'accord de participation du groupe Carrefour du 28 juin 2013[211].

On peut s'interroger sur l'efficacité d'un tel dispositif, dans la mesure où l'accord de groupe est déjà en vigueur et que son contenu ne pourra aucunement être modifié par l'employeur de l'entreprise entrante. C'est sans doute la raison pour laquelle d'autres groupes ne subordonnent l'adhésion d'une entreprise entrant dans le périmètre du groupe qu'à une simple information de leurs instances représentatives du personnel[212]. On voit ici clairement s'illustrer les limites des compétences des comités d'entreprise en matière de négociation d'accords de groupe.

143 En second lieu, il pouvait être soutenu que la négociation de l'accord collectif intervenant au niveau du groupe, la consultation des institutions représentatives du personnel devait s'opérer corrélativement à ce même niveau. C'est en effet dans ce seul cadre qu'un véritable dialogue peut être mené entre la direction et les instances représentatives du personnel. Pour le professeur Teyssié, outre que la consultation des comités d'entreprise peut soulever de sérieuses difficultés pratiques, elle reviendrait à méconnaître les spécificités des conventions et accords de groupe : « ils ne sont point une simple addition d'accords d'entreprise et doivent à ce titre échapper à

---

211 *Accord de participation de groupe Carrefour France*, 28 juin 2013.

212 *Accord sur l'exercice du droit syndical et le dialogue social dans le groupe Véolia Transdev en France*, 24 fév. 2012.

l'obligation de consultation préalable existant dans le cadre de l'entreprise »[213].

Il ressort de cette seconde analyse que si la négociation d'un accord de groupe devait s'accompagner de la consultation d'une instance de représentation du personnel, il y aurait lieu de consulter le comité de groupe, « seule instance de niveau comparable à celui des conventions et accords collectifs de groupe »[214]. Cette solution recueille tout notre assentiment dans la mesure où elle confère une véritable autonomie au groupe en tant que niveau de négociation et de représentation du personnel. Elle paraît toutefois difficile à mettre en œuvre tant que la notion de groupe dans lequel s'inscrit le champ d'application de l'accord n'est pas clairement définie par le législateur. La consultation du comité de groupe préalable à la conclusion d'un accord de groupe supposerait en effet que le groupe qui négocie l'accord ait le même périmètre que celui retenu pour la mise en place d'un comité de groupe, ce que nous soutenons fermement.

144 La pratique est cependant nettement moins prolixe en ce sens, compte tenu de la rigueur du dispositif légal antérieur à la loi du 17 août 2015. Il sera intéressant d'observer l'évolution du rôle des institutions représentatives du personnel dans la négociation des accords de groupe à la lumière de l'objectif de clarification des « rôles respectifs des élus du comité d'entreprise et des délégués syndicaux » de l'alinéa 2 de l'article L.2323-2 du code du travail. Il faut préciser que le MEDEF avait formulé des propositions similaires dans le cadre de la négociation nationale interprofessionnelle engagée fin 2014 sur ce thème, en préconisant de « fixer un cadre général et de faire confiance pour organiser un dialogue social franc, mais constructif car responsable »[215].

On peut néanmoins relever que le groupe Thalès a pris un dispositif en ce sens, dans son accord relatif à la qualité de vie au travail, lequel stipule que « le présent accord entrera en vigueur après information et consultation du comité central d'entreprise de Thalès SA en sa qualité d'entreprise dominante »[216]. Par ailleurs, dans le prolongement des préconisations du MEDEF, on peut souligner que les stipulations associant les institutions représentatives du personnel aux dispositifs mis en œuvre dans le cadre de la négociation collective de groupe ne manquent pas en pratique.

---

213 TEYSSIÉ (B.), « Variations sur les conventions et accords collectifs de groupe », *Dr. Soc.*, 2005, p. 643.

214 TEYSSIÉ (B.), « Variations sur les conventions et accords collectifs de groupe », *Dr. Soc.*, 2005, p. 643.

215 MEDEF, « Négociation relative à la qualité et à l'efficacité du dialogue social dans l'entreprise et à l'amélioration de la représentation des salariés », 10 déc. 2014.

216 *Accord sur la qualité de vie au travail au sein du groupe Thalès,* 4 fév. 2014.

À titre d'exemple, l'accord du groupe Seb relatif au contrat de génération du 5 septembre 2013[217] prévoit dans chaque entreprise, une consultation annuelle du comité d'entreprise sur le suivi de l'accord. De la même manière, l'accord de groupe conclu dans le groupe Cahors sur le même thème le 12 novembre 2013[218] prévoit la possibilité pour les instances représentatives du personnel dans chaque entreprise concernée de saisir la commission de suivi des accords, afin d'assurer le suivi de la mise en place des mesures prévues par l'accord. En matière de pénibilité, l'accord du groupe Casino du 4 juillet 2012[219] impose une information annuelle des membres du CHSCT ou à défaut des délégués du personnel des établissements des sociétés comprises dans le périmètre de l'accord quant aux actions menées dans le cadre de la prévention de la pénibilité au travail.

145 Ces dispositifs ne se limitent pas à la coordination avec les instances représentatives du personnel dans les entreprises, mais peuvent tout autant concerner les représentants du personnel dans le cadre du groupe. C'est ainsi que l'accord du groupe EADS relatif au contrat de génération du 18 juillet 2013[220] impose qu'un bilan global d'application de l'accord soit présenté au Comité National France avant le terme de l'accord.

Il ressort de l'ensemble de ces constatations que l'obligation légale de consultation des instances représentatives du personnel en matière de négociation collective était largement inadaptée aux spécificités de la négociation d'accords de groupe. Mais la suppression de cette obligation consultative avec la loi du 17 août 2015 ne saurait garantir la sauvegarde du rôle des représentants élus du personnel dans les négociations touchant à leurs domaines d'attributions. Il y a fort à parier que cette mesure de simplification dépossédera progressivement les instances élues du personnel de pans entiers de leurs attributions au profit des organisations syndicales.

Si, sous l'impulsion du dispositif légal antérieur, les accords de groupe ont pu prévoir des modes de consultation adaptés à leurs spécificités, et dont l'étendue pouvait varier selon le thème abordé, l'absence de toute obligation légale de consultation des instances représentatives du personnel va certainement, à terme, clore ces débats.

---

[217] *Accord de groupe relatif au contrat de génération au sein du groupe SEB en France 2013 -2016*, 5 sept. 2013.

[218] *Accord groupe CAHORS relatif au contrat de génération*, 12 nov. 2013.

[219] *Accord groupe concernant la prévention de la pénibilité au travail*, groupe Casino, 4 juil. 2012.

[220] *Accord de groupe EADS en France sur un dispositif intergénérationnel*, 18 juil. 2013.

Conclusion du chapitre 2

146 Le législateur accorde un monopole exclusif aux organisations syndicales pour la négociation et la conclusion des accords de groupe, alors que les conditions d'appréciation de leur représentativité, et donc de leur légitimité dans ce rôle, sont encore loin d'être pleinement satisfaisantes. L'appréciation de la représentativité des organisations syndicales dans le groupe se heurte à de nombreux obstacles juridiques qui ne lui permettent pas de refléter fidèlement la position de l'ensemble des salariés concernés par les accords qu'elles négocient.

Pour résoudre ces difficultés, plusieurs orientations ont pu être proposées. Une simplification des instances représentatives du personnel dans un périmètre donné pourrait garantir une expression collective des salariés plus efficace pour mesurer l'audience des organisations syndicales dans le groupe. La conclusion d'accords collectifs spécifiques déterminant, préalablement à toute négociation sur le fond, les règles de conduite de ces négociations à venir pourrait également améliorer l'appréciation de la représentativité des organisations syndicales dans le groupe. Enfin, la mise en place d'un cadre spécifique de mesure de l'audience des organisations syndicales dans le groupe, calqué sur celui de la mise en place du comité de groupe, permettrait de donner toute sa mesure aux spécificités et à l'autonomie de ce cadre de négociation.

Conclusion du Titre 1

147 Le législateur reconnaît le groupe comme un niveau spécifique et autonome de négociation, sans toutefois lui accorder les moyens nécessaires au développement et à la pérennité des accords qu'il négocie. Malgré les spécificités que le législateur reconnaît à ce niveau particulier de négociation et de représentation, les rares dispositifs légaux organisant la négociation d'accords de groupe n'ont aucun caractère spécifique par rapport à ceux prévus dans le cadre de l'entreprise ou de l'établissement. On pourrait plutôt les interpréter comme des adaptations des dispositifs applicables aux entreprises, bricolés dans l'attente d'une solution meilleure. Leurs failles sont nombreuses.

Ainsi l'employeur de l'entreprise dominante dispose de prérogatives spécifiques pour la négociation et la conclusion d'accords de groupe, lesquelles sont toutefois diluées par celles qu'il reconnaît à l'ensemble des employeurs des entreprises concernées pour composer la délégation patronale. La représentativité des organisations syndicales est quant à elle appréciée au niveau du groupe, mais dans le cadre des entreprises qui le composent, pour peu que celles-ci disposent d'un cadre de représentation du personnel.

La prudence du législateur est parfaitement compréhensible compte tenu des enjeux. Elle a même été largement justifiée dans le cadre des débats parlementaires qui ont animé les différentes réformes ayant conduit au dispositif légal actuel. Mais force est de constater que cette prudence freine les innovations des partenaires sociaux, compte tenu de l'insécurité qui pèse sur les dispositifs qu'ils négocient.

TITRE 2 : LE CONTENU DES ACCORDS DE GROUPE

148 Les accords de groupe sont le reflet de la politique sociale déployée par chaque groupe de sociétés, en vue d'assurer aux salariés des garanties sociales efficientes et harmonisées. Ils sont également un outil de communication très efficace à destination des collaborateurs potentiels, des clients et des prestataires, dans un système concurrentiel qui nécessite une visibilité permanente.

Pour y parvenir, les groupes disposent d'une très large marge de manœuvre pour la sélection des thèmes de la négociation collective. Les partenaires sociaux peuvent eux-mêmes déterminer les sujets à traiter en fonction des spécificités du groupe et des intérêts communs pouvant exister entre les sociétés le composant.

149 Le législateur encourage de longue date la négociation d'accords de groupe sur certains thèmes comme la participation et la GPEC. Depuis la loi du 8 août 2016[221], il consacre même la possibilité de négocier et de conclure des accords de groupe dans l'ensemble des domaines ouverts à la négociation d'entreprise[222].Pour autant, certains accords comme ceux relatifs à la mise en œuvre d'un plan de sauvegarde de l'emploi semblent encore totalement exclus du champ de la négociation de groupe, malgré leurs liens évidents avec les choix stratégiques de la société-mère d'une part, et les moyens déployés dans l'ensemble du groupe d'autre part.

150 La pratique témoigne de grandes disparités entre le champ de la négociation de groupe tel qu'il est prévu par le législateur et celui effectivement mis en place par les groupes de sociétés. Il y a donc lieu d'envisager les différents thèmes abordés par les accords de groupe, et de préciser les originalités que peut apporter ce cadre particulier de négociation sur les droits des salariés, ainsi que ses limites.

---

221 *Loi relative au travail, à la modernisation du dialogue social et à la sécurisation des parcours professionnels*, 8 août 2016, n° 2016-1088, *JORF*, 9 août 2016, n° 0184.

222 *C. trav.*, art. L.2232-33.

Pour ce faire, nous organiserons l'étude du contenu des accords de groupe, à l'instar de la loi du 17 août 2015, selon trois axes de négociation, à savoir en premier lieu la gestion des emplois et des parcours professionnels (chapitre 1), en deuxième lieu la rémunération, le temps de travail et le partage de la valeur ajoutée (chapitre 2), et en troisième lieu la qualité de vie au travail (chapitre 3).

Chapitre 1 : La gestion des emplois et des parcours professionnels

151 La gestion des emplois et des parcours professionnels est un enjeu fondamental de la négociation de groupe, puisqu'il vise à anticiper les évolutions à venir et à apporter des solutions pour garantir le maintien des salariés dans l'emploi. Pour y parvenir, des accords conclus en la matière peuvent apporter des solutions efficaces pour faire évoluer les compétences des salariés via la formation professionnelle d'une part, mais aussi pour adapter les ressources aux besoins des entreprises via des dispositifs de mobilité (section 1).

Cette démarche d'anticipation permet également d'apporter des solutions novatrices pour assurer l'insertion et le maintien dans l'emploi de salariés fragilisés sur le marché du travail : la négociation d'accords de groupe relatifs au contrat de génération répond à cet objectif (section 2). Il en est de même à notre sens des accords de groupe relatifs au handicap et à l'égalité professionnelle (section 3).

Bien que la loi du 17 août 2015 relative au dialogue social et à l'emploi envisage ces deux derniers thèmes dans le cadre de la négociation portant sur la qualité de vie au travail, nous les traiterons dans le cadre de la gestion des emplois et des parcours professionnels, au même titre que les accords relatifs au contrat de génération. Nous estimons en effet que ces trois thèmes recoupent une seule et même finalité : la lutte contre les inégalités, laquelle doit être appréhendée dans le cadre de la politique de gestion des ressources humaines du groupe.

Section 1 : La mise en œuvre d'un dispositif de gestion prévisionnelle des emplois et des compétences

152 Au premier rang des dispositifs de gestion des emplois et des parcours professionnels s'inscrivent les accords de gestion prévisionnelle des emplois et des compétences de groupe. Bien que solidement installé en pratique, leur régime juridique doit être précisé, s'agissant du cadre de la négociation d'une part (§ 1), des mesures intégrées aux accords d'autre part (§ 2), et enfin des liens pouvant exister entre leur dispositif et les licenciements pour motif économique initiés dans le groupe (§ 3).

§ 1 : Le cadre de la négociation relative à la GPEC

153 La mise en place d'un dispositif de gestion prévisionnelle des emplois et des compétences doit faire l'objet d'une négociation triennale obligatoire dans les entreprises et les groupes d'entreprises d'au moins trois cents salariés. Sans abaisser ce seuil, la loi du 14 juin 2013 relative à la sécurisation de l'emploi encourage la mise en place d'un dispositif similaire dans les entreprises et groupes de dimension inférieure. Elle prévoit ainsi que lorsque ces entités engagent une négociation portant sur les conditions de mobilité professionnelle ou géographique internes à l'entreprise sans projet de réduction d'effectifs, cette négociation doit également porter sur les évolutions prévisionnelles des emplois et des compétences, et sur les mesures susceptibles de les accompagner[223].

La loi du 17 août 2015 relative au dialogue social et à l'emploi est allé plus loin dans le renforcement du dispositif, en permettant d'y adjoindre, depuis le 1er janvier 2016, la négociation portant sur le contrat de génération[224], ainsi celle traitant du déroulement de carrière des salariés exerçant des responsabilités syndicales et de l'exercice de leurs fonctions[225], au sein d'une négociation globalisée relative à la « gestion de l'emploi et des parcours professionnels ». Cette réforme a remarquablement assoupli la périodicité de ces négociations, dans la mesure où elle peut désormais être portée à cinq ans par accord majoritaire[226].

154 « La finalité de la gestion prévisionnelle des emplois et des compétences est d'anticiper les évolutions prévisibles des emplois et des métiers, des compétences et des qualifications, liées aux mutations économiques, démographiques et technologiques prévisibles, au regard des stratégies des entreprises, pour permettre à celles-ci de renforcer leur dynamisme et leur compétitivité et aux salariés de disposer des informations et des outils dont ils ont besoin pour être les acteurs de leur parcours professionnel au sein de l'entreprise ou dans le cadre d'une mobilité externe »[227]. La gestion prévisionnelle des emplois et des compétences telle qu'elle a été envisagée par les partenaires sociaux a donc vocation à associer les salariés aux démarches de gestion prévisionnelle, en les informant au plus tôt des modifications structurelles pouvant affecter le groupe, et en leur offrant

---

[223] *C. trav.*, art. L.2242-17 al. 3 (version en vigueur au 19 août 2015).

[224] *C. trav.*, art. L.2242-14 (version en vigueur au 1er janvier 2016).

[225] *C. trav.*, art. L.2242-13, 6° (version en vigueur au 1er janvier 2016).

[226] *C. trav.*, art. L.2242-20 al. 1 (version en vigueur au 1er janvier 2016).

[227] Accord national interprofessionnel du 14 novembre 2008 sur la gestion prévisionnelle de l'emploi et des compétences.

l'accès à des dispositifs permettant d'assurer leur reconversion, interne ou externe, et d'éviter ainsi d'éventuels licenciements pour motif économique.

« À l'origine de repères collectifs et de principes de groupes, la gestion prévisionnelle des emplois et des compétences doit [...] ménager cette délicate dialectique entre la vision mondiale des marchés et l'horizon régional de la mobilité professionnelle »[228]. Pour atteindre cet objectif, le législateur a mis en place une série de mesures destinées à optimiser les échanges entre la direction et les représentants des salariés. Mais force est de constater que certaines de ces dispositions légales sont difficilement conciliables avec les spécificités des négociations engagées dans les groupes[229].

155 En premier lieu, le code du travail prévoit que la négociation sur la gestion prévisionnelle des emplois et des compétences doit s'appuyer notamment sur les orientations stratégiques de l'entreprise[230]. Ce dispositif est surprenant : alors que le législateur prévoit expressément la possibilité de conclure des accords de groupe relatifs à la GPEC, il n'a pas envisagé de fonder leur négociation sur les orientations stratégiques du groupe. Or c'est pourtant bien à ce niveau que doivent être analysées les problématiques d'anticipation des modifications structurelles susceptibles d'orienter le contenu de la négociation. Selon notre analyse, les orientations stratégiques à prendre en compte sont nécessairement celles relevant du niveau envisagé pour la négociation de la gestion prévisionnelle des emplois et des compétences. Dès lors, une négociation de groupe devrait s'engager sur le fondement des orientations stratégiques du groupe.

Le droit commercial fournit à cet effet un vivier de documents prospectifs (rapport de groupe, rapports annuels de gestion des entreprises du périmètre du groupe) faisant état de la situation économique et sociale du groupe, de façon rétrospective et prospective, le cas échéant en insistant sur les difficultés que peut rencontrer une entité particulière. Les éléments d'information qu'ils contiennent illustrent parfaitement la situation du groupe et permettent d'orienter les démarches de gestion prévisionnelle, par exemple en insistant sur les dispositifs de mobilité interne dans la perspective d'une prochaine fermeture de site.

156 La pratique confirme clairement notre analyse, de nombreux accords de groupe conclus en matière de GPEC faisant référence aux orientations stratégiques du groupe ou de la société-mère. À ce titre, l'accord du groupe

---

228 VIVIEN (P.), « Quelques réflexions sur la mise en œuvre de la GPEC », La GPEC : un défi social, économique et juridique, *Dr. Soc.*, 2007, p. 1093.

229 VATINET (R.), « Développer la gestion prévisionnelle négociée des emplois et des compétences », *JCP, S.*, 2013, p. 1274.

230 *C. trav.*, art. L.2242-13.

Orange du 9 septembre 2014 précise que « la démarche GPEC permet de définir les impacts des orientations stratégiques du groupe sur l'emploi et les compétences et de préciser les priorités d'Orange en termes de recrutement et de besoins en développement de compétences ». On peut également relever que l'accord du groupe Carrefour du 21 décembre 2011 définit les « axes stratégiques du groupe » dans un article spécifique. De la même manière, l'accord du groupe Caisse des Dépôts et Consignations du 17 février 2012 consacre un article à la détermination des acteurs à la négociation, précisant que « la Direction Générale du Groupe définit les orientations stratégiques du groupe et pilote leur mise en œuvre ». L'accord du groupe Schneider Electric du 16 mai 2012 précise quant à lui que « par suite de l'application dès 2008 d'un premier accord de GPEC au sein du groupe, il a été constaté que le groupe constituait le niveau le plus approprié pour développer une telle démarche d'anticipation ». Il ressort clairement de ces stipulations qu'une concordance doit être assurée entre le niveau de la négociation de l'accord de GPEC et celui des orientations stratégiques sur lesquelles elle doit s'appuyer.

La loi du 17 août 2015 relative au dialogue social et à l'emploi a d'ailleurs bien intégré cette problématique, puisqu'elle prévoit qu'un accord de groupe peut désormais organiser la consultation sur les orientations stratégiques au niveau du comité de groupe[231]. Ce dispositif reconnaît donc implicitement le rôle de l'entreprise dominante dans la détermination des orientations stratégiques du groupe. Il aurait été judicieux à notre sens de pousser plus loin l'analyse en imposant la consultation du comité de groupe sur ce thème lorsqu'il existe, et en déchargeant ainsi les entreprises du groupe de cette consultation inadaptée.

157 En second lieu, bien que ce dispositif ne soit plus en vigueur depuis le 1er janvier 2016, il est intéressant de rappeler que le législateur a longtemps prévu l'information du comité d'entreprise lors de la mise en place d'un dispositif de GPEC[232]. Ce dispositif légal n'était guère adapté aux particularités de la négociation d'accords de groupe sur la GPEC, puisqu'il prévoyait l'information des seuls comités d'entreprise sur un dispositif négocié dans le cadre du groupe. Plusieurs solutions pouvaient être envisagées pour faire coïncider le niveau d'intervention des instances représentatives du personnel avec le niveau de la négociation collective : soit l'information de l'ensemble des comités d'entreprise des entités relevant du champ d'application de l'accord, soit l'information du seul comité de groupe, soit l'information de l'ensemble de ces institutions. Pour notre part, nous considérons qu'il aurait fallu privilégier la seconde alternative, le

---

231 *C. trav.*, art. L.2323-11.

232 *C. trav.*,.art. L.2242-15, 1° (version en vigueur jusqu'au 31 décembre 2015).

comité de groupe étant l'instance représentative du personnel instituée au même niveau que l'accord de GPEC. La pratique a été tout autre.

On peut ici noter que l'ensemble des accords que nous avons pu analyser sur ce thème prévoit une procédure d'information des comités d'entreprise. Certains groupes créent parallèlement une procédure d'information des autres intervenants à la mise en œuvre d'un dispositif de GPEC. Elle peut tout d'abord concerner les organisations syndicales représentatives[233], ou leurs représentants[234]. Elle peut aussi s'adresser à des instances créées par l'accord lui-même pour assurer le suivi de sa mise en œuvre. On peut citer à titre d'exemple le « Comité à l'Emploi Territorial » du groupe Orange[235], la « Commission Centrale d'Anticipation » du groupe Thalès[236], ou encore la « Commission de Suivi de l'Emploi et des Métiers » du groupe Caisse des Dépôts et Consignations[237], tous érigés au rang d'instance d'information et de dialogue sur les orientations stratégiques du groupe. Certains groupes entérinent également une procédure d'information spécifique à destination du comité de groupe, considérant qu'il constitue par essence « l'instance d'information et de dialogue sur les orientations stratégiques du groupe »[238], ou encore qu'il est « l'instance appropriée pour être informé sur la stratégie du groupe »[239]. Cette grande diversité de configurations illustre bien la nécessité d'accorder aux partenaires sociaux la souplesse nécessaire à la mise en œuvre d'un dispositif efficace : si la plupart des groupes prévoient une procédure d'information au niveau du groupe et une déclinaison au niveau de chaque entité qui le compose, d'autres instituent un niveau intermédiaire d'échange d'informations compte tenu de la grande diversité des secteurs d'activités représentés[240].

---

233 Information annuelle des organisations syndicales représentatives de groupe sur les évolutions envisagées et les effets prévisibles sur la démarche de GPEC : *Accord sur la gestion prévisionnelle des emplois et des compétences*, groupe Orange, 9 sept. 2014.

234 Information des coordonnateurs syndicaux : *Accord relatif à la gestion des emplois, des métiers et des compétences au sein du groupe Schneider Electric en France,* 16 mai 2012.

235 *Accord sur la gestion prévisionnelle des emplois et des compétences*, groupe Orange, 9 sept. 2014.

236 *Accord visant à favoriser le développement professionnel et l'emploi par des démarches d'anticipation*, groupe Thalès, 26 avril 2013.

237 Accord relatif à la gestion prévisionnelle des emplois et des compétences dans le groupe Caisse des Dépôts et Consignations, 17 fév. 2012.

238 *Accord sur la gestion prévisionnelle des emplois et des compétences* au sein du groupe Casino, 11 déc. 2008.

239 Accord relatif à la gestion des emplois, des métiers et des compétences au sein du groupe Schneider Electric en France, 16 mai 2012.

240 À titre d'exemple, information de l'observatoire des métiers pour chaque secteur d'activité : *Accord sur la gestion prévisionnelle des emplois et des compétences* au sein du groupe Casino, 11 déc. 2008.

158 Cette inadéquation des niveaux de négociation et d'intervention des instances représentatives du personnel en matière de GPECa pu être facilement neutralisée sous l'effet de la loi du 17 août 2015 : une consultation sur la gestion prévisionnelle des emplois et des compétences et sur les orientations de la formation professionnelle doit désormais être mise en œuvre à l'occasion de la consultation annuelle sur les orientations stratégiques de l'entreprise, consultation qui peut désormais être effectuée au niveau du groupe, si un accord de groupe le prévoit[241]. Si l'on ajoute à cela la suppression de l'obligation d'informer les comités d'entreprise sur la mise en place d'un dispositif de GPEC depuis le 1er janvier 2016, on peut présager qu'à terme, priorité sera accordée aux instances représentatives du personnel au niveau du groupe pour se prononcer sur un dispositif de GPEC mis en œuvre à ce niveau.

§ 2 : Les mesures intégrées au champ de la GPEC

159 Si la plus grande créativité est laissée aux partenaires sociaux pour élaborer un dispositif de GPEC dans le groupe, celui-ci doit cependant comporter certaines mesures spécifiques, notamment en matière de mobilité professionnelle et géographique des salariés (A) et de formation professionnelle (B).

A) La mobilité professionnelle et géographique des salariés

160 L'accord de groupe doit tout d'abord prévoir l'accompagnement de la mobilité professionnelle et géographique des salariés. Ce niveau de négociation est particulièrement adapté à la mise en œuvre de ces mesures, puisqu'il permet de transférer des salariés d'une entreprise à une autre afin de rééquilibrer les charges et les compétences à l'échelle du groupe. Il faut ici distinguer deux notions : les mesures de mobilité interne ou externe (1) et la mobilité interne (2).

1. *Mesures de mobilité interne ou externe*

161 Il s'agit de mesures obligatoirement négociées dans le cadre d'un accord de GPEC, conformément aux termes de l'article L.2242-13 du code du travail. Elles revêtent un intérêt tout particulier dans le cadre du groupe. Rappelons en effet que l'obligation individuelle de reclassement préalable au licenciement économique[242] a pour périmètre le groupe. Or cette obligation demeure à la charge exclusive de l'employeur de l'entreprise qui met en

---

241 *C. trav.*, art. L.2323-11(version en vigueur au 19 août 2015).

242 *C. trav.*, art. L.1233-4.

œuvre une procédure de licenciement pour motif économique, quand bien même la société-mère serait à l'origine de ce projet. Dans la pratique, la mise en œuvre de l'obligation de reclassement par l'employeur se trouve limitée, dans la mesure où il ne peut contraindre les employeurs des autres entités du groupe ayant des postes disponibles à donner priorité aux salariés du groupe à reclasser.

162 La mise en place d'un dispositif de gestion prévisionnelle des emplois et des compétences de groupe peut « contribuer à donner au périmètre légal de l'obligation de reclassement un sens dont il est dépourvu aujourd'hui »[243]. L'accord de groupe stipulant la priorité au reclassement interne étend le périmètre de l'obligation de reclassement à l'ensemble des entreprises du groupe.

La mise en place de tels dispositifs dans le cadre de la GPEC permet au surplus de limiter dans une certaine mesure le recours à des mesures plus coercitives lorsque la compétitivité de l'entreprise est menacée. L'accord du groupe AG2R du 21 février 2012[244] consacre, dans le cadre de son dispositif de mobilité, une priorité des candidatures internes à niveau de compétences et de qualifications équivalents. L'ensemble des entreprises comprises dans le champ d'application de l'accord devra ici privilégier l'embauche de salariés du groupe.

L'accord de groupe permet aussi de renforcer les mesures d'accompagnement destinées aux salariés, le groupe disposant de moyens humains et financiers plus importants que ceux des entreprises qui le composent. La mise en commun de ces moyens permet d'offrir des mesures plus efficientes et harmonisées aux salariés. Certains groupes proposent ainsi des primes de mobilité exceptionnelles[245], ou encore le transfert des jours de congés acquis dans l'entité d'origine vers l'entité d'accueil[246].

163 La mobilité externe n'est pas non plus en reste à la lumière des accords de groupe que nous avons pu analyser. On peut à ce titre citer l'accord du groupe Carrefour du 21 décembre 2011[247] qui propose des dispositifs de « transition vers la franchise », ou encore l'accord du groupe Thalès du 26

---

243 GADRAT (M.), « Le contenu des accords de groupe », *Dr. Soc.*, 2010, p. 651.

244 *Accord sur la gestion prévisionnelle des emplois et des compétences au sein du groupe AG2R LA MONDIALE,* 21 fév. 2012._

245 Accord visant à favoriser le développement professionnel et l'emploi par des démarches d'anticipation, groupe Thalès, 26 avril 2013,; Accord relatif à la gestion des emplois, des métiers et des compétences au sein du groupe Schneider Electric en France, 16 mai 2012.

246 *Accord sur la gestion prévisionnelle des emplois et des compétences*, groupe Orange, 9 sept. 2014.

247 *Accord sur la gestion prévisionnelle des emplois et des compétences (GPEC)*, groupe Carrefour, 21 déc. 2011.

avril 2013 qui met en œuvre un « soutien à la création d'entreprise »[248]. Certains accords de GPEC mettent également en place des périodes de mobilité volontaire sécurisée telles que prévues par la loi de sécurisation de l'emploi du 14 juin 2013[249], qui permettent aux salariés d'une entreprise, sur une période déterminée, de travailler dans une autre entreprise tout en disposant d'un droit au retour dans leur entreprise d'origine[250].

2. *Mobilité interne*

164 En marge des mesures classiques de mobilité interne et externe, un chapitre spécifique de l'accord de GPEC peut être consacré à la mobilité interne dans les entreprises et les groupes soumis à l'obligation de négocier en matière de GPEC[251]. Dans les groupes qui ne sont pas tenus d'une obligation triennale de négocier, il est possible de conclure un accord spécifique de mobilité interne. Dans ce cas, la négociation doit également porter sur les évolutions prévisionnelles des emplois et des compétences et sur les mesures susceptibles de les accompagner[252].

Il s'agit de mesures collectives d'organisation courante sans projet de réduction d'effectif, dont l'objectif est d'anticiper les évolutions de l'entreprise par une nouvelle organisation et d'encadrer les mesures de mobilité professionnelle interne des salariés par des changements de poste ou de lieu de travail au sein d'une même entreprise. Elles se distinguent ici nettement des mesures d'accompagnement de la mobilité interne et externe intégrées à l'accord de gestion prévisionnelle des emplois et des compétences, ces dernières pouvant traiter à chaud de projets de réduction d'effectifs.

165 Il convient d'analyser le régime juridique prévu par le législateur pour la mise en œuvre de ce dispositif. Tout d'abord, si le code du travail envisage expressément la négociation d'accords de groupe de mobilité interne, il fait cependant référence à la mobilité « interne à l'entreprise »[253]. Cette notion a fait l'objet d'importants débats parlementaires, portant sur la question de savoir si les mesures prévues par l'accord de groupe devaient concerner la mobilité interne à chaque entreprise le composant, ou si elles pouvaient transcender les frontières de chaque entité du groupe. Pour le rapporteur

---

248 *Accord visant à favoriser le développement professionnel et l'emploi par des démarches d'anticipation*, groupe Thalès, 26 avril 2013, .

249 *C. trav.*, art. L.1222-12 et s.

250 *Accord de groupe KME France relatif à la gestion prévisionnelle des emplois et de compétences et au contrat de génération*, 12 fév. 2014 ; *Accord visant à favoriser le développement professionnel et l'emploi par des démarches d'anticipation*, groupe Thalès, 26 avril 2013.

251 *C. trav.*, art. L.2242-15 (art.L.2242-13 al. 2 à compter du 1er janvier 2016).

252 *C. trav.*, art. L.2242-21 (art. L.2242-17 à compter du 1er janvier 2016).

253 *C. trav.*, art. L.2242-21 (art. L.2242-17 al. 2 à compter du 1er janvier 2016).

Jean-Marc Germain, « même si elle est menée dans le cadre du groupe, [la négociation d'un accord de mobilité interne] ne concerne que les entreprises en interne au sein du groupe »[254]. Cette position s'inscrit dans le prolongement de l'analyse développée par la Cour de cassation dans son arrêt du 23 septembre 2009, lequel consacre la nullité d'une clause de mobilité par laquelle le salarié s'engage à accepter toute mutation dans une autre société du groupe[255].

166 La mise en œuvre de la mobilité par voie d'accord est infiniment plus souple que la mise en œuvre d'une clause contractuelle de mobilité, dont la portée et la mise en œuvre sont rigoureusement encadrées par les juges du fond. Il est en effet de jurisprudence constante qu'une clause de mobilité doit définir précisément sa zone géographique d'application[256]. À l'inverse, la délimitation de la zone de mobilité sera nécessairement évolutive dans le cadre du groupe, son périmètre n'étant pas figé dans le temps et dans l'espace. Ainsi la zone géographique de mobilité pourrait être amenée à évoluer en fonction des entrées et des sorties d'entreprises du périmètre du groupe. Le champ de la mobilité des salariés s'en trouverait d'autant bouleversé, et les salariés concernés ne pourraient s'opposer à la mise en œuvre d'une mobilité à laquelle ils n'auraient pas initialement consenti.

167 Il faut ensuite observer que le dispositif légal finalement retenu est très éloigné de celui initialement proposé par l'accord national interprofessionnel du 11 janvier 2013[257]. En premier lieu, le code du travail fait application du droit du licenciement pour motif économique à ce dispositif, tant s'agissant de la procédure de proposition des mesures individuelles de mobilité que s'agissant du refus du salarié de cette modification. Lorsque l'employeur souhaite mettre en œuvre une mesure individuelle de mobilité prévue par l'accord, il doit recueillir l'accord du salarié selon la procédure prévue à l'article L.1222-6 du code du travail[258], c'est-à-dire selon la procédure applicable en cas de modification du contrat de travail pour motif économique. En cas de refus des salariés, « leur licenciement repose sur un motif économique, [et] est prononcé selon les modalités d'un licenciement

---

254 Ass. Nat., *Rapport n° 847 de la Commission des affaires sociales sur le projet de loi relatif à la sécurisation de l'emploi*, présenté par GERMAIN (J.-M.), 27 juin 2013.

255 Cass. Soc., 23 sept. 2009, n° 07-44200, *Bull. Civ.*, 2009, V, n° 191 ;*Sem. Soc. Lamy*, 2009, n° 1416, p. 12, n. F. AUBONNET et L. GAMET ; *JSL*, 2009, n° 265, p. 11, n. M.-C. HALLER ;*Rev. Lamy Dr. Aff.*, 2009, n° 43, p. 49, n. P.-H. ANTONMATTÉI.

256 Cass. Soc., 7 juin 2006, n° 04-45846, *Bull. Civ.*, 2006, V, n° 209, p. 201 ; *RTD Civ.*, 2007, n° 1, p. 110, n. J. MESTRE et B. FAGES ; *RDT*, 2006, n° 5, p. 313, n. J. PÉLISSIER ; *JCP, E*, 2006, n° 40, p. 1696, n. S. BÉAL ; *JSL*, 2006, n° 193, p. 14, n. J.-E. TOUREIL.

257 GRANGÉ (J.), « Les accords de mobilité », *JCP, S*, n° 18-19, 6 mai 2014, 1185.

258 *C. trav.*, art. L.2242-19.

individuel pour motif économique et ouvre droit aux mesures d'accompagnement et de reclassement que doit prévoir l'accord, qui adapte le champ et les modalités de mise en œuvre du reclassement interne prévu aux articles L.1233-4 et L.1233-4-1 »[259].

L'accord national interprofessionnel[260] prévoyait à l'inverse que le licenciement opéré en cas de refus du salarié devait s'analyser en un licenciement pour motif personnel « ouvrant droit à des mesures de reclassement telles qu'un bilan de compétences ou un abondement du compte personnel de formation ». Son objectif était clairement de sortir du cadre étriqué du droit de la modification du contrat de travail qui, sous couvert de protection des salariés, peut se révéler en définitive destructeur d'emplois[261].

168 Il en ressort un dispositif légal tout à fait particulier, dont la cohérence fait cruellement défaut. En premier lieu, il apparaît surprenant qu'une procédure de licenciement pour motif économique puisse se fonder sur le refus du salarié de se soumettre aux dispositions d'un accord collectif, qui plus est lorsqu'il organise « des mesures collectives d'organisation courante sans projet de réduction d'effectif »[262]. Il paraît hasardeux de justifier de la nature économique du licenciement au regard de l'article L.1233-3 du code du travail, la mise en œuvre de l'accord de mobilité interne ne s'appuyant ni sur des difficultés économiques, ni sur des mutations technologiques, ni sur une sauvegarde de la compétitivité pour justifier le licenciement du salarié qui la refuse. Un aléa judiciaire très important pourrait donc peser sur les procédures de licenciement économiques mises en œuvre dans ce cadre.

En deuxième lieu, l'article L.2242-19 du code du travail prévoit que le licenciement « ouvre droit aux mesures d'accompagnement et de reclassement que doit prévoir l'accord », alors que ces mesures n'étaient jusqu'alors applicables qu'aux licenciements collectifs pour motif économique. Il n'y a pas lieu pour l'employeur d'établir un plan de sauvegarde de l'emploi en cas de refus de mobilité de plus de dix salariés sur une même période de trente jours, mais il doit néanmoins appliquer à ces ruptures les autres dispositifs contraignants du licenciement collectif pour motif économique, notamment le congé de reclassement et la priorité de réembauchage.

En troisième lieu, le législateur prévoit que les stipulations contenues dans l'accord de mobilité interne sont applicables de plein droit au contrat de

---

259 *C. trav.*, art. L.2242-19 al. 4.

260 Accord national interprofessionnel du 11 janvier 2013 pour un nouveau modèle économique et social au service de la compétitivité des entreprises et de la sécurisation de l'emploi et de parcours professionnels des salariés.

261 GRANGÉ (J.), « Les accords de mobilité », *JCP, S*, n° 18-19, 6 mai 2014, 1185.

262 *C. trav.*, art. L.2242-17.

travail, les clauses contraires étant suspendues pendant toute la durée d'application de l'accord.

169 Certains auteurs voient en ce dispositif la création législative d'une nouvelle forme de licenciement pour motif économique[263]. Il est vrai qu'il emprunte à différents régimes juridiques préexistants, et crée un système particulièrement déconcertant, d'une part en consacrant le caractère économique du licenciement fondé sur le refus du salarié d'un dispositif de mobilité, et d'autre part en appliquant à un licenciement économique individuel des mesures spécifiquement prévues pour les licenciements collectifs.

Pour le professeur Favennec-Héry, « l'article 15 de la loi [du 14 juin 2013] ne parvient pas à adopter une approche anticipative de la mobilité déconnectée du droit du licenciement économique ni à assurer la prévalence de la voie conventionnelle sur les dispositions du contrat de travail. Une fois de plus, le droit français refuse de donner aux accords collectifs d'anticipation portant sur la mobilité des salariés un régime propre et les traite comme s'ils constituaient l'antichambre du licenciement pour motif économique »[264].

Toutes ces particularités expliquent la frilosité des partenaires sociaux à conclure de tels accords dans le cadre du groupe. Si des accords de groupe sont bien conclus dans certains groupes en matière de mobilité, en parallèle des mesures prévues dans le cadre de la GPEC, ils ne font aucunement référence au cadre légal prévu par les articles L.2242-17et suivants du code du travail[265]. À trop vouloir protéger les salariés en leur appliquant les dispositifs relatifs aux licenciements pour motif économique, tout en reconnaissant à l'accord de mobilité un caractère purement anticipatif, le législateur a dénaturé sa finalité et l'a privé de tout effet utile. En limitant son champ d'application au cadre de l'entreprise, il a privé la négociation de groupe de toute attractivité sur ce thème.

B) La formation professionnelle

170 L'accord de GPEC de groupe doit préciser les meures qu'il met en œuvre en matière de formation professionnelle. Depuis la loi du 5 mars

---

263 FAVENNEC-HÉRY (F.), « Accords de mobilité interne : un rendez-vous manqué ? », Vingt-quatre regards sur la sécurisation de l'emploi, *Sem. Soc. Lamy*, 2013, n° 1592, p. 47.

264 FAVENNEC-HÉRY (F.), « Accords de mobilité interne : un rendez-vous manqué ? », Vingt-quatre regards sur la sécurisation de l'emploi, *Sem. Soc. Lamy*, 2013, n° 1592, p. 47.

265 À titre d'exemple : *Accord relatif au développement de la mobilité individuelle au sein du groupe Schneider Electric en France*, 14 mars 2013.

2014[266], l'accord porte également sur les critères et modalités d'abondement par l'employeur du compte personnel de formation[267]. Une négociation spécifique doit également être engagée par les entreprises et les groupes d'entreprises d'au moins trois cents salariés, sur les grandes orientations à trois ans de la formation professionnelle dans l'entreprise et les objectifs du plan de formation[268]. L'accord doit viser en particulier les catégories de salariés et d'emplois auxquels le plan de formation est consacré en priorité, ainsi que les compétences et qualifications à acquérir pendant la période de validité de l'accord.

Le cadre du groupe est particulièrement favorable au déploiement d'une politique de formation professionnelle pour plusieurs raisons. Tout d'abord, il permet d'appréhender les besoins des entreprises en matière de formation de manière globale, en ciblant les familles de métiers fragilisées par le contexte économique et concurrentiel sur une période donnée, et en anticipant les évolutions technologiques susceptibles d'impacter les emplois. Lorsqu'un groupe relève de plusieurs branches d'activités, comme c'est souvent le cas, le développement d'une politique efficiente de formation offrira des perspectives d'évolution bien plus étendues aux salariés dont les emplois sont menacés. La politique de formation de groupe peut donc se révéler un outil particulièrement utile pour garantir le maintien de l'emploi des salariés.

171 Rappelons, autant que de besoin, que les efforts déployés par l'employeur, notamment en matière de formation professionnelle, pour faire évoluer les postes de travail et éviter les licenciements économiques, doivent s'apprécier dans le cadre du groupe[269]. Pourtant, seul l'employeur qui met en œuvre la procédure de licenciement doit justifier de ces démarches. La mise en œuvre d'une politique de formation dans le cadre du groupe permettra de mutualiser les moyens matériels et financiers de chaque entité concernée, et d'offrir un accès uniformisé à la formation pour l'ensemble des salariés du groupe[270]. Le groupe offre ici l'accès à des outils et financements beaucoup plus étendus pour assurer le maintien de l'emploi que les entreprises le composant. Il faut au surplus relever que la politique de formation professionnelle est un élément clé de la négociation collective de groupe,

---

[266] Loi relative à la formation professionnelle, à l'emploi et à la démocratie sociale, 5 mars 2014, n° 2014-288, *JORF*, n° 0055, 6 mars 2014, p. 4848.

[267] *C. trav.*, art. L.2242-13, 3°.

[268] *C. trav.*, art. L.2242-13, 3°.

[269] *C. trav.*, art. L.1233-4.

[270] À titre d'exemple, la mise en place d'une mutualisation des fonds de la formation au niveau du groupe tout en respectant les règles propres à chaque OPCA de branche : *Accord sur le développement des compétences et la progression professionnelle*, Véolia Environnement, 4 oct. 2004.

dans la mesure où elle est le plus souvent utilisée « comme un moyen d'améliorer le climat social »[271].

En dehors de toute difficulté sociale, la centralisation des moyens financiers du groupe affectés à la formation professionnelle permet de mettre en œuvre un dispositif uniformisé autrement plus performant que celui qui aurait pu être institué dans le cadre de l'entreprise. Certains députés ont pu souligner lors des débats parlementaires relatifs au projet de loi de sécurisation de l'emploi du 14 juin 2013, les difficultés que peuvent rencontrer certaines petites entités pour mener une véritable négociation sur ce thème[272]. La conclusion d'un accord de groupe relatif à la formation professionnelle pourra donc permettre aux salariés d'entreprises non tenues à une obligation triennale de négocier sur ce thème de bénéficier de dispositifs innovants, comme par exemple le « e-training » mis en place pour faciliter l'accès à la formation des salariés du groupe Thalès[273].

172 Mais cette mutualisation des ressources et des besoins peut se heurter à certaines difficultés dans le cadre du groupe. En effet, les orientations de la formation professionnelle sont arrêtées au niveau du groupe, compte tenu des orientations stratégiques de la société-mère[274]. Cette politique ne peut cependant pas être appliquée de manière uniforme. Elle nécessite une déclinaison particulière au niveau des entités qui le composent, ou à tout le moins au niveau de chaque secteur d'activité concerné. La difficulté de « gérer l'écart entre les objectifs en matière de ressources humaines du groupe et les réalités vécues par les managers de terrain au niveau local » a été soulignée de longue date par les praticiens[275].

173 Tout d'abord, les besoins en formation ne seront pas les mêmes selon le secteur d'activité envisagé. Alors que certains secteurs d'activité ont vocation à se pérenniser, voire à se développer, et nécessitent la formation de jeunes salariés et la transmission des connaissances des salariés les plus expérimentés, d'autres sont en déclin et appellent à une véritable évolution

---

271 IGALENS (J.), « La GPEC : intérêts et limites pour la gestion du personnel », La GPEC : un défi social, économique et juridique, *Dr. Soc.*, 2007, p. 1074.

272 Ass. Nat., Commission des Affaires sociales, Rapport n° 1754 : projet de loi relatif à la formation professionnelle, à l'emploi et à la démocratie sociale, Tome I, présenté par GILLE (J.-P.), 30 janv. 2014.

273 *Accord visant à favoriser le développement professionnel et l'emploi par des démarches d'anticipation*, groupe Thalès, 26 avril 2013.

274 *Accord sur la gestion prévisionnelle des emplois et des compétences*, groupe Orange, 9 sept. 2014.

275 BROCHIER (D.), GUITTON (C.), LEGAY (A.) et MACHADO (J.), « *Les groupes face à la réforme de la formation professionnelle continue, le cas de Véolia Environnement* », CEREQ, n° 243, juil.-août 2007.

des métiers pour s'adapter aux nouvelles technologies. Il peut donc paraître peu opportun de déterminer les grandes orientations de la formation professionnelle à l'échelle du groupe, dans la mesure où les besoins de formation varieront selon les secteurs d'activités concernés.

Par ailleurs, les Organismes Paritaires Collecteurs Agréés (OPCA) qui gèrent les fonds versés par les entreprises au titre de la formation professionnelle relèvent chacun d'une ou plusieurs branches d'activités spécifiques et obéissent à des règles qui leur sont propres. Les groupes qui relèvent de plusieurs secteurs d'activité pourraient alors rencontrer des difficultés pour combiner les spécificités de chaque organisme paritaire avec un mode de fonctionnement uniformisé.

De la même manière, les organismes de formation, les antennes Pôle Emploi et d'une manière générale, les prestataires intervenant en matière de formation professionnelle relèvent pour la plupart de secteurs géographiques distincts. S'agissant du compte personnel de formation, des abondements complémentaires peuvent y être effectués par les collectivités locales lorsqu'un accord de branche le prévoit, afin de garantir l'accès des salariés à des formations diplômantes et susceptibles de redynamiser les bassins d'emploi[276].

174 Les accords de groupe relatifs à la formation professionnelle nécessitent par conséquent une déclinaison, non pas nécessairement à l'échelle de chaque entreprise concernée, mais à tout le moins par secteur d'activité, et par secteur géographique. De nombreux accords de groupe ont pris en compte ces spécificités. À titre d'exemple, l'accord du groupe Véolia Environnement du 4 octobre 2004 relatif à la formation professionnelle[277] invitait déjà les partenaires sociaux à s'engager sur un dialogue social décentralisé pour adapter l'accord négocié aux contextes et aux priorités des différentes divisions du groupe.

L'accord « DEFI Formation » du groupe EDF[278] du 10 septembre 2010 prend quant à lui le parti de renforcer la dimension territoriale de ses démarches relatives à la formation professionnelle, en particulier dans les bassins d'emploi territoriaux, afin de mieux s'adapter aux nouvelles prérogatives dévolues aux acteurs concernés, en lien avec les enjeux industriels et sociaux du groupe. L'accord du groupe EDF met ainsi l'accent sur « la réalité institutionnelle des acteurs et dispositifs de l'emploi et de la formation ».

---

276 *C. trav.*, art. L.6323-4.

277 *Accord sur le développement des compétences et la progression professionnelle*, Véolia Environnement, 4 oct. 2004.

278 *Accord « DEFI Formation » pour le développement du patrimoine humain et industriel du groupe EDF*, 10 sept. 2010.

175 Pour assurer l'effectivité d'un plan de formation de groupe, il convient donc de cibler les besoins en formation de chaque entité, de chaque secteur d'activité et de chaque secteur géographique. Le plan de formation doit pouvoir anticiper les mutations économiques et technologiques susceptibles d'affecter la situation des salariés du groupe pour mieux cibler les catégories de salariés nécessitant la mise en œuvre d'actions de formation. La politique de formation professionnelle est un outil indispensable pour assurer le maintien des salariés dans l'emploi, par leur adaptation aux évolutions susceptibles d'impacter le groupe, mais son efficacité peut se révéler limitée si ce dispositif n'est pas placé en interaction avec les autres mesures de gestion de l'emploi, et en particulier avec les mesures de mobilité. En témoigne la formule stipulée dans l'accord de mobilité du groupe Schneider Electric du 14 mars 2013 : « la formation : un outil privilégié d'accompagnement de la mobilité »[279].

176 La pratique confirme bien cette analyse. L'étude d'impact réalisée à l'appui de la loi du 17 août 2015 relevait, à titre d'exemple, que pour les accords déposés entre le 1er janvier 2010 et le 31 décembre 2013, ceux relatifs à la formation professionnelle portent en moyenne sur plus de trois thèmes. Elle en conclut légitimement que la multiplication des obligations de négocier a conduit à un découpage qui « peut faire obstacle à une approche négociée globale de certaines questions transversales telles que les conditions d'emploi des seniors qui recouvrent des volets touchant tant à la GPEC qu'aux conditions de travail »[280].

Il ressort clairement des accords de groupe que nous avons pu analyser qu'ils tendent systématiquement à réunir un large ensemble de thèmes de négociation autour d'une seule et même problématique : l'anticipation des évolutions susceptibles d'affecter le groupe. Il en est ainsi de la formation professionnelle, de la GPEC, de la mobilité, mais aussi des négociations tendant à la lutte contre les inégalités. À titre d'exemple, l'accord du groupe Société Générale du 18 décembre 2014 sur la formation professionnelle prévoit des dispositifs particuliers pour inclure les personnes les plus éloignées de l'emploi, et pour développer la formation professionnelle des salariés de plus de 45 ans[281]. Une telle démarche permet de globaliser les problématiques et d'éviter une multiplication des négociations qui pourrait se révéler contreproductive. Le rassemblement de thèmes de négociation autour de la GPEC connaît cependant des limites qu'il convient de préciser.

---

279 *Accord relatif au développement de la mobilité individuelle au sein du groupe Schneider Electric en France*, 14 mars 2013.

280 Projet de loi relatif au dialogue social et à l'emploi, NOR ETSX1508596L, *Etude d'impact*, 21 avril 2015, p.112.

281 *Accord relatif à la formation professionnelle*, Société Générale, 18 déc. 2014.

§ 3 : Les liens entre GPEC et licenciement pour motif économique

177 Si la gestion prévisionnelle des emplois et des compétences tend à prévenir les conséquences sociales des restructurations, et notamment les licenciements pour motif économique, elle « n'est pas un antidote aux restructurations nécessaires »[282]. La question s'est alors posée de savoir si le bien-fondé d'une procédure de licenciement pour motif économique affectant une ou plusieurs entreprises du groupe devait s'apprécier au regard des efforts consentis dans le cadre de l'accord de groupe relatif à la gestion prévisionnelle des emplois et des compétences.

Les points de convergence entre gestion prévisionnelle des emplois et des compétences et procédure de licenciement économique sont nombreux et l'administration tend à encourager le traitement des problématiques liées au plan de sauvegarde de l'emploi dans la gestion prévisionnelle des emplois et des compétences[283]. Parallèlement, la Cour de cassation invoque désormais la gestion prévisionnelle des emplois et des compétences pour apprécier la cause réelle et sérieuse des licenciements pour motif économique fondés sur la réorganisation pour sauvegarder la compétitivité de l'entreprise[284]. Le législateur a, en outre, amélioré le régime social et fiscal des indemnités de départ volontaire versées aux salariés dans un accord de gestion prévisionnelle des emplois et des compétences[285]. Enfin, le régime spécifique des départs négociés inséré dans les accords de gestion prévisionnelle des emplois et des compétences vient encore accentuer le trouble et la confusion entre obligation de négocier un accord de gestion prévisionnelle des emplois et des compétences et droit du licenciement pour motif économique[286].

La tentation est alors grande de remettre en cause les garanties mises en œuvre par un plan de sauvegarde de l'emploi au regard de celles édictées par un accord de gestion prévisionnelle des emplois et des compétences, ou de l'absence d'accord conclu en la matière. Ces deux thématiques doivent pourtant être strictement distinguées, dès lors qu'elles procèdent de concepts radicalement différents.

---

282 VIVIEN (P.), « Quelques réflexions sur la mise en œuvre de la GPEC », La GPEC : un défi social, économique et juridique, *Dr. Soc.*, 2007, p. 1093.

283 DGEFP-DRT, Circulaire relative à l'anticipation et à l'accompagnement des restructurations, 30 déc. 2005, n° 2005-47.

284 Cass. Soc., 21 nov. 2006, *Dunlop*, n° 05-40656, *Bull. Civ.*, 2006, V, n° 349, p. 337 ; *Dr. Soc.*, 2007, p. 117 ; *Gaz. Pal.*, 2007, n° 75, p. 19, n. B. Boubli ; *RDT*, 2007, n° 2, p. 105, n. A. Lyon-Caen ; *JSL*, 2007, n° 203, p. 11, n. J.-E. Toureil.

285 *Loi de financement de la sécurité sociale pour 2008,* 19 déc. 2007, n° 2007-1786, *JORF*, n° 0296, 21 déc. 2007, p. 20603.

286 FAVENNEC-HÉRY (F.), « La GPEC : l'environnement juridique », La GPEC : un défi social, économique et juridique, *Dr. Soc.*, 2007, p. 1068.

178 Une différence d'acteurs et de niveaux d'intervention tout d'abord, puisque la gestion prévisionnelle des emplois et des compétences peut se négocier dans le cadre du groupe, alors que l'établissement d'un plan de sauvegarde de l'emploi, par voie d'accord ou par décision unilatérale de l'employeur[287], ne peut intervenir qu'au niveau de l'entreprise, en l'état actuel du droit.

Une différence de temporalité également, puisque la gestion prévisionnelle des emplois et des compétences repose sur le moyen terme, et le droit du licenciement économique sur le court terme. La périodicité de trois ans des négociations en matière de gestion prévisionnelle des emplois et des compétences ne permet pas de prendre en considération tous les évènements permettant de justifier la mise en œuvre d'une procédure de licenciement économique.

Une différence d'objet au surplus, puisque la gestion prévisionnelle des emplois et des compétences s'inscrit dans la prévention des licenciements tandis que le plan de sauvegarde de l'emploi poursuit un objectif d'évitement des licenciements[288]. La gestion prévisionnelle des emplois et des compétences tendant à développer ou, tout au moins, à maintenir l'emploi à moyen terme. Elle n'est pas toujours de nature à préserver, à court terme, les emplois en place, et n'est donc pas « antinomique de la mise en œuvre d'une procédure de licenciement »[289] pour motif économique.

179 Quant à leur contenu, il est possible d'imaginer qu'une entreprise bénéficie d'un dispositif très complet de gestion prévisionnelle des emplois et des compétences, notamment lorsqu'elle est comprise dans le champ d'application d'un accord de groupe, et qu'elle prévoit des reclassements insuffisants dans le cadre d'un plan de sauvegarde de l'emploi. À l'inverse, le plan de sauvegarde de l'emploi peut être conforme aux exigences légales alors même que l'entreprise ne serait pas couverte par un accord de GPEC.

Les conditions de leur élaboration sont également à distinguer, dans la mesure où seule la négociation doit être régulièrement engagée s'agissant de la gestion prévisionnelle des emplois et des compétences[290], alors que la mise en œuvre d'une procédure de grand licenciement pour motif économique suppose qu'un plan de sauvegarde de l'emploi soit définitivement arrêté.

---

287 *Loi relative à la sécurisation de l'emploi*, 14 juin 2013, n° 2013-504, *JORF*, 16 juin 2013, p. 9958 et s.

288 *Loi relative à la sécurisation de l'emploi*, 14 juin 2013, n° 2013-504, *JORF*, 16 juin 2013, p. 9958 et s.

289 FAVENNEC-HÉRY (F.), « La GPEC : l'environnement juridique », La GPEC : un défi social, économique et juridique, *Dr. Soc.*, 2007, p. 1068.

290 *C. trav.*, art. L.2242-13.

Il convient enfin de remarquer que depuis la recodification du code du travail, la gestion prévisionnelle des emplois et des compétences figure dans une partie relative à la négociation collective, alors qu'auparavant, elle figurait dans un chapitre relatif à la prévention des conséquences des mutations économiques, contenant notamment les dispositions relatives au licenciement économique. Cette modification traduit clairement la volonté du législateur de distinguer ces deux procédures.

180 « La gestion prévisionnelle des emplois et des compétences n'est pas la prévention des licenciements économiques, mais la gestion préventive de l'emploi »[291]. Il y a donc lieu de conclure à « l'absence de lien fonctionnel entre la gestion prévisionnelle des emplois et des compétences et la procédure de licenciement économique »[292], et à l'autonomie de ces deux dispositifs. C'est d'ailleurs la position adoptée par la chambre sociale de la Cour de cassation dans son arrêt Serca du 30 septembre 2009, qui met un terme à une cacophonie juridique de longue date, considérant que « la régularité de la consultation du comité d'entreprise sur un projet de licenciement économique n'est pas subordonnée au respect préalable par l'employeur de l'obligation [...] d'engager tous les trois ans une négociation portant sur la gestion prévisionnelle des emplois et des compétences »[293].

Certains groupes réaffirment expressément ce principe. À titre d'exemple, l'accord du groupe Schneider Electric du 16 mai 2012 précise que « le présent texte n'a pas vocation à régir les restructurations rendues nécessaires afin de sauvegarder la compétitivité dès lors qu'elles impliquent la fermeture d'un établissement et entraînent la suppression des postes concernés par le projet à court terme »[294]. De la même manière, l'accord du groupe Carrefour du 21 décembre 2011[295] stipule, s'agissant de son articulation avec l'accord de méthode conclu à la même date, que « l'application du dispositif de GPEC ne peut être un préalable systématique à la mise en œuvre de projets de restructuration ayant des incidences sur l'emploi ».

---

[291] FAVENNEC-HÉRY (F.), « La GPEC : l'environnement juridique », La GPEC : un défi social, économique et juridique, *Dr. Soc.*, 2007, p. 1068.

[292] ANTONMATTÉI (P.-H.), « GPEC et licenciement pour motif économique : le temps des confusions judiciaires », *Dr. Soc.*, 2007, p. 289.

[293] Cass. Soc., 30 sept. 2009, *Serca*, n° 07-20525, *Bull. Civ.*, 2009, V, n° 217; *RJS*, 2009, n° 12, p. 807; *Rev. Lamy Dr. Aff.*, 2010, n° 45, p. 47, n. C. NEAU-LEDUC; *CSBP*, 2009, n° 215, p. 266, n. F.-J. PANSIER.

[294] *Accord relatif à la gestion des emplois, des métiers et des compétences au sein du groupe Schneider Electric en France*, 16 mai 2012.

[295] *Accord sur la gestion prévisionnelle des emplois et des compétences (GPEC)*, groupe Carrefour, 21 déc. 2011.

181 Mais cette analyse est loin de faire l'unanimité, tant dans la théorie que dans la pratique. Pour les partenaires sociaux, la gestion des restructurations n'est pas à exclure du champ de la gestion prévisionnelle des emplois et des compétences, en ce qu'elle permet de réduire considérablement leur impact sur la situation des salariés. Elle offre à chaque entreprise du groupe des dispositifs leur permettant d'atténuer les conséquences des restructurations.

Il est dès lors intéressant de relever que certains accords de groupe relatifs à la GPEC n'hésitent pas à traiter de problématiques liées directement à un projet de restructuration, à des degrés plus ou moins élevés. À titre d'exemple, l'accord du groupe Schneider Electric s'articule autour de quatre volets : les dispositifs de GPEC classiques, la « gestion anticipée des mutations économiques et stratégiques », la « gestion anticipée des restructurations certaines », et la « gestion de la crise ». L'accord du groupe Thalès du 26 avril 2013[296] se subdivise en deux chapitres, le premier consacré à l'anticipation, et le second à la gestion active de l'emploi (GAE). Ce second mécanisme peut être mis en place pour une période déterminée durant laquelle l'entreprise « ne pourra pas mettre en œuvre une procédure du livre II du code du travail, sauf existence d'une situation nouvelle susceptible de dégrader les éléments constitutifs de l'équilibre économique de l'entreprise ou en cas d'insuffisance de résultat dans l'application de la GAE ». Ce dispositif s'apparente en tout point aux accords de maintien dans l'emploi institués par la loi de sécurisation de l'emploi du 14 juin 2013. Ces accords n'hésitent pas à s'éloigner pour partie du caractère purement anticipatif de la GPEC pour traiter de problématiques de restructurations à court terme.

Section 2 : Le contrat de génération

182 Innovation de l'accord national interprofessionnel du 19 octobre 2012 repris par la loi du 1er mars 2013[297], le contrat de génération tend à favoriser l'embauche des jeunes en contrat à durée indéterminée tout en maintenant l'emploi des seniors, et en organisant la transmission des compétences et des savoir-faire. Les modalités de sa mise en œuvre dépendent de l'effectif de l'entreprise ou du groupe.

Dans les groupes employant au moins trois cents salariés, il s'agit d'une obligation de négocier, assortie d'une sanction financière pouvant atteindre 1 % de la masse salariale. Dans les groupes dont l'effectif est compris entre 50 et 299 salariés, le dispositif est largement plus souple et se veut incitatif :

---

296 *Accord visant à favoriser le développement professionnel et l'emploi par des démarches d'anticipation*, groupe Thalès, 26 avril 2013.

297 *Loi portant création du contrat de génération*, 1er mars 2013, n° 2013-185, *JORF*, n° 0053, 3 mars 2013, p. 3943.

les entreprises couvertes par l'accord de groupe peuvent bénéficier d'une aide financière de l'État pour l'embauche de jeunes ou de seniors en contrat à durée indéterminée.

183 Pour apprécier le seuil d'effectif déclenchant l'obligation légale de négocier, il y a lieu de se référer au groupe tel qu'envisagé à l'article L.2331-1 du code du travail pour la mise en place d'un comité de groupe. En cas d'échec des négociations, un procès-verbal de désaccord devra être dressé, et un plan d'action sera alors défini unilatéralement par le chef d'entreprise. Ce dispositif légal appelle plusieurs observations.

184 En premier lieu, la question s'est longtemps posée de savoir si, comme en matière de GPEC, les entreprises entrant dans le champ d'application de l'accord de groupe sont réputées avoir satisfait à leur obligation de négocier. L'enjeu de cette question était majeur, compte tenu de la sanction financière qui pèse sur les entreprises dépassant un certain seuil d'effectif en l'absence de telles négociations. Cette problématique n'a trouvé que très récemment une assise légale.

Une première approche estintervenue avec la loi du 17 août 2015 relative au dialogue social et à l'emploi, laquelle permet, depuis le 1er janvier 2016, d'intégrer la négociation portant sur le contrat de génération à celle relative à la gestion de l'emploi et des compétences[298]. Dans ce cas, l'accord de GPEC et l'accord portant sur le contrat de génération obéissent au même régime juridique, et plus particulièrement, les entreprises couvertes par un accord de groupe devraient alors être réputées avoir satisfait à leur obligation légale de négocier sur ces deux thèmes.

Dans un second temps, la loi du 8 août 2016[299] a consacré ce principe pour l'ensemble des accords de groupe traitant d'un thème relevant de la négociation obligatoire en entreprise, et en a précisé les contours. Les dispositions du nouvel article L.2232-33 du code du travail appellent cependant à notre sens à une certaine prudence.

185 Aux termes de ce nouveau dispositif, l'engagement de négociations au niveau du groupe sur un thème relevant de la négociation obligatoire en entreprise dispense les entreprises appartenant à ce groupe d'engager elles-mêmes cette négociation dans deux hypothèses : lorsqu'un « accord portant sur le même thème a été conclu au niveau du groupe et remplit les conditions prévues par la loi », ou lorsqu'un accord de méthode conclu au niveau du

---

[298] *C. trav.*, art. L. 2242-14 (version en vigueur au 1er janvier 2016).

[299] *Loi relative au travail, à la modernisation du dialogue social et à la sécurisation des parcours professionnels*, 8 août 2016, n° 2016-1088, *JORF*, 9 août 2016, n° 0184.

groupe prévoit expressément l'engagement à ce niveau de négociations sur un thème relevant de la négociation obligatoire en entreprise.

On peut ici s'interroger sur la solution applicable en cas d'échec des négociations au niveau du groupe. Il faut en effet rappeler que la pénalité financière est encourue lorsque les salariés « ne sont pas couverts par un accord collectif d'entreprise ou de groupe conclu dans les conditions prévues aux articles L.5121-10 et L.5121-11 »[300]. Dès lors, en cas d'échec des négociations au niveau du groupe, il ne nous semble pas que la seule volonté manifestée par les partenaires sociaux dans un accord de méthode de négocier à ce niveau puisse dispenser les entreprises de mettre en place un dispositif leur permettant de satisfaire à leurs obligations légales. Il faut dans ce cas préconiser la conduite de négociations au niveau de chaque entreprise du groupe pour les garantir contre le risque de pénalité financière encouru.

186 En second lieu, il faut s'interroger sur la portée de la référence faite à l'article L.2331-1 du code du travail pour apprécier l'effectif du groupe sur la base duquel repose l'obligation de négocier[301]. Rappelons en effet que la délimitation du périmètre de la négociation d'accords de groupe relève de l'appréciation des parties à l'accord, ce dont nous avons déjà clairement exposé les limites. Or dans ce dispositif particulier, le législateur impose le cadre dans lequel doit être apprécié le seuil d'effectif déclenchant l'obligation de négociation en matière de contrat de génération.

Cette règle ne doit pas à notre sens empêcher les partenaires sociaux de fixer librement le périmètre de la négociation et le champ d'application de l'accord qu'ils négocient. Néanmoins, elle permettra d'identifier de manière certaine les entités qui ne seraient pas couvertes par un accord de groupe sur le contrat de génération, et qui s'exposeraient par conséquent au risque de pénalité financière. Cet aspect ne semble pas revêtir une importance fondamentale dans la pratique, puisque les groupes cherchent à étendre au maximum le champ d'application de leur politique sociale. Plus le groupe englobe de filiales dans son dispositif relatif au contrat de génération, plus il disposera d'opportunités pour favoriser l'accès et le maintien dans l'emploi des jeunes et des séniors. Une étude plus approfondie du contenu de ces accords illustrera notre propos.

187 L'accord de groupe relatif au contrat de génération repose tout d'abord sur l'élaboration d'un diagnostic préalable, lequel doit s'appuyer sur celui effectué pour la détermination des objectifs et mesures relatifs à l'égalité professionnelle entre hommes et femmes. La mise en place du contrat de génération dans le groupe se trouve donc étroitement liée à d'autres thèmes

---

300 *C. trav.*, art. L.5121-9.

301 *C. trav.*, art. L.5121-9.

de négociation pouvant trouver application dans le groupe. Il en est ainsi des dispositifs de gestion prévisionnelle des emplois et des compétences, en ce qu'ils anticipent les besoins en recrutement de jeunes salariés et les aménagements de fin de carrière à prévoir pour les salariés âgés. L'accord du groupe Thalès du 23 juin 2013 précise à cet effet la « nécessité d'être attentif au potentiel d'embauche que le groupe serait en mesure de réaliser »[302]. Il en est de même de la négociation relative à la lutte contre les discriminations, puisque le contrat de génération tend à favoriser l'emploi de catégories de salariés fragilisées sur le marché de l'emploi. L'accord du groupe Casino du 24 juillet 2013 consacre sur ce point la « mobilisation des outils permettant de favoriser la mixité des emplois et l'égalité hommes/femmes chez les jeunes »[303].

Il doit également préciser, en fonction de ce diagnostic, l'âge maximal des jeunes et l'âge minimal des salariés âgés concernés par les engagements souscrits par l'employeur de l'entreprise dominante. Ces seuils seront d'autant plus étendus qu'il existe de branches d'activités représentées dans le périmètre du groupe. Par ailleurs, cette mesure de l'âge devra nécessairement être révisée en fonction des modifications pouvant affecter le périmètre du groupe[304].

188 Il doit aussi prévoir des engagements en faveur de l'insertion durable des jeunes, avec des dispositifs favorisant l'accueil de stagiaires et le recours aux contrats en alternance, ainsi que des objectifs chiffrés en matière de recrutement en contrat à durée indéterminée. À titre d'exemple, le groupe Casino prévoit des formations personnalisées à destination des jeunes embauchés en CDI. D'une manière générale, la négociation doit aboutir à la suppression des freins matériels à l'accès à l'emploi des jeunes. Certains accords de groupe prévoient par exemple la réduction de la condition d'ancienneté requise pour accéder aux dispositifs de l'action logement[305], ou encore l'attribution de bourses pour favoriser l'accès des jeunes à l'emploi[306].

L'accord de groupe doit prendre en outre des engagements en faveur de l'emploi des salariés âgés, axés tant sur leur recrutement que sur leur maintien dans l'emploi, via l'aménagement des fins de carrière et la valo-

---

302 *Accord groupe relatif à l'engagement de Thalès en faveur de l'emploi des jeunes et des seniors et au soutien de la transmission des savoirs et des compétences*, 23 juin 2013.

303 *Accord groupe relatif au contrat de génération*, groupe Casino, 24 juil. 2013.

304 Par exemple, adaptation de l'âge moyen en fonction des évolutions du périmètre du groupe : *Accord de groupe EADS en France sur un dispositif intergénérationnel*, 18 juil. 2013.

305 *Accord de groupe relatif au contrat de génération*, groupe KORIAN, 10 sept. 2013.

306 Accord groupe relatif à l'engagement de Thalès en faveur de l'emploi des jeunes et des seniors et au soutien de la transmission des savoirs et des compétences, 23 juil. 2013.

risation des compétences et des formations. Ces engagements peuvent prendre des formes diverses, par exemple la création d'outils supplémentaires de gestion de carrière tels que le « bilan d'étape professionnelle »[307] ou les « entretiens point carrière »[308] destinés à anticiper les évolutions professionnelles et à organiser la coopération intergénérationnelle. Des moyens de formation spécifiques peuvent être déployés[309], ainsi que des aménagements spécifiques du temps de travail[310]. La prévention de la pénibilité peut également être envisagée dans le cadre de ce dispositif[311].

Les stipulations de l'accord doivent enfin favoriser la transmission des savoirs et des compétences en direction des jeunes. Des engagements doivent être pris en ce sens, à l'appui des compétences clés identifiées dans le diagnostic préalable. Des aménagements de fin de carrière peuvent être mis en place pour les salariés âgés, afin qu'ils assurent la formation des jeunes salariés sur des compétences et des savoir-faire spécifiques[312]. La mise en place de tutorats poursuit le même objectif[313].

189 Les accords de groupe analysés dans le cadre de la présente étude illustrent bien la nécessité d'appréhender les problématiques du contrat de génération dans le cadre d'une approche globalisée de la politique de l'emploi. L'efficacité des dispositifs mis en œuvre dépendra en effet des perspectives du groupe en matière d'emploi d'une part, mais aussi de l'ensemble des mesures prises en matière de formation, de mobilité, ou d'aménagement du temps de travail.

Compte tenu de l'obligation légale de conclure un accord avant le 30 septembre 2013 dans les entreprises d'au moins trois cents salariés, une très large majorité des accords de groupe que nous avons étudié sur ce thème relevait davantage de la simple mise en conformité avec la réglementation en vigueur que d'une réelle volonté de favoriser l'emploi de catégories particulières de salariés. Toute l'originalité des dispositifs relatifs contrat de

---

307 *Accord de groupe EADS en France sur un dispositif intergénérationnel*, 18 juil. 2013.

308 *Accord groupe France GDF SUEZ relatif au contrat de génération*, 25 sept. 2013.

309 À titre d'exemple, majoration de 20% du DIF pour les salariés de plus de 55 ans avec plus de 10 ans d'ancienneté et formation sur la gestion de fin de carrière à partir de 12 trimestres avant la liquidation de la retraite : *Accord groupe relatif au contrat de génération*, groupe Casino, 24 juil. 2013.

310 À titre d'exemple, travail à temps partiel : *Accord de groupe EADS en France sur un dispositif intergénérationnel*, 18 juil. 2013.

311 Accord groupe relatif à l'engagement de Thalès en faveur de l'emploi des jeunes et des seniors et au soutien de la transmission des savoirs et des compétences, 23 juil. 2013.

312 Focus sur les formateurs internes avec 20 % du temps de travail des salariés les plus expérimentés consacré à la formation des jeunes: *Accord groupe France GDF SUEZ relatif au contrat de génération*, 25 sept. 2013.

313 *Accord de groupe relatif au contrat de génération au sein du groupe SEB en France 2013 -2016*, 5 sept. 2013.

génération provient de la prise en compte de ses problématiques particulières au sein d'une politique sociale globalisée de gestion de l'emploi et des parcours professionnels. Cette analyse semble d'ailleurs confirmée par la possibilité offerte par la loi du 17 août 2015, depuis le 1er janvier 2016, de négocier sur ce thème dans le cadre de la négociation sur la gestion de l'emploi et des compétences[314].

Section 3 : Accords sur le handicap et l'égalité professionnelle

190 En marge de l'obligation de négocier sur le contrat de génération dans les entreprises et les groupes de plus de trois cents salariés, le code du travail impose une négociation annuelle spécifique dans chaque entreprise pour favoriser l'emploi de catégories de salariés fragilisés sur le marché de l'emploi. Elle vise en premier lieu à favoriser l'insertion professionnelle et le maintien dans l'emploi des travailleurs handicapés, et en second lieu, à consacrer des objectifs d'égalité professionnelle et salariale entre les femmes et les hommes dans l'entreprise, et à mettre en œuvre des mesures permettant de les atteindre[315]. Bien qu'ils traitent de thèmes distincts, ces deux dispositifs obéissent à des régimes juridiques similaires (§ 1), nonobstant certaines spécificités propres aux accords de groupe relatifs au handicap (§ 2). Il en résulte une tendance à la globalisation des négociations vers une thématique plus large : celle de la diversité (§ 3).

§ 1 : Similitudes des accords en faveur du handicap et de l'égalité professionnelle

191 En matière de handicap comme en matière d'égalité professionnelle, le législateur fait uniquement référence au cadre de l'entreprise pour la négociation d'un accord collectif[316], et prévoit des sanctions pécuniaires en cas de non-respect de l'obligation de négocier pour les entreprises dépassant un certain seuil d'effectif. S'agissant de la négociation en faveur des personnes handicapées, les entreprises d'au moins 20 salariés en situation d'irrégularité devront s'acquitter d'une pénalité correspondant au montant

---

314 *C. trav.*, art. L. 2242-14.

315 *C. trav.*, art. L.2242-9.

316 *C. trav.*, art. L.2242-9 (égalité professionnelle); *C. trav.*, art. L.2242-8, 4° (travailleurs handicapés).

qui aurait dû être versé à l'AGEFIPH, majoré de 25 %[317]. En matière d'égalité professionnelle, les entreprises de plus de 50 salariés qui ne satisfont pas à l'obligation de négocier s'exposent quant à elles à une pénalité correspondant à 1 % des rémunérations et gains versés aux salariés au cours des périodes au titre desquelles l'entreprise n'est pas couverte par un accord[318]. On peut également relever que pour ces deux thèmes, lorsqu'un accord comprend les mesures prévues par le législateur, la périodicité de la négociation peut être portée à trois ans[319].

Depuis la loi du 8 août 2016, le législateur reconnaît expressément que les entreprises sont dispensées d'engager une négociation obligatoire sur ces sujets « lorsqu'un accord portant sur le même thème a été conclu au niveau du groupe et remplit les conditions prévues par la loi »[320]. Cette précision est venue mettre un terme à l'insécurité juridique qui menaçait les entreprises des groupes ayant négocié des accords en ce sens, compte tenu des sanctions pécuniaires ci-dessus évoquées.

De nombreux éléments permettaient pourtant, bien avant la loi du 8 août 2016, de soutenir que la conclusion d'un accord de groupe relatif au handicap ou à l'égalité professionnelle pouvait exonérer les entreprises bénéficiaires de l'obligation de négocier en interne.

192 S'agissant de la négociation en faveur des personnes handicapées, l'article L.5212-8 du code du travail précise que « l'employeur peut s'acquitter de l'obligation d'emploi en faisant application d'un accord de branche, de groupe, d'entreprise ou d'établissement agréé prévoyant la mise en œuvre d'un programme annuel ou pluriannuel en faveur des travailleurs handicapés ». Le législateur impose donc une négociation annuelle obligatoire dans les entreprises sur les mesures en faveur des travailleurs handicapés, mais ne les expose à une pénalité financière que si elles ne sont pas couvertes par un accord prévoyant les mesures nécessaires. Dès lors, on pouvait légitimement soutenir que lorsqu'un accord négocié et conclu dans le cadre du groupe était applicable dans l'entreprise, et qu'il répondait aux objectifs fixés par le législateur, l'entreprise devait alors être réputée avoir satisfait à son obligation légale de négocier sur ce thème.

La pratique a d'ailleurs largement confirmé cette analyse. D'une part, les accords de groupe antérieurs à la loi du 8 août 2016 étaient tous d'application immédiate dans les entreprises concernées et ne prévoyaient pas de modalités particulières d'adaptation de leurs stipulations dans le cadre

---

317 *C. trav.*, art. L.5212-12.

318 *C. trav.*, art. L.2242-9 al. 2.

319 *C. trav.*, art. L.2242-20 (égalité professionnelle) ; *C. trav.*, art. L.2242-20 (travailleurs handicapés).

320 *C. trav.*, art. L.2232-33 al.3.

des entreprises. D'autre part, de nombreux accords prévoyaient, pour la mise en œuvre des mesures envisagées, un budget consolidé dans le cadre du groupe, correspondant par exemple, en matière de handicap, à une mutualisation des fonds qui auraient dû être versés à l'AGEFIPH par les différentes entreprises relevant du champ d'application de l'accord[321].

193 La mise en commun des moyens financiers, mais aussi matériels, permettait ainsi de développer une politique d'insertion et de maintien des travailleurs handicapés dans l'emploi tout à fait innovante par rapport aux efforts qui auraient pu être déployés individuellement par chaque entreprise du groupe. À titre d'exemple, le groupe Thalès a pu à ce titre consacrer des fonds à des projets tels que Guideo, lequel permet aux personnes aveugles et malvoyantes d'évoluer en toute autonomie dans un bâtiment grâce à leur Smartphone[322]. De la même manière, le groupe Orange a pu investir dans des dispositifs de retranscription voix-texte déployés auprès des salariés sourds et malentendants, ou encore faire intervenir des interprètes en langue des signes aux sessions de formation qu'il organise[323]. La mutualisation du budget au niveau du groupe permet également une participation plus importante au financement des équipements favorisant les capacités de la personne[324]. Une politique sociale globalisée en faveur de l'insertion et du maintien dans l'emploi des travailleurs handicapés permet au surplus de mettre en œuvre des actions de sensibilisation uniformisées dans l'ensemble des entreprises du groupe, quelle que soit leur taille ou leur secteur d'activité, à titre d'exemple, par la diffusion d'un « guide pour l'embauche et le maintien dans l'emploi des personnes handicapées »[325].

194 S'agissant de la négociation en faveur de l'égalité des femmes et des hommes, l'article L.2242-5-1 du code du travail[326] dispose que « les entreprises d'au moins cinquante salariés sont soumises à une pénalité à la charge de l'employeur lorsqu'elles ne sont pas couvertes par un accord relatif à l'égalité professionnelle portant sur les objectifs et les mesures mentionnées au 2° de l'article L.2242-5 ». Cette référence légale aux entreprises « couvertes par un accord relatif à l'égalité professionnelle »

---

321 *Accord groupe en faveur des personnes en situation de handicap*, groupe Thalès, 11 juil. 2014.

322 *Accord groupe en faveur des personnes en situation de handicap*, groupe Thalès, 11 juil. 2014.

323 *Accord pour l'emploi et l'insertion des personnes en situation du handicap*, groupe Orange, 22 janv. 2014.

324 À titre d'exemple : *Accord groupe Casino sur l'emploi des salariés en situation de handicap*, 21 déc. 2010.

325 *Accord groupe Casino sur l'emploi des salariés en situation de handicap*, 21 déc. 2010.

326 *C. trav.*, art. L.2242-9 al. 2 (à compter du 1er janvier 2016).

pouvait d'ores et déjà laisser supposer que la conclusion d'un accord de groupe dispensait les entreprises de négocier et de conclure des accords d'entreprise sur ce thème. La position adoptée en pratique a été cependant beaucoup plus mitigée qu'en matière de négociation en faveur des travailleurs handicapés.

195 Si la négociation en faveur de l'égalité professionnelle était déjà très présente dans le paysage des accords de groupe, tous les groupes n'offraient pas à ces accords les mêmes effets, compte tenu de l'imprécision du législateur quant à leur impact sur les obligations légales des entreprises. Certains groupes privilégiaient alors la prudence et imposaient la déclinaison du dispositif de l'accord dans chaque entreprise. À titre d'exemple, l'accord du groupe Chèque Déjeuner du 27 janvier 2011 précise que « les entreprises du groupe s'engagent à intégrer la question de l'égalité entre les femmes et les hommes dans les négociations annuelles obligatoires »[327]. D'autres groupes se sont contentés de fixer des orientations générales de la politique à déployer en matière d'égalité professionnelle via un accord-cadre, lequel devait ensuite être décliné et adapté dans chacune des entités du groupe[328].

D'autres groupes avaient pris le parti de considérer que l'accord de groupe suffisait à satisfaire aux obligations légales de négociation annuelle dans l'entreprise, dès lors que les sociétés du groupe étaient couvertes par le dispositif qu'il mettait en place. Ainsi, l'accord du groupe Alcatel du 7 janvier 2011 avait mis en place un processus d'adhésion obligatoire des filiales, en leur laissant la possibilité de « préciser, par voie d'accord d'entreprise, les mesures qu'il contient, notamment dans le cadre de la négociation annuelle obligatoire »[329]. L'accord conclu au sein du groupe Société Générale le 29 novembre 2012 était beaucoup plus tranché, puisqu'il stipulait expressément que « cet accord conclu dans le cadre des articles L.2242-1 et L.2242-5 du code du travail exonère l'entreprise de la pénalité financière »[330].

196 Comme nous l'avons évoqué s'agissant de la négociation en faveur des travailleurs handicapés, la mutualisation des moyens de l'ensemble des entreprises du groupe permettait de développer des moyens d'action autrement plus importants que ceux qui pouvaient être mis en œuvre dans le

---

327 *Accord de groupe sur la lutte contre les discriminations et la promotion de la diversité*, groupe Chèque Déjeuner, 27 janv. 2011.

328 À titre d'exemple : *Accord cadre de groupe sur l'égalité professionnelle*, groupe HP, 2 mars 2015.

329 *Accord relatif à l'égalité professionnelle entre les femmes et les hommes au sein du groupe Alcatel-Lucent en France*, 7 janv. 2011.

330 *Accord relatif à l'égalité professionnelle entre les femmes et les hommes*, groupe Société Générale, 29 nov. 2012.

cadre de chaque entité du groupe. C'est dans ces conditions que le groupe Alcatel a pu mettre en place à titre d'exemple un dispositif de « e-learning » pour éviter les déplacements en centre de formation et garantir un meilleur équilibre entre vie professionnelle et familiale des salariés. De la même manière, il a pu mettre un œuvre un congé « capital parentalité » financé par les droits affectés par le salarié au compte épargne-temps, ou encore garantir le maintien de la rémunération des salariés en congé paternité[331]. L'efficacité de ces dispositifs mis en place à grande échelle nous conforte dans l'idée que le groupe a toute sa place comme cadre de négociation en faveur de l'égalité professionnelle.

La conclusion d'accords de groupe permet au surplus d'organiser le pilotage et le suivi des actions menées de manière centralisée et organisée. De nombreux accords prévoient ainsi une institution spécifique dédiée à la mise en œuvre opérationnelle de l'accord, comme la mission Handipacte prévue dans le groupe Casino[332], laquelle assure le conseil et l'accompagnement des sociétés dans la mise en œuvre des objectifs de l'accord. Elle gère également le financement des actions prévues dans l'accord, et opère le suivi des réalisations dans les sociétés du groupe. Il en est de même du service Handicap créé au sein du Pôle Diversité dans le groupe Air France[333], ou encore de l'institution de « délégués à l'égalité professionnelle » au sein du groupe Société Générale[334].

197 La mise en œuvre de l'accord de groupe peut également être déclinée au niveau local, via par exemple des « correspondants promotion de la diversité »[335] dans chaque entreprise, chargés de faire remonter au groupe l'ensemble des actions menées et des résultats obtenus[336]. Cette déclinaison peut également s'inscrire dans le cadre des bassins d'emploi, avec l'institution de « correspondants handicap » pour chacun d'eux[337].

---

331 *Accord relatif à l'égalité professionnelle entre les femmes et les hommes au sein du groupe Alcatel-Lucent en France*, 7 janv. 2011.

332 *Accord groupe Casino sur l'emploi des salariés en situation de handicap*, 21 déc. 2010.

333 *Accord sur l'emploi des personnes en situation de handicap*, Groupe Air France 19 déc. 2014.

334 *Accord relatif à l'égalité professionnelle entre les femmes et les hommes*, groupe Société Générale, 29 nov. 2012.

335 *Accord groupe Casino sur l'emploi des salariés en situation de handicap*, 21 déc. 2010.

336 *Accord groupe Casino sur l'emploi des salariés en situation de handicap*, 5 déc. 2013.

337 *Accord groupe en faveur des personnes en situation de handicap*, groupe Thalès, 11 juil. 2014.

§ 2 : Spécificités de l'accord en faveur du handicap

198 Au-delà de ces similitudes, les accords de groupe conclus en faveur du handicap comportent des spécificités juridiques qu'il convient d'évoquer. Il s'agit d'une part de leur agrément par l'autorité administrative (A), et d'autre part de la péréquation de l'obligation d'emploi (B).

A) L'agrément par l'autorité administrative

199 Outre son dépôt classique auprès de l'autorité administrative compétente, l'accord de groupe relatif à l'insertion et au maintien dans l'emploi des travailleurs handicapés doit, pour valoir exécution de l'obligation d'emploi[338], recueillir l'agrément du préfet du département du siège où est située l'entreprise mandatée pour représenter le groupe ou à défaut, auprès du préfet du département où est situé le siège de l'entreprise dominante. L'agrément suppose que les actions répertoriées dans les plans d'action[339] soient assorties d'éléments de chiffrage propres à mesurer la pesée financière de l'accord, compte tenu de l'état des lieux et des possibilités qui en découlent en termes d'actions pour l'emploi des travailleurs handicapés.

200 Un accord de groupe non agréé par l'autorité administrative conserve néanmoins la valeur juridique d'un accord de groupe de droit commun. Il ne vaudra pas exécution de l'obligation d'emploi par les entreprises comprises dans son champ d'application, mais demeurera, en toute hypothèse, créateur de droits pour les travailleurs handicapés. On peut donc en déduire qu'à défaut d'agrément de l'accord de groupe, les entreprises comprises dans son champ d'application resteront tenues d'engager individuellement une négociation annuelle dans ce domaine pour satisfaire à leur obligation légale en la matière. À ce titre, on peut relever que l'accord du groupe Casino du 20 décembre 2010 précise que « dans le cas où l'agrément de l'autorité administrative ne serait pas obtenu, l'ensemble des dispositions du présent accord seraient réputées nulles et non avenues ». En pareille hypothèse, chaque entreprise du groupe devrait alors négocier son propre accord. À l'inverse, l'agrément d'accords de groupe par l'autorité administrative permet d'appuyer la légitimité des dispositifs qu'ils mettent en œuvre en marge du régime légal.

---

338 *C. trav.*, art. L.5212-2.

339 Un plan d'embauche, et au moins deux autres actions matérialisées en un plan d'insertion et de formation, un plan d'adaptation aux mutations technologiques, ou un plan de maintien dans l'entreprise en cas de licenciement.

B) Péréquation de l'obligation d'emploi

201 L'entreprise peut s'acquitter de l'obligation d'emploi en faisant application d'un accord de branche, de groupe, d'entreprise ou d'établissement agréé prévoyant la mise en œuvre d'un programme annuel ou pluriannuel en faveur des travailleurs handicapés. Dès lors qu'un tel accord couvre l'entreprise, il n'y a plus lieu de raisonner en fonction du taux d'emploi des travailleurs handicapés dans le groupe. Les accords de groupe conclus sur ce thème s'y réfèrent cependant pour fixer leurs objectifs.

Il faut rappeler, concernant l'appréciation de ce taux d'emploi, que par principe, chaque structure doit afficher le même niveau d'implication dans l'embauche des travailleurs handicapés, ce qui suppose que le taux d'emploi de 6 % doit être apprécié dans le cadre de chaque établissement. L'article R.5212.18 du code du travail permet cependant de prévoir une péréquation de l'obligation d'emploi entre établissements d'une même entreprise, ce qui permet de considérer l'entreprise dans son ensemble et de calculer le taux de travailleurs handicapés au niveau de l'entreprise. Si certains établissements rencontrent des difficultés pour embaucher des travailleurs handicapés, le dépassement du seuil des 6 % par d'autres établissements permettra ainsi de compenser cette défaillance. L'administration du travail précise que ce mécanisme doit être strictement limité aux établissements d'une même entreprise et exclut son application dans le cadre du groupe. En effet, « il ne peut y avoir de transfert d'obligation légale d'une entreprise à une autre entreprise. L'application de ces accords s'entend comme la mise en œuvre à titre individuel des actions déterminées au niveau [...] du groupe »[340].

202 Bien qu'il n'y ait plus lieu de raisonner en fonction de ce taux dès lors qu'un accord de groupe est conclu sur ce thème, il est intéressant de relever que certains groupes tendent tout de même à la réalisation de cet objectif chiffré dans le cadre du groupe, en consolidant les taux d'emploi de travailleurs handicapés de chaque entreprise au niveau du groupe. L'accord du groupe Casino du 5 décembre 2013[341], agréé par l'autorité administrative, applique ainsi le principe de péréquation au niveau du groupe : « le calcul de l'obligation d'emploi s'effectuera au niveau de chaque établissement assujetti, mais les résultats seront consolidés au niveau du groupe Casino ». La même démarche est opérée au sein du groupe Orange, dont l'accord précise que le taux d'emploi est passé de 4 à 5 % de 2009 à 2012, et qu'il

[340] DGEFP, *Les accords en faveur du maintien de l'emploi des travailleurs handicapés*, Guide méthodologique, juin 2009.

[341] *Accord groupe Casino sur l'emploi des salariés en situation de handicap*, 5 déc. 2013.

fixe un objectif de 6 % de taux d'emploi sur l'ensemble du périmètre pour la durée de l'accord[342].

Ces accords ne font aucunement état de la ventilation des chiffres entre les différentes entreprises du groupe. Or, il peut exister des disparités significatives quant à l'exécution de l'obligation d'emploi entre les différentes structures composant le groupe, compte tenu de la diversité des activités qui y sont exercées. Ce constat a d'ailleurs été mis en évidence par la coordination CGT du groupe Thalès lors du bilan de l'accord conclu pour la période 2012-2014 : le groupe affiche un taux d'emploi moyen de travailleurs handicapés de 5,84 %, mais certains établissements du groupe sont très loin du seuil des 6 % et leur carence se trouve compensée par des structures plus grandes et dont le taux d'emploi de travailleurs handicapés est largement supérieur à l'obligation légale[343].

Pour favoriser les actions dans les entreprises et les établissements les plus éloignés de ces objectifs, le groupe Thalès prévoit désormais expressément le calcul du taux d'emploi par établissement[344]. Si le taux d'emploi n'entraîne pas de sanctions pécuniaires pour les entreprises couvertes par l'accord de groupe, son calcul dans le cadre des établissements permettra au groupe d'envisager la mise en œuvre de dispositifs particuliers dans les établissements défaillants, compte tenu de leurs spécificités. La mobilité intra-groupe peut également répondre à ces objectifs.

§ 3 : Vers une négociation globalisée en faveur de la diversité

203 L'efficacité de la mise en œuvre des dispositifs en faveur du handicap et de l'égalité professionnelle dans le cadre du groupe s'explique d'une part par la mise en commun des moyens financiers et humains de chaque entreprise concernée, et d'autre part, par leur interaction avec d'autres dispositifs de gestion du personnel existant dans le groupe, comme l'organisation du temps de travail, la possibilité de recourir au télétravail, la formation professionnelle, ou encore la mobilité. L'administration confirme cette analyse, en préconisant la mise en place d'une « véritable politique de ressources humaines à destination des travailleurs handicapés »[345], notamment par la

[342] *Accord pour l'emploi et l'insertion des personnes en situation du handicap*, groupe Orange, 22 janv. 2014.

[343] Coordin. CGT Thalès, « *Négociation accord groupe sur le handicap* », 12 mai 2014.

[344] *Accord groupe en faveur des personnes en situation de handicap*, groupe Thalès, 11 juil. 2014.

[345] DGEFP, *Les accords en faveur du maintien de l'emploi des travailleurs handicapés*, Guide méthodologique, juin, 2009.

mise en place d'un dispositif d'accueil et de suivi individualisés après l'embauche. Elle insiste également sur l'importance du plan de maintien dans l'emploi des travailleurs handicapés, au regard des risques d'aggravation de leur handicap et de leur vieillissement. Elle préconise enfin des aménagements des postes de travail, ainsi que des dispositifs de reclassement spécifiques à destination des travailleurs handicapés[346].

204 On peut observer deux approches qui tendent à la réalisation de ces objectifs. Tout d'abord, certains groupes consacrent ces thèmes de négociation dans le cadre de la GPEC, en prévoyant des déclinaisons particulières de la gestion prévisionnelle des emplois et des compétences à destination des publics fragilisés sur le marché de l'emploi[347]. Cette pratique risque cependant d'être compromise sous l'effet de la loi du 17 août 2015, dans la mesure où, depuis 1er janvier 2016, la périodicité de la négociation relative à la GPEC pourra être portée à cinq ans, alors que celle de la négociation relative à l'égalité professionnelle et au handicap ne pourra excéder trois ans[348]. Dès lors, les dispositifs relatifs à l'égalité professionnelle et au handicap prévus dans des accords de GPEC d'une durée supérieure à trois ans ne pourront plus désormais satisfaire aux obligations légales.

Une autre alternative qui tend à se développer dans la pratique consiste à consacrer des accords particuliers à ces thèmes de négociation, réunis autour d'une problématique plus large : celle de la diversité. C'est notamment la démarche adoptée par le groupe Alcatel, qui précise que « mixité et diversité constituent de véritables facteurs d'efficacité, de modernité et d'innovation dans l'entreprise »[349]. Ainsi, il n'est pas rare que l'égalité professionnelle et le handicap soient envisagés de concert avec d'autres thèmes tels que l'aide à l'insertion de profils issus de zones urbaines sensibles[350], ou des personnes éloignées de l'emploi[351]. Pour favoriser ces démarches, le groupe Chèque Déjeuner prévoit par exemple le versement d'une part significative de la taxe d'apprentissage à des organismes de formation qui ont pour public des

---

346 DGEFP, *Les accords en faveur du maintien de l'emploi des travailleurs handicapés*, Guide méthodologique, juin, 2009.

347 À titre d'exemple : *Accord sur la gestion prévisionnelle des emplois et des compétences*, groupe Orange, 9 sept. 2014.

348 *C. trav.*, art. L.2242-20.

349 *Accord relatif à l'égalité professionnelle entre les femmes et les hommes au sein du groupe Alcatel-Lucent en France*, 7 janv. 2011.

350 *Accord-cadre de groupe relatif à la diversité*, groupe Saint Gobain, 6 sept. 2012.

351 *Accord relatif à la diversité et à la cohésion sociale*, groupe Peugeot Citroën Automobiles, 29 nov. 2011.

personnes en situation de handicap ou des personnes qui rencontrent des difficultés particulières d'accès à l'emploi[352].

Compte tenu des récentes évolutions législatives, cette seconde alternative sera certainement amenée à se développer et à étendre son champ d'intervention à l'ensemble des problématiques liées à la qualité de vie au travail.

---

352 *Accord de groupe sur la lutte contre les discriminations et la promotion de la diversité*, groupe Chèque Déjeuner, 27 janv. 2011.

Conclusion du chapitre 1

205 Les accords de groupe de GPEC apportent des moyens particulièrement efficaces pour préserver les emplois des salariés, là où le législateur n'impose qu'une obligation de négocier, nullement assortie d'une obligation de résultat[353]. L'absence de sanction légale à défaut d'accord n'a pas entamé la volonté des groupes de déployer les moyens nécessaires à une gestion efficace des emplois et des compétences.

Mais quelle que soit l'étendue des dispositifs négociés dans le cadre du groupe pour assurer la continuité de l'emploi des salariés, ils restent étroitement liés aux incertitudes affectant l'économie et la stratégie du groupe, ce qui ne leur permet pas toujours de raisonner efficacement sur le long terme[354]. Le bilan établi dans le cadre des travaux préparatoires de la loi du 14 juin 2013 relative à la sécurisation de l'emploi[355] a clairement fait état du contenu décevant des accords de gestion prévisionnelle des emplois et des compétences, du fait de l'ignorance par les négociateurs de la stratégie du groupe et de l'évolution de son environnement. Le manque de stabilité législative y contribue également, en empêchant les partenaires sociaux de prendre des mesures qu'ils seront certains de pouvoir assurer pour toute la durée de l'accord.

206 Une gestion efficace des emplois et des parcours professionnels dans le groupe suppose, en parallèle de la mise en place d'une politique de GPEC, le déploiement d'une véritable politique de lutte contre les inégalités, au travers du contrat de génération, mais aussi de la promotion de l'égalité professionnelle et de l'accès et du maintien dans l'emploi des travailleurs handicapés. Au-delà de la prise en compte de ces problématiques strictement visées par le législateur, certains groupes n'hésitent pas à s'engager dans une démarche plus étendue de promotion de la diversité.

Le déploiement d'une politique sociale de lutte contre les inégalités dans le cadre du groupe permet non seulement d'améliorer les dispositifs obligatoires dans chaque entreprise du groupe, mais aussi d'étendre le champ de la politique sociale du groupe au-delà des limites fixées par le législateur.

---

353 ANTONMATTÉI (P.-H.), « GPEC et licenciement pour motif économique : le temps des confusions judiciaires », *Dr. Soc.*, 2007, p. 289.

354 VATINET (R.), « Développer la gestion prévisionnelle négociée des emplois et des compétences », *JCP, S.*, 2013, p. 1274.

355 *Loi relative à la sécurisation de l'emploi*, 14 juin 2013, n° 2013-504, *JORF*, 16 juin 2013, p. 9958 et s.

Cette démarche devrait être amenée à se développer dans le cadre de la négociation portant sur la qualité de vie au travail consacrée par la loi du 17 août 2015 relative au dialogue social et à l'emploi.

Au-delà des effets de ces dispositifs dans le groupe, ils sont aussi un outil de communication particulièrement efficace à destination des prestataires, des clients et des collaborateurs futurs du groupe. Le déploiement d'une politique de lutte contre les inégalités contribue donc à l'image de marque des groupes et les place au rang d'intervenants responsables dans le paysage économique et social français et international.

Chapitre 2 : La rémunération, le temps de travail et le partage de la valeur ajoutée

207 La rémunération et le temps de travail figurent parmi les éléments essentiels de tout contrat de travail, ce qui implique un encadrement strict de la négociation collective sur ces thèmes. Cela n'a pas toutefois empêché les groupes de sociétés d'y asseoir leur rôle de manière progressive, tout d'abord s'agissant de la rémunération et de ses accessoires (section 1), puis du temps de travail (section 2).

Section 1 : La rémunération et ses accessoires

208 C'est pour la mise en place d'un dispositif accessoire à la rémunération des salariés que l'accord de groupe a été légalement consacré pour la première fois. Il s'agissait de la participation des salariés aux résultats de l'entreprise (§ 1). La consécration du rôle du groupe dans la détermination de la rémunération au sens large s'est ensuite propagée aux accords d'intéressement (§ 2), ainsi que, par voie de conséquences, aux dispositifs d'épargne salariale garantissant l'optimisation sociale et fiscale de ces dispositifs (§ 3). Bien que la négociation portant sur les salaires, élément essentiel du contrat de travail, relève naturellement du niveau de l'entreprise, la négociation d'accords de groupe sur ce thème n'est pas pour autant à négliger (§ 4).

§ 1 : La participation des salariés aux résultats du groupe

209 Obligatoire dans les entreprises employant au moins cinquante salariés, une participation des salariés aux résultats de l'entreprise peut être mise en œuvre par un accord de groupe conclu entre les sociétés d'un même groupe ou seulement certaines d'entre elles, selon des modalités tout à fait particulières[356]. Nous ne nous attacherons toutefois ici qu'aux spécificités des accords de groupe conclus dans les conditions de droit commun.

210 S'agissant des modalités de constitution de la réserve spéciale de participation tout d'abord, les accords de groupe peuvent déroger à la

[356] *C. trav.*, art. L.3322-7.

formule de calcul prévue par le code du travail[357], et établir un régime de participation comportant une base de calcul et des modalités de répartition différentes, dès lors qu'ils attribuent aux salariés des avantages au moins équivalents[358]. L'un des intérêts principaux de l'accord de groupe sur ce thème est de pouvoir mettre en place un dispositif harmonisé dans l'ensemble des entreprises du groupe, quels que soient leurs effectifs. Cette démarche permet de distribuer une part mutualisée des résultats du groupe aux salariés d'entreprises qui ne sont pas légalement tenues de mettre en place un tel dispositif. Il permet également de distribuer au sein du groupe les résultats dégagés par des sociétés dépourvues d'effectifs salariés. L'accord de participation du groupe Carrefour du 28 juin 2013 précise sur ce point que « les sociétés sans salariés sont comprises dans le champ de l'accord, et donc dans la formule de calcul »[359]. Il tend ainsi vers une distribution plus égalitaire des résultats du groupe.

Le législateur prévoit ici une équivalence des avantages consentis aux salariés, qui doit s'apprécier globalement au niveau du groupe et non entreprise par entreprise[360]. Des accords de groupe prévoient en ce sens des clauses de sauvegarde aux termes desquelles, par exemple, « le montant de la réserve spéciale de participation résultant de la formule de calcul dérogatoire ne saurait être inférieur à la somme des réserves qui auraient été dégagées dans chacune des sociétés partie à l'accord en application de la formule de calcul de la participation légale »[361].

211 La détermination du champ d'application de l'accord de groupe constitue un enjeu majeur pour le calcul de la réserve spéciale de participation. L'intégration de sociétés non soumises à l'obligation d'élaborer un accord de participation compte tenu de leurs effectifs pourrait contrebalancer les éventuelles minorations d'avantages subies par les salariés d'entreprises qui auraient bénéficié d'une participation plus élevée dans le cadre du calcul de la participation légale. Cette situation peut toutefois être neutralisée par l'accord.

À titre d'exemple, on peut relever que l'accord de participation du groupe Axa du 11 mai 2012[362] précise que la réserve spéciale de participation du groupe correspond à la somme des réserves spéciales de participation positives calculées au sein de chaque entreprise. Il en résulte donc que les

---

357 *C. trav.*, art. L.3324-1.

358 À titre d'exemple : RSP dérogatoire au titre de l'année n : 0,3 x D (somme des résultats d'exploitation des sociétés du périmètre de l'accord au titre de l'année n) : *Accord de groupe EADS sur la participation*, 14 juin 2011.

359 *Accord de participation de groupe Carrefour France*, 28 juin 2013.

360 *C. trav.*, art. L.3324-2.

361 *Accord de participation de groupe Carrefour France*, 28 juin 2013.

362 *Accord sur la participation du groupe*, groupe Axa, 11 mai 2012.

réserves spéciales de participation négatives ne sont pas prises en compte dans le calcul de la réserve consolidée, et qu'elles n'ont donc pas vocation à en diminuer le résultat. On peut également observer que cet accord prévoit expressément la possibilité pour les parties signataires d'exclure une ou plusieurs entreprises du champ de l'accord. Lorsque les résultats d'une entreprise sont de nature à compromettre l'équilibre général de l'accord, celle-ci pourrait alors sortir du champ de l'accord pour ne pas compromettre sa finalité rétributive à l'égard de l'ensemble des salariés du groupe.

212 La détermination du champ d'application de l'accord de groupe revêt également une importance particulière, dans la mesure où elle détermine la masse salariale sur laquelle il convient de répartir le montant de la participation de groupe. Les évolutions impactant le champ d'application de l'accord auront nécessairement des répercussions sur le montant de participation perçu par les salariés du groupe. Dès lors, il est indispensable de porter une attention toute particulière aux mécanismes d'entrée et de sortie d'entreprises du champ de l'accord de groupe, afin d'organiser conventionnellement leurs effets sur le calcul de la réserve spéciale de participation et de la masse salariale concernée.

Le législateur a prévu sur ce point un dispositif tout à fait particulier pour organiser la mise en cause de l'application des accords de groupe relatifs à la participation : en cas de modification de la situation juridique du groupe rendant impossible l'application de l'accord de participation dans une entreprise relevant de son champ d'application, l'accord cesse d'y produire effet, sans que le délai de survie institué dans la procédure de droit commun ne soit applicable[363]. Cette particularité peut s'expliquer par le contenu des garanties accordées aux salariés par l'accord de participation de groupe. On ne comprendrait pas qu'une période de survie soit accordée à une entreprise qui sort du périmètre d'application de l'accord, et qu'elle continue de verser à ses salariés une participation calculée sur le résultat de l'ensemble des sociétés du groupe, alors qu'elle n'en fait plus partie.

213 Il est intéressant de relever qu'en pratique, de nombreux accords de groupe organisent conventionnellement les effets des entrées et sorties d'entreprises du périmètre du groupe, en fonction du moment auquel elles interviennent.

Ainsi, lorsqu'une entreprise adhère au dispositif de participation du groupe EADS, cette adhésion ne produira d'effets pour l'exercice en cours que si elle est intervenue avant le 1er juillet. Au-delà de cette date, l'intégration de l'entreprise dans le dispositif de participation sera reportée à

---

363 *C. trav.*, art. L.3323-8.

l'exercice suivant[364]. De la même manière, une entreprise quittant le champ de l'accord ne se verra appliquer le dispositif de participation pour l'exercice concerné que si cette sortie intervient au-delà des six premiers mois de l'exercice. À défaut, l'entreprise sera réputée sortie du champ de l'accord au 1er janvier de l'exercice concerné.

Dans le groupe Axa, lorsqu'une entreprise entre dans le périmètre de l'accord, elle concourt à la détermination du montant de la participation, sans qu'il y ait lieu de se référer au moment de la survenance de l'opération. À l'inverse, l'entreprise sera réputée sortie du périmètre du groupe au 1er janvier précédant la cession, quelle que soit la date de la cession[365]. Le groupe Carrefour organise quant à lui un dispositif intermédiaire, en prévoyant que la sortie d'une entreprise au cours des six premiers mois de l'exercice prend effet sur l'exercice en cours, et sur l'exercice suivant lorsqu'elle intervient au cours du second semestre de l'exercice[366]. Ces exemples traduisent bien la diversité des solutions mises en place dans chaque groupe. La pratique ne permet donc pas de dégager une règle de portée générale qui pourrait être appliquée à chaque groupe de sociétés.

214 Il faut par ailleurs souligner que la participation de groupe ne saurait se cumuler avec un dispositif similaire mis en place dans le cadre de l'entreprise. Il y a donc lieu de prévoir des stipulations particulières pour articuler l'accord de groupe avec ceux pouvant préexister dans le cadre de l'entreprise. À titre d'exemple, l'accord de participation du groupe Axa du 11 mai 2012 conditionne son application dans les entreprises entrant dans son périmètre à la dénonciation de l'accord de participation en place dans l'entreprise, le cas échéant[367]. La même précaution doit être envisagée en cas de sortie d'une entreprise du champ de l'accord. Par exemple, l'accord de participation du groupe EADS du 14 juin 2011 conditionne le versement de la participation dans l'entreprise sortante, au titre de l'exercice au cours duquel la sortie est intervenue, à l'absence de participation versée dans la société au titre de cet exercice (notamment lorsqu'elle intègre un autre groupe), et à la circonstance que sa sortie intervienne au-delà des six premiers mois de l'exercice concerné[368]. Cet accord prévoit au surplus un mécanisme d'adhésion pour les entreprises souhaitant se voir appliquer le dispositif, cette adhésion emportant « dénonciation et substitution automatique à l'accord de participation applicable antérieurement en son sein ».

---

364 *Accord de groupe EADS sur la participation*, 14 juin 2011.

365 *Accord sur la participation du groupe*, groupe Axa, 11 mai 2012.

366 *Accord de participation de groupe Carrefour France*, 28 juin 2013.

367 *Accord sur la participation du groupe*, groupe Axa, 11 mai 2012.

368 *Accord de groupe EADS sur la participation*, 14 juin 2011.

215 Les spécificités des accords de participation de groupe se matérialisent également dans les dispositifs d'information des salariés et de suivi de l'accord qu'ils mettent en place. L'accord de participation de groupe doit impérativement prévoir les conditions d'information des salariés relevant de son champ d'application sur l'existence, le contenu et l'application du régime mis en place. Les parties ont toute latitude pour choisir les modalités d'information les plus adaptées, tant au niveau du groupe qu'au niveau de chaque entité qui le compose. Sur ce point, les pratiques diffèrent d'un groupe à l'autre, mais suivent toutes ce schéma particulier. Certains accords prévoient l'information annuelle du comité de groupe et des comités d'entreprise des filiales concernées[369], alors que d'autres constitueront une instance d'information et de suivi spécifique à la participation dans le cadre du groupe, couplée d'une information au sein de chaque entreprise concernée[370]. Sur ce dernier point, le groupe peut imposer à chaque employeur dans le groupe de présenter annuellement au comité d'entreprise un rapport précisant la gestion et l'utilisation des sommes affectées à la réserve de participation[371].

A la lumière de tout ce qui précède, on peut observer que la souplesse spécifiquement mise en place par le législateur pour favoriser la conclusion d'accords de groupe relatifs à la participation n'a pas été le vecteur de réelles innovations. En témoignent les accords de groupe relatifs à l'intéressement, autre dispositif de rétribution des salariés, qui n'a pas bénéficié des mêmes aménagements législatifs que la participation.

§ 2 : L'intéressement de groupe

216 Bien qu'il n'ait qu'un caractère facultatif, l'intéressement est un thème de négociation largement traité par les groupes de sociétés, en ce qu'il représente pour la direction un moteur de la motivation et de l'implication de ses collaborateurs. Ses modalités de mise en œuvre sont particulièrement attractives pour les groupes de sociétés, notamment car il est possible d'intégrer les résultats de certaines filiales seulement à la formule de calcul de l'intéressement de groupe[372]. Dans ce cas, l'accord doit énumérer la totalité des filiales françaises, leurs effectifs, et préciser quelles filiales sont couvertes par l'accord de groupe.

---

[369] *Accord sur la participation du groupe*, groupe Axa, 11 mai 2012.

[370] *Accord de groupe EADS sur la participation*, 14 juin 2011.

[371] *Accord de groupe concernant la mise en œuvre de la participation des salariés aux résultats (2011 -2012- 2013)*, groupe Michelin, 10 mai 2011.

[372] Cass. Soc., 16 mai 2007, n° 05-17288 ; *RJS*, 2007, n° 7, p. 665.

217 L'accord de groupe relatif à l'intéressement permet également d'innover quant aux éléments servant de base à la formule de calcul, en fonction des spécificités de chaque groupe. À titre d'exemple, l'accord d'intéressement du groupe Société Générale du 30 juin 2014 intègre à sa formule de calcul les montants des dividendes versés à ses actionnaires[373]. De la même manière, le calcul de l'intéressement s'appuiera pour partie sur le taux de satisfaction client dans le groupe Carrefour[374].

L'administration considère qu'en matière d'intéressement, le choix d'un accord de groupe suppose que le calcul d'au moins une partie de l'intéressement s'effectue au niveau du groupe, et implique que la répartition se fasse entre l'ensemble des salariés du groupe[375]. L'accord de groupe permet donc d'appliquer un système d'intéressement à toutes les sociétés du groupe « tout en tenant compte de leur situation économique »[376]. Certains accords prévoient ainsi un intéressement de groupe applicable à tous les salariés, et cumulable avec un intéressement spécifiquement attribué à certaines catégories de salariés. Il peut s'agir d'un intéressement lié aux performances particulières de chaque entreprise, qui ne sera distribué qu'aux salariés de l'entreprise concernée[377]. Il peut également s'agir d'intéressements déterminés par secteurs d'activités et distribués exclusivement aux salariés relevant du secteur d'activité visé[378].

218 L'accord peut également prévoir une même formule de calcul de l'intéressement pour l'ensemble des salariés du groupe, mais dont les résultats différeront d'une entité à l'autre. Par exemple, l'accord d'intéressement du groupe EADS du 14 juin 2011 stipule que l'intéressement est constitué en fonction des performances économiques de la société-mère et de la division concernée d'une part, et en fonction de la réalisation d'un ou plusieurs objectifs opérationnels définis au niveau de la division. Cette formule n'aboutira donc pas au même résultat selon la division et l'entité concernées[379].

---

373 *Accord d'intéressement de Société Générale pour les années 2014, 2015, 2016*, 30 juin 2014.

374 *Accord d'intéressement*, groupe Carrefour, 30 juin 2011.

375 *Circulaire interministérielle relative à l'épargne salariale*, 14 sept. 2005, *JORF*, 1er nov. 2005, p. 17179.

376 *Accord sur la mise en œuvre d'un système d'intéressement au sein du groupe EADS*, 14 juin 2011.

377 *Accord d'intéressement Renault pour les années 2014 -2015– 2016*, groupe Renault, 17 fév. 2014.

378 À titre d'exemple, un intéressement solidarité applicable au groupe et des intéressements locaux par secteurs d'activités : *Accord groupe d'intéressement – Exercices 2013 -2014-2015*, groupe Casino, 20 mars 2013.

379 *Accord sur la mise en œuvre d'un système d'intéressement au sein du groupe EADS*, 14 juin 2011.

Il faut également préciser qu'aucune disposition légale ne conditionne l'application de la formule de calcul définie par l'accord, contrairement au principe d'équivalence des avantages applicable en matière de participation. Dès lors, la mise en place d'un dispositif commun aux sociétés du groupe va permettre d'apprécier l'évolution de ses performances de manière consolidée à ce niveau. À titre d'exemple, l'accord d'intéressement du groupe Carrefour du 30 juin 2011 institue un seuil de déclenchement conditionnant son versement, à savoir une amélioration de 0,20 % du chiffre d'affaires hors taxes cumulé des entreprises[380]. L'intéressement ne sera donc versé que si l'amélioration des résultats consolidée au niveau du groupe atteint ce seuil, sans qu'il ne soit nécessaire de déterminer si les entreprises le composant ont individuellement atteint ces objectifs. De fait, certaines entreprises pourraient être privées de l'intéressement malgré une nette progression de leurs résultats, si les résultats d'autres entités ont décliné dans le même temps.

219 L'accord de groupe doit également préciser les conditions dans lesquelles les institutions représentatives du personnel de chaque entreprise relevant du périmètre de l'accord sont informées des conditions d'application de l'accord et organiser son suivi en interne. Lorsque l'accord d'intéressement prévoit un intéressement général et des intéressements particuliers, le suivi de l'accord peut être déployé dans le cadre du groupe, ainsi que dans le cadre de chaque secteur d'activité ou de chaque entité bénéficiant d'un intéressement particulier. À titre d'exemple, lorsque l'intéressement est décliné par entreprise, certains accords prévoient la mise en place d'une commission paritaire de suivi général, ainsi que de commissions paritaires locales au niveau des entreprises et des établissements[381].

220 S'agissant enfin des entrées et sorties d'entreprises du périmètre d'application de l'accord de groupe, on peut relever qu'elles s'opèrent le plus souvent de plein droit, dès lors que les accords prennent des stipulations particulières en ce sens. Les entreprises remplissant les critères objectifs déterminant le périmètre de l'accord peuvent y adhérer de plein droit, à charge pour leurs représentants patronaux et salariaux d'en manifester la volonté en signant un accord d'adhésion. La sortie d'une société du périmètre pendant la durée de l'accord peut intervenir dans les mêmes conditions, lorsqu'elle ne remplit plus les critères déterminant le périmètre du groupe.

---

[380] *Accord d'intéressement*, groupe Carrefour, 30 juin 2011.

[381] *Accord d'intéressement Renault pour les années 2014 -2015– 2016*, groupe Renault, 17 fév. 2014.

Une attention toute particulière doit donc être apportée à la définition des critères de détermination du périmètre du groupe. L'accord d'intéressement étant obligatoirement conclu pour une durée déterminée de trois ans[382], il n'est pas possible de le dénoncer unilatéralement en application de l'article L.2261-9 du code du travail. Il est toutefois intéressant de relever que certains groupes n'hésitent pas à passer outre cette obligation légale, et concluent des accords d'intéressement à durée indéterminée, de manière à rétablir la faculté de dénonciation unilatérale de l'accord par l'entreprise sortante[383]. Le poids de l'intervention du législateur demeure donc largement circonscrit pour la mise en œuvre de ces dispositifs dans le cadre du groupe. Ces éléments de rétribution ne trouveront cependant leur plein effet que s'ils peuvent être affectés et bloqués sur un plan d'épargne salariale.

§ 3 : Les plans d'épargne salariale (PEG et PERCO)

221 La participation et l'intéressement sont exonérés d'impôt sur le revenu lorsqu'ils sont immédiatement affectés à un compte d'épargne collectif et bloqués pour une durée minimale de cinq ans. Les entreprises ayant mis en place un accord de participation doivent obligatoirement prévoir un plan d'épargne entreprise où les salariés pourront affecter les sommes versées. Pour assurer la cohérence entre le niveau d'attribution et le niveau de gestion des fonds versés aux salariés, il est possible d'instituer, par accord de groupe, un plan d'épargne groupe (PEG) ou un plan d'épargne pour la retraite collectif (PERCO) de groupe.

L'originalité de ces dispositifs tient à ce qu'ils combinent un caractère collectif défini au niveau du groupe, avec une initiative individuelle du salarié d'une entreprise entrant dans le périmètre de l'accord : le groupe met à la disposition de l'ensemble de ses salariés un outil d'optimisation et de gestion des fonds qui lui sont versés au titre de l'intéressement et de la participation, et lui permet plus généralement de se constituer un capital sécurisé en y affectant des versements volontaires. Le salarié reste libre d'alimenter ou non ce plan à sa convenance, étant entendu que le placement des fonds sur ces comptes d'épargne est plus avantageux fiscalement que leur versement immédiat.

222 Le plan doit préciser ses différentes sources d'alimentation. Outre la participation, il peut s'agir de versements volontaires du salarié (intéressement, versements spontanés, affectation des droits cumulés au compte

---

382 *C. trav.*, art. L.3312-5.

383 *Accord sur la mise en œuvre d'un système d'intéressement au sein du groupe EADS*, 14 juin 2011.

épargne-temps) ou de l'employeur (abondement). La notion d'employeur relève ici de l'appréciation des partenaires sociaux, et ne se limite pas toujours au dirigeant de la filiale concernée. Le degré d'implication de l'entreprise dominante dans ce dispositif peut fortement varier d'un groupe à l'autre.

Certains accords de groupe laissent ainsi à la charge de chaque employeur les frais de tenue de compte des comptes individuels de ses propres salariés, et prévoient la possibilité pour chaque employeur de négocier en interne pour abonder au compte individuel de ses salariés via le PEG ou le PERCO[384]. D'autres accords de groupe encadrent les modalités de mise en œuvre de l'abondement au PEG ou au PERCO, tout en le laissant à la charge de l'employeur de l'entreprise concernée. À titre d'exemple, le PERCO du groupe Carrefour du 17 juin 2010 fixe le taux de l'abondement, tout en le laissant à la charge de l'employeur concerné[385]. D'autres groupes instituent au contraire une véritable centralisation de la gestion des plans d'épargne auprès de la société-mère, via une mutualisation de la trésorerie[386]. Par exemple, le PERCO du groupe Casino du 29 septembre 2009 prévoit la prise en charge des frais de tenue de compte par le groupe, ainsi que la possibilité pour le groupe d'abonder au compte individuel de chaque salarié[387].

Ces exemples illustrent bien les grandes disparités pouvant exister d'un groupe à l'autre, et les difficultés auxquelles peut être confronté le législateur pour mettre en place un dispositif légal de portée générale qui trouverait à s'appliquer à l'ensemble des groupes.

223 L'administration considère que les accords de groupe mettant en place un dispositif d'épargne salariale sont nécessairement conclus selon les modalités spécifiquement prévues par le code du travail pour la négociation des accords de participation à l'article L.3322-6[388]. Nous ne partageons pas cette interprétation de la loi que nous trouvons dangereusement extensive.

Ce dispositif original qui permet à chaque entreprise du groupe de choisir sa propre modalité de conclusion a été mis en place par le législateur pour encourager uniquement la négociation d'accords de groupe relatifs à la participation. Aucun élément de fait ni de droit ne permet d'affirmer qu'il ait entendu étendre la portée de cette mesure à l'ensemble des dispositifs d'épargne salariale. Bien au contraire, alors que le législateur a pris le soin

---

384 *Plan d'Épargne pour la Retraite Collectif groupe GDF SUEZ*, 25 nov. 2009.

385 *Plan d'Épargne pour la Retraite Collectif Carrefour France*, 17 juin 2010.

386 *Accord instituant le Plan d'Épargne pour la Retraite Collectif du groupe Casino*, 29 sept. 2009.

387 *Accord instituant le Plan d'Épargne pour la Retraite Collectif du groupe Casino*, 29 sept. 2009.

388 *Circulaire interministérielle relative à l'épargne salariale*, 14 sept. 2005, *JORF*, 1er nov. 2005, p. 17179, dossier PEE, fiche n°2.

de mentionner la possibilité de conclure des accords de groupe pour chaque dispositif d'épargne salariale qui pourrait être mis en place dans ce cadre, il n'y a que pour la participation qu'il a prévu des modes de négociation dérogatoires au droit commun.

La mise en œuvre d'un tel dispositif dérogatoire surprend bien assez sans envisager de l'étendre au-delà des limites dans lesquelles le législateur l'a circonscrit. C'est bien une volonté politique tendant à la réalisation d'un objectif déterminé qui a guidé la plume du législateur : la consolidation des résultats des entreprises du groupe pour une redistribution plus égalitaire de leurs bénéfices à l'ensemble des salariés relevant du champ d'application de l'accord.

Il faut par ailleurs souligner qu'un plan d'épargne peut être mis en place dans le groupe à l'initiative de l'employeur en cas d'échec des négociations en ce sens. Il n'y a donc pas lieu de prévoir des modalités dérogatoires pour cette négociation, dès lors que son échec ne fait pas obstacle à la mise en place du dispositif envisagé. C'est donc à notre avis la solution de principe qui doit être retenue pour la négociation de ces accords, à savoir la négociation avec les seules organisations syndicales représentatives dans le groupe.

224 Il faut relever au surplus que le législateur impose en matière de participation que chaque employeur partie à l'accord donne mandat exprès pour se faire représenter par l'employeur de l'entreprise dominante. Ces mandats sont impérativement annexés à l'accord de groupe lors de son dépôt auprès de la DIRECCTE[389]. Or force est de constater qu'une large majorité d'accords de groupe que nous avons pu analyser portant sur un dispositif d'épargne salariale autre que la participation ne prenait pas cette précaution particulière. Ainsi, l'accord d'intéressement du groupe Société Générale du 30 juin 2014 est conclu par le DRH du groupe[390], en l'absence de tout mandat exprès consenti par les entreprises représentées, tout comme l'accord relatif au PEG du groupe Casino du 31 juillet 2008[391], ou encore l'accord du 17 juin 2010 instituant un PERCO dans le groupe Carrefour[392]. La validité de l'ensemble de ces accords serait remise en cause par une telle extension du champ de l'article L.3322-6 du code du travail, ce qui serait contraire à la finalité du dispositif.

Bien que les sommes attribuées aux salariés dans le cadre de ces dispositifs d'épargne salariale ne puissent être assimilées à des salaires, elles

---

389 *C. trav.*, art. D.3323-4.

390 *Accord d'intéressement de Société Générale pour les années 2014, 2015, 2016*, 30 juin 2014.

391 *Plan d'épargne groupe Casino*, 31 juil. 2008.

392 *Plan d'Épargne pour la Retraite Collectif Carrefour France*, 17 juin 2010.

n'en demeurent pas moins des arguments attractifs pour le recrutement et la fidélisation des salariés, peu important le niveau effectif des salaires appliqué dans les entreprises du groupe. Ce dernier aspect appelle à de plus amples développements.

§ 4 : Harmonisation de la rémunération

225 Aux termes de l'article L.2242-8du code du travail[393], l'employeur doit engager chaque année une négociation annuelle obligatoire portant notamment sur les salaires effectifs. Si cette obligation s'inscrit de premier chef dans le cadre de l'entreprise, elle peut également s'engager dans le cadre du groupe, comme le précise l'article L.2232-33 du code du travail depuis la loi du 8 août 2016. La mise en place d'un dispositif harmonisé à l'égard de l'ensemble des salariés s'inscrit naturellement dans la politique sociale déployée par le groupe.

L'administration considérait déjà en 2004 que « les obligations annuelles ou pluriannuelles de négocier dans l'entreprise [...] en matière de salaires effectifs [...] continuent de relever du niveau de l'entreprise, même si un accord de groupe peut valablement être conclu dans ces domaines »[394]. En d'autres termes, un accord de groupe pouvait être valablement conclu sur ce thème, mais il ne pouvait se substituer aux accords qui devaient être négociés dans le cadre de l'entreprise. On pouvait donc soutenir à ce stade que la conclusion d'accords de groupe sur ce thème pouvait être admise, dès lors que leurs dispositifs étaient déclinés dans le cadre des entreprises concernées. Sur ce point, le professeur Teyssié soutenait que si le législateur avait pris le soin d'autoriser des cas précis de substitution, celle-ci devait être exclue dans le silence gardé par la loi[395].

226 Une première évolution de cette position est intervenue à la faveur de l'article 19 de la loi du 17 août 2015 relative au dialogue social, lequel prévoit, depuis le 1er janvier 2016, le regroupement des négociations dans l'entreprise autour de trois grands axes, dont l'un est composé de la rémunération, du temps de travail, et du partage de la valeur ajoutée[396]. Or force était de constater que les accords de groupe relatifs au partage de la valeur ajoutée se substituaient bel et bien à la négociation d'entreprise : les

---

393 *C. trav.*, art. L.2242-5, 1° (à compter du 1er janvier 2016).

394 *Circulaire relative au titre II de la loi n° 2004-391 du 4 mai 2004 relative à la formation professionnelle tout au long de la vie et au dialogue social*, 22 sept. 2004, *JORF*, 31 oct. 2004, n° 255, p. 18472, Fiche n°5.

395 TEYSSIÉ (B.), « Variations sur les conventions et accords collectifs de groupe », *Dr. Soc.*, 2005, p. 643.

396 *C. trav.*, art. L.2242-1, 1° (version en vigueur à compter du 1er janvier 2016).

entreprises de plus de cinquante salariés couvertes par un accord de groupe relatif à la participation n'avaient pas à mettre en place un dispositif particulier sur ce thème dans le cadre de l'entreprise. Bien au contraire, il était impossible de cumuler les deux dispositifs, et l'applicabilité de l'accord de groupe à une entreprise était subordonnée à l'absence de dispositif de même nature institué dans l'entreprise.

Dès lors, on pouvait raisonnablement en déduire qu'une négociation engagée dans le cadre du groupe sur l'ensemble de ces thèmes pouvait neutraliser les obligations pesant sur les entreprises dotées d'une représentation syndicale. La négociation sur les salaires diligentée dans le cadre du groupe permettait au surplus de rendre ses stipulations applicables à l'ensemble des entreprises du groupe, qu'elles soient tenues ou non d'engager une négociation obligatoire sur les salaires. C'est donc un ensemble bien plus étendu de salariés qui pouvait bénéficier du dispositif issu de la négociation, le champ d'application de l'accord n'étant pas nécessairement limité aux seules entreprises tenues de négocier sur ce thème.

227 Il faut cependant relever que la loi du 17 août 2015 relative au dialogue social a prévu un régime tout à fait particulier réservé à la seule négociation sur les salaires : « dans le cas où un accord modifie la périodicité de la négociation sur les salaires effectifs [...], une organisation signataire peut, pendant sa durée, formuler la demande que cette négociation soit engagée. L'employeur y fait droit sans délai »[397]. En d'autres termes, la périodicité de la négociation et son contenu peuvent être remis en cause à la demande d'une seule des parties signataires, au mépris du dispositif validé par les organisations syndicales représentant plus de la moitié des suffrages.

Cette spécificité est très surprenante. Tout d'abord, elle permet à une organisation syndicale de remettre en cause de contenu d'un accord majoritaire, quel que soit le taux de suffrages qu'il représente, dès lors qu'elle a été signataire de l'accord querellé. Ainsi une organisation syndicale justifiant d'un taux d'audience de 10 % pourrait invalider un accord signé par des organisations syndicales représentant plus de la moitié des suffrages exprimés par les salariés aux dernières élections professionnelles.

Ensuite, cette disposition suppose que n'importe quelle entreprise comprise dans le champ d'application de l'accord de groupe majoritaire puisse remettre en cause la périodicité des négociations conventionnellement entérinée. Or il existe d'autres techniques permettant à une entreprise de sortir du champ d'un accord de groupe. Il pourrait notamment être proposé un mécanisme d'adhésion des entreprises à l'accord de groupe, qui aurait pour corollaire la possibilité pour l'employeur de dénoncer cet accord d'adhésion à tout moment pour sortir du champ d'application de l'accord de

---

[397] *C. trav.*, art. L.2242-20 al. 2 (version en vigueur à compter du 1er janvier 2016).

groupe. C'est alors le dispositif légal qui redeviendrait applicable, à savoir la négociation à échéance annuelle.

228 Il faut rappeler qu'une solution relativement similaire avait été proposée par un auteur dès l'entrée en vigueur de la loi du 4 mai 2004, considérant que si la négociation annuelle sur les salaires ne pouvait être engagée au niveau du groupe, rien ne paraissait cependant interdire que des négociations annuelles, avec des délégations syndicales de chaque entreprise, soient menées conjointement[398].

Par analogie à la possibilité de mener la négociation annuelle d'entreprise par établissement ou par groupe d'établissements, pour autant qu'aucune organisation syndicale représentative dans l'établissement ou le groupe d'établissements ne s'y oppose[399], on pouvait imaginer que la négociation annuelle sur les salaires puisse s'engager au niveau du groupe, pour autant que cette décision emporte l'approbation unanime des organisations syndicales représentatives de l'ensemble des entreprises le composant[400]. Dès lors, un accord de groupe qui statuait sur les salaires de l'ensemble des collaborateurs du groupe pouvait être remis en cause dès lors qu'il ne recueillait plus l'unanimité de ses signataires.

229 Dans cette démonstration, c'est l'opportunité de négocier sur les salaires dans le cadre du groupe qui serait soumise à l'unanimité des organisations syndicales représentatives. Avec la loi du 17 août 2015, l'initiative d'une organisation syndicale en vue de provoquer une nouvelle négociation ne semble pas remettre en cause le niveau auquel elle intervient. En cas d'accord dérogeant à la périodicité légale de la négociation sur les salaires, une organisation syndicale pourra provoquer à tout moment une nouvelle négociation dans le cadre du groupe, mais le dispositif proposé ne permettra pas de rétablir la négociation dans le cadre de l'entreprise. Il pourrait être plus opportun de soumettre ces deux aspects à l'accord des représentants des salariés dans le groupe.

Il faut également préciser que la solution proposée par maître Grangé supposait l'accord unanime de l'ensemble des organisations syndicales représentatives dans l'ensemble des sociétés du groupe, s'agissant d'une négociation conjointe, et donc d'un accord interentreprises, alors que la loi du 17 août 2015 se réfère aux organisations syndicales signataires de

---

[398] GRANGÉ (J.), « Les conventions et accords collectifs de groupe », *Sem. Soc. Lamy*, 2004, n° 1183, p. 73.

[399] Cass. Soc, 21 mars 1990, n° 88-14794, *Bull. Civ.*, 1990, V, n° 139, p. 82 ; *D.*, 1991, somm. 155, obs. J. GOINEAU.

[400] GRANGÉ (J.), « Les conventions et accords collectifs de groupe », *Sem. Soc. Lamy*, 2004, n° 1183, p. 73.

l'accord, et donc aux seules organisations syndicales représentatives dans le groupe.

230 Il faut observer que la négociation annuelle sur les rémunérations a été régulièrement engagée dans le cadre des groupes de sociétés, bien avant sa consécration par la loi du 8 août 2016. Les dénominations étaient nombreuses[401], mais recouvraient une seule et même réalité : la mise en œuvre d'une politique uniformisée d'évolution des salaires. On peut ainsi relever que l'accord sur les salaires du groupe Total fixe une enveloppe de 3 % par UES pour les augmentations générales, l'augmentation des primes d'ancienneté et les augmentations individuelles, et fixe la rémunération minimale annuelle garantie à 24.600 € pour un salarié à temps plein[402]. Il précise en outre les conditions de l'abondement du groupe aux chèques vacances. Cet accord est d'application immédiate à l'égard des salariés des trois UES parties à l'accord, et aucune stipulation n'en prévoit une déclinaison particulière dans le cadre des UES concernées.

Pour le groupe Carrefour, les dispositions contenues dans son accord du 25 mars 2013 relatif aux négociations annuelles obligatoires « constituent un avenant de révision des accords d'entreprise qui s'y rapportent »[403]. Dès lors, il vaut accord d'entreprise dans l'ensemble des entités concernées, et ses stipulations concernant la revalorisation de la rémunération ou encore la monétisation du compte épargne-temps seront d'application immédiate dans l'ensemble des entreprises relevant de son champ d'application. Il n'y a donc pas lieu ici non plus de prévoir un dispositif spécifique dans le cadre de l'entreprise.

Le groupe PSA s'illustre également en ce sens, à la différence près qu'il conditionne la validité de son accord salarial à sa signature par des organisations syndicales représentant au moins la moitié des suffrages. À défaut, « la Direction appliquera ses propositions précédentes, qui sont en retrait par rapport aux dispositions du présent accord »[404]. Cet accord s'attache tant à fixer le salaire de base minimal d'embauche et le taux d'augmentation générale des salaires qu'à fixer l'agenda social du groupe pour asseoir sa « politique globale de rémunération ».

231 C'est le dispositif mis en place au sein du groupe Société Générale qui a particulièrement retenu notre attention sur ce thème. L'accord salarial du 17 décembre 2014 prévoit en effet que « dès lors que les mesures résultant de la présente négociation obligatoire relèveraient des accords d'entreprise qui

---

401 *Accord salarial 2011*, Peugeot Citroën Automobiles, 26 fév. 2010

402 *Accord relatif aux salaires 2015*, groupe Total, 17 déc. 2014.

403 *Négociations Annuelles Obligatoires*, Carrefour, 27 fév. 2014.

404 *Accord salarial 2011*, Peugeot Citroën Automobiles, 26 fév. 2010.

traitent notamment de la rémunération, celles-ci sont intégrées à ces accords par la signature d'un avenant technique qui reprend intégralement les mesures négociées »[405]. La signature de cet accord entraîne donc la signature obligatoire de l'avenant technique par les entreprises tenues d'engager des négociations annuelles sur les salaires dans le cadre de l'entreprise. Le résultat n'en demeure pas moins identique : ce sont les mesures négociées dans le cadre du groupe qui trouveront à s'appliquer, qu'il s'agisse de la revalorisation de la grille des salaires minimas, ou de la prise en charge du complément d'indemnités journalières pour congé de paternité.

232 Une fois encore, la « pieuvre »[406] n'a pas manqué de ruse pour se faufiler dans les failles du dispositif légal en vigueur. Cependant, cette intrusion du groupe dans des domaines de négociation traditionnellement réservés à l'entreprise ne nous semble pas préjudiciable à l'effet utile du dispositif légal. Bien au contraire, il offre la possibilité d'une redistribution plus égalitaire des résultats du groupe au sein de ses filiales, tout en optimisant leur gestion fiscale et sociale. La place du groupe dans ces négociations n'en est pas pour autant acquise. Il en est de même des accords relatifs à la durée du travail.

Section 2 : Le temps de travail

233 Bien que la négociation d'accords collectifs sur le temps de travail relève essentiellement du niveau de l'entreprise et de la branche, les groupes n'ont pas hésité à se l'approprier pour offrir à leurs salariés les mêmes garanties en termes de durée du travail (§ 1) et d'organisation du temps de travail (§ 2).

§ 1 : La durée du travail

234 Second pan de la négociation annuelle obligatoire, la durée du travail est un sujet qui ne semble pas naturellement se prêter à la négociation d'accords de groupe, et ce pour plusieurs raisons.

Tout d'abord, il faut préciser de quelle manière les accords de groupe devront s'articuler avec les contrats de travail préexistants dans chaque entité concernée, et plus précisément déterminer si des accords relatifs à

---

405 *Accord salarial 2015*, groupe Société Générale, 17 déc. 2014.

406 VATINET(R.), « La pieuvre et l'Arlésienne », Groupes de sociétés et droit du travail, *Dr. Soc.*, 2010, p. 801.

l'organisation du temps de travail doivent s'analyser en une simple modification des conditions de travail, ou en une modification du contrat de travail. À titre d'exemple, la durée légale du travail est fixée sur une base hebdomadaire par le législateur[407]. Toutefois, un accord collectif peut prévoir un calcul sur plusieurs semaines, durant lesquelles la durée du travail pourra excéder le plafond légal et être compensée les semaines suivantes par des repos. Dans ce cas, lorsque le salarié dépasse la durée légale du travail sur la période hebdomadaire, il ne subit pas pour autant une modification de son contrat de travail, dès lors que la durée légale du travail est respectée sur la période pluri-hebdomadaire consacrée par l'accord.

235 Force est de constater que la conclusion d'accords de groupe sur ce thème est extrêmement limitée, les tentatives des partenaires sociaux en ce sens demeurant souvent vaines[408]. On peut toutefois évoquer l'accord du groupe Lactalis relatif à l'aménagement du temps de travail du 13 octobre 2010, lequel met en place un système de banque d'heures[409], qui permet de comptabiliser individuellement pour chaque salarié les heures supplémentaires réalisées et de les mettre en balance avec les heures non accomplies. Au terme de la période annuelle de décompte du temps de travail, seules les heures supplémentaires qui n'ont pas été compensées par des périodes d'absence apparaissent au solde de la banque d'heures et donnent lieu à la majoration au titre des heures supplémentaires. Les salariés ont de plus la possibilité d'affecter ces heures à leur compte épargne-temps, ce qui a pour effet de les exclure de l'assiette de calcul des congés payés.

236 On peut également observer que certains groupes, sans conclure des accords de groupe, font directement intervenir l'entreprise dominante dans la négociation et la conclusion des accords d'entreprise des sociétés relevant de leur périmètre. Ainsi, l'accord du 3 avril 2015 relatif à la durée du travail dans la société Distribution Casino est conclu côté employeur par la DRH du groupe et la DRH de la société, avec les organisations syndicales représentatives dans la société concernée[410]. Outre les dispositions spécifiques à la durée du travail dans l'entreprise telles que la limitation du temps de travail sur les caisses ou l'instauration d'une prise de repos de deux jours

---

407 *C. trav.*, art. L.3121-10.

408 À titre d'exemple, les négociations engagées en 2015 dans le groupe Airbus pour augmenter le temps de travail des cadres n'ont pas débouché sur un accord de groupe : *cf.* CFDT Airbus Group, *Temps de travail des cadres augmentation ? clap de fin !*, 1er avril 2015.

409 *Accord de groupe relatif à l'aménagement du temps de travail*, groupe Lactalis, 13 oct. 2010

410 *Accord collectif d'entreprise sur la durée du travail, les avantages sociaux et les conditions de travail pour 2015*, Distribution Casino France, 3 avril 2015.

consécutifs au moins une fois par période de douze semaines, la direction s'engage à abonder sur les versements volontaires et primes d'intéressement affectés au PERCO de groupe, sous réserve de la signature d'un avenant à l'accord instituant le PERCO de groupe avec les organisations syndicales représentatives au niveau du groupe. Rappelons au surplus que ce PERCO met à la charge de l'entreprise dominante les abondements qu'il prévoit. C'est donc clairement la direction du groupe qui négocie l'accord d'entreprise relatif à l'aménagement du temps de travail, par la voix de l'employeur de l'entreprise concernée, puisqu'elle prend des engagements à l'égard des salariés de l'entreprise, et fixe le budget annuel consacré à la réduction des écarts de salaire entre les femmes et les hommes dans l'entreprise.

La durée du travail n'est donc totalement exclue du champ de la négociation de groupe. Elle est au contraire largement envisagée, mais distillée toutefois au sein de problématiques particulières comme la GPEC, le contrat de génération, ou l'égalité professionnelle, que nous avons déjà évoquées. Il en est de même s'agissant de l'organisation du temps de travail dans le groupe.

§ 2 : L'organisation du temps de travail

237 L'organisation du temps de travail est rarement envisagée par les groupes comme un thème de négociation particulier. Elle doit plutôt s'analyser en un outil au service du traitement de problématiques particulières. Il peut s'agir tout d'abord de la gestion individuelle des congés par les salariés via le compte épargne-temps (A), mais également la sauvegarde de l'emploi via les accords de maintien dans l'emploi (B).

A) Le compte épargne-temps

238 Initialement prévu uniquement pour permettre aux salariés d'accumuler des droits à congés rémunérés, le compte épargne-temps a progressivement évolué et permet également aux salariés, depuis la loi du 20 août 2008, de se constituer une épargne, en y affectant par exemple des sommes issues de l'intéressement ou de la participation. Il s'agit donc désormais d'un dispositif hybride, touchant à la fois à l'organisation du temps de travail, mais aussi à la politique de rémunération dans le groupe. Il constitue dès lors un véritable outil de gestion pluriannuelle du temps de travail et de la rémunération des salariés.

239 Si la loi du 8 août 2016 dispose que l'ensemble des négociations prévues au niveau de l'entreprise peuvent être engagées et conclues au niveau du groupe, le code du travail n'envisageait pas, dans sa version issue de la loi du 20 août 2008, la mise en place d'un compte épargne-temps dans le cadre du groupe. Il faisait pourtant expressément référence au groupe dans son dispositif antérieur issu de la loi du 31 mars 2005. Il a pu être soutenu que ce silence du législateur n'était pas la conséquence d'un oubli, puisqu'il disposait déjà d'un précédent, mais d'une position soutenue au regard des modifications qui avaient affecté le régime juridique du compte épargne-temps.

Cette analyse n'était toutefois pas unanimement partagée. Il résultait notamment des travaux parlementaires relatifs à la loi du 20 août 2008, que la possibilité de mettre en place un compte épargne-temps par un accord d'entreprise ou d'établissement inclut aussi la notion d'accord de groupe[411]. Cette interprétation est également confirmée par l'Administration[412]. La pratique a d'ailleurs largement consacré la mise en place de comptes épargne-temps par accords de groupe.

240 Ce type d'accord se révèle particulièrement avantageux, puisqu'il offre une organisation plus souple du temps de travail des salariés. Ces accords peuvent ouvrir aux salariés « la possibilité d'une gestion autonome de temps épargné, notamment pour financer un congé, faire face à des situations particulières, ou se constituer un complément de retraite »[413]. Ils permettent également « d'améliorer la gestion des temps d'activité et de repos des salariés »[414].

Ils apparaissent également, du point de vue de la Direction, comme un outil d'optimisation de la gestion des ressources humaines, notamment en cas de mobilité intra-groupe. La mise en place du compte épargne-temps dans le cadre du groupe permet en effet de transférer les droits affectés au compte épargne-temps d'une entreprise à l'autre, et d'éviter ainsi une liquidation systématique des droits lors de la rupture du contrat de travail. Ce transfert peut être plus ou moins fluide d'un groupe à l'autre. Alors qu'il requiert l'accord de l'entreprise d'accueil dans le groupe TF1[415], il s'opérera de plein droit dans le groupe Total, dès lors que l'entreprise d'accueil est signataire de l'accord de groupe[416].

241 Cette souplesse inhérente au cadre du groupe peut permettre au surplus de résoudre une des difficultés majeures de ce dispositif régulièrement

---

[411] Sénat, Rapport n° 470 de la commission des affaires sociales sur le projet de loi, après déclaration d'urgence, portant rénovation de la démocratie sociale et réforme du temps de travail, présenté par GOURNAC (A.), 15 juil. 2008.

[412] DGT, *Circulaire relative à la loi du 20 août 2008 portant rénovation de la démocratie sociale et réforme du temps de travail,* 13 nov. 2008, n° 20, Fiche n° 13, § 1.

[413] *Accord relatif au compte épargne-temps*, groupe Total, 15 avril 2011.

[414] *Règlement du plan d'épargne groupe Carrefour France*, 1er juin 2012.

[415] *Accord collectif de groupe relatif au compte épargne-temps du groupe TF1*, 6 mars 2007.

[416] *Accord relatif au compte épargne-temps*, groupe Total, 15 avril 2011.

pointée du doigt par les praticiens, à savoir l'accumulation rapide des congés. Jean-Marc Arnould, Directeur des Ressources Humaines de la filiale Matériaux énergétiques de la Société nationale des poudres et des explosifs (SNPE), exposait sur ce point qu'« à raison de vingt jours épargnés en moyenne par salarié depuis 2002 l'entreprise aurait dû augmenter ses effectifs de 7 % pendant un an si elle avait voulu liquider d'un seul coup le stock de jours accumulés en l'espace de seulement cinq ans »[417]. Pour limiter l'impact de cette accumulation, certains accords de groupe plafonnent les droits pouvant être affectés par les salariés, de manière globale[418], et par année civile[419]. D'autres imposent l'utilisation des droits affectés par les salariés sur une période déterminée[420].

Le transfert de salariés entre entités du groupe, de manière permanente ou dans le cadre d'un détachement ou d'une période de mobilité volontaire sécurisée, pourrait constituer une autre alternative pour solder les droits affectés par les salariés, en fonction des capacités de chaque entreprise du groupe. Il permettrait ainsi d'ajuster les effectifs salariés aux besoins immédiats de chaque entreprise, dans une démarche de solidarité intra-groupe, en transférant par exemple des salariés ayant accumulé une quantité importante de congés dans une entreprise qui rencontre une baisse temporaire de son activité.

242 La mise en place d'un compte épargne-temps par accord de groupe offre une large palette de configurations, selon la politique sociale déployée par chaque groupe. Cette diversité s'illustre tout d'abord dans la manière dont les accords de groupe appréhendent l'interdiction légale de monétiser les droits représentant la cinquième semaine de congés payés[421]. De nombreux accords de groupe rappellent expressément que les droits affectés au compte épargne-temps au titre de la cinquième semaine de congés payés doivent impérativement être pris sous la forme de congés. Certains affectent même ces droits à un sous-compte spécifique qui ne peut faire l'objet que d'une utilisation sous forme de congé[422].

---

417 DEVILLECHABROLLE (V.), « Zoom sur... La machine infernale du compte épargne-temps », *Liais. Soc. Mag.* , janv. 2008.

418 À titre d'exemple, dans la limite de 40 jours : *Accord de compte épargne-temps*, groupe Casino, 20 mai 2008.

419 À titre d'exemple, 12 jours par an : *Règlement du plan d'épargne groupe Carrefour France*, 1er juin 2012.

420 À titre d'exemple, liquidation sur une période triennale avec reliquat limité à 5 jours maximum : *Accord cadre de groupe relatif au compte épargne-temps*, groupe EADS, 17 oct. 2005.

421 *C. trav.*, art. L.3153-2.

422 À titre d'exemple, 3 sous-comptes distincts ; un pour la 5ème semaine de congés payés qui ne peut être transformé qu'en congés, un pour les sommes en argent et un pour les autres

Il faut cependant relever que ces accords n'imposent pas que ces droits particuliers soient utilisés annuellement, comme cela découle des impératifs de protection de la santé du salarié. Ils peuvent tout aussi bien être stockés au compte épargne-temps, notamment pour bénéficier à terme d'un congé parental rémunéré, ou pour anticiper un départ en retraite. Cette particularité mise à part, la plus grande liberté est accordée aux partenaires sociaux pour déterminer les droits pouvant être affectés au compte épargne-temps, ainsi que leurs modalités d'utilisation.

S'agissant des droits affectés au compte épargne-temps tout d'abord, il n'existe pas de pratiques uniformes au sein des groupes. Deux positions existent concernant la nature des droits pouvant y être affectés. Alors que certains groupes n'envisagent que l'alimentation en temps[423], d'autres prévoient également la possibilité d'y affecter des éléments périphériques du salaire, tels que l'intéressement ou la participation[424], ou encore la prime de treizième mois[425], qui seront alors convertis en jours de congé selon une formule de calcul conventionnellement arrêtée. C'est également l'étendue des droits pouvant être affectés au compte épargne-temps qui connaît d'importants écarts d'un groupe à l'autre. Alors que les seuls congés payés sont envisagés par le groupe Carrefour[426], le groupe EADS consacre la possibilité d'affecter les repos compensateurs acquis au titre des heures supplémentaires au compte épargne-temps.

243 L'étendue des droits susceptibles d'être affectés au compte épargne-temps doit retenir toute notre attention, dans la mesure où par principe, ils ne sont plus dès lors considérés comme du temps de travail effectif, notamment pour le calcul des droits à congés payés. La mise en place d'un compte épargne-temps par accord de groupe peut alors permettre d'assouplir, mais aussi de contourner les dispositifs légaux en vigueur.

Alors que le repos compensateur obligatoire et le repos compensateur de remplacement sont normalement assimilés à du temps de travail effectif pour le calcul de la majoration des heures supplémentaires[427], ce n'est plus le cas lorsqu'ils sont affectés au compte épargne-temps. Ainsi le groupe peut échapper à la majoration des heures supplémentaires accomplies par le salarié au-delà du contingent annuel dès lors que le salarié a affecté ses repos

---

droits : *Accord cadre de groupe relatif au compte épargne-temps*, groupe EADS, 17 oct. 2005.

423 *Accord de compte épargne-temps*, groupe Casino, 20 mai 2008.

424 *Accord cadre de groupe relatif au compte épargne-temps*, groupe EADS, 17 oct. 2005.

425 *Accord collectif de groupe relatif au compte épargne-temps du groupe TF1*, 6 mars 2007.

426 À titre d'exemple, affectation des jours de congés payés de droit commun, des jours acquis au titre de l'ancienneté ou du fractionnement : *Règlement du plan d'épargne groupe Carrefour France*, 1er juin 2012.

427 *C. trav.*, art. D.3121-9.

compensateurs au compte épargne-temps. L'intérêt de ce mécanisme a été considérablement renforcé avec l'abrogation des dispositifs d'exonération de cotisations sociales sur les heures supplémentaires par la deuxième loi de finance rectificative pour 2012[428].

Il en est de même s'agissant de l'utilisation des droits affectés au compte épargne-temps. On peut par exemple indiquer que l'accord du groupe TF1 précise que les périodes de congés financées par le compte épargne-temps ne sont pas assimilées à du temps de travail effectif et n'ouvrent pas droit à congés payés. Pourtant, ces congés sont financés par l'affectation de jours de congés payés et de jours de repos accordés dans le cadre de l'accord d'aménagement du temps de travail, lesquels sont légalement considérés comme du temps de travail effectif ouvrant droit à congés payés[429]. En d'autres termes, l'affectation de ces congés au compte épargne-temps les fait sortir du cadre légal protecteur et ne permet plus de les assimiler à du temps de travail effectif ouvrant des droits particuliers. Il en est de même de la prime de treizième mois : elle sortira nécessairement de l'assiette de calcul des congés payés. Il faut cependant relever que ces dérives peuvent être neutralisées par une stipulation particulière des accords de groupe précisant que les congés financés par le compte épargne-temps sont assimilés à du temps de travail effectif[430].

244 Ce cadre permet également d'envisager des modalités d'utilisation novatrices du compte épargne-temps, telles que le don de jours à un salarié, ou encore la possibilité de financer des prestations de services au moyen d'un chèque emploi service universel. Ce dernier dispositif présente un avantage non négligeable, tant pour le groupe que pour le salarié, compte tenu du régime fiscal et social qui lui est applicable[431]. Il faut en effet rappeler que les éléments affectés au compte épargne-temps ne sont pas soumis aux cotisations sociales ni à l'impôt, tant qu'ils ne sont pas utilisés. Ils sont pour ainsi dire en sommeil. Ainsi, l'utilisation de jours de congés payés convertis en CESU via le compte épargne-temps pour financer des prestations de services permettra de faire échapper les droits utilisés à l'assiette des cotisations sociales patronales et salariales, à l'impôt sur le revenu, et viendra en déduction du bénéfice soumis à l'impôt sur les sociétés.

---

428 *Loi de finances rectificative pour 2012*, 16 août 2012, n° 2012-958, *JORF*, 17 août 2012, p. 13479.

429 *C. trav.*, art. L.3141-5.

430 *Accord de compte épargne-temps*, groupe Casino, 20 mai 2008.

431 Exonération de charges patronales et salariales, déductible du bénéfice pour l'entreprise, non imposable pour le salarié, ouvrant droit à un crédit d'impôt de 25% pour l'entreprise et de 50% sur le reste à charge pour le salarié..

Au-delà de la possibilité pour le salarié de gérer individuellement ses temps d'activité et de repos, le compte épargne-temps permet également à l'employeur de modifier la nature des droits qui y sont affectés en vue d'une optimisation fiscale et sociale. De telles pratiques sont difficiles à remettre en cause, notamment du fait qu'elles sont avalisées par les organisations syndicales signataires de l'accord de groupe, et que les salariés se trouvent eux-mêmes individuellement à l'initiative de cette démarche. Aucune obligation ne pèse sur le salarié quant à l'utilisation du compte épargne-temps. Il est donc le gestionnaire de ce dispositif, dont l'utilisation sera vivement encouragée par la direction.

B) Les accords conclus pour assurer la sauvegarde de l'emploi

245 Les groupes de sociétés jouent un rôle majeur dans la mise en place de dispositifs assurant la sauvegarde de l'emploi dans les entreprises confrontées à des difficultés économiques. Ces mesures peuvent se matérialiser sous différentes formes.

Tout d'abord, on peut relever que le législateur admet qu'un accord de groupe puisse mettre en œuvre des mesures d'accompagnement social et territorial des mesures de licenciement économique par anticipation[432]. Ces accords peuvent même se substituer à la convention de revitalisation des bassins d'emploi lorsqu'ils présentent des garanties sociales et financières suffisantes. Bien que ce dispositif vise les accords de gestion prévisionnelle des emplois et des compétences, force est de constater que ces accords peuvent intégrer des problématiques particulières relatives au licenciement économique et devancer les mesures prises par les entreprises du groupe dans le cadre d'un plan de sauvegarde de l'emploi[433].

246 La pratique a dégagé d'autres pistes de travail en ce sens. On peut tout d'abord se référer à l'accord relatif à l'Assurance Temps Collective (ATC) du groupe Airbus du 17 décembre 2009[434] visant à favoriser l'adéquation entre potentiel et plan de charges, et à garantir à l'ensemble des salariés le maintien de leur rémunération malgré les « fluctuations d'activité propres à l'industrie aéronautique ». En complément des actions d'ajustement relatives à l'organisation du travail et aux mesures de flexibilité opérationnelles existant dans les entreprises, le groupe organise ici « des mesures plus contraignantes et permettant une meilleure réactivité en fonction de la situation de charges des différents secteurs ». Il s'agit principalement du recours au chômage partiel, sur la base de jours de congés affectés à un

---

432 *C. trav.*, art. L.1233-85.

433 *Accord cadre portant sur les mesures et les modalités de la gestion anticipée des métiers, des emplois et des compétences au sein du groupe Rhodia en France*, 20 juil. 2010.

434 *Accord assurance temps collective (ATC)*, groupe Airbus, 17 décembre 2009.

compte ATC. Ce dispositif peut être complété au besoin par une avance de jours par l'entreprise, laquelle devra donner lieu à restitution dans un délai de 3 ans.

Poursuivant un objectif similaire, l'accord du groupe EADS du 11 février 2014 relatif à la cessation anticipée d'activité stipule expressément qu'il a pour objet de « limiter les conséquences des réorganisations des sociétés du groupe pouvant avoir une incidence sur l'emploi »[435]. Cet accord offre des avantages particuliers aux salariés qui accepteraient d'anticiper leur départ en retraite pour alléger les effectifs de l'entreprise, moyennant l'octroi d'une allocation spécifique et le maintien de la base d'assujettissement des cotisations de retraite. Ce dispositif est exclusif de toute autre mesure d'accompagnement d'un plan de sauvegarde de l'emploi ou d'un plan de départ volontaire qui serait mis en œuvre dans le cadre de l'entreprise.

247 Les accords de groupe se heurtent cependant ici à une limite : la mise en œuvre d'un dispositif visant à assurer la sauvegarde de l'emploi ne semble pouvoir s'appliquer que dans le cadre de l'entreprise. Il en est ainsi tout d'abord des accords de maintien dans l'emploi.

Consacrés par la loi du 14 juin 2013 relative à la sécurisation de l'emploi[436], ces accords permettent aux entreprises rencontrant de graves difficultés économiques d'aménager temporairement la durée du travail et la rémunération de leurs salariés, en prenant en contrepartie l'engagement de maintenir les emplois visés pendant la durée de validité de l'accord. Il ne s'agit pas d'une idée nouvelle, puisqu'elle s'inscrit dans le prolongement des accords compétitivité-emploi existants de longue en pratique, tant au niveau de l'entreprise que du groupe. On peut à ce titre se référer à l'accord conclu dans le groupe Renault sur ce thème le 13 mars 2013[437], lequel prévoit notamment l'équilibrage entre les sites en sous-activité et en forte activité via le prêt de main d'œuvre, ou encore une augmentation de la durée de la suspension d'activité dans le cadre du congé de fin de carrière, en vue de « retrouver une nouvelle dynamique de croissance et de développement ».

248 La nouveauté provenait davantage du régime juridique applicable à ces accords, tel qu'il a été prévu par la loi du 14 juin 2013, et qui a fortement contribué à leur échec[438]. Le législateur n'avait envisagé ce thème de

---

435 *Accord sur un dispositif de cessation anticipée au sein du groupe EADS en France*, 11 fév. 2014.

436 *Loi relative à la sécurisation de l'emploi*, 14 juin 2013, n° 2013-504, *JORF*, 16 juin 2013, p. 9958 et s.

437 *Accord de groupe « Contrat pour une nouvelle dynamique de croissance et de développement social de Renault en France »*, groupe Renault, 13 mars 2013.

438 Dans ce sens : AIZICOVICI (F.), « L'échec des accords de maintien dans l'emploi, arme anti-chômage du gouvernement », *Le Monde*, 4 août 2014 ; NOUEL (B.), « Les accords

négociation qu'au niveau de l'entreprise, et la négociation d'accords de groupe semblait ici à exclure, dès lors que les difficultés économiques justifiant leur mise en œuvre auraient dû alors s'apprécier au niveau du groupe. Le plus souvent, ces accords étaient donc conclus dans le cadre de l'entreprise, bien que leur négociation puisse être pilotée par l'entreprise dominante, et que les difficultés économiques justifiant leur mise en œuvre pouvaient être appréhendées dans le cadre plus global de la situation économique du groupe[439].

249 S'agissant des mesures prévues par l'accord, leur refus par le salarié peut justifier son licenciement selon les modalités d'un licenciement individuel pour motif économique ouvrant droit à des mesures d'accompagnement spécifiques[440]. Cela suppose qu'en cas de refus de plus de dix salariés sur une même période de trente jours, leur licenciement pour motif économique ne nécessite pas la mise en œuvre d'un plan de sauvegarde de l'emploi. Il existe un aléa très important lié à la notion de graves difficultés conjoncturelles de nature à justifier un tel dispositif. Cette notion n'est définie ni par le législateur ni par la jurisprudence. Or si un juge venait à qualifier au contraire les difficultés ayant conduit à la mise en œuvre d'un tel dispositif de structurelles, il pourrait également prononcer la nullité de l'accord, et annuler les licenciements économiques individuels prononcés sur son fondement, lorsque leur nombre est supérieur à dix sur une même période de trente jours, compte tenu de l'absence d'un plan de sauvegarde de l'emploi.

250 Cet aspect n'est pas la seule réserve à la conclusion de tels accords dans le cadre du groupe. Outre le fait que les organisations syndicales pourraient éprouver des réticences à négocier des baisses de rémunération, et à « avaliser la stratégie de l'entreprise »[441], offrant ainsi à l'employeur plus de souplesse et de sécurité dans la mise en œuvre de projets de restructuration, la lourdeur administrative et la durée d'une telle négociation apparaissent incompatibles avec les impératifs de célérité que suppose la sauvegarde de l'emploi.

Il faut également relever que les accords de maintien dans l'emploi n'apportent pas une réelle innovation par rapport à d'autres dispositifs en vigueur auxquels l'employeur peut avoir recours en cas de difficultés

---

de maintien dans l'emploi, les dures leçons d'un échec prévisible », *Fond. IFRAP*, 15 janv. 2015.

439 *Accord « nouveau contrat social » de Peugeot Citroën Automobiles*, 24 oct. 2013.

440 *C. trav.*, art. L.5125-2 al. 2.

441 CROUZEL (C.), « *Les accords de maintien dans l'emploi ne font pas recette* », Lefigaro.fr, 29 nov. 2013.

économiques, comme le recours au chômage partiel, qui ne nécessite qu'une autorisation de l'administration (et non un accord majoritaire des organisations syndicales). Force est de constater que la consécration légale des accords de maintien dans l'emploi n'a pas dynamisé leur conclusion, et ceci d'autant plus dans le cadre du groupe.

251 Les limites de l'intervention du groupe dans la mise en œuvre d'un dispositif visant à assurer la sauvegarde de l'emploi se traduisent également dans l'établissement de plans de sauvegarde de l'emploi. L'employeur de l'entreprise concernée est en effet l'unique débiteur de l'obligation d'établir un tel plan[442].

Des accords de groupe peuvent offrir à chaque entreprise comprise dans leur périmètre des moyens leur permettant d'assurer dans des conditions optimisées la sauvegarde de l'emploi et de « rendre effective la contribution des groupes au plan de sauvegarde de l'emploi établi par l'une de leurs filiales »[443]. Il en est ainsi des accords relatifs à la mobilité, à la formation, à la GPEC, qui peuvent notamment permettre à l'employeur de justifier de ses recherches de reclassement dans le cadre du groupe. Ils ne peuvent cependant interférer directement dans la gestion des difficultés économiques que peut rencontrer une entreprise du groupe, celle-ci relevant de la seule initiative de l'employeur concerné. On peut à ce titre souligner que l'accord du groupe EADS du 11 février 2014 relatif à la cessation anticipée d'activité stipule que « le dispositif est mis en œuvre exclusivement par l'employeur de l'entreprise concernée dans l'hypothèse d'un PSE ou d'un PDV »[444].

252 Il faut en effet relever, et à notre avis déplorer, que le dispositif légal actuel ne fait aucunement référence à la « dimension spatiale des licenciements collectifs »[445]. Si le code du travail prévoit désormais la possibilité de négocier, dans le cadre du groupe, sur l'ensemble des thèmes relevant traditionnellement de la négociation d'entreprise, les dispositions légales spécifiques aux PSE n'ont pas été modifiées en conséquence. Ainsi, l'article L.1233-24-1 du code du travail prévoit la conclusion d'accords collectifs mettant en œuvre un PSE dans les entreprises de cinquante salariés et plus. L'administration précise sur ce point que ces accords ne peuvent être conclus

---

442 Cass. Soc., 13 janv. 2010, n° 08-15776, *Bull. Civ.*, 2010, V, n° 5; *JCP, S*, 2010, n° 23, p. 13, n. J.-M. OLIVIER; *Gaz. Pal.*, 2010, n° 125, p. 9, n. A.-F. ZATTARA-GROS; *RDT*, 2010, n° 4, p. 230, n. F. GÉA; *JCP, E*, 2010, n° 12, p. 30, n. P. PÉTEL.

443 GADRAT (M.), « Le contenu des accords de groupe », *Dr. Soc.*, 2010, p. 651.

444 *Accord sur un dispositif de cessation anticipée au sein du groupe EADS en France*, 11 fév. 2014.

445 FAVENNEC-HÉRY (F.), « Licenciement collectif, un changement d'acteurs », *JCP, S*, 2013, I, 1258, p. 15.

que dans le cadre de l'entreprise, contrairement aux accords de méthode[446]. De fait, plusieurs entreprises du groupe peuvent donc mettre en œuvre simultanément des procédures de licenciements économiques qui ne nécessiteront pas la mise en place d'un plan de sauvegarde d'emploi, dès lors qu'elles emploient moins de cinquante salariés et qu'elles licencient chacune moins de dix salariés sur une même période de trente jours. Tel ne serait pas le cas si le seuil de déclenchement de l'obligation légale d'établissement d'un plan de sauvegarde de l'emploi était apprécié au niveau du groupe, et non au niveau de chaque entreprise qui le compose. En pratique, le plan de sauvegarde de l'emploi est établi par l'employeur de l'entreprise concernée[447], avec les moyens qui lui sont octroyés via les accords de groupe pour éviter les licenciements ou en limiter le nombre.

253 Si la négociation collective motivée par la sauvegarde de l'emploi a été strictement cantonnée jusqu'ici au cadre de l'entreprise, la loi du 8 août 2016 sembletoutefois repousser les limites du champ d'intervention de l'accord de groupe, avec les accords de préservation ou de développement de l'emploi.

Ces accords, conclus pour une durée déterminée, ont vocation à garantir ou développer le niveau d'emploi dans l'entreprise. En contrepartie, les stipulations de ces accords « se substituent de plein droit aux clauses contraires et incompatibles du contrat de travail, y compris en matière de rémunération et de durée du travail »[448]. Il en résulte que si le salarié refuse la modification de son contrat de travail résultant de l'application de l'accord, l'employeur pourra engager à son encontre une procédure de licenciement selon les modalités d'un licenciement individuel pour motif économique. Il faut ici relever que le législateur érige ce refus en un motif spécifique de licenciement « qui constitue une cause réelle et sérieuse ». En d'autres termes, il s'agit d'un motif *sui generis* de licenciement dont la cause ne pourra pas être contestée judiciairement. Dès lors que le salarié refuse la modification de son contrat de travail conformément aux stipulations de l'accord, l'employeur disposera de toute latitude pour mettre fin au contrat de travail, dans des conditions de sécurité juridique renforcées.

Si le législateur fait ici expressément référence au cadre de l'entreprise pour la conclusion de ces accords, ils pourraient, selon notre analyse, se décliner sans difficulté au niveau du groupe, compte tenu de ses conditions de mise en œuvre.

---

[446] DGEFP-DGT, *Instruction relative à la mise en œuvre de la procédure de licenciement économique collectif*, 19 juil. 2013, n° 2013-13.

[447] Par accord majoritaire ou par décision unilatérale.

[448] *C. trav.*, art. L.2254-2 I.

254 Tout d'abord, il n'y a pas lieu de justifier de difficultés économiques particulières pour engager la négociation d'un tel accord, contrairement aux accords de sauvegarde de l'emploi et aux accords de maintien dans l'emploi. Les seules conditions fixées par la loi sont l'établissement d'un diagnostic partagé entre l'employeur et les organisations syndicales de salariés, ainsi que la rédaction d'un préambule fixant les objectifs de l'accord en matière de préservation ou de développement de l'emploi. Il ne fait nul doute que le législateur a entendu ici laisser une grande marge de manœuvre aux partenaires sociaux, après l'échec cuisant des accords de maintien dans l'emploi. Ce cadre juridique souple est un environnement particulièrement propice au développement des accords de groupe.

Deux conséquences principales se dégagent de l'absence de nécessité de justifier de difficultés économiques. La première est une sécurité juridique renforcée pour les accords négociés et conclus sur ce thème. Dès lors que l'accord conclu comporte des objectifs satisfaisants de préservation ou de développement de l'emploi, et qu'il a été avalisé par des organisations syndicales justifiant ensemble d'une audience majoritaire, il sera difficilement contestable par les salariés.

La seconde conséquence est la possibilité de prendre le temps nécessaire à la négociation. Rappelons que les accords de maintien dans l'emploi avaient été vivement critiqués pour leur lourdeur administrative et l'inadaptation du processus de négociation au regard des impératifs de rapidité de mise en œuvre des mesures de maintien dans l'emploi. Il n'y a pas lieu ici de raisonner en termes de sauvegarde immédiate des emplois, mais plutôt dans une optique prospective à moyen terme. La négociation d'un tel accord dans le cadre du groupe apparaît donc parfaitement adaptée.

255 Ensuite, l'accord de groupe peut s'imposer dans la relation de travail de la même manière qu'un accord d'entreprise. Dans la pratique, l'accord de groupe a pu être décliné selon différentes modalités, de l'accord-cadre fixant les orientations à mettre en œuvre dans les entreprises à l'accord de groupe se substituant aux accords d'entreprise existants. Le régime juridique qui lui est désormais applicable consacre sa force obligatoire dans la relation de travail, comme le révèlent par exemple la faculté de procéder à la négociation obligatoire en entreprise dans le cadre du groupe[449]. Un accord de groupe pourrait ainsi se substituer aux clauses contraires existant dans les contrats de travail des salariés du groupe, en passant outre l'accord du salarié, et même celui de l'employeur partie au contrat de travail.

---

[449] *C. trav.*, art. L.2232-33.

256 Enfin, les garanties de préservation ou de développement de l'emploi imposées par le législateur s'inscrivent sans difficultés dans le cadre d'une politique globale de groupe. Le groupe est même un niveau de négociation particulièrement adapté pour mettre en œuvre des garanties d'emploi à court et moyen terme, compte tenu des moyens dont il dispose pour les assurer. La mobilité intra groupe en est un exemple significatif. Le même constat peut être opéré sur le terrain de la préservation de l'emploi. En déployant une politique globale de formation et/ou de GPEC, le groupe sera en mesure d'offrir des garanties de préservation et de développement d'emploi plus importantes que les entreprises qui le composent. Il est cependant à redouter que le recours à ce type d'accord s'étende, dans la pratique, bien au-delà des seules nécessités de préservation ou de développement de l'emploi.

Conclusion du chapitre 2

257 Il apparaît clairement que l'efficacité de la négociation collective au niveau du groupe n'est pas identique selon le thème envisagé. Certaines problématiques demeurent prioritairement de la compétence de l'entreprise, et la négociation d'accord de groupe, si elle n'est pas à exclure catégoriquement, n'apporte pas nécessairement d'innovations ou d'améliorations par rapport aux dispositifs négociés dans le cadre de l'entreprise. Sur certains aspects, la négociation d'accords de groupe apparaît inefficace, en ce qu'elle ne permet pas de prendre en compte les spécificités propres à chaque entreprise relevant de leur champ d'application. Le regroupement des négociations sur les thèmes de la rémunération, du temps de travail et du partage de la valeur ajoutée avec la loi du 17 août 2015 ne devrait pas d'ailleurs modifier ce constat.

La globalisation des problématiques sociales au niveau du groupe connaît des limites, en particulier lorsque des éléments essentiels du contrat de travail sont susceptibles d'être impactés par l'accord négocié. Les accords de groupe et les accords d'entreprise doivent donc être envisagés de manière complémentaire : les premiers traitant de problématiques strictement identiques dans l'ensemble des entreprises relevant de son champ d'application, et les seconds intervenant sur les situations particulières à l'entreprise compte tenu de sa structure, de son activité, ou de son positionnement dans le secteur concurrentiel.

Cette complémentarité s'illustre parfaitement en cas de difficultés économiques : le groupe pourra mettre en place des dispositifs de portée générale, de nature à favoriser la compétitivité de l'entreprise, et qui pourront être applicables à n'importe laquelle d'entre elles. C'est toutefois au strict niveau de l'entreprise que la décision de recourir à ces mesures sera prise.

258 Traditionnellement, le législateur a toujours cherché à limiter les possibilités pour le groupe de se substituer à l'entreprise lorsqu'il s'agissait d'intervenir sur les éléments essentiels qui ont fait naître la relation de travail, à savoir la rémunération et le temps de travail. Si le groupe peut toujours apporter des améliorations supplémentaires en termes de rémunération, dans son appréciation la plus large, en mettant en place des dispositifs permettant d'optimiser fiscalement et socialement les sommes perçues par les salariés, le législateur ne lui avait pas laissé la faculté de s'immiscer directement dans la gestion de chaque entreprise du groupe en engageant à leur place et pour leur compte des négociations sur les salaires. Il en était de même s'agissant de la détermination de la durée du travail.

Certaines évolutions législatives récentes nous confortaient dans cette analyse, qu'il s'agisse de la loi de sécurisation de l'emploi du 14 juin 2013[450] qui a vidé les accords compétitivité-emploi de leur intérêt pratique, ou de la loi du 17 août 2015 relative au dialogue social et à l'emploi[451] qui a mis en place un dispositif spécifique applicable à la négociation en matière de rémunération.

Pour autant, à la lecture de la loi du 8 août 2016, il nous semble que les éléments essentiels des contrats de travail pourraient désormais être largement impactés par le déploiement d'une politique sociale de groupe globalisée. Il en est ainsi si le groupe intervient dans le champ de la négociation obligatoire en entreprise. Il pourrait en être de même s'il s'engage dans la négociation d'accords de préservation ou de développement de l'emploi.

---

450 *Loi relative à la sécurisation de l'emploi*, 14 juin 2013, n° 2013-504, *JORF*, 16 juin 2013, p. 9958 et s.

451 *Loi relative au dialogue social et à l'emploi*, 17 août 2015, n° 2015-994, *JORF*, 18 août 2015, n° 0189, p. 14346.

Chapitre 3 : la qualité de vie au travail

259 Les groupes de sociétés sont particulièrement enclins à communiquer sur les efforts qu'ils déploient pour assurer le bien-être de leurs collaborateurs au travail, ainsi que sur la prise en compte de leurs intérêts dans le cadre d'un dialogue social constructif. Cette politique axée sur la responsabilité sociale du groupe contribue à renforcer leur image de marque dans le cadre d'une concurrence exacerbée.

La valorisation des conditions de travail des salariés et la promotion de valeurs humaines et sociales propres aux groupes constituent un formidable relais de leur performance économique.

La qualité de vie au travail doit s'analyser sous trois prismes distincts. Tout d'abord, il s'agit de prendre en compte les contraintes de la vie privée et familiale des salariés pour asseoir leur niveau de motivation et d'implication dans le développement économique du groupe (section 1). Ensuite, il faut s'attacher à la préservation de la santé des salariés, tant sur le plan professionnel que privé (section 2). Enfin, il faut évoquer la mise en œuvre des moyens permettant de développer un dialogue social constructif et d'adapter sa configuration à celle du groupe dans lequel il s'inscrit (section 3).

Section 1 : La conciliation de la vie privée et de la vie professionnelle via le télétravail

260 La promotion de la qualité de vie au travail passe nécessairement par une prise en compte des contraintes particulières auxquelles sont soumis les salariés pour l'accomplissement de leur prestation de travail. L'aménagement du temps de travail à l'appui des nouvelles technologies d'information et de communication peut permettre la mise en œuvre de nouveaux modes d'organisation du travail, parmi lesquels s'inscrit le télétravail, particulièrement prisé des groupes de sociétés. Plusieurs raisons peuvent expliquer cet engouement.

Tout d'abord, la mise en place du télétravail s'inscrit dans une démarche d'amélioration des conditions de travail, qui impacte nécessairement la productivité des salariés. En prévoyant la possibilité pour les salariés de travailler depuis leur domicile, les accords de groupe contribuent à limiter l'impact des temps des trajets domicile/travail et œuvrent ainsi dans le sens d'une meilleure conciliation des impératifs de la vie privée et de la vie professionnelle des salariés. Ils permettent également de limiter l'absentéisme des salariés lié à leurs conditions de trajet (grèves de transport, pannes de voiture, etc.). Au-delà de l'amélioration des simples conditions de travail, un tel dispositif peut s'inscrire plus généralement dans une démarche en faveur de l'égalité entre les femmes et les hommes, de la parentalité, ou encore du maintien dans l'emploi des travailleurs handicapés[452]. Il constitue également un moyen d'action direct pour la prévention des risques psychosociaux et du stress au travail. Il permet au surplus de limiter les risques sanitaires liés à certaines épidémies.

Au-delà de ces considérations, la mise en œuvre d'un dispositif de télétravail dans le cadre du groupe apparaît également comme un outil de communication particulièrement efficace sur la responsabilité sociale des groupes et leurs actions en faveur du développement durable, la limitation des trajets domicile/travail des salariés contribuant à limiter les risques environnementaux, et notamment les émissions polluantes. Le télétravail apparaît également comme un outil efficace pour le désengorgement des grandes villes et la lutte contre la désertification de certains territoires. Il est un indicateur clé de l'aboutissement de la politique sociale déployée dans le groupe.

261 Si le télétravail est envisagé de longue date dans notre droit positif[453], sa consécration légale n'est intervenue que récemment avec la loi du 22 mars 2012[454]. L'encadrement légal de la mise en œuvre de dispositifs de télétravail a permis de développer la négociation d'accords collectifs sur ce thème, dans un contexte juridique sécurisé. Avant l'entrée en vigueur de la loi du 22 mars 2012, le succès du télétravail en France était très relatif : 7 % des travailleurs concernés contre 13 % en Europe d'après les études Insee réalisées en ce sens[455]. Les statistiques démontrent au surplus que la mise en place du télétravail est fonction de l'effectif de l'entreprise : alors que très peu d'entreprises moins de 20 salariés concluent des accords sur ce thème, le

---

452 *Accord sur le télétravail*, groupe France Télécom, 17 mai 2013.

453 Arrêté du 20 décembre 2002 relatif aux frais professionnels déductibles pour le calcul des cotisations de sécurité sociale, *JORF*, 27 déc. 2002, n° 301, p. 21758, n° 55; Circulaire DSS/SDFSS/5 B relative à la mise en oeuvre de l'arrêté du 10 décembre 2002 relatif à l'évaluation des avantages en nature en vue du calcul des cotisations de sécurité sociale et de l'arrêté du 20 décembre 2002 relatif aux frais professionnels déductibles pour le calcul des cotisations de sécurité sociale, 7 janv. 2003, n° 2003-07; Accord national interprofessionnel du 19 juillet 2005 sur le télétravail.

454 Loi relative à la simplification du droit et à l'allégement des démarches administratives, 22 mars 2012, n° 2012-387, *JORF*, n°0071, 23 mars 2012, p. 5226 (C. trav., art. L.3122-6).

455 *DARES, « Le développement du télétravail dans la société numérique de demain », nov. 2009, La Documentation française ;* CANAPLE (M.) et FRIEDERICH (R.), *« Dynamiser le télétravail: un enjeu décisif pour la croissance et l'emploi », Sem. Soc. Lamy, 2011, 1510.*

télétravail se développe de manière importante dans les entreprises de plus de 250 salariés, et *a fortiori* dans les groupes de sociétés[456].

Il existe aujourd'hui une très grande diversité d'accords de groupe conclus sur ce thème. Alors que certains groupes se limitent à définir les principes directeurs de la mise en œuvre de ce mode d'organisation du travail dans les entreprises[457], d'autres statuent sur l'ensemble des aspects abordés par l'accord national interprofessionnel du 19 juillet 2005 et la loi du 22 mars 2012. Au premier rang de ceux-ci figurent les conditions de mise en œuvre du dispositif.

262 Les accords de groupe peuvent tout d'abord fixer le lieu dans lequel peut être réalisé le travail à distance : il s'agit le plus souvent du domicile du salarié, mais il peut également s'agir de bureaux satellites, c'est-à-dire de bureaux situés dans un local de l'entreprise autre que le local habituel de travail[458]. Ils peuvent également déterminer les conditions du recours au télétravail dans le temps pour rendre effectif son caractère régulier. Le plus souvent, ils prévoient une alternance entre travail au bureau et travail au domicile, dans une périodicité donnée. À titre d'exemple, l'accord du groupe Société Générale du 11 juin 2013 impose un rythme minimal de un jour de télétravail par quinzaine, et de deux jours maximum par semaine[459]. L'alternance peut s'inscrire dans un cadre hebdomadaire ou mensuel dans le groupe Axa[460].

Le recours au télétravail peut également être utilisé dans un cadre d'urgence justifié par des circonstances exceptionnelles ou des cas de force majeure[461]. L'article L.1222-11 du code du travail fait ici expressément référence aux épidémies, tout en laissant le champ des cas de recours ouvert par l'adverbe « notamment ». Il permet également de limiter l'impact des difficultés de transport sur la continuité du travail, notamment en cas de grève des transports en commun. Ce mode d'aménagement du temps de travail permet donc d'allier la continuité de l'exploitation avec la gestion et l'optimisation des congés.

---

456 En 2008, 15% des entreprises de 10 à 19 salariés ont pris un dispositif sur ce thème, contre 65% des entreprises de plus de 250 salariés : INSEE, *Enquêtes TIC 2007 et 2008*, statistique publique.

457 À titre d'exemple, les principes que l'accord définit devront guider les négociations d'entreprises à venir : *Accord cadre groupe relatif au télétravail*, groupe Thalès, 24 avril 2015.

458 *Accord sur le télétravail*, groupe France Télécom, 17 mai 2013.

459 *Accord sur la mise en place à titre expérimental du télétravail au sein de la Société Générale*, 11 juil. 2013.

460 À titre d'exemple, 3 jours en entreprise et 2 jours au domicile par semaine, ou 4 jours par mois pour les cadres en forfait-jour : *Accord relatif au télétravail dans Axa France*, 19 fév. 2013.

461 *C. trav.*, art. L.1222-11.

263 Les accords de groupe peuvent ensuite préciser les moyens mis à la disposition des salariés pour l'accomplissement de leur travail à distance. Il s'agit tout d'abord des conditions de prise en charge de l'équipement au domicile du salarié : mise à disposition d'un ordinateur et d'un téléphone portable, prise en charge du forfait internet à haut débit, ou encore modalités d'accès à distance aux applications de travail du salarié. Il convient de préciser que les dépenses engagées par les salariés, notamment concernant le forfait internet et les consommables, sont prises en charge par l'entreprise au titre des frais professionnels, ce qui implique que ces dépenses sont exclues de l'assiette des cotisations sociales et de l'impôt sur le revenu[462]. Le télétravail est donc bien plus attractif pour l'entreprise que la fourniture d'équipements dans un autre cadre juridique, dans lequel elle s'analyserait en un avantage en nature consenti au salarié.

Ces moyens peuvent également être complétés par une assistance pour l'optimisation de l'ergonomie du poste de travail et pour la maintenance informatique du matériel fourni par la direction[463]. Le groupe Axa prévoit même une formation spécifique des salariés sur les équipements techniques à leur disposition pour la réalisation de leur prestation de travail[464]. Une assurance spécifique peut également être prise en charge par le groupe pour les dommages survenant pendant le télétravail[465].

264 Les accords conclus dans le cadre du groupe déterminent également la portée des droits individuels et collectifs des salariés en situation de télétravail. Ceux-ci doivent bénéficier des mêmes avantages légaux et conventionnels que les salariés travaillant dans les locaux de l'entreprise[466]. À ce titre, ils doivent disposer d'un accès à distance aux informations syndicales et doivent être en mesure de participer aux élections des représentants du personnel. La généralisation du recours au vote électronique peut tendre à la réalisation de cet objectif. L'accord peut également fixer les

---

[462] *Circulaire DSS/SDFSS/5 B* relative à la mise en œuvre de l'arrêté du 10 décembre 2002 relatif à l'évaluation des avantages en nature en vue du calcul des cotisations de sécurité sociale et de l'arrêté du 20 décembre 2002 relatif aux frais professionnels déductibles pour le calcul des cotisations de sécurité sociale, 7 janv. 2003, n° 2003-07; *Circulaire DSS/SDFSS/5 B modifiant la circulaire DSS/SDFSS/5B no 2003/07 du 7 janvier 2003 relative à la mise en œuvre de l'arrêté du 10 décembre 2002 relatif à l'évaluation des avantages en nature en vue du calcul des cotisations de sécurité sociale et de l'arrêté du 20 décembre 2002 relatif aux frais professionnels déductibles pour le calcul des cotisations de sécurité sociale,* 4 août 2005, no 2005-376.

[463] À titre d'exemple, assistance téléphonique via sésame et maintenance du matériel fourni : *Accord relatif au télétravail dans Axa France*, 19 fév. 2013.

[464] *Accord relatif au télétravail dans Axa France*, 19 fév. 2013.

[465] *Accord de groupe relatif à l'égalité professionnelle entre les femmes et les hommes au sein du groupe Alcatel-Lucent en France*, 7 janv. 2011.

[466] Accord national interprofessionnel du 19 juillet 2005 sur le télétravail.

plages horaires durant lesquelles le salarié peut habituellement être contacté par l'employeur[467]. Le télétravail ne doit pas faire obstacle à l'application des dispositions légales relatives à la durée du travail, et notamment aux prescriptions légales en matière de temps de pause et de temps de repos quotidien et hebdomadaire.

C'est ici un grand paradoxe du télétravail qui est appréhendé de différentes manières par les groupes ayant négocié sur ce thème : l'accord doit laisser le salarié libre d'organiser son temps de travail à sa guise, tout en s'assurant que l'ensemble des prescriptions légales en la matière sont rigoureusement appliquées. Pour y parvenir, certains groupes fixent expressément la durée du travail quotidien, ainsi qu'une amplitude horaire déterminée compatible avec les horaires habituellement pratiqués dans les bureaux[468]. Une telle solution suppose cependant que l'organisation du temps de travail soit intégralement prévue dans le cadre du groupe. Le télétravail ne doit pas non plus créer une intrusion de la sphère professionnelle dans la vie privée et familiale des salariés. Dans ce sens, l'accord-cadre du groupe Thalès a posé le principe du droit à la déconnexion en dehors des horaires habituels de travail[469], concept désormais intégré par la loi du 8 août 2016 au champ de la négociation annuelle obligatoire en entreprise[470].

265 La mise en œuvre d'un dispositif de télétravail suppose également la détermination des obligations des salariés bénéficiaires. Outre la nécessité d'accomplir une charge de travail identique à celle réalisée dans le cadre de l'entreprise, les salariés doivent également porter une attention toute particulière à la protection des données et à la sécurité au travail. L'employeur doit également informer le salarié « de toute restriction à l'usage d'équipements ou outils informatiques ou de services de communication électronique et des sanctions en cas de non-respect de telles restrictions »[471]. Le plus souvent, les accords de groupe renvoient expressément sur ce point à une charte informatique.

266 L'une des difficultés majeures liées à la mise en œuvre du télétravail est celle que peut rencontrer l'employeur pour contrôler la bonne exécution du travail, le moment durant lequel il est réalisé, ainsi que les conditions de l'usage des nouvelles technologies d'information et de communication. Il nous semble que la seule issue d'un dispositif de télétravail non efficace soit

---

[467] *C. trav.*, art. L.1222-10 ; Accord national interprofessionnel du 19 juillet 2005 sur le télétravail.

[468] À titre d'exemple, 7h15 de travail entre 7h45 et 19h le soir : *Accord relatif au télétravail dans Axa France*, 19 fév. 2013.

[469] *Accord cadre groupe relatif au télétravail*, groupe Thalès, 24 avril 2015.

[470] *C. trav.*, art L.2242-8, 7° (à compter du 1er janvier 2017).

[471] *C. trav.*, art. L.1222-10.

la réversion du dispositif. L'accord doit en effet prévoir les modalités de retour au travail dans le cadre de l'entreprise, et donner priorité aux salariés concernés par un dispositif de télétravail pour occuper ou reprendre un poste sans télétravail.

En toute hypothèse, la mise en place du télétravail dans le groupe doit répondre à un objectif d'amélioration de la qualité de vie au travail, et ne doit pas être utilisé comme un moyen de rationalisation des surfaces des locaux de travail. Il y a pourtant fort à parier que la généralisation de ces dispositifs entraînera une optimisation de l'utilisation des surfaces de travail dans les groupes utilisateurs. C'est d'ailleurs clairement l'un des avantages qui peut motiver le recours à ce mode d'organisation du travail.

Section 2 : La santé au travail

267 La santé des salariés constitue un enjeu majeur pour chaque employeur, en ce qu'elle s'inscrit d'une part dans le champ d'obligations légales strictes (obligation de sécurité de résultat), et en ce qu'elle tend d'autre part à l'amélioration des performances économiques de l'entreprise. Certains groupes de sociétés font de ce thème de négociation l'une de leurs priorités sociales, pour renforcer les valeurs de solidarité et le sentiment d'appartenance commune de leurs salariés.

Il s'agit d'un sujet de négociation très vaste, dont les déclinaisons sont d'autant plus étendues dans le cadre du groupe. Tout d'abord, des accords de groupe peuvent organiser les modalités de contrôle d'un service de santé au travail autonome mis en place dans le cadre du groupe (§ 1). Des accords de groupe peuvent également mettre en place une protection sociale complémentaire unique pour l'ensemble des entreprises du groupe (§ 2). Le cadre du groupe est également particulièrement propice à l'étude des problématiques inhérentes à la pénibilité (§ 3), et les objectifs affichés par le déploiement d'une politique sociale de groupe permettent des actions ciblées sur le bien-être au travail (§ 4).

§ 1 : Service de santé autonome

268 Dans les groupes d'au moins cinq cents salariés, il est possible d'instituer un service de santé au travail autonome, par accord entre tout ou partie des entreprises du groupe[472]. L'institution d'un tel mode

[472] *Loi relative à l'organisation de la médecine du travail*, 20 juil. 2011, n° 2011-867, *JORF*, 24 juil. 2011, n° 0170, p. 12677.

d'organisation de la santé au travail relève de la seule initiative des employeurs concernés, et l'administration précise sur ce point que l'accord instituant un service de santé autonome n'est pas un accord collectif au sens de l'article L.2232-31 du code du travail, puisque les partenaires sociaux ne sont pas parties prenantes dans cette décision[473].

Mais les représentants des salariés n'en sont pas pour autant exclus du processus décisionnel, puisque le comité d'entreprise de chaque filiale concernée doit être consulté préalablement à cette décision et peut s'y opposer[474]. Dans ce cas, l'employeur doit saisir la DIRECCTE pour qu'elle se prononce sur la forme de service à adopter.

269 L'institution d'un service de santé de groupe autonome suppose en revanche la détermination des modalités de son contrôle social de concert avec les partenaires sociaux via un accord de groupe[475]. La négociation de ces accords de groupe n'est pas neutre pour les salariés. Certaines organisations syndicales ont ainsi soulevé la question de l'indépendance des médecins vis-à-vis de l'employeur, parlant même de « mise sous tutelle du service de santé au travail »[476]. En effet, l'article R. 4623-4 du code du travail précise que le médecin du travail est lié par un contrat de travail conclu avec l'employeur dans le cadre d'un service autonome de santé au travail.

De même, des accords de groupe, sous couvert d'une meilleure adaptation aux spécificités structurelles du groupe, ont pu prévoir le remplacement de certaines consultations médicales par des entretiens infirmiers, et le rattachement des infirmiers et des secrétaires médicales aux responsables administratifs du groupe, et non plus aux seuls médecins du travail[477]. Ces aménagements remettent indiscutablement en cause le secret médical et l'indépendance des personnels médicaux vis-à-vis de l'employeur. Cette difficulté n'avait pourtant pas échappé à l'administration, qui a pu préciser sur ce point que l'indépendance technique du médecin du travail ne fait pas obstacle à sa subordination juridique vis-à-vis de son employeur[478]. On peut sérieusement contester cette analyse. Il faut toutefois

---

473 DGT, Circulaire relative à la mise en œuvre de la réforme de la médecine du travail et des services de santé au travail, 9 nov. 2012, n° 13.

474 *C. trav.*, art. D.4622-2.

475 *C. trav.*, art. D.4622-8.

476 FO Areva, « *Réorganisation du service santé au travail : FO dénonce une politique à effets différés dramatiques!* », 6 déc. 2012.

477 FO Areva, « *Réorganisation du service santé au travail : FO dénonce une politique à effets différés dramatiques!* », 6 déc. 2012.

478 DGT, Circulaire relative à la mise en œuvre de la réforme de la médecine du travail et des services de santé au travail, 9 nov. 2012, n° 13.

relever que le législateur impose certaines garanties quant à la mise en œuvre de ces services de santé autonomes.

270 Tout d'abord, la mise en œuvre du service autonome de santé au travail subordonne la nomination et l'affectation du médecin du travail à l'accord du comité d'entreprise. Ce point soulève cependant une difficulté lorsque le service de santé autonome est institué dans le cadre d'un groupe de sociétés, dès lors que le législateur ne désigne pas expressément l'institution représentative du personnel compétente en pareille hypothèse. Il précise seulement que l'accord de groupe prévoit les conditions dans lesquelles s'exercent la surveillance et la consultation prévues à l'article D.4622-6 du code du travail. La plus grande liberté est donc accordée aux partenaires sociaux pour déterminer l'institution compétente dans le groupe pour surveiller le service de santé autonome et être consultée sur les questions relatives à son organisation et à son fonctionnement.

L'administration précise quant à elle que le comité de groupe peut assurer ces missions seul ou conjointement avec les comités d'entreprise intéressés[479]. Elle reconnaît donc un rôle prépondérant au comité de groupe dans l'encadrement d'un service de santé autonome de groupe, ce que nous approuvons. Il ne nous semble pas cependant que cette position fasse obstacle à la possibilité de confier ces missions à une autre instance représentative du personnel, comme le comité d'entreprise de l'entreprise dominante, ou encore un comité spécifiquement créé par les partenaires sociaux pour remplir cette mission. L'organisation du fonctionnement du service de santé autonome sera donc le fruit de la négociation engagée entre la direction et les représentants des salariés dans ce cadre.

271 La mise en place d'un service de santé autonome de groupe soulève d'importantes difficultés éthiques, dans la mesure où elle contractualise le contrôle par la direction d'un service par principe indépendant et délié de tout lien de subordination vis-à-vis de l'employeur. La négociation des accords de groupe mettant en place un service de santé au travail autonome aboutit à une organisation optimisée du point de vue de la direction, mais qui n'apporte pas de garanties supplémentaires aux salariés, bien au contraire.

§ 2 : Protection sociale complémentaire

272 Un dispositif performant pour la santé des salariés du groupe passe également par un accès optimisé aux soins et aux nouvelles techniques

[479] DGT, Circulaire relative à la mise en œuvre de la réforme de la médecine du travail et des services de santé au travail, 9 nov. 2012, n° 13.

médicales. Pour y parvenir, la mise en place d'un régime de protection sociale complémentaire unique dans le cadre du groupe peut se révéler particulièrement attractive.

Le Code du travail n'envisage pas expressément la possibilité de conclure des accords de groupe sur ce thème. L'article L.2242-8 prévoit que l'employeur doit négocier les modalités de définition d'un régime de prévoyance et d'un régime de remboursements complémentaires de frais de santé dans le cadre de la négociation annuelle sur l'égalité professionnelle entre les hommes et les femmes et la qualité de vie au travail « à défaut de couverture par un accord de branche ou un accord d'entreprise ». Pourtant les accords de groupe conclus sur ce thème ne manquent pas. Ces accords connaissent d'ailleurs un regain d'intérêt depuis l'entrée en vigueur de l'obligation pour chaque entreprise de mettre en place une complémentaire santé obligatoire pour ses salariés[480].

273 L'accord de groupe relatif à la mise en place d'une complémentaire santé obligatoire traite de plusieurs enjeux. La santé tout d'abord, puisqu'il offre à chaque salarié du groupe un accès identique aux soins médicaux, dans un contexte de développement des techniques médicales et de désengagement progressif de la sécurité sociale quant à la prise en charge des dépenses de santé. L'accès des salariés à la complémentaire santé peut ainsi contribuer à limiter l'absentéisme des salariés et à améliorer la productivité de l'entreprise.

La mise en place d'une complémentaire santé obligatoire dans le cadre du groupe répond également à un enjeu financier tant pour la direction que pour les salariés. En effet, le cadre du groupe offre un poids important pour négocier les prestations et les tarifs attachés aux contrats de complémentaire santé et de prévoyance. Plus il y a de salariés à assurer, meilleur sera le rapport qualité/prix. Par ailleurs, le régime social et fiscal des contributions à la complémentaire santé est bien plus attractif que la souscription individuelle à une complémentaire santé facultative.

Rappelons en effet que les contributions de l'employeur sont exonérées de cotisations sociales en dessous d'un certain seuil, et qu'elles sont déductibles du bénéfice imposable. Pour le salarié, la part qu'il a lui-même financée est déductible de son revenu brut imposable[481]. Il est donc économiquement beaucoup plus intéressant pour les deux parties de souscrire à une complémentaire santé dans le cadre professionnel. Une augmentation de

---

480 *Loi relative à la sécurisation de l'emploi*, 14 juin 2013, n° 2013-504, *JORF*, 16 juin 2013, p. 9958 et s.

481 Depuis la loi de finance du 29 décembre 2013 pour 2014 (n° 2013-1278, *JORF*, 30 déc. 2013, n° 0303, p. 21829). Auparavant, l'ensemble des contributions patronales et salariales qui étaient déductibles de l'impôt sur le revenu.

salaire destinée à couvrir la dépense engagée par le salarié pour financer une complémentaire santé individuelle coûterait bien plus cher à l'entreprise et au salarié. La complémentaire santé obligatoire peut à ce titre s'analyser en un accessoire de la rémunération.

274 La conclusion d'accords de groupe sur ce thème permet également de centraliser la gestion du contrat d'assurance souscrit auprès de la société-mère, ce qui entraîne nécessairement son optimisation ainsi qu'une diminution des coûts fixes de fonctionnement. Sur ce point, l'accord du groupe Peugeot Citroën Automobiles du 25 novembre 2011 stipule expressément que le contrat est souscrit par l'entreprise dominante[482]. L'accord du groupe Areva du 26 septembre 2011 prévoit quant à lui la conclusion d'accords d'adhésion de ses filiales, lesquels devront donner mandat à l'entreprise dominante pour la gestion du contrat[483]. Il prévoit également de déléguer l'ensemble de la gestion courante à une commission paritaire, pour l'ensemble des entreprises adhérentes.

275 Le groupe peut également organiser la répartition de la prise en charge des cotisations entre les employeurs et les salariés de chaque entreprise. Ce point est particulièrement intéressant au regard de l'obligation de l'employeur de contribuer au moins à hauteur de 50 % au financement de la complémentaire santé de ses salariés. Certains groupes prévoient une contribution renforcée de la part des employeurs, en laissant le choix à chacun d'eux de fixer leur part contributive. Dans ce sens, l'accord du groupe Areva du 26 septembre 2011 stipule que l'accord d'adhésion de chaque filiale devra déterminer la répartition de la prise en charge des cotisations entre l'employeur et salarié, tout en fixant un seuil minimal de 55 % à la charge de l'employeur pour la complémentaire santé, et de 65 % pour la prévoyance[484].

D'autres groupes instituent une part fixe de contribution patronale pour l'ensemble des entreprises, alors que le montant des cotisations est amené à évoluer annuellement. À titre d'exemple, l'accord du groupe Renault du 11 septembre 2014 fixe la contribution patronale à 24 euros pour une adhésion à la structure isolée, alors que le montant global de la cotisation est fixé en fonction du plafond mensuel de sécurité sociale. En l'espèce, la cotisation totale est fixée à 1,64 % du plafond mensuel de sécurité sociale (3.170 euros

---

[482] Accord collectif instituant une garantie complémentaire de remboursement des frais de santé aux salariés du groupe PSA Peugeot Citroën, 25 nov. 2011.

[483] *Accord cadre relatif à la prévoyance complémentaire des salariés du groupe Areva*, 26 sept. 2011.

[484] *Accord cadre relatif à la prévoyance complémentaire des salariés du groupe Areva*, 26 sept. 2011.

pour 2015) pour une adhésion à la structure isolée, soit un montant total de cotisation de 51,98 euros pour 2015. La contribution patronale des entreprises est donc en dessous du seuil minimal de prise en charge de 50 % prévu par le code de la sécurité sociale[485], et sa proportion sera amenée à diminuer en fonction de la progression annuelle du plafond mensuel de sécurité sociale.

276 Mais si l'accord de groupe crée un régime de complémentaire santé unifié dans les entreprises du groupe, il doit cependant laisser aux salariés le choix de l'étendue de leur couverture santé. Il s'agit tout d'abord pour le salarié de la possibilité de s'assurer à titre individuel, ou bien d'assurer également son conjoint et/ou ses enfants à charge. À ce titre, l'accord du groupe Renault du 11 septembre 2014 prévoit trois structures de cotisations : isolée, duo ou famille, dont le montant variera en fonction du nombre de personnes couvertes par le contrat[486]. Il s'agit également de la possibilité de renforcer les garanties du contrat d'assurance à titre facultatif, comme le prévoit par exemple l'accord du groupe Peugeot Citroën Automobiles du 25 novembre 2011 pour bénéficier de prestations améliorées, ou bien même pour assurer la couverture d'un enfant à charge de moins de trente ans à la recherche de son premier emploi[487].

Les accords de groupe peuvent prévoir une prise en charge dégressive des cotisations côté employeur en fonction de l'étendue des garanties. À titre d'exemple, l'accord du groupe Renault du 11 septembre 2014 prévoit une prise en charge de 24 euros pour la cotisation isolée, soit environ 50 % de son montant total, mais une prise en charge limitée à 32 euros pour la cotisation famille, dont le montant est fixé à 4,58 % du plafond mensuel de sécurité sociale, soit 145,18 euros en 2015[488]. Ce système demeure néanmoins avantageux pour les salariés, dans la mesure où la part qu'ils financent sera déduite de leur salaire brut imposable.

277 Une dernière spécificité des accords de groupe doit être évoquée sur ce thème particulier, à savoir leur adaptation en fonction des accords de branche applicables aux entreprises du groupe. Précisons en effet qu'en matière de garanties collectives complémentaires, un accord d'entreprise ne peut comporter des clauses dérogeant à celles des conventions de branche ou accords professionnels ou interprofessionnels[489]. Dès lors, les garanties

---

485 *CSS.*, art. L.911-7.

486 *Accord instituant un régime obligatoire de remboursement de frais de soins de santé au profit des salariés de Renault*, groupe Renault, 11 sept. 2014.

487 Accord collectif instituant une garantie complémentaire de remboursement des frais de santé aux salariés du groupe PSA Peugeot Citroën, 25 nov. 2011.

488 PMSS pour 2015 : 3170 €.

489 *C. trav.*, art. L.2253-3.

offertes par l'accord de groupe doivent nécessairement être plus favorables aux salariés que celles prévues par l'ensemble des accords de branche applicables dans le groupe. Si tel n'est pas le cas, l'accord peut prévoir des stipulations spécifiques en fonction de l'accord de branche applicable aux salariés. Ainsi l'accord du groupe Areva du 26 septembre 2011 prévoit un socle commun à l'ensemble des salariés du groupe, à l'exception de ceux couverts par la convention de branche Syntec et par la convention de branche des transports routiers et des activités auxiliaires de transport.

§ 3 : Pénibilité

278 Bien que le législateur envisage expressément le groupe comme un cadre de négociation des accords relatifs à la pénibilité (A), la portée de tels accords peut se révéler limitée (B).

A) Cadre de la négociation

279 Le législateur impose que les entreprises de plus de cinquante salariés ou appartenant à un groupe de plus de cinquante salariés soient couvertes par un accord ou un plan d'action relatif à la prévention de la pénibilité, dès lors que plus de la moitié de ses salariés sont exposés à un ou plusieurs facteurs de pénibilité[490]. Un accord de branche peut couvrir les entreprises, dès lors qu'elles n'appartiennent pas à un groupe employant plus de trois cents salariés. Lorsque ce seuil est dépassé, il est donc nécessaire d'établir un dispositif visant à limiter la pénibilité, soit par la négociation d'un accord de groupe, soit dans le cadre d'un plan d'action fixé unilatéralement par l'employeur, faute de quoi, les entreprises dans lesquelles plus de la moitié des salariés sont exposés à un facteur de pénibilité s'exposent à une pénalité financière conséquente[491].

S'agissant de la proportion de salariés exposés aux facteurs de pénibilité, l'administration précise qu'elle doit s'apprécier entreprise par entreprise dans le groupe[492]. Cette précaution permet d'éviter que certaines entreprises dans lesquelles les salariés sont lourdement exposés aux facteurs de pénibilité ne soient évincées des dispositifs protecteurs mis en place par le législateur compte tenu de l'absence d'exposition existant dans d'autres entités du groupe. Il incombe donc à chaque employeur de déterminer la

---

490 *CSS.*, art. L.138-29.

491 Un pour cent des rémunérations versées aux travailleurs concernés au cours des périodes au titre desquelles l'entreprise n'est pas couverte par un accord ou par un plan d'action.

492 DGT, Circulaire relative aux accords et plans d'action en faveur de la prévention de la pénibilité prévus à l'article L.138-29 du code de sécurité sociale, 28 oct. 2011, n° 08, §1.3.

proportion de salariés exposés aux facteurs de pénibilité, notamment à l'appui du document unique d'évaluation des risques et de la fiche entreprise établie par le médecin du travail.

280 Il faut souligner que depuis la loi du 20 janvier 2014 garantissant la justice et l'avenir du système de retraite, il est institué une priorité de la négociation sur l'élaboration d'un plan d'action[493]. À l'origine, il n'existait pas dans ce domaine une obligation de négocier préalable à l'établissement d'un plan d'action, comme cela est prévu pour le contrat de génération ou pour la mise en œuvre d'un dispositif en faveur de l'égalité professionnelle. L'administration précisait d'ailleurs que « l'employeur a le choix, soit de conclure un accord, soit de réaliser un plan d'action » et qu'« une négociation non aboutie ne dégage pas l'entreprise de son obligation »[494]. Tel n'est plus le cas aujourd'hui. Pour autant, la conclusion d'accords de groupe sur ce thème était déjà largement ancrée dans la pratique avant l'entrée en vigueur de la loi du 20 janvier 2014. La plupart des accords de groupe que nous avons pu analyser sur ce thème sont antérieurs à son entrée en vigueur. Il peut s'agir d'accords spécifiquement relatifs à la pénibilité[495], ou d'accords traitant d'autres problématiques telles que la qualité de vie au travail[496] ou le contrat de génération[497].

281 Le cadre du groupe est particulièrement favorable à la mise en place d'un dispositif efficace de prévention de la pénibilité, en ce qu'il offre des moyens matériels, financiers et humains autrement plus importants que ceux détenus par les entreprises du groupe. Il permet élaborer une méthodologie structurée et commune à l'ensemble des sociétés du périmètre du groupe[498],

---

493 *Loi garantissant l'avenir et la justice du système de retraites*, 20 janv. 2014, n° 2014-40, *JORF*, 21 janv. 2014, p. 1050.

494 DGT, Circulaire relative aux accords et plans d'action en faveur de la prévention de la pénibilité prévus à l'article L.138-29 du code de sécurité sociale, 28 oct. 2011, n° 08, § 3.

495 Accord de méthode sur la pénibilité, groupe Sanofi, 1er fév. 2011 ; Accord portant sur la prévention de la pénibilité au sein du groupe Valophis, 20 déc. 2011 ; Accord sur la pénibilité au sein du groupe Rhodia, 21 déc. 2011 ; Pland'action de groupe en faveur de la prévention de la pénibilité, groupe Michelin, 9 avril 2015.

496 Dans ce sens : Accord sur le développement de la qualité de vie au travail au sein du groupe Areva en France, 31 mai 2012.

497 *Accord groupe relatif au contrat de génération*, groupe Casino, 24 juil. 2013 ; *Accord groupe relatif à l'engagement de Thalès en faveur de l'emploi des jeunes et des seniors et au soutien de la transmission des savoirs et des compétences*, 23 juil. 2013.

498 À titre d'exemple, une métrologie périodique : *Accord de méthode sur la pénibilité*, groupe Sanofi, 1er fév. 2011.

et peut aussi organiser un suivi centralisé des actions menées et des résultats obtenus, en constituant un comité de pilotage paritaire par exemple[499].

Il permet également d'appliquer ses mesures à l'ensemble des entreprises du groupe, qu'elles soient visées ou non par l'obligation légale en la matière[500]. Certains groupes prennent d'ailleurs des dispositifs particuliers sur ce thème alors qu'aucune des entreprises entrant dans le champ d'application de l'accord n'est visée par l'obligation légale[501]. La conclusion d'un accord de groupe relatif à la pénibilité permet donc d'étendre le champ des salariés bénéficiaires du dispositif et contribue à la promotion de l'image de marque des groupes qui s'inscrivent dans cette démarche.

282 On peut également remarquer que l'absence d'obligation légale de négocier sur ce thème a offert un cadre plus attractif et stimulant pour les partenaires sociaux, ce qui explique sans doute la qualité des dispositifs mis en place. La négociation d'accords de groupe procède ici d'une réelle volonté des parties à l'accord d'améliorer les conditions de travail des salariés, et plus largement la santé des salariés et leur qualité de vie au travail.

Pour illustrer notre propos, il faut rappeler l'interaction permanente des dispositifs de pénibilité avec l'ensemble des thèmes envisagés dans le cadre de la négociation de groupe. Lorsque des mesures ne peuvent être prises sur les causes de la pénibilité, il faut alors envisager des solutions permettant de limiter la durée d'exposition de chaque salarié à ces facteurs de pénibilité. Les accords de groupe de pénibilité sont particulièrement performants pour la réalisation de ces objectifs, en ce qu'ils peuvent s'appuyer sur d'autres dispositifs mis en place dans le cadre du groupe en matière de formation[502], de mobilité professionnelle[503], d'organisation du temps de travail[504], ou de contrat de génération[505]. C'est donc bien la souplesse accordée aux

---

[499] *Accord groupe concernant la prévention de la pénibilité au travail*, groupe Casino, 4 juil. 2012.

[500] À titre d'exemple, dispositif applicable à l'ensemble des salariés du groupe sans considération du seuil de 50 de salariés exposés à un ou plusieurs facteurs de pénibilité : *Accord de méthode sur la pénibilité*, groupe Sanofi, 1er fév. 2011.

[501] À titre d'exemple : *Accord portant sur la prévention de la pénibilité au sein du groupe Valophis*, 20 déc. 2011.

[502] À titre d'exemple, développement des compétences et des qualifications des salariés exposés : *Accord de méthode sur la pénibilité*, groupe Sanofi, 1er fév. 2011.

[503] À titre d'exemple, dispositifs de mobilité pour reconvertir les salariés vers des postes non exposés aux facteurs de pénibilité : *Accord portant sur la prévention de la pénibilité au sein du groupe Valophis*, 20 déc. 2011.

[504] À titre d'exemple, création d'un rythme 5x8 à la place du 4x8 : *Accord sur la pénibilité au sein du groupe Rhodia*, 21 déc. 2011..

[505] À titre d'exemple, passage à temps partiel bonifié : *Accord de méthode sur la pénibilité*, groupe Sanofi, 1er fév. 2011.

partenaires sociaux pour la détermination des mesures à appliquer dans le groupe qui confère à ces dispositifs toute leur efficacité.

283 On peut s'interroger sur les conséquences de la mise en place d'un dispositif insuffisant dans le cadre du groupe à l'égard de chaque employeur couvert par l'accord. Lorsqu'un contrôle intervient dans une entité du groupe couverte par un accord de groupe ou un plan d'action sur la pénibilité, l'inspecteur peut enjoindre l'employeur de cette entité à régulariser sa situation, et à défaut d'exécution, il peut le condamner à une pénalité financière.

Un accord de groupe peut donc être conclu par le seul employeur de l'entreprise dominante, pour l'ensemble des entreprises composant le groupe au sens de l'article L.2331-1 du code du travail, mais la sanction de ses carences éventuelles sera supportée individuellement par chaque entreprise relevant du champ d'application de l'accord. Chaque employeur est donc responsable, dans le cadre de son entreprise, d'un dispositif qu'il n'aura pas lui-même mis en œuvre et auquel il n'aura pas pu s'opposer, dès lors qu'il est d'application immédiate. Or toutes les entreprises du groupe ne seront pas soumises aux mêmes contraintes et à la réalisation des mêmes objectifs en matière de pénibilité. Pour y remédier, certains accords de groupe consacrent une déclinaison locale de leurs dispositifs, notamment par la mise en place d'un plan d'action dans chaque entreprise[506].

B) Portée du dispositif

284 Le groupe n'est pas toujours en mesure de prendre en compte les spécificités des situations de travail et des secteurs d'activités des entreprises qui le composent. La pénibilité peut s'illustrer dans les rythmes de travail dans certaines entités, alors que d'autres entreprises devront cibler leurs actions en priorité sur les contraintes physiques marquées comme la manutention manuelle ou les postures physiques pénibles. Prévenir la pénibilité au travail dans le cadre du groupe suppose au contraire la mise en œuvre d'actions de prévention et des méthodes de travail applicables à l'ensemble des salariés, quelle que soit leur situation de travail.

285 L'accord de groupe doit donc prévoir des actions particulières pour certaines entreprises ou branches d'activités, en complément des actions transverses applicables à l'ensemble des sociétés du groupe. L'étude d'accords existants permet de dégager une pratique récurrente : les

---

506 *Accord portant sur la prévention de la pénibilité au sein du groupe Valophis*, 20 déc. 2011.

problématiques de santé et de sécurité au travail sont envisagées par secteur d'activité et les actions proposées sont mises en œuvre dans le cadre de chaque entreprise concernée. Une instance de groupe peut être mise en place pour coordonner ces démarches, en assurer le suivi et en tirer les enseignements qui s'imposent pour améliorer les dispositifs existants.

Les partenaires sociaux ne cessent sur ce point d'innover pour créer un cadre conventionnel adapté aux activités et aux contraintes de chaque groupe. À titre d'exemple, le groupe Casino prévoit, parallèlement aux actions en faveur de la réduction des poly-expositions ou du maintien en activité des salariés exposés aux facteurs de pénibilité, la mise en place de matériels d'aide à la manutention pour sa branche distribution, ou la mise en place d'un programme « 0 film » à destination des préparateurs de commandes[507].

Les dispositifs de santé et de sécurité au travail doivent donc se déployer sur plusieurs niveaux complémentaires : au niveau des entreprises, dans lesquelles sont organisés des états des lieux, des réunions d'informations, et la mise en place d'affichages spécifiques. Au niveau de chaque branche d'activité, pour la détermination des axes prioritaires et des actions spécifiques à mener. Au niveau du groupe enfin, pour assurer l'harmonisation de la politique de santé et de sécurité au travail, ainsi que l'intégration de ses problématiques dans l'ensemble des processus décisionnels, et l'amélioration des conditions de travail au plan organisationnel.

286 Il faut enfin relever que la négociation d'accords de groupe relatifs à la pénibilité connaît un regain d'intérêt au regard d'une innovation introduite par la loi du 20 janvier 2014[508], à savoir la mise en place d'un compte personnel de prévention de la pénibilité pour chaque salarié depuis le 1er janvier 2015. Ce compte vise à une meilleure prise en compte de la situation individuelle de travail, et à une compensation plus efficace des expositions qui ne peuvent être évitées.

La centralisation du traitement de l'information dans le cadre du groupe et la mise en place d'une méthodologie unique applicable dans l'ensemble des entreprises pourra permettre une approche globalisée des problématiques de pénibilité et une réponse plus adaptée pour en limiter la portée. À titre d'exemple, on peut relever que le groupe Sanofi a mis en place un comité de reconstitution des expositions passées qui étudie sur demande du salarié la possibilité de lui faire bénéficier d'un congé de fin de carrière[509]. L'intervention de ce comité sera d'autant plus efficace en cas de mobilité

---

507 *Accord groupe concernant la prévention de la pénibilité au travail*, groupe Casino, 4 juil. 2012.

508 *Loi garantissant l'avenir et la justice du système de retraites*, 20 janv. 2014, n° 2014-40, *JORF*, 21 janv. 2014, p. 1050.

509 *Accord de méthode sur la pénibilité*, groupe Sanofi, 1er fév. 2011.

intra-groupe si elle se base sur un référentiel identique dans l'ensemble des entreprises le composant. Au surplus, le compte personnel de prévention de la pénibilité pourra être mis en relation étroite avec le compte épargne-temps, afin de financer des congés de fin de carrière par exemple.

Ces initiatives devraient être amenées à se développer sous l'impulsion de la réforme du 17 août 2015, et notamment avec la création, depuis le 1er janvier 2017, du compte personnel d'activité regroupant les droits individuels acquis par chaque salarié au titre de la pénibilité, de la formation, du chômage, de l'épargne-temps, ou encore de la complémentaire santé[510].

§4 : Bien-être au travail

287 Selon la définition donnée par l'Organisation Mondiale de la Santé, « la santé est un état complet de bien-être physique, mental et social. Il ne consiste pas seulement en l'absence de maladie ou d'infirmité »[511]. La négociation collective, tous niveaux confondus, a bien saisi cette subtilité, et la santé au travail ne s'analyse plus exclusivement en termes médicaux. La qualité de vie au travail est même devenue en peu de temps un axe majeur de la négociation collective de groupe. « Le bien-être au travail et le droit à la santé constituent un véritable enjeu de société qui permet de redonner sens et dignité au travail, et de concrétiser la responsabilité sociale des entreprises »[512].

L'importance accordée à ce thème est le reflet de la politique sociale du groupe. C'est également un signal fort quant à l'image du groupe, particulièrement dans le cadre des processus de recrutement et des restructurations. Des groupes de sociétés peuvent déployer d'importants moyens pour traiter de problématiques subjectives de santé au travail, telles que la conciliation entre vie privée et vie professionnelle, le stress au travail, ou la prévention des risques psychosociaux.

288 Cette conception globalisée de la qualité de vie au travail peut se matérialiser de différentes manières dans les accords de groupe. Tout d'abord, elle peut être envisagée dans le cadre d'accords au champ d'action très étendu, tels que des accords de groupe mondiaux sur la santé[513]. Il faut toutefois observer que ces accords, compte tenu de leur champ d'application,

---

510 *Loi relative au dialogue social et à l'emploi*, 17 août 2015, n° 2015-994, *JORF*, 18 août 2015, n° 0189, p. 14346., art. 38.

511 OMS, Constitution du 22 juillet 1946, *Actes officiels de l'OMS*, n° 2, p. 100.

512 MORIN (M.), « *Analyser les questions de santé et de bien-être au travail* », Lettre de l'Observatoire Social International, n°13, fév. 2011.

513 À titre d'exemples : *Accord mondial sur la santé sécurité du groupe Orange*, 21 nov. 2014; *Accord mondial santé sécurité du groupe GDF Suez*, 13 mai 2014.

ont une portée limitée et ne permettent pas de mettre en place un véritable plan d'action pour favoriser la santé au travail. Ils tendent davantage à inciter les entreprises à mettre en place des procédures particulières, sans pouvoir toutefois en imposer la mise en œuvre. Cela s'explique par la diversité des législations applicables aux entreprises visées par l'accord.

Les problématiques de la qualité de vie au travail peuvent également être envisagées à l'occasion d'une négociation portant sur un thème connexe. Il en est ainsi de la GPEC qui peut s'attacher aux impératifs de conciliation de la vie privée et de la vie professionnelle, des accords relatifs à la pénibilité, ou à l'égalité professionnelle. À l'inverse, certains groupes organisent des négociations spécifiques sur un aspect particulier de la santé au travail, tel que le stress au travail[514] ou la lutte contre le harcèlement sexuel et moral[515].

289 Les groupes peuvent également négocier et conclure des accords généraux sur ce thème, ce qui leur permettra d'adopter une démarche pluridisciplinaire conduisant à l'élaboration de procédures et de moyens d'action unifiés dans chaque entité concernée. Le champ d'action des partenaires sociaux est ici très étendu. Les accords de groupe peuvent tout d'abord identifier les acteurs de la qualité de vie au travail aux différents niveaux de mise en œuvre du dispositif. Ils peuvent créer des institutions particulières de coordination pour assurer un niveau d'information et de suivi optimal sur les actions menées sur le terrain. À titre d'exemple, le groupe Thalès s'est doté d'une commission centrale qualité de vie au travail chargée de proposer et de suivre les actions déployées[516]. De la même manière, le groupe Areva a mis en place un observatoire national de la qualité de vie au travail[517].

Les accords de groupe peuvent mettre en place des actions de prévention collectives, comme par exemple un programme d'écoute sur l'organisation et les conditions de travail[518] ou encore un dispositif d'écoute et d'accompagnement des salariés en difficulté[519]. Ils peuvent également mettre en place des procédures particulières de mesure des risques psychosociaux, comme le test de l'échelle visuelle analogique (EVA) permettant à chaque salarié de mesurer le niveau de stress ressenti dans le groupe Thalès[520].

---

514 *Accord RSG relatif au stress au travail*, groupe Axa, 25 fév. 2010 ; *Accordsur la prévention du stress au travail dans le groupe Safran*, 19 janv. 2011.

515 *Accord sur la prévention et la protection des salariés contre les actes de harcèlement et de violence au travail*, groupe Safran, 4 juin 2013.

516 *Accord sur la qualité de vie au travail au sein du groupe Thalès*, 4 fév. 2014.

517 *Accord sur le développement de la qualité de vie au travail au sein du groupe Areva* en France, 31 mai 2012.

518 *Accord groupe sur la santé et la sécurité au travail*, groupe Casino, 8 déc. 2010.

519 *Accord sur le développement de la qualité de vie au travail au sein du groupe Areva* en France, 31 mai 2012.

520 *Accord sur la qualité de vie au travail au sein du groupe Thalès*, 4 fév. 2014.

290 Le cadre du groupe est également particulièrement approprié pour organiser des évènements dédiés à la qualité de vie au travail, comme une journée qualité de vie au travail ou des réunions d'échanges destinées à prendre la mesure et à tirer les enseignements des actions menées dans chaque entreprise du groupe.

Le niveau du groupe est tout aussi recommandé pour la mise en place de dispositifs très ciblés de protection de la santé des salariés comme par exemple l'équipement des bâtiments en défibrillateurs cardiaques ou la mise en place d'un dépistage colorectal à destination des salariés de plus de 50 ans[521]. Le champ d'application de l'accord de groupe permettra d'étendre le bénéfice de ces dispositifs à des salariés qui n'auraient vraisemblablement pas pu y prétendre dans le cadre d'un accord d'entreprise, à supposer qu'une telle négociation ait pu être engagée dans le cadre de l'entreprise.

291 Mais si ces mesures apparaissent de prime abord comme des avancées sociales, elles sont pourtant loin de faire l'unanimité. Certaines organisations syndicales dénoncent en effet la mise en place de procédures internes normatives venant se substituer aux dispositifs légaux. À titre d'exemple, la Confédération Générale des Travailleurs du groupe Thalès a tiré à boulets rouges sur la mise en place d'un droit d'« alerte éthique »[522] permettant aux salariés de saisir le responsable éthique lorsqu'il le juge nécessaire. Alors que les dispositifs légaux font intervenir des tiers, professionnels de santé soumis au secret médical et dénués de tout intérêt personnel, les procédures internes au groupe opèrent un véritable transfert de compétences à destination des managers et des responsables hiérarchiques[523].

Ces effets pervers sont d'autant plus avérés que le groupe a mis en place un service de santé de groupe autonome. Même si l'accord prévoit expressément que le dispositif d'alerte éthique n'a pas vocation à se substituer aux moyens légaux existants, la mise en place d'un service de santé autonome dans le groupe prive en toute hypothèse le salarié de la possibilité de faire intervenir un professionnel de santé tiers et indépendant lorsqu'il est victime de harcèlement. Quelle que soit l'alternative choisie par le salarié, il s'agira nécessairement d'une procédure de gestion interne au groupe mise en œuvre hors de tout cadre légal et réglementaire.

Il est donc à craindre que ces dispositifs en apparence pavés de bonnes intentions puissent se révéler destructeurs des droits des salariés en matière de santé. Tout l'enjeu sera donc de déterminer dans quelle mesure

---

521 *Accord sur la qualité de vie au travail au sein du groupe Thalès,* 4 fév. 2014.

522 *Accord sur la qualité de vie au travail au sein du groupe Thalès,* 4 fév. 2014.

523 CGT, « *Projet d'accord groupe sur la qualité de vie au travail: la CGT ouvre le débat!* », 30 janv. 2014.

l'indépendance technique des personnels de santé est compatible avec leur subordination juridique à la direction du groupe.

Section 3 : L'exercice du droit d'expression directe et collective des salariés

292 Le bien-être des salariés au travail passe nécessairement par la prise en compte de leurs intérêts dans les décisions et les orientations stratégiques du groupe. Pour y parvenir, la mise en place d'un comité de groupe peut contribuer à mettre en adéquation le niveau de la prise de décision avec le niveau de la représentation des salariés (§ 1).

Les partenaires sociaux du groupe peuvent également organiser conventionnellement des procédures standardisées applicables à l'ensemble des sociétés du groupe. Il peut s'agir d'accords de méthode organisant la procédure d'information et de consultation des comités d'entreprise (§ 2), mais aussi d'accords consacrant le recours au vote électronique (§ 3) ou d'accords organisant la mise en place et l'utilisation des bases de données économiques et sociales des entreprises du groupe (§ 4).

Des accords de groupe peuvent enfin organiser le dialogue social et le droit syndical pour assurer l'efficacité de l'intervention des représentants du personnel dans la vie économique et sociale du groupe (§ 5).

§ 1 : Institution d'un comité de groupe

293 Un comité de groupe est institué au sein du groupe composé par une entreprise dominante, ses filiales et les sociétés dans lesquelles elle détient une participation ou sur lesquelles elle exerce une influence dominante[524]. Il peut être mis en place conventionnellement par un accord de groupe, lequel doit déterminer la configuration du groupe, ainsi que la composition du comité, ses attributions, et les moyens alloués à ses représentants pour mener à bien leur mission. Les deux premiers aspects n'appellent pas d'observations particulières de notre part, compte tenu de leur encadrement légal strict[525].

En revanche, les accords de groupe peuvent se révéler très novateurs s'agissant de la détermination des attributions de cette instance représentative du personnel. Il faut en effet rappeler que le législateur accorde peu de

---

524 *C. trav.*, art. L.2331-1.

525 *C. trav.*, art. L.2331-1 à L.2331-6 (mise en place du comité de groupe) ; *C. trav.*, art. L.2333-1 à 2333-6 (composition, élection et mandat).

pouvoirs au comité de groupe, alors que le niveau de son institution devrait en faire, s'agissant de problématiques communes à plusieurs sociétés du groupe, l'instance représentative la plus apte à assurer la défense de l'intérêt des salariés.

294 Au-delà de son rôle principal de réceptacle d'informations relatives au groupe et aux entreprises qui le composent, il est également informé et réuni immédiatement en cas d'annonce d'une offre publique d'acquisition portant sur l'entreprise dominante d'un groupe. Il pourra alors décider s'il souhaite entendre l'auteur de l'offre et pourra se prononcer sur le caractère hostile ou amical de celle-ci[526].

Depuis la loi du 14 juin 2013 relative à la sécurisation de l'emploi[527] le comité de groupe peut également désigner des administrateurs représentant les salariés dans l'entreprise dominante. Ces salariés disposent du droit de vote et participent ainsi activement à l'élaboration de la stratégie du groupe qui sera mise en œuvre dans l'ensemble des sociétés qui le composent[528]. Le comité de groupe est de plus consulté sur les modifications statutaires mettant en place cette désignation. La reconnaissance de ces nouvelles prérogatives du comité de groupe démontre bien que, sans empiéter sur les attributions des comités d'entreprise, il a vocation à assurer la représentation de l'ensemble des salariés du groupe face aux organes décisionnaires.

295 Il faut également relever que le code du travail prévoit expressément la possibilité pour le comité de groupe de se faire assister, dans l'exercice de sa mission, par un expert-comptable rémunéré par l'entreprise dominante[529], lequel a accès aux mêmes documents que les commissaires aux comptes des entreprises du groupe pour opérer toute vérification nécessaire[530]. Le comité de groupe peut ainsi avoir accès aux informations relatives à chaque société du groupe lorsque les éléments dont il est légalement destinataire sont insuffisants à la parfaite analyse de la situation économique et sociale du groupe.

Cette dernière prérogative peut surprendre si l'on considère le comité de groupe comme un organe passif qui « reçoit des informations » et « est informé » des perspectives économiques du groupe pour l'année à venir. L'intérêt d'un tel recours reste très limité, voire privé de tout effet utile si le comité de groupe n'est pas en mesure d'exploiter les vérifications et les

---

526 *C. trav.*, art. L.2332-2.

527 *Loi relative à la sécurisation de l'emploi*, 14 juin 2013, n° 2013-504, *JORF*, 16 juin 2013, p. 9958 et s.

528 *C. com.*, art. L.227-1.

529 *C. trav.*, art. L.2334-2.

530 *C. trav.*, art. L.2334-4.

contrôles exercés par l'expert-comptable pour engager un véritable dialogue avec l'employeur de l'entreprise dominante. Pour les comités d'entreprises, le recours à l'expert-comptable s'inscrit dans la perspective de l'avis qu'ils doivent transmettre à l'employeur sur le projet qui leur est soumis. Il se trouverait dépourvu d'objet si le comité de groupe n'est pas en mesure de faire connaître son avis sur les informations qui lui sont transmises, ou de formuler des observations et des propositions alternatives auxquelles l'employeur de l'entreprise dominante serait tenu de répondre.

296 Il faut aussi observer en ce sens que la loi 17 août 2015 prévoit désormais la possibilité de recourir à la visioconférence pour réunir le comité de groupe, et le décret du 12 avril 2016[531] précise les conditions dans lesquelles il peut, dans ce cadre, procéder à un vote à bulletin secret[532]. Ici encore, sans reconnaître clairement des attributions consultatives au comité de groupe, le législateur organise les conditions dans lesquels il pourra exprimer un avis.

On peut donc en déduire que le législateur, s'il n'a pas souhaité consacrer le comité de groupe comme une véritable institution représentative du personnel, a laissé aux partenaires sociaux la possibilité d'intervenir en ce sens. La détermination du rôle du comité de groupe doit s'analyser au regard de son niveau d'information (A), ainsi que de l'étendue de ses moyens et attributions (B).

A) Optimisation de l'information du comité de groupe

297 En l'état actuel du droit, les informations obligatoirement transmises au comité de groupe sont très lacunaires. L'employeur de l'entreprise dominante est tenu de communiquer au comité de groupe un rapport annuel sur l'activité, la situation financière, l'évolution et les prévisions d'emploi et les actions éventuelles de prévention, dans le groupe et dans chacune des entreprises qui le composent[533], ainsi que les comptes consolidés et les rapports du commissaire aux comptes avant de les soumettre à l'approbation des associés ou des actionnaires[534].

Le rapport de groupe établi sur la base des comptes consolidés ne doit être légalement transmis qu'au comité d'entreprise de l'entreprise dominante, lequel n'a vocation à représenter que les salariés de cette entité, et non l'ensemble des salariés du groupe. Il en est de même de l'information relative à une offre publique d'acquisition initiée par l'entreprise dominante,

---

[531]Décret du 12 avril 2016 relatif à certaines modalités de déroulement des réunions des institutions représentatives du personnel, *JORF*, n°0088 du 14 avril 2016, texte n°26.

[532] *Loi relative au dialogue social et à l'emploi*, 17 août 2015, n° 2015-994, *JORF*, 18 août 2015, n° 0189, p. 14346 ; *C. trav.*,art. L.2334-2 al. 4.

[533] *C. trav.*, art. L.2332-1.

[534] *C. trav.*, art. L.2332-1.

alors que c'est bien l'ensemble des salariés du groupe qui pourrait subir les conséquences économiques et sociales d'une telle opération. Un accord de groupe peut prévoir la transmission de ces éléments au comité de groupe. De la même manière, l'accord peut organiser la transmission au comité de groupe du rapport social et du rapport environnemental[535], ainsi que des éléments relatifs à la négociation d'accords d'entreprise au cours de l'année écoulée[536].

298 S'agissant des informations ponctuelles, le législateur limite l'information légale du comité de groupe aux hypothèses d'offres publiques d'acquisition visant l'entreprise dominante. Cette opération est pourtant loin d'être la seule susceptible d'affecter la situation économique et sociale du groupe. Il est notamment regrettable que le comité d'entreprise d'une société mettant en œuvre un grand licenciement économique soit le seul destinataire des informations relatives à ce projet. En effet, la réalité des difficultés économiques à l'origine de la mesure envisagée par l'employeur doit s'analyser au regard de la situation économique du secteur d'activité du groupe auquel appartient l'entreprise[537]. La cause du projet de licenciement économique intéresse donc nécessairement d'autres entreprises du groupe. De plus, les recherches de reclassement doivent s'effectuer dans le cadre du groupe. Les réponses des employeurs aux sollicitations de reclassement pourraient apporter un éclairage supplémentaire au comité de groupe quant à la gestion des ressources humaines dans chaque entité du groupe.

Si la réalité de la transformation ou de la suppression d'emplois doit être appréciée dans le cadre de l'entreprise, et non du groupe auquel elle appartient, le comité de groupe pourrait néanmoins comparer les politiques menées dans chaque entité relevant du même secteur d'activité, et en tirer les enseignements qui s'imposent. De simple réceptacle d'informations, le comité de groupe pourrait devenir une véritable instance d'analyse et pourrait proposer des solutions alternatives aux projets mis en œuvre dans une entité de groupe avec le recul et l'expérience des démarches réalisées dans d'autres sociétés du groupe.

299 Selon la formule du professeur Couturier, « la représentation des travailleurs dispose non seulement du droit aux informations transmises, mais aussi du droit aux informations demandées ». Le code du travail prévoit que le comité de groupe « reçoit des informations » et « est informé » des pers-

---

535 *Accord sur le comité de groupe Thalès*, 2 juil. 2009.

536 À titre d'exemple, transmission d'un tableau récapitulatif des principaux accords d'entreprise conclus dans les sociétés du groupe au cours de l'année écoulée : *Accord relatif au comité de groupe Renault*, 26 avril 2007.

537 Cass. Soc., 5 avril 1995, Videocolor, n° 93-42690, Bull. Civ., 1995, V, n° 123, p. 89.

pectives économiques du groupe. Un accord de groupe peut organiser la communication de certains éléments intéressant les sociétés du groupe, à la demande du comité de groupe. À titre d'exemple, il peut prévoir la transmission des bilans sociaux des entreprises du groupe au comité de groupe, à sa demande[538]. Préciser les contours de cette prérogative légale pourrait toutefois avoir pour effet de limiter l'accès à l'information aux seuls documents que l'accord aura envisagé, et de restreindre par conséquent la possibilité offerte au comité de groupe de solliciter des renseignements complémentaires.

B) Extension des moyens et des attributions du comité de groupe

300 Une information plus complète et transparente du comité de groupe restera dépourvue de tout effet utile si cet organe n'est pas en mesure d'exploiter efficacement ces éléments. Cette efficacité suppose tout d'abord que le comité de groupe dispose de moyens suffisants pour mener à bien sa mission. Les accords de groupe peuvent fixer l'étendue de ces moyens, qu'il s'agisse du crédit d'heures accordé aux membres titulaires du comité de groupe, ou de leur formation en vue de l'exercice de leur mandat. Un large éventail de solutions se dégage des accords de groupe que nous avons pu analyser. S'agissant du crédit d'heures accordé aux membres titulaires au comité de groupe, il s'élève à 15 heures annuelles dans le groupe Renault[539], tandis que le groupe Grandvision accorde 8 heures pour chaque réunion plénière[540]. S'agissant de leur formation, elle peut être ciblée tant sur l'approfondissement de la connaissance du groupe[541], que sur l'utilisation des logiciels du pack bureautique fourni aux membres du comité de groupe.

301 Des accords de groupe peuvent également octroyer des attributions supplémentaires au comité de groupe, comme la possibilité de créer de commissions de groupe pour l'examen de problèmes particuliers[542]. Ils peuvent également prévoir des cas supplémentaires de consultation du comité de groupe, en s'alignant sur les dispositifs légaux existants pour d'autres instances représentatives du personnel. Ainsi, certains comités de groupe sont immédiatement informés en cas de circonstances exception-

---

538 *Accord sur le comité de groupe Thalès*, 2 juil. 2009 ; *Accord relatif à la constitution du comité de groupe GVSA*, 21 fév. 2012.

539 *Accord relatif au comité de groupe Renault*, 26 avril 2007.

540 *Accord relatif à la constitution du comité de groupe GVSA*, 21 fév. 2012.

541 *Accord relatif à la constitution du comité de groupe France à compétences élargies*, groupe AXA, 21 juin 2010.

542 *Accord de mise en place du comité de groupe BPCE France*, 21 mai 2010 ; *Accord relatif à la constitution du comité de groupe France à compétences élargies*, groupe AXA, 21 juin 2010.

nelles affectant l'intérêt des salariés du groupe. Ils peuvent notamment être consultés par l'employeur de l'entreprise dominante en cas de restructuration, à l'instar du comité d'entreprise européen[543]. En marge des réunions ordinaires, les accords instituant un comité de groupe prévoient en ce sens la possibilité de tenir des réunions extraordinaires, notamment « pour examiner des sujets importants et urgents communs à plusieurs sociétés du groupe »[544]. La convocation à ces réunions extraordinaires peut résulter de l'initiative de la direction, ou des deux tiers des membres titulaires.

Depuis la loi du 17 août 2015 relative au dialogue social et à l'emploi[545], le comité de groupe peut même devenir l'instance compétente pour être consultée sur les orientations stratégiques, si un accord de groupe le prévoit[546].

302 Mais les directions de groupes demeurent toutefois réservées quant à l'opportunité d'accorder aux comités de groupe des initiatives en matière économique et sociale. La pratique n'abonde guère en ce sens. En matière d'expertise de gestion, le comité de groupe aurait pourtant toute légitimité à intervenir, dans la mesure où les comités d'entreprise des filiales ne peuvent solliciter une expertise portant sur une opération de gestion réalisée par la société-mère. Seul le comité d'entreprise de l'entreprise dominante peut solliciter une expertise sur une opération de gestion affectant l'ensemble des sociétés du groupe. Si l'interlocuteur est ici le véritable décideur, on peut s'interroger sur la légitimité qu'a le comité d'entreprise pour agir, dans la mesure où il ne représente que les salariés de l'entreprise dominante, et non l'ensemble des salariés du groupe. Offrir cette possibilité au comité de groupe mettrait en adéquation le niveau de représentation des salariés avec le niveau de la prise de décision.

Il en est de même s'agissant du droit d'alerte, qui demeure circonscrit aux seuls comités d'entreprise des sociétés du groupe. Ceux-ci peuvent tirer leur demande d'explication de faits extérieurs à l'entreprise, comme par exemple la réorganisation d'une activité du groupe au niveau mondial suite à l'intégration d'une nouvelle société au groupe[547], mais ne pourront saisir que les organes de gestion de l'entreprise, alors que les choix stratégiques sont arrêtés par l'entreprise dominante. Il en est de même lorsque le comité

---

543 *Accord relatif à la constitution du comité de groupe France à compétences élargies*, groupe AXA, 21 juin 2010.

544 *Accord sur le comité de groupe Thalès*, 2 juil. 2009.

545 *Loi relative au dialogue social et à l'emploi*, 17 août 2015, n° 2015-994, *JORF*, 18 août 2015, n° 0189, p. 14346.

546 *C. trav.*, art. L.2323-11 (version en vigueur au 19 août 2015).

547 Cass. Soc., 18 janv. 2011, n° 10-30126, *Bull. Civ.*, 2011, V, n° 26; *JCP, S*, 2011, n° 18, p. 49, n. A. Barège; *Gaz. Pal.*, 2011, n° 63, p. 48, n. B. Boubli; *CSBP*, 2011, n° 228, p. 94, n. F.-J. Pansier; *Dr. Soc.*, 2011, n° 3, p. 342, n. G. Couturier.

d'entreprise décide de saisir les organes dirigeants de la société. Il y a ici un décalage manifeste entre le niveau de représentation des salariés et celui de la prise de décision, qui pourrait être résolu en conférant ces attributions au comité de groupe.

303 Une partie de la doctrine considère cependant qu'une telle distribution présenterait l'inconvénient « d'éloigner la représentation des collectivités de travail concernées », alors que les « choix économiques, tels qu'ils se construisent au niveau du groupe développent implacablement et rapidement leurs effets aux niveaux locaux »[548]. À notre sens, cet impératif ne pose aucune difficulté particulière, dans mesure où les attributions du comité de groupe ne sauraient faire obstacle à celles des comités d'entreprise. Il s'agit de deux niveaux de représentation des salariés distincts. La consultation du comité de groupe sur une problématique spécifique à plusieurs entreprises et susceptible d'avoir des répercussions économiques et sociales pour un ensemble des salariés ne saurait vider de sa substance la consultation prévue par le législateur dans le cadre de l'entreprise. Bien au contraire, elle permettrait d'apporter des solutions supplémentaires, ou tout au moins des propositions alternatives appuyées sur l'expérience d'autres entreprises confrontées aux mêmes contraintes économiques et structurelles.

304 Certains groupes ont d'ailleurs clairement intégré ces objectifs lors de la mise en place de leur comité de groupe. À titre d'exemple, le groupe Véolia définit son comité de groupe comme « une instance de consultation des partenaires sociaux sur les décisions majeures », lequel peut émettre des « déclarations communes de méthode ou des avis qui pourront être contractualisés entre la direction et le comité de groupe »[549]. Le comité de groupe dispose ici d'un rôle consultatif de portée générale concernant les décisions intéressant les sociétés du groupe, de la même manière que le comité d'entreprise dans le cadre de chaque société. Sa consultation ne dispensera pas pour autant chaque employeur de mettre en place la procédure appropriée dans le cadre de sa propre structure.

Le groupe Axa va encore plus loin dans l'extension des attributions du comité de groupe, puisqu'il lui reconnaît des compétences spécifiques en matière économique, sociale, et concernant les projets de restructuration. Le comité de groupe exerce ici de manière beaucoup plus générale « une mission d'observatoire social à travers la conduite d'une réflexion sur tous les enjeux sociaux majeurs à caractère transversal dans les sociétés du

---

548 VERKINDT (P.-Y.), « La représentation du personnel dans les groupes de sociétés », *Dr. Soc.*, 2010, p. 771.

549 *Accord de comité de groupe européen Véolia Environnement*, 10 oct. 2005.

groupe »[550]. Dans ce contexte, ses membres « pourront formuler à l'attention de la direction des observations et des propositions, notamment en matière d'ouverture des négociations ». Sans lui reconnaître une compétence en matière de négociation collective, l'accord offre au comité de groupe la possibilité de donner l'impulsion des négociations à venir, compte tenu de l'ensemble des informations dont il dispose.

Si la création du comité de groupe est le résultat d'une obligation légale, ce sont les accords de groupe qui fixent l'étendue de ses attributions. Il ne fait nul doute qu'elles seront encore amenées à se développer au fil des négociations.

§ 2 : Les accords de méthode

305 Un accord de groupe peut fixer, par dérogation aux règles légales, les modalités d'information et de consultation du comité d'entreprise lorsqu'une entreprise envisage le licenciement pour motif économique de dix salariés ou plus sur une même période de trente jours, ainsi que les conditions dans lesquelles il peut formuler des propositions alternatives au projet de l'employeur[551]. Dans la pratique, les accords de méthode ne sont conclus que pour une minorité de procédures, et le plus souvent par de grands groupes qui disposent de moyens de négociation importants et pour lesquels de tels accords, s'ils peuvent avoir un contenu normatif restreint, sont à tout le moins des outils de communication efficaces[552].

D'abord envisagés à titre expérimental avec la loi Fillon du 3 janvier 2003[553], puis pérennisés par la loi de cohésion sociale du 18 janvier 2005[554], leur contenu a été considérablement réduit par la loi du 14 juin 2013 relative à la sécurisation de l'emploi[555] : les accords de méthode ne peuvent plus organiser la mise en œuvre d'actions de mobilité professionnelle et géographique, ni anticiper le contenu du plan de sauvegarde de l'emploi. S'ils tendaient à se développer, ils ont perdu de leur intérêt sous l'empire de la loi nouvelle, puisqu'ils ne traitent plus du fond, mais seulement de la forme de la procédure de licenciement économique.

---

550 *Accord relatif à la constitution du comité de groupe France à compétences élargies*, groupe AXA, 21 juin 2010.

551 *C. trav.*, art. L.1233-22.

552 BAUMGARTEN (C.), « Les accords de méthode », *Sem. Soc. Lamy, 2008*, n° 1380.

553 *Loi portant relance de la négociation collective en matière de licenciements économiques*, 3 janv. 2003, n° 2003-6, JORF, 4 janv. 2003 p. 255.

554 *Loi de programmation pour la cohésion sociale*, 18 janv. 2005, n° 2005-32, *JORF*, n° 15, 19 janv. 2005, p. 864.

555 *Loi relative à la sécurisation de l'emploi*, 14 juin 2013, n° 2013-504, *JORF*, 16 juin 2013, p. 9958 et s.

Des accords de groupe peuvent ainsi organiser des concertations spécifiques en amont de la procédure d'information et de consultation du comité d'entreprise prévue par le code du travail[556]. Ils peuvent également créer des instances de concertation et de négociation spécifiques associant direction, organisations syndicales, comité de groupe et/ou comités d'entreprises, qui peuvent intervenir en parallèle des réunions du comité d'entreprise, ou en aval, pour assurer le suivi de la réorganisation mise en œuvre par l'employeur[557].

306 S'agissant de la procédure d'information et de consultation à proprement parler, des accords de groupe peuvent renforcer les moyens attribués aux représentants du personnel dans le cadre de leur mission en cas de licenciement pour motif économique, en allouant un contingent d'heures de délégation supérieur au minimum légal, ou en mettant en œuvre la suspension des contrats de travail des représentants élus pour assurer leur mandat à temps plein sur la période de consultation. Ils peuvent aussi accorder des moyens d'investigation supplémentaires aux instances représentatives du personnel concernées, comme le financement par l'employeur du recours à un expert pour effectuer une étude d'impact social. Ils peuvent enfin rallonger les délais de remise des documents préalables aux réunions du comité d'entreprise, ou prévoir des réunions préparatoires aux réunions plénières.

La négociation d'un accord de méthode dans le cadre du groupe participe d'une recherche de compromis et d'une logique d'engagement, qui permet de saisir les causes réelles du conflit qui oppose la logique de la représentation des travailleurs dans sa volonté de défendre l'emploi, à celle du management dans sa politique de résultats financiers et de retours sur investissements[558]. Cette pratique est cependant critiquée par certaines organisations syndicales, qui considèrent que l'organisation de procédures internes et para-législatives éloigne nécessairement les salariés des garanties qui leur sont offertes par le code du travail[559]. Il a ainsi pu être soutenu à

---

556 À titre d'exemple, une phase de concertation préalable déclenchée sitôt que l'entreprise a connaissance de difficultés d'ordre conjoncturel ou structurel susceptibles d'influer sur l'emploi : *Accord de méthode relatif aux procédures et à la gestion des problèmes d'emploi au sein des sociétés du groupe EADS en France*, 25 oct. 2013.

557 À titre d'exemple, la mise en place d'une commission de suivi de reclassements anticipés dans le cadre de l'entreprise ou de l'établissement : *Accord de méthode relatif aux procédures et à la gestion des problèmes d'emploi au sein des sociétés du groupe EADS en France*, 25 oct. 2013.

558 GRUMBACH (T.), « Monopole syndical, contenu et négociation des accords de méthode », *Dr. Soc.*, 2006, p. 325.

559 CGT Airbus Group, L'accord de méthode groupe facilitera les destructions d'emploi !, 16 oct. 2013 ; CGT Areva, L'accord de méthode de réorganisation est un hold-up, un détournement calculé des droits du CCE, 14 sept. 2009.

l'appui de cette analyse que les accords de méthode enferment la procédure d'information et de consultation dans des délais impératifs, non susceptibles d'extension[560]. Cet argument peut toutefois être nuancé depuis la loi du 14 juin 2013 et l'instauration d'un délai légal préfix de consultation du comité d'entreprise. De plus, cette faculté de négocier ne peut faire obstacle aux règles générales d'information et de consultation du comité d'entreprise ni à la communication aux représentants du personnel des renseignements prévus en matière de licenciement économique[561]. L'étendue des limites posées par le code du travail aux dérogations conventionnelles à la procédure illustre donc « l'absence de caractère réellement dérogatoire des accords de méthode »[562].

307 D'autres aspects des accords de méthode conclus dans le cadre du groupe peuvent prêter à débats. Il s'agit tout d'abord du monopole des organisations syndicales pour négocier et conclure ces accords. Si elles ont indiscutablement vocation à s'exprimer au nom de la collectivité des travailleurs et à prendre des engagements pour le compte de celle-ci, on peut s'interroger sur leur faculté à s'exprimer au nom des institutions représentatives du personnel et à décider de l'étendue de leurs prérogatives en cas de licenciement économique. Le comité d'entreprise pourrait alors se trouver « dépouillé de l'objet même de sa consultation »[563], sans pouvoir prendre part à l'encadrement de la procédure ni consentir aux contreparties accordées à l'employeur.

Une partie de la doctrine considère même que la négociation d'accords de méthode par les organisations syndicales s'apparente à une « mise sous tutelle du comité d'entreprise », qui s'en trouverait nécessairement affaibli, au moins symboliquement[564]. Elle peut ainsi créer une opposition entre les représentants élus du personnel, objets de la négociation, et les représentants syndicaux, acteurs de cette négociation. Les représentants syndicaux permettraient légitimement à l'employeur d'encadrer les attributions du comité d'entreprise. « Cette façon de diviser pour mieux régner légitime le pouvoir patronal en validant son usage par les organisations syndicales »[565]. La signature d'accords de méthode par les organisations syndicales de salariés appuie donc indirectement les décisions patronales.

---

560 À titre d'exemple, procédure enfermée dans une durée de 40 jours maximum :*Accord de méthode de groupe Carrefour sur le dispositif d'accompagnement des restructurations*, groupe Carrefour, 21 déc. 2011.

561 *C. trav.*, art. L.1233-23.

562 BAUMGARTEN (C.), « Les accords de méthode », *Sem. Soc. Lamy, 2008*, n° 1380.

563 FAVENNEC-HÉRY (F.), « Restructurations : le rôle de la négociation collective », *Dr. Soc.*, 2004, p. 279.

564 BAUMGARTEN (C.), « Les accords de méthode », *Sem. Soc. Lamy, 2008*, n° 1380.

565 BAUMGARTEN (C.), « Les accords de méthode », *Sem. Soc. Lamy, 2008*, n° 1380.

308 Un autre aspect des accords de méthode peut cristalliser l'attention des auteurs et des praticiens, à savoir la contrepartie des droits ou des prérogatives supplémentaires octroyés par l'accord aux comités d'entreprise. Si elle n'est pas ostensible, elle est tout au moins sous-jacente. À titre d'exemple, la désignation d'un expert-comptable pour assister le comité d'entreprise dès la première phase de consultation pourra permettre à l'employeur de justifier que le comité d'entreprise a bien reçu toutes les informations utiles pour émettre un avis éclairé, et donc de sécuriser davantage la procédure de licenciement qu'il met en place. En contractualisant les différentes phases de la procédure, les partenaires sociaux les sécurisent et limitent ainsi le risque de refus de validation ou d'homologation par l'autorité administrative du plan de sauvegarde de l'emploi.

L'accord de méthode permet donc de faciliter et de sécuriser la mise en œuvre de procédures de licenciement économique dans les entreprises du groupe. Il revêt un intérêt tout particulier dans les groupes de sociétés, où la complexité de la structure, « la gestion financière au niveau des holdings de tête et l'interpénétration de leurs moyens, de leurs structures et de leur mode de management au niveau des filiales ou des secteurs d'activités leur impose une planification de l'organisation institutionnelle et de ses effets de structurations juridiques, des ressources financières et de leurs investissements »[566].

309 Bien que peu de groupes aient pu aboutir à la conclusion d'accords de méthode anticipant la procédure applicable en cas de grand licenciement économique, cette technique d'aménagement des prérogatives des représentants des salariés a particulièrement séduit les groupes, si bien que des accords« sur la méthode » sont négociés et conclus bien au-delà du seul domaine des projets de restructuration. À titre d'exemple, un accord sur la méthode peut être conclu en matière de prévention du stress au travail pour organiser une méthodologie applicable à l'ensemble des entités concernées en vue d'atteindre les objectifs fixés par le groupe[567].

La loi du 8 août 2016 a d'ailleurs consacré cette pratique à l'article L.2222-3-1 du code du travail pour l'ensemble des accords collectifs de travail[568], et prévu des effets particuliers de ces accords lorsqu'ils sont conclus dans le cadre du groupe : lorsqu'un accord sur la méthode conclu au niveau du groupe le prévoit, l'engagement à ce niveau de l'une des négociations obligatoires en entreprise dispense les entreprises appartenant à

566 GRUMBACH (T.), « Monopole syndical, contenu et négociation des accords de méthode », *Dr. Soc.*, 2006, p. 325.

567 *Accord de méthode relatif à la prévention du stress professionnel*, groupe Renault, 12 mars 2010.

568 *C. trav.*, art. L.2222-3-1.

ce groupe d'engager elles-mêmes cette négociation[569]. Ce nouveau dispositif devrait, sans nul doute, confirmer l'intérêt des groupes à négocier de tels accords.

On peut toutefois s'interroger sur les conséquences d'un échec des négociations engagées au niveau du groupe pour les entreprises le composant. Une lecture littérale du texte législatif laisse supposer que la dispense de négociation au niveau de l'entreprise perdure, même si la négociation engagée dans le cadre du groupe n'a pas abouti à la conclusion d'un accord. Pour autant, les conséquences de l'absence d'accord collectif applicable aux entreprises du groupe demeurent de leur seule responsabilité individuelle.

§ 3 : Le recours au vote électronique

310 Le principe du recours au vote électronique peut être avalisé par un accord de groupe pour l'ensemble des sociétés relevant de son champ d'application[570]. Dans les structures de taille importante comportant une multitude de sites, ce mode de scrutin peut se révéler particulièrement utile. Il en est de même pour les salariés nomades, ou en situation de télétravail. Le recours au vote électronique est prisé des entreprises, en ce qu'il simplifie les opérations électorales et limite les besoins humains pour chaque bureau de vote concerné. Il permet d'« alléger la gestion et la logistique de ces élections »[571]. Il est aussi particulièrement utile dans le cadre du groupe pour centraliser les résultats des élections professionnelles organisées dans les entreprises et les établissements dotés d'institutions représentatives du personnel, notamment pour mesurer le taux d'audience des organisations syndicales représentatives dans le groupe.

Le recours au vote électronique est cependant sujet à de vives polémiques, certaines organisations syndicales contestant les garanties de confidentialité et de sécurisation de ce dispositif. Des dysfonctionnements informatiques ont également été pointés du doigt lors du déroulement de certaines élections, notamment du fait de la saturation des serveurs informatiques. Par ailleurs, certains représentants des salariés soutiennent que la mise en place de ce procédé va de pair avec une augmentation de l'abstention des électeurs, de nombreux salariés restant dubitatifs sur les garanties de ce mode de scrutin. Il faut cependant rappeler qu'en aucun cas le vote électronique ne peut être imposé aux salariés.

---

569 *C.trav.*, art. L.2232-33 al.2.

570 *C. trav.*, art. R.2314-8 (délégués du personnel) ; *C. trav.*, art. R.2314-4 (comité d'entreprise).

571 *Accord sur l'organisation du vote électronique dans les sites tertiaires et de recherche et développement*, groupe Peugeot Citroën Automobiles, 22 déc. 2010.

311 L'accord de groupe doit définir les grands principes du recours au vote électronique dans le groupe, à charge pour chaque entreprise d'en préciser les modalités d'application dans le cadre de leur propre protocole d'accord préélectoral. Le calendrier des élections, les modalités de constitution des bureaux de vote et la répartition des sièges demeurent de la seule compétence de l'entreprise. L'accord de groupe peut enjoindre les entreprises à mettre en place des locaux dédiés au vote électronique dans chaque site et la mise à disposition d'un poste informatique doté d'une connexion internet sécurisée[572]. Le choix du recours au vote électronique peut également être laissé à la diligence de chaque employeur. À ce titre, l'accord du groupe Axa du 19 février 2008 précise que « les partenaires sociaux dans chaque entreprise détermineront, à l'occasion de l'organisation de chacune des élections professionnelles s'ils entendent recourir au vote électronique ».

Il convient de préciser sur ce point que par un arrêt récent[573], la Cour de cassation reconnaît désormais la possibilité pour l'employeur de définir par décision unilatérale les modalités du recours au vote électronique, en cas d'échec de la négociation du protocole d'accord préélectoral. Elle considère en effet que « dès lors qu'un accord d'entreprise prévoit le recours au vote électronique, les modalités de mise en œuvre de ce procédé peuvent, en l'absence de protocole d'accord préélectoral valide, être fixées par l'employeur ou à défaut, par le tribunal d'instance, dans les conditions prévues par l'accord d'entreprise ». Compte tenu de la réticence de certaines organisations syndicales à valider ce mode de scrutin et de la double condition de majorité imposée pour la conclusion d'un protocole d'accord préélectoral[574], les situations de mise en œuvre du recours au vote électronique par décision unilatérale de l'employeur vont certainement se multiplier à l'appui de cette solution, voire même devenir la solution de principe.

312 Outre la consécration des principaux généraux attachés au vote électronique, comme son caractère secret, la publicité du scrutin ou encore la sincérité et l'intégrité du vote, l'accord de groupe peut désigner un prestataire extérieur qui interviendra pour l'ensemble des élections organisées dans les entreprises du groupe. Le recours à un prestataire extérieur est un gage d'indépendance du scrutin et de sécurisation des données. La gestion de l'organisation du vote électronique en interne pourrait faire l'objet de manipulations frauduleuses, notamment par l'insertion d'un cheval de Troie

---

572 *Accord RSG sur le vote électronique*, groupe Axa, 19 fév. 2008.

573 Cass. Soc., 4 juin 2014, n° 13-18914 ; *JCP, S*, 2014, n° 37, p. 37, n. F. PETIT ; *CSBP*, 2014, n° 265, p. 437, n. F. CANUT.

574 *C. trav.*, art. L.2314-3-1 et L.2324-4-1 (signature par la majorité des organisations syndicales représentatives ayant participé à la négociation, ces organisations syndicales ayant reçu la majorité des suffrages lors des dernières élections professionnelles).

dans le programme informatique. La désignation d'un prestataire unique pour l'ensemble des entreprises du groupe permet au surplus d'offrir les mêmes garanties, les mêmes fonctionnalités, et de centraliser aisément les résultats pour leur consolidation, notamment pour mesurer l'audience des organisations syndicales dans le groupe.

313 L'accord de groupe permet également d'organiser la gestion de la communication des identifiants des salariés au sein d'une seule et même structure, et de mettre en place une seule et même cellule d'assistance technique pour l'ensemble des élections organisées dans le champ du groupe. Il permet enfin d'instituer les mêmes procédures de sécurité, notamment un dispositif de secours susceptible de prendre le relais en cas de panne du système principal[575], un système poussé de sécurisation du dépouillement[576], ou encore le scellement du système de vote après dépouillement pour garantir l'impossibilité de reprendre ou de modifier les résultats[577].

L'accord de groupe relatif au recours au vote électronique permet de mettre en place un dispositif harmonisé présentant les mêmes garanties pour l'ensemble des entités du groupe, tout en laissant à chaque employeur l'opportunité de l'adapter aux spécificités de son entreprise via le protocole d'accord préélectoral. Mais le recours au vote électronique est encore loin d'être pleinement intégré dans les pratiques professionnelles, et les négociations engagées pour la conclusion d'accords de groupe en ce sens sont souvent vouées à l'échec, compte tenu de l'ensemble des risques attachés à ce mode de scrutin.

§ 4 : La base de données économiques et sociales

314 Obligatoire dans les entreprises de plus de 50 salariés depuis la loi du 14 juin 2013[578], la mise en place une base de données économiques et sociales peut être organisée par un accord de groupe. Une base d'informations complémentaires peut être organisée au niveau du groupe, mais elle ne peut en aucun cas se substituer à celles des entreprises du groupe[579]. La base de

---

575 *Accord RSG sur le vote électronique*, groupe Axa, 19 fév. 2008.

576 À titre d'exemple, introduction simultanée d'au moins 2 clés de déchiffrement différentes sur les trois : *Accord sur l'organisation du vote électronique dans les sites tertiaires et de recherche et développement*, groupe Peugeot Citroën Automobiles, 22 déc. 2010.

577 *Accord sur l'organisation du vote électronique dans les sites tertiaires et de recherche et développement*, groupe Peugeot Citroën Automobiles, 22 déc. 2010.

578 *Loi relative à la sécurisation de l'emploi*, 14 juin 2013, n° 2013-504, *JORF*, 16 juin 2013, p. 9958 et s.

579 DGT, Circulaire n°2014/1 relative à la base de données économiques et sociales et aux délais de consultation du comité d'entreprise et d'expertise, 18 mars 2014.

données économiques et sociales vise à centraliser l'accès des instances représentatives du personnel aux informations économiques et sociales intéressant l'entreprise et le groupe, « dans le but affiché de les rendre plus lisibles et accessibles »[580].

La mise en place des BDES dans le cadre du groupe permet d'en confier la gestion à un seul et même prestataire, qui veillera à organiser la même interface et les mêmes fonctionnalités pour l'ensemble des bases de données du groupe. L'accord peut également prévoir une base de données spécifique au groupe contenant des informations telles que le bilan social consolidé, le rapport de groupe, ou encore l'état de la participation et du plan d'épargne groupe. Son accès pourra être ouvert à l'ensemble des représentants du personnel, quel que soit leur niveau de représentation. À titre d'exemple, l'accord du groupe Carrefour du 26 novembre 2014 stipule que les informations complémentaires globales sont accessibles aux membres des comités d'entreprises, aux délégués syndicaux, au comité de groupe, ainsi même qu'au comité « Emploi et GPEC »[581].

315 Un accord de groupe peut également étendre l'accès aux informations économiques et sociales des entreprises et du groupe à des instances représentatives du personnel instituées conventionnellement, ou pour lesquelles le législateur n'a pas prévu la transmission d'informations particulières[582]. Il en est ainsi notamment du délégué syndical de groupe Carrefour, ou encore des représentants de sections syndicales ou des délégués du personnel dans le groupe Areva[583].

L'accord de groupe peut également étendre le champ des informations transmises aux instances représentatives du personnel, de manière à assurer l'instauration d'un dialogue social de qualité. Dans ce sens, l'accord du groupe Total du 10 juillet 2014 précise que la BDES de chaque société comporte des rubriques et informations enrichies par rapport aux dispositions du code du travail, au-delà de la stricte compétence légale d'attribution des représentants du personnel élus ou syndicaux[584].

L'accord de groupe peut enfin permettre de rendre les informations de chaque entreprise accessibles aux instances représentatives du personnel dans le cadre du groupe. L'accord du groupe Carrefour du 26 novembre

---

580 GÉA (F.), « La réforme de l'information et de la consultation du comité d'entreprise : bâtir une culture de la confiance ? », *Dr. Soc.*, 2013, p.717.

581 *Accord collectif de groupe sur la mise en œuvre de la base de données économiques et sociales dans les sociétés du groupe Carrefour en France,* 26 nov. 2014.

582 À titre d'exemple, observatoire de la vie sociale dans le groupe Valéo (*Accord relatif à la mise en place d'un observatoire de la vie sociale*, groupe Valéo, 21 juin 2013.

583 *Accord sur la base de données économiques et sociales,* groupe Areva, 31 oct. 2014.

584 *Accord portant sur la mise en place d'une BDES informatisée et l'organisation de la consultation du CCE sur les orientations stratégiques*, groupe Total, 10 juil. 2014.

2014 stipule à ce titre que les délégués syndicaux de groupe auront accès aux informations des BDES de l'ensemble des entreprises du groupe dans les mêmes conditions d'accès que les délégués syndicaux de l'entreprise[585]. L'accord du groupe Thalès du 24 novembre 2014 prévoit même les modalités d'accès aux informations de l'ensemble des entreprises du groupe des membres du comité de groupe, ainsi que des administrateurs salariés de l'entreprise dominante[586].

316 Toute la difficulté de la mise en œuvre de ces bases de données dans le cadre du groupe tient à la nécessité de délimiter strictement les modalités d'accès de chaque représentant des salariés, en fonction de ses attributions et de son niveau d'intervention. « La négociation collective de groupe sera déterminante pour permettre aux comités d'entreprise des différentes entités d'un groupe d'accéder à la stratégie décidée par l'entreprise dominante, et pour éviter ainsi que l'information stratégique soit réservée au comité d'entreprise de cette dernière »[587]. Le résultat de ces négociations offre un large éventail de solutions. À titre d'exemple, l'accord du groupe Carrefour du 26 novembre 2014 stipule, s'agissant des entreprises à établissements multiples, qu'un représentant du personnel d'un établissement ne peut avoir accès aux informations relatives à un autre établissement, et que les membres du comité d'entreprise ne peuvent accéder aux informations concernant les comités d'établissement[588]. À l'inverse, l'accord du groupe Thalès prévoit un accès des représentants de l'entreprise aux informations relatives à la société et à ses établissements, ainsi qu'un accès des représentants d'établissement aux informations qui concernent la société et ses établissements[589].

De l'étendue de l'accès aux informations de chaque représentant du personnel dépendra également l'intensité de la confidentialité des informations et de l'obligation de discrétion pesant sur chaque représentant. Le groupe Carrefour impose ainsi à chaque bénéficiaire d'assurer la protection des supports sur lesquels il aura pu enregistrer les informations extraites de la

---

585 *Accord collectif de groupe sur la mise en œuvre de la base de données économiques et sociales dans les sociétés du groupe Carrefour en France*, 26 nov. 2014.

586 *Accord de groupe relatif à la consultation sur les orientations stratégiques et la mise en œuvre au sein du groupe Thalès de la base de données économiques et sociales*, 24 nov. 2014.

587 LEGRAND (H.-J.) et BEZIZ (L.), « La consultation annuelle sur les orientations stratégiques et leurs conséquences », *Sem. Soc. Lamy*, 2013, n° 1592, p. 28.

588 *Accord collectif de groupe sur la mise en œuvre de la base de données économiques et sociales dans les sociétés du groupe Carrefour en France*, 26 nov. 2014.

589 *Accord de groupe relatif à la consultation sur les orientations stratégiques et la mise en œuvre au sein du groupe Thalès de la base de données économiques et sociales*, 24 nov. 2014.

base de données[590]. L'accord du groupe Thalès du 24 novembre 2014 précise quant à lui les informations susceptibles d'avoir un caractère confidentiel[591]. Il en est ainsi notamment des informations relatives à tout projet de restructuration en cours.

317 Un autre enjeu majeur de la mise en œuvre des bases de données économiques et sociales dans le cadre du groupe sera de déterminer la valeur juridique des éléments transmis aux représentants du personnel par ce biais. Il faut en effet rappeler que la communication des informations récurrentes via la BDES dispense l'employeur de son obligation de transmission sous une autre forme, et notamment sous forme écrite. La transmission des informations ponctuelles, comme la note économique précédant la consultation sur un projet de licenciement économique, demeure obligatoire, même si les éléments ont été rendus accessibles aux représentants des salariés sur la base de données. Les accords de groupe pris en ce sens respectent scrupuleusement ce principe. Il n'est pas cependant certain que cette pratique perdure si la BDES fait ses preuves. À terme, elle pourrait bien devenir l'unique moyen de communication des informations des entreprises aux représentants du personnel.

§ 5 : Accords sur le dialogue social et le droit syndical

318 Le dialogue social constitue un enjeu fondamental dans les groupes de sociétés, en ce qu'il permet une meilleure compréhension des logiques opposant la direction et les représentants des salariés. Pour y parvenir, les représentants des salariés doivent tout d'abord disposer de moyens adaptés à la structure du groupe et à l'étendue de la mission qui leur est dévolue. S'agissant des moyens matériels alloués aux représentants du personnel, les accords de groupe n'apportent pas pour la plupart d'innovations particulières. Ils se contentent de reprendre les dispositions du code du travail, en accordant éventuellement un niveau de garantie plus élevé, par exemple un quota d'heures de délégation supérieur à ce que prévoit le code du travail, et déterminé en fonction de la taille des établissements et des entreprises du groupe[592].

---

[590] *Accord collectif de groupe sur la mise en œuvre de la base de données économiques et sociales dans les sociétés du groupe Carrefour en France*, 26 nov. 2014.

[591] *Accord de groupe relatif à la consultation sur les orientations stratégiques et la mise en œuvre au sein du groupe Thalès de la base de données économiques et sociales*, 24 nov. 2014.

[592] *Droit syndical et dialogue social au sein du groupe EADS en France*, 13 fév. 2009.

Rares sont les accords qui prévoient des moyens spécifiques à destination des représentants du personnel dans le groupe. Quelques accords sortent néanmoins du cadre légal et prévoient des dispositifs en ce sens, comme la mise en place de journées de formation sur la connaissance du groupe pour les coordinateurs syndicaux du groupe lors de leur prise de fonction[593]. Les accords de groupe n'en sont pas pour autant dénués d'intérêt pour améliorer le dialogue social dans le groupe. Bien au contraire, ils sont particulièrement appropriés pour étendre le champ des attributions des représentants syndicaux (A), voire même pour créer des instances représentatives supplémentaires (B). Ils peuvent également traiter de problématiques communes à l'ensemble des entreprises du groupe, comme la durée des mandats des représentants du personnel (C), ainsi que les modalités des communications syndicales (D).

A) Attributions supplémentaires dévolues aux représentants syndicaux

319 Un dialogue social de qualité dans le cadre du groupe peut nécessiter l'adaptation des attributions des représentants syndicaux à ses spécificités organisationnelles, ainsi qu'au contexte de la négociation. Des accords de groupe peuvent ainsi accorder des attributions supplémentaires aux organisations syndicales pour favoriser le dialogue social.

À titre d'exemple, le groupe Casino prévoit un dispositif d'alerte permettant d'échanger et de dialoguer avec une commission paritaire de médiation, lorsque les dispositifs existant dans le cadre des entreprises du groupe sont insuffisants pour solutionner la difficulté rencontrée[594]. De la même manière, le groupe Thalès organise un droit de saisine de la direction par les organisations syndicales, afin d'engager des négociations sur un thème particulier[595]. Les organisations syndicales peuvent donc se trouver à l'initiative de la négociation d'un accord de groupe, ce qui étend d'autant plus les thèmes pouvant être abordés.

320 Les accords de groupe ne se contentent pas d'adapter ou d'améliorer des dispositions légales préexistantes, ils peuvent être véritablement créateurs de droits. À titre d'exemple, le groupe Casino a ainsi pu mettre en place, dans le cadre de sa promotion de la diversité, un « congé de l'aidant familial » à destination des salariés du groupe contraints de s'absenter pour accompagner

---

[593] *Accord sur le développement du dialogue social dans le groupe Safran*, 19 juil. 2006.

[594] *Accord de dialogue social au sein du groupe Casino*, 30 juin 2009.

[595] *Accord de groupe sur l'exercice du droit syndical et le dialogue social*, groupe Thalès, 18 déc. 2014.

un membre de leur famille atteint d'un handicap ou d'une maladie grave[596]. Si cette démarche paraît séduisante, son contenu cependant doit être précisé. Il consiste pour chaque salarié du groupe en une possibilité de verser des jours de repos acquis au titre des congés payés, de la réduction du temps de travail ou du compte épargne-temps vers un « plan congé de l'aidant familial » destiné à financer le maintien de la rémunération de salariés absents au titre d'un congé de l'aidant familial.

321 Il convient de rappeler que les jours de congés payés acquis au cours d'une période de référence doivent être soldés au cours de la période de référence suivante. À défaut, les salariés ne peuvent prétendre à une indemnisation des jours de congés non pris que s'ils ont été empêchés de les prendre par l'employeur[597]. Sauf fait de l'employeur, les jours de congés non pris durant cette période sont donc définitivement perdus pour le salarié. La Cour de cassation retient la même solution s'agissant de congés conventionnels, comme par exemple les congés trimestriels des cadres[598].

S'agissant des jours de réduction du temps de travail, qui ont par nature une essence conventionnelle, il n'existe aucun dispositif légal organisant la prise ou l'indemnisation des repos non pris, et plus particulièrement, aucun délai de prise des jours de RTT n'est imposé. Ceci étant, le salarié qui n'a pas pris de jours de réduction du temps de travail n'a droit à une indemnité « que si l'accord le prévoit ou, à défaut, si la situation est imputable à l'employeur »[599]. Il en résulte qu'en affectant des jours de RTT au plan congé de l'aidant familial, le salarié aura travaillé au-delà de la durée légale du travail sans bénéficier d'une contrepartie en repos, ni de la majoration du paiement des heures supplémentaires, ni d'une quelconque indemnisation.

Sous couvert d'une action sociale novatrice, le groupe Casino met ici en place un système permettant de financer le congé de l'aidant familial au détriment des salariés donateurs. Non seulement ces derniers auront travaillé au-delà de la durée légale du travail sans majoration de la rémunération des heures supplémentaires, mais au surplus, les repos compensateurs et les jours de RTT affectés au plan de l'aidant familial seront exclus de l'assiette de calcul de leurs congés payés.

---

596 *Accord relatif à la mise en place du congé de l'aidant familial*, groupe Casino, 7 déc. 2012.

597 Cass. Soc., 12 juil. 2004, n° 03-43297 ; Cass. Soc., 27 sept. 2006, n° 04-47431.

598 Cass. Soc., 23 juil. 2013, n° 13-20349 ; JCP, G, 2015, II, 1051, n. D. CORRIGNAN-CARSIN ; JCP E, 2015, n° 30, 1381, n. G. VACHET.

599 Cass. Soc., 25 juin 2013, n° 13-16369 ; *JCP, E*, 2015, n° 26, 1324, n. G. VACHET ; *JSL*, 2015, n° 387, p. 17, n. M. HAUTEFORT.

322 Le groupe Casino a également signé un récent accord sur la responsabilité sociale d'entreprise[600], qui mérite quelques éclaircissements. Sous couvert de valeurs de loyauté, d'exigence et de solidarité, il prévoit notamment la valorisation de l'engagement bénévole des collaborateurs. Un tel dispositif semble parfaitement louable. Il faut toutefois remarquer que cet accord assure également la promotion de la fondation Casino, dont les initiatives « favorisent l'ancrage territorial du groupe »[601]. Les priorités de recrutement et les actions de valorisation de l'expérience acquise dans le cadre d'activités associatives prévues par l'accord servent donc les propres intérêts du groupe. Les salariés du groupe sont ici fortement encouragés à s'impliquer dans des actions bénévoles… dont l'objectif non dissimulé est de promouvoir l'image de marque du groupe ! L'absence de cadre légal préexistant à la négociation de tels accords prive les salariés d'un socle de garanties minimales que l'employeur devrait nécessairement compléter.

Il faut relever que depuis la loi du 8 août 2016 et la création du compte d'engagement citoyen[602], le développement de ce type de pratiques est fortement encouragé. Les activités bénévoles du salarié peuvent désormais lui permettre d'acquérir des heures inscrites sur son compte personnel de formation et financées par l'État (notamment en cas de bénévolat associatif), et l'employeur peut décider de lui accorder des jours de congés destinés à l'exercice de ces activités. En d'autres termes, il est possible de mobiliser des salariés du groupe pour des activités associatives créées par le groupe, en mettant la valorisation de ces activités à la charge de l'État, et sans que l'employeur ne soit tenu de contribuer à cette valorisation.

323 Les accords de groupe peuvent se révéler particulièrement novateurs pour organiser les conditions de la négociation collective. On peut à ce titre relever que le groupe Thalès a valorisé la recherche d'accords majoritaires au sein du groupe[603] bien avant que la loi du 8 août 2016 n'envisage de généraliser ce principe.

Mais si cette démarche paraît, de prime abord, gage d'une légitimité accrue des organisations syndicales représentatives, elle est souvent le signe annonciateur de la négociation d'accords de nature à réduire les garanties de salariés au profit du groupe.

---

600 *Accord groupe sur la responsabilité sociale d'entreprise*, groupe Casino, 18 avril 2014.

601 *Accord groupe sur la responsabilité sociale d'entreprise*, groupe Casino, 18 avril 2014.

602 *C. trav.*, art. L.5151-7 et s.

603 *Accord de groupe sur l'exercice du droit syndical et le dialogue social*, groupe Thalès, 18 déc. 2014.

B) Mise en place d'instances supplémentaires de représentation du personnel

324 Si le code du travail fixe un cadre général à l'organisation des institutions représentatives du personnel, il laisse à chaque structure une marge de manœuvre suffisante pour adapter la représentation des salariés à ses propres contraintes structurelles.

Des accords de groupe peuvent ainsi compléter la représentation des salariés par la création de mandats supplémentaires spécifiques au groupe ou à son organisation. Il en est ainsi des délégués syndicaux de groupe que nous avons déjà évoqués. Des accords de groupe peuvent également aménager des niveaux intermédiaires de représentation des salariés. Il en est ainsi de la création d'un mandat de délégué syndical central adjoint distribution dans le groupe Casino, la Société Distribution Casino France étant la filiale du groupe comptant le plus grand nombre d'instances représentatives du personnel[604].Il en est de même de la création d'un coordonnateur syndical pour le site du Tricastin dans le groupe Areva[605].

325 Des accords de groupe peuvent également instituer des commissions spécialisées pour assurer le suivi de problématiques particulières, comme l'anticipation des conflits sociaux[606] ou le déroulement et les solutions à apporter à un conflit collectif[607]. Ils peuvent même créer de toutes pièces des instances particulières de dialogue social comme l'Observatoire de la Vie Sociale du groupe Valéo[608], ou encore l'instance de dialogue stratégique du groupe Rhodia sur des thèmes confidentiels comme les enjeux et perspectives du groupe[609].

Bien que les accords qui mettent en place ces instances complémentaires rappellent systématiquement leur non-substitution aux instances légales, il faut néanmoins relever qu'elles demeurent strictement et exclusivement encadrées par les partenaires sociaux et ne bénéficient pas à ce titre des garanties accordées aux instances légales de représentation du personnel.

---

604 *Accord de dialogue social au sein du groupe Casino*, 5 nov. 2012.

605 *Accord relatif à la mise en place d'un coordinateur syndical groupe Areva « Tricastin »*, 8 juin 2009.

606 Pour exemple, avec la création d'une commission paritaire groupe du dialogue social aux fins d'anticiper les conflits collectifs : *Accord de dialogue social au sein du groupe Casino*, 30 juin 2009.

607 À titre d'exemple, la création d'une commission d'intervention sociale pour débattre sur le climat social et replacer les différents conflits sociaux intervenus dans un contexte plus large : *Accord sur le dialogue social à France Televisions*, 8 déc. 2008.

608 *Accord relatif à la mise en place d'un observatoire de la vie sociale*, groupe Valéo, 21 juin 2013.

609 *Accord cadre portant sur les mesures et les modalités de le gestion anticipée des métiers, des emplois et des compétences au sein du groupe Rhodia en France*, 20 juil. 2010.

C) Harmonisation de la durée des mandats

326 La durée du mandat des représentants du personnel est fixée à quatre ans par le législateur. Un accord de groupe peut cependant arrêter une durée comprise entre deux et quatre ans. Cette dérogation s'applique non seulement à la désignation des représentants du personnel au comité de groupe, mais aussi à l'élection des représentants aux comités d'entreprise et aux délégués du personnel des entreprises comprises dans le périmètre du groupe[610].

La durée des mandats des représentants du personnel revêt un intérêt fondamental depuis la loi du 20 août 2008 portant rénovation de la démocratie sociale[611] en ce qu'elle va déterminer la périodicité des élections sur la base desquelles sera appréciée l'audience électorale des organisations syndicales dans le groupe.

327 Compte tenu des difficultés que nous avons précédemment pu soulever s'agissant de la mesure de cette audience dans le cadre du groupe, au regard de l'étalement dans le temps des cycles électoraux, il peut être particulièrement intéressant de fixer conventionnellement le moment et la périodicité des élections dans l'ensemble des entreprises du groupe.

D'une part, la conclusion d'accords de groupe aménageant la durée des mandats des représentants du personnel de chaque entreprise permettra de faire coïncider la date des élections professionnelles dans chaque structure, et de mesurer l'audience des organisations syndicales au même moment dans chaque entreprise du groupe[612]. D'autre part, elle permettra de prévoir des durées de mandats inférieures à quatre ans permettant une mesure plus régulière de l'audience des organisations syndicales dans le groupe, au regard notamment des modifications structurelles intervenues pendant la durée du cycle électoral.

La détermination de la durée des mandats via un accord de groupe permet donc de renforcer la légitimité des représentants élus du personnel, mais aussi des organisations syndicales amenées à négocier et à conclure des accords de groupe.

D) Modalités des communications syndicales

328 Les conditions et modalités de diffusion des informations syndicales au moyen des outils numériques disponibles dans l'entreprise doivent néces-

---

610 *C. trav.*, art. L.2333-3 (comité de groupe) ; *C. trav.*, art. L.2324-25 (comité d'entreprise) ; *C. trav.*, art. L.2314-27 (délégués du personnel).

611 *Loi portant rénovation de la démocratie sociale et réforme du temps de travail*, 20 août 2008, n° 2008-789, *JORF*, 21 août 2008, n° 0194, p. 13064.

612 *Cf.* Annexe 1 « Méthode 1 fondée sur les suffrages électoraux ».

sairement faire l'objet d'un accord d'entreprise[613]. Le législateur n'a pas ici envisagé d'autres niveaux de négociation. Cette restriction est justifiée par le fait que le réseau intranet et les messageries électroniques demeurent la propriété d'entreprise d'une part, et que les modalités de communication doivent être adaptées à chaque entreprise, compte tenu de l'organisation du travail qui lui est propre. C'est pourtant logiquement un accord de groupe qui doit encadrer les communications des organisations syndicales représentatives à ce niveau.

À titre d'exemple, l'accord du groupe Crédit Mutuel-CIC se fonde sur le niveau de représentativité des organisations syndicales pour déterminer le périmètre des lecteurs auxquels elles pourront diffuser leurs publications[614]. Ainsi, une organisation syndicale représentative dans une seule entreprise ne pourra diffuser ses publications qu'aux salariés de cette entreprise, mais les organisations syndicales représentatives dans le cadre du groupe pourront quant à elles diffuser leurs publications dans l'ensemble des entreprises du groupe, même si elles ne sont pas représentatives dans certaines d'entre elles. Il est en effet légitime que les organisations syndicales représentatives dans le groupe puissent communiquer sur les négociations en cours avec l'ensemble des salariés du groupe, dans la mesure où le résultat de ces négociations est de nature à impacter leur situation sociale.

329 La détermination du champ de la communication syndicale peut également se fonder sur le périmètre du mandat des délégués syndicaux pour fixer les limites de leurs attributions[615]. C'est la méthode prévue par l'accord du groupe Véolia du 24 février 2012, et qui permet de prendre en compte l'ensemble des niveaux de représentation des salariés existant dans le groupe. Au-delà du seul niveau du groupe, ces accords permettent de fixer les limites de la communication des délégués syndicaux d'entreprise, d'établissement ou d'unité économique et sociale existant dans le groupe le cas échéant.

Les accords de groupe peuvent en effet organiser des procédures de diffusion standardisées pour l'ensemble des entreprises du groupe, et notamment la possibilité pour chaque organisation syndicale représentative de diffuser, plusieurs fois par an, un courrier standard d'information annonçant la mise en ligne d'un tract syndical.

---

613 *C. trav.*, art. L.2142-6.

614 *Avenant n°1 à l'accord sur le droit syndical dans le groupe CM5 devenu CM11*, 1er juil. 2013.

615 *Accord sur l'exercice du droit syndical et le dialogue social dans le groupe Veolia Transdev en France*, 24 fév. 2012.

330 Il convient d'observer que les accords de groupe conclus sur ce thème présentent le risque de laisser à la direction du groupe toute latitude pour encadrer le peu de contraintes légales existant en matière de communications syndicales. Des accords de groupe visant à faciliter la communication syndicale auprès des salariés vont ainsi définir les modalités d'utilisation des moyens de communication informatique du groupe par les organisations syndicales. Un accord de groupe peut stipuler par exemple que tout ordinateur connecté sur le réseau doit pouvoir faire l'objet d'un contrôle de ses conditions de connexion par les services de sécurité de l'entreprise[616]. Il ne fait nul doute qu'un tel dispositif vise davantage à encadrer l'utilisation des moyens de communication légaux par les organisations syndicales qu'à les adapter à une organisation du travail particulière. La conclusion de tels accords peut donc revenir pour les organisations syndicales à appuyer les restrictions apportées par l'employeur à la liberté de communication syndicale.

Ce propos doit toutefois être nuancé au regard des apports de la loi du 8 août 2016 sur ce thème : l'alinéa 3 de l'article L.2242-6 du code du travail prévoit désormais qu'à défaut d'accord, les organisations syndicales présentes dans l'entreprise peuvent mettre à disposition des communications syndicales sur un site syndical accessible à partir de l'intranet de l'entreprise. Dès lors, la communication est désormais garantie en dehors de tout accord conclu avec l'employeur, ce qui implique que la négociation sur ce thème devrait nécessairement apporter des garanties et moyens supplémentaires aux organisations syndicales.

---

616 *Accord sur le développement du dialogue social dans le groupe Safran*, 19 juil. 2006.

Conclusion du chapitre 3

331 Le groupe est un cadre particulièrement approprié pour conclure des accords relatifs à la qualité de vie au travail. La pratique démontre que ces aspects secondaires de la relation de travail sont mieux appréhendés dans les structures de taille importante, au sein desquelles une solide représentation syndicale est établie[617].

La négociation dans le cadre des groupes de sociétés présente ici un double avantage. Elle s'opère tout d'abord avec une représentation syndicale solidement établie et représentant un très vaste ensemble de salariés. Les organisations syndicales de groupe disposent d'un poids considérable dans la négociation, et peuvent soulever des problématiques qui n'auraient pas présenté le même intérêt dans le cadre de l'entreprise.

La conclusion d'accords de groupe permet également de mettre en œuvre les dispositifs qu'ils consacrent dans le cadre d'entreprises qui n'auraient certainement pas négocié individuellement sur les thèmes envisagés, à supposer qu'elles disposent d'une représentation syndicale. À titre d'exemple, la négociation pour la mise en place d'un dispositif de télétravail peut de révéler particulièrement contraignante pour l'entreprise compte tenu de l'avantage qu'elle peut individuellement en retirer. Le nombre de salariés concernés par ce dispositif peut décourager les entreprises à négocier sur ce thème. Elles devront toutefois se conformer au dispositif prévu par l'accord de groupe et s'appuyer sur les procédures normalisées qu'il aura pu mettre en place.

332 Mais la créativité des partenaires sociaux en matière de qualité de vie au travail n'est pas toujours le vecteur de garanties supplémentaires à l'égard des salariés, compte tenu de l'intervention très lacunaire du législateur dans ce domaine. L'étude d'accords de groupe relatifs à la qualité de vie au travail nous a en effet permis de mettre en évidence une pratique qui peut être dangereuse pour les salariés, à savoir la mise en place de procédures internes organisées en dehors de tout cadre législatif ou réglementaire protecteur des salariés.

617 La mise en œuvre du télétravail illustre parfaitement notre propos : en 2008, 22% des entreprises pratiquaient le télétravail, dont 15% des entreprises de 10 à 19 salariés et 65% des entreprises de plus de 250 salariés. Source : INSEE, *Enquêtes TIC 2007 et 2008*, statistique publique.

Conclusion du titre 2

333 Le contenu des accords de groupe reflète le degré d'implication de la direction dans la mise en œuvre de garanties individuelles et collectives optimales pour les salariés, lesquelles sont vecteurs d'efficacité des salariés et de performance économique du groupe. Pour y parvenir, les accords de groupe s'attachent à harmoniser non seulement le statut social des salariés, mais aussi l'organisation interne des entreprises relevant de son champ d'application. Ces deux aspects sont étroitement liés, quel que soit le thème de négociation envisagé. Les accords de groupe offrent à chaque entreprise des solutions « clé en main » pour garantir la motivation et la performance de leurs collaborateurs, lesquelles auront nécessairement des répercussions positives sur les résultats consolidés au niveau du groupe.

Le poids de la négociation collective de groupe n'est pas le même selon le thème envisagé. Alors que certains aspects essentiels de la relation de travail sont strictement encadrés par le législateur, d'autres thèmes sont laissés à la stricte appréciation des partenaires sociaux qui détermineront eux-mêmes les axes prioritaires et le contenu de la négociation. Il en est ainsi notamment du bien-être au travail.

334 Pour des raisons de lisibilité, nous avons organisé l'étude du contenu des accords de groupe autour de trois axes principaux de négociation, à l'instar du dispositif proposé par la loi du 17 août 2015 relative au dialogue social et à l'emploi. Il est toutefois important de souligner que cette répartition est loin d'être pleinement satisfaisante, dans la mesure où l'ensemble des thèmes traités par les accords de groupe sont interdépendants les uns des autres. À titre d'exemple, nous avons envisagé la mise en place d'une complémentaire frais de santé dans le cadre des dispositifs favorisant la santé des salariés. Nous aurions tout aussi bien pu l'appréhender dans le cadre de la rémunération, compte tenu des avantages sociaux et fiscaux qu'en retirent les entreprises du groupe et leurs salariés. De la même manière, la mise en œuvre d'un dispositif de télétravail aurait pu être traitée dans le cadre de l'organisation du temps de travail, bien qu'il réponde à un objectif de conciliation de la vie privée et de la vie professionnelle des salariés.

L'ensemble des accords applicables dans un groupe de sociétés constitue un tout indivisible qui ne peut raisonnablement être ainsi catégorisé. Chaque accord est une pierre à l'édifice érigé par le groupe pour asseoir sa propre politique sociale. La loi du 17 août 2015 relative au dialogue social et à l'emploi[618] nous conforte dans cette analyse, en prévoyant expressément la possibilité pour les partenaires sociaux de regrouper à leur convenance les thèmes de négociation, afin de garantir une « approche négociée globale de certaines questions transversales »[619].

335 Certains groupes synthétisent d'ailleurs l'ensemble des dispositifs mis en œuvre par les différents accords de groupe, pour assurer aux salariés et aux entreprises une meilleure lisibilité des engagements et des droits de chacun. On peut citer dans ce sens l'accord sur les dispositions sociales applicables aux salariés des entreprises du groupe Thalès du 22 novembre 2006[620] qui compile l'ensemble des dispositifs mis en place dans le cadre d'accords de groupe, créant ainsi une sorte de « convention collective » applicable à l'ensemble des salariés du groupe.

---

618 *Loi relative au dialogue social et à l'emploi*, 17 août 2015, n° 2015-994, *JORF*, 18 août 2015, n° 0189, p. 14346.

619 Projet de loi relatif au dialogue social et à l'emploi, NOR ETSX1508596L, *Étude d'impact*, 21 avril 2015.

620 *Accord sur les dispositions sociales applicables aux salariés des sociétés du groupe Thalès*, 22 nov. 2006.

Conclusion de la partie 1

336 Qu'il s'agisse de déterminer les parties à la négociation ou le contenu des accords de groupe, la même problématique se dessine : celle de la recherche de l'équilibre entre le champ d'intervention du législateur et celui des partenaires sociaux. L'intervention du législateur est indispensable pour assurer un socle minimal de garanties à l'égard des salariés, et pour garantir la sécurité juridique des accords de groupe. Dans le même temps, le dispositif légal doit être suffisamment souple pour être appliqué à l'ensemble des groupes de sociétés, et être adapté à leurs spécificités structurelles.

Un encadrement légal trop contraignant sera source de rigidité et pourrait être un frein à la négociation d'accords de groupe. C'est la raison pour laquelle le législateur n'a pas entendu restreindre le champ du groupe au seul cadre fixé par l'article L.2331-1 du code du travail lorsqu'il est envisagé comme cadre de négociation collective.

337 Mais la marge de manœuvre laissée aux partenaires sociaux par le code du travail pour déterminer le périmètre du groupe a révélé ses limites. D'une part, le périmètre des groupes fixé conventionnellement s'inscrit le plus souvent dans le cadre de l'article L.2331-1 du code du travail. D'autre part, les rares groupes délimités selon d'autres critères sortent du cadre traditionnel des accords de groupe négociés entre employeurs et représentants du personnel, consacrant l'intervention de tiers à l'accord assurant sa mise en œuvre, de la même manière que s'il s'agissait d'un contrat de prestation de services. La marge de manœuvre accordée aux partenaires sociaux par le législateur pour la détermination du périmètre du groupe n'a finalement pas étendu le champ d'application des accords de groupe comme escompté, mais conduit à leur dénaturation.

Les mêmes dérives peuvent être observées au travers du contenu des accords de groupe : lorsque le thème traité par l'accord n'est pas strictement encadré par le législateur, il peut être créateur de procédures internes privant les salariés de certaines de leurs garanties élémentaires. Il en est ainsi notamment lorsqu'un dispositif d'alerte est conventionnellement institué, en parallèle de ceux garantis par le code du travail. L'intervention du législateur apparaît donc indispensable pour assurer la protection des droits essentiels des salariés, ce rôle ne pouvant être entièrement dévolu aux organisations syndicales représentatives. Elle reste cependant difficile à mettre en œuvre compte tenu de l'évolution permanente des groupes de sociétés d'une part, et du champ de la négociation collective d'autre part.

DEUXIÈME PARTIE

L'application de l'accord de groupe

338 Mouvant comme la pieuvre, le groupe est en constante adaptation pour coller au plus près de la réalité économique et sociale. C'est justement cette instabilité qui l'empêche de trouver une véritable assise juridique. Les partenaires sociaux comme les parlementaires cherchent toujours à concilier l'inconciliable : la souplesse des groupes de sociétés et la stabilité d'un régime juridique légalement établi. De fait, la mise en œuvre des accords de groupe pose de nombreuses difficultés que les dispositifs légaux sont loin de résoudre dans leur intégralité.

Il en est ainsi, tout d'abord, des effets d'un accord de groupe sur le contrat de travail conclu entre un salarié et l'employeur d'une entité du groupe. Par principe, l'accord de groupe s'applique de manière automatique et impérative, sauf stipulations plus favorables du contrat de travail[621]. Il n'y a pas pour autant incorporation des stipulations conventionnelles dans le contrat de travail, puisqu'il s'agit de deux sources du droit autonomes. Par conséquent, une modification affectant l'accord de groupe impactera nécessairement la relation de travail, sans que le salarié puisse se prévaloir d'une modification de son contrat de travail. Il en est ainsi même lorsque cette modification affecte un élément tel que la structure de la rémunération[622]. Le consentement du salarié n'est donc pas une condition d'applicabilité de l'accord de groupe au contrat de travail.

339 Mais l'application immédiate et le principe de faveur se sont rapidement révélés insuffisants pour régir l'ensemble des relations de travail dans le groupe. En effet, la promotion législative d'accords dérogatoires et d'accords créateurs d'obligations supplémentaires à la charge du salarié ne s'inscrit plus dans la logique animant traditionnellement les relations entre les accords collectifs et les contrats de travail. Il en est de même s'agissant d'accords impliquant une application uniforme à l'ensemble des salariés concernés, comme par exemple les accords de maintien dans l'emploi. L'efficacité de la négociation engagée par les partenaires sociaux dans ce sens risque d'être anéantie si les accords collectifs conclus se heurtent à la résistance de contrats de travail préexistants. Or cette résistance est toujours vivace en droit positif.

---

621 *C. trav.*, art. L.2254-1.

622 Cass. Soc., 27 juin. 2000, n° 99-41135 et 99-41140, *Bull. Civ.*, 2000, V, n° 247, p. 193 ;*Sem. Soc. Lamy*, 2001, n° 1051, p. 12 ; *JSL*, 2000, n° 65, p. 8, n. J.-E. TOUREIL ; *CSBP*, 2000, n° 124, p. 733, n. F.-J. PANSIER;WAQUET (P.), « En marge de l'arrêt Air France (Cour Cass. Ch. Soc. 27 juin 2000) », *Dr. Soc.*, 2000, p. 1007.

En effet, la Cour de cassation ne fait prévaloir l'application d'un accord collectif défavorable aux salariés sur leur contrat de travail qu'à la condition que les salariés aient été informés de l'application de l'accord et mis en mesure d'en prendre connaissance au moment de leur embauche. L'accord de groupe postérieur au contrat de travail ne saurait donc imposer aux salariés des obligations supplémentaires comme une obligation de non-concurrence[623] ou une clause de mobilité[624]. Dans ces hypothèses, les contrats de travail ne pourront pas ici être modifiés sans l'accord exprès des salariés concernés.

340 La portée limitée de la faculté de déroger aux contrats de travail par accord collectif est toutefois loin de garantir une mise en œuvre efficace des mesures négociées par les partenaires sociaux, si bien que le législateur est ponctuellement intervenu pour contrer l'application du principe de faveur. Ainsi, la seule diminution du nombre d'heures stipulées au contrat de travail en application d'un accord de réduction du temps de travail ne constitue pas une modification du contrat de travail[625]. Il en est de même de la mise en œuvre d'un accord de modulation du temps de travail[626]. Ainsi, un salarié ne pourra invoquer l'application du principe de faveur lorsqu'un accord de groupe conclu en ce sens lui devient applicable. De la même manière, un accord de préservation ou de développement de l'emploi permet, depuis la loi du 8 août 2016, de suspendre l'application des clauses contractuelles contraires à son contenu. L'intervention du législateur a neutralisé la résistance du contrat de travail, à tout le moins sur les thèmes qu'il a envisagés.

Il est regrettable, comme ont pu le souligner certains auteurs[627], que l'applicabilité des accords collectifs aux contrats de travail n'ait pas été repensée en profondeur pour tenir compte des évolutions respectives de l'accord collectif et du contrat de travail. Une redéfinition des concepts paraît indispensable à l'élaboration de l'ordonnancement juridique. Mais ces difficultés n'étant pas spécifiques à la mise en œuvre des accords de groupe, elles ne feront pas l'objet de notre présent propos.

341 Ce qui fait toute l'originalité de l'accord de groupe dans l'ordonnancement juridique actuel tient du fait que le législateur ne lui a pas prévu de régime juridique propre, alors que l'accord de groupe regorge de

---

623 Cass. Soc., 17 oct. 2000, n° 98-42018, *Bull. Civ.*, 2000, V, n° 334, p. 258; *D.*, 2001, n° 26, p. 2061, n. J. Mouly; *Dr. Soc.*, 2000, n° 12, p. 1147, n. J. Savatier.

624 Cass. Soc., 27 juin 2002, n° 00-42646, *Bull. Civ.*, 2002, V, n° 222, p. 216; *JCP, E*, 2003, n° 12, p. 514, n. F. Bousez; *JSL*, 2002, n° 18, p. 14, n. M.-C. Haller.

625 *C. trav.* art. L.1222-7.

626 *C. trav.*,art. L.3122-6.

627 FAVENNEC-HÉRY (F.), « Pour une nouvelle articulation accord collectif / contrat de travail », *Sem. Soc. Lamy,* 2014, n° 1643.

particularités face auxquelles le dispositif légal applicable aux accords d'entreprise est inopérant. Si le code du travail comporte désormais un chapitre spécifique consacré aux accords de groupe, c'est encore le plus souvent le régime juridique des accords d'entreprise qui leur est applicable. La mise en œuvre des accords de groupe soulève donc de multiples interrogations quant à leur articulation avec les autres normes applicables à la relation de travail, et quant aux évolutions pouvant affecter leur contenu ou leur champ d'application.

Nous analyserons donc dans un premier temps l'articulation des accords de groupes avec les autres normes applicables aux contrats de travail (titre 1), puis dans un second temps les possibilités d'évolution des accords de groupe (titre 2).

TITRE 1 : L'ARTICULATION DE L'ACCORD DE GROUPE AVEC LES AUTRES NORMES APPLICABLES À LA RELATION DE TRAVAIL

342 Bien qu'il ait expressément reconnu le groupe comme niveau autonome de négociation, le législateur s'est montré très peu prolixe quant à l'agencement des accords de groupe dans la hiérarchie des normes. En l'absence de règles légales clairement établies quant à l'articulation des accords de groupe avec les autres normes applicables à la relation de travail (chapitre 1), les partenaires sociaux prennent souvent le parti d'organiser conventionnellement l'application de l'accord dans les entités concernées (chapitre 2).

Chapitre 1 : Le régime légal d'articulation des accords de groupe

343 Il convient d'analyser dans un premier temps l'articulation de l'accord de groupe avec les normes recouvrant un champ d'application plus étendu, à savoir la loi (section 1), et les accords de branches (section 2). Dans un second temps, nous examinerons l'articulation de l'accord de groupe avec les accords d'entreprise (section 3), les accords d'unité économique et sociale (section 4) et les accords de groupe (section 5).

Section 1 : Articulation avec la loi

344 L'articulation de l'accord de groupe avec la loi fait intervenir plusieurs concepts dont le poids a largement évolué au fil des réformes. Pour mieux appréhender leur articulation, il faut se placer dans une démarche chronologique pour analyser le recul du rôle protecteur de la loi dans la relation de travail (§ 1) et le renforcement du rôle normatif de l'accord de groupe (§ 2).

§1 : Le recul du rôle protecteur de la loi dans la relation de travail

345 Le code du travail a été initialement conçu comme un rempart érigé pour protéger la partie faible à la relation de travail, c'est-à-dire le salarié. Dès lors, la loi a été placée au-dessus de toutes les normes susceptibles d'organiser la relation de travail. L'accord de groupe, comme tout autre de niveau de négociation, était donc soumis à cette norme supérieure. Il peut toujours comporter des stipulations plus favorables que les dispositions légales[628], mais ne peut déroger défavorablement aux dispositions qui revêtent un caractère d'ordre public. Ce principe de faveur est érigé au rang de principe général du droit par le Conseil d'État[629], et reconnu comme un principe fondamental du droit du travail par le Conseil Constitutionnel[630].

---

628 *C. trav.*, art. L.2251-1.

629 C.E., avis du 22 mars 1973, Dr. Ouv., 1973, p. 190 ; *Dr. Soc.*, 1973, p. 514.

630 Cons. Const., 25 juil. 1989, déc. n° 89-257 DC, *AJDA*, 1989, p. 796, n. F. BENOIT ROHMER ; *Dr. Soc.*, 1989, p. 627.

346 Le principe de faveur a été fortement critiqué, à mesure que ce sont multipliées les dispositions légales. Tout d'abord, il a été très largement considéré que l'application de ce principe était de nature à priver les entreprises et les groupements d'entreprises de la possibilité de s'adapter aux évolutions économiques et sociales qui ont marqué ces dernières décennies.

Ensuite, il est devenu de plus en plus difficile de comparer les dispositifs et de déterminer lequel est le plus favorable aux salariés. À titre d'exemple, la possibilité de remplacer le paiement des majorations d'heures supplémentaires par des temps de repos peut apparaître financièrement moins avantageuse pour les salariés, mais peut être gage d'une meilleure qualité de vie au travail et d'une conciliation plus performante de la vie familiale et professionnelle des salariés. Le désavantage financier d'une telle mesure est d'ailleurs tout relatif, notamment lorsque le salarié doit financer des frais de garde d'enfants. Un tel argument ne saurait toutefois être pris en compte dans la comparaison des avantages en présence, puisque la comparaison doit s'effectuer globalement pour l'ensemble des salariés.

347 Il faut également se replacer dans le contexte actuel pour apprécier le caractère plus ou moins favorable du contenu d'accords de groupe. Certains thèmes qui pouvaient apparaître moins favorables aux salariés par le passé ne s'appréhendent plus de la même manière aujourd'hui. À titre d'exemple, avant la loi du 20 août 2008, la réduction de la durée des mandats des représentants du personnel pouvait être perçue comme un facteur d'instabilité des institutions représentatives et d'accroissement de la discrimination syndicale. Aujourd'hui, on peut la considérer plus avantageuse, dans la mesure où elle assure une mesure plus fréquente de la représentativité des syndicats, gage d'une légitimité accrue pour la négociation d'accords collectifs.

Dès lors, le législateur a progressivement réduit le champ d'application du principe de faveur, en autorisant la conclusion d'accords collectifs pouvant déroger à la loi. Cette faculté de déroger s'est justifiée par la prise en compte des contraintes particulières des entreprises et des secteurs d'activité. Le remplacement de normes légales par des normes conventionnelles adaptées à une situation précise était perçu comme un vecteur de valeur ajoutée, de productivité, et d'efficacité économique[631]. On rappellera à toutes fins utiles que le terme de dérogation doit ici s'entendre au sens du droit du travail. Il s'agit de modifications nécessairement défavorables aux salariés (*in pejus*).

348 Le législateur a tout d'abord prévu, dans de rares hypothèses, la faculté de déroger aux dispositions légales par accord de groupe. On peut ainsi

---

[631] BARTHÉLÉMY (J.) et CETTE (G.): « Pour une nouvelle articulation des normes en droit du travail », *Dr. Soc.*, 2013, p. 20.

relever qu'un accord de groupe pouvait déroger à la procédure légale d'information et de consultation du comité d'entreprise en cas de licenciement pour motif économique[632], ou encore à la durée légale des mandats des représentants du personnel[633] dès 2007. Il fallait alors déterminer si ces domaines limitativement énumérés devaient être strictement interprétés, ou si l'on pouvait considérer que le champ ouvert à la négociation dérogatoire d'entreprise par le législateur était également applicable à la négociation de groupe. Des positions radicalement opposées ont pu être soutenues sur ce point.

349 Pour une partie de la doctrine, l'absence d'autorisation expresse du législateur de déroger par accord de groupe valait interdiction[634]. L'existence de dispositions légales autorisant expressément la conclusion d'accords de groupe dérogatoires pouvait conforter dans cette idée, considérant que l'absence de référence à l'accord de groupe ne résultait pas d'une omission, mais bien d'une prise de position du législateur.

Il fallait ajouter à cela les différences notoires qui opposaient les accords d'entreprises et les accords de groupe, notamment quant à leur faculté de déroger aux accords de branche. Selon cette analyse, les effets similaires attachés par le législateur aux accords d'entreprise et aux accords de groupe devaient donc s'entendre exclusivement de leur opposabilité aux contrats de travail. Pour le reste, il y avait lieu de considérer le groupe et l'entreprise comme deux niveaux autonomes de négociation.

Il pouvait aussi être opposé que la faculté de dérogation à la loi répondait à un impératif de prise en compte des contraintes de l'entreprise pour assurer sa compétitivité. La dérogation était donc consentie par le législateur pour la conclusion de « contrats de proximité », et non pour une harmonisation du statut social dans les groupes de sociétés.

350 Une lecture radicalement différente a été soutenue par une autre partie de la doctrine. Les accords de groupe emportant les mêmes effets que les accords d'entreprise, on pouvait considérer que les prérogatives dérogatoires accordées par le législateur devaient s'appliquer de la même manière aux accords d'entreprise et aux accords de groupe. Certains auteurs soutenaient

---

632 *C. trav.*, art. L.1233-21.

633 *C. trav.*, art. L.2333-3 (représentants au comité de groupe) ; *C. trav.* ;art. L.2324-25 (représentants au comité d'entreprise) ; *C. trav.*,art. L.2314-27 (délégués du personnel).

634 Dans ce sens : TEYSSIÉ (B.), « Variations sur les conventions et accords collectifs de groupe », Dr. Soc., 2005, p. 643.

déjà l'idée d'une égalité de traitement entre ces deux types d'accords[635]. L'objectif de la négociation dérogatoire à la loi étant de rapprocher la négociation des besoins des employeurs et des salariés, la négociation d'accords de groupe dérogatoires aurait trouvé toute sa place au sein d'une organisation harmonisée et structurée dans le cadre du groupe.

On pouvait ainsi relever que certains thèmes pour lesquels la négociation dérogatoire n'était expressément prévue que par accord d'entreprise se prêtaient particulièrement bien à la négociation de groupe. La pratique a pu nous conforter dans cette idée, notamment s'agissant de la mise en place d'un compte épargne-temps[636] ou du remplacement du paiement des heures supplémentaires par des repos compensateurs[637]. Ces deux dispositifs ont trouvé un écho particulièrement favorable dans le cadre du groupe, et en particulier lorsqu'ils ont été mis en place concomitamment, pour le déploiement d'une politique globale d'aménagement de la durée du travail dans le groupe.

351 Cette position a également pu se justifier par le renforcement de la légitimité des négociateurs d'accords collectifs et le durcissement des conditions de validité des accords qu'ils négocient depuis la loi du 20 août 2008. Le dispositif légal n'apparaissait plus dès lors comme un socle de garantie indispensable à la sauvegarde des intérêts des salariés. Bien au contraire, la tendance à l'effacement de la loi au profit de dispositifs conventionnels n'a fait que se confirmer.

La loi Larcher[638] a été un exemple révélateur de cette tendance, en ce qu'elle a subordonné le dépôt d'un projet de loi par le ministre du travail à l'organisation préalable d'une concertation pouvant déboucher sur un accord entre partenaires sociaux. Pour certains auteurs, ces derniers avaient dès lors une fonction de pré-législateur, « le Parlement étant quant à lui réduit au rôle de greffier en charge de transcrire la parole des partenaires sociaux »[639]. Nombre de lois récentes ont d'ailleurs pu s'analyser en une transcription plus ou moins fidèle d'accords collectifs conclus au niveau national[640]. On a

---

635 ANTONMATTÉI (P.-H.), « L'accord de groupe », Quel droit pour la négociation collective de demain ? , *Dr. Soc.*, 2008, p. 57 ; GRANGÉ (J.), « Les conventions et accords collectifs de groupe », *Sem. Soc. Lamy*, 2004, n° 1183, p. 73.

636 *C. trav.*, art. L.3152-1.

637 *C. trav.*, art. L.3121-24.

638 *Loi de modernisation du dialogue social*, 31 janv. 2007, n° 2007-130, *JORF*, 1er fév. 2007, n° 27, p. 1944.

639 TEYSSIÉ (B.), « De l'irrésistible (?) essor de l'accord dans le droit des relations de travail », *JCP, S*, 2014, I, 1180 ; p. 12.

640 Accord national interprofessionnel du 14 novembre 2008 sur la gestion prévisionnelle de l'emploi et des compétences et loi portant rénovation de la démocratie sociale et réforme du temps de travail, 20 août 2008, n° 2008-789, JORF, 21 août 2008, n° 0194, p. 13064. ; Accord national interprofessionnel du 11 janvier 2013 pour un nouveau modèle

assisté à un repli organisé de la norme publique au profit de normes privées bâties par les partenaires sociaux[641].

La loi du 8 août 2016 a parachevé cette évolution en entamant un processus de généralisation des accords majoritaires et en plaçant l'accord d'entreprise au sommet des normes collectives applicables à la relation de travail.

352 S'agissant des garanties minimales, il faut ici rappeler que le législateur a toujours strictement encadré les domaines dans lesquels il a autorisé une négociation dérogatoire. Cette faculté accordée aux partenaires sociaux ne pouvait en aucun cas faire obstacle à l'application des règles d'ordre public et des lois impératives, notamment en matière de salaire minimum, de classification[642], ou de règles générales d'information et de consultation du comité d'entreprise[643]. Tous ces éléments ont pu permettre de considérer que le domaine d'intervention des accords de groupe dérogatoires devait être identique à celui des accords d'entreprise.

Ajoutons enfin à cela que le caractère dérogatoire d'une stipulation conventionnelle ne se limite pas à la mise en œuvre de dispositifs moins favorables aux salariés que le dispositif légal : est également dérogatoire l'accord qui met en œuvre le dispositif légal. Il peut s'agir ici d'une mesure d'organisation ou d'une transcription pratique d'une mesure générale et imprécise. Dans ces hypothèses, il ne s'agit pas de faire moins, mais de faire différemment[644]. Il n'y a donc pas lieu ici de raisonner en termes d'avantages supplémentaires à ceux prévus par la loi.

Le recul du rôle protecteur de la norme légale a atteint son point culminant sous l'empire de la loi du 8 août 2016, qui a éclaté les dispositions légales en deux catégories obéissant à deux régimes juridiques différents : des dispositions d'ordre public résiduelles, auxquelles on ne peut pas déroger, et des dispositions supplétives qui ne s'appliquent qu'en l'absence d'accord collectif applicable à la relation de travail.

économique et social au service de la compétitivité des entreprises et de la sécurisation de l'emploi et de parcours professionnels des salariés.

641 TEYSSIÉ (B.), « De l'irrésistible (?) essor de l'accord dans le droit des relations de travail », *JCP, S*, 2014, I, 1180 ; p. 12.

642 *C. trav.*, art. L.2253-3.

643 *C. trav.*, art. L.1233-23.

644 Ass. Nat., ANCIAUX (J.-P.), *Rapport sur le projet de la loi relatif à la formation professionnelle tout au long de la vie et au dialogue social*, 9 déc. 2003, n°1273.

§ 2 : Le renforcement du rôle normatif de l'accord de groupe

353 Le rôle supplétif de la loi s'est progressivement installé, à mesure que s'est renforcé le rôle normatif des accords collectifs de travail. Une fois encore, la consécration de ce principe a été précédée d'une construction graduelle.

Pour certains thèmes, les dispositions légales se sont tout d'abord appliquées en l'absence d'accord collectif portant sur le même thème. Il en a été ainsi notamment s'agissant de la fixation du taux de majoration des heures supplémentaires. Le code du travail prévoit un taux de 25 % pour les huit premières heures, et de 50 % au-delà[645]. L'accord collectif peut tout à fait fixer un taux de majoration inférieur et donc défavorable aux salariés, dans la limite des dispositions légales d'ordre public. Dans notre exemple, le taux de majoration des heures supplémentaires ne pourra pas être inférieur à 10 %.

Il n'y a pas ici de conflit de normes à proprement parler, puisque l'accord collectif et le dispositif légal n'entrent pas en concurrence : en présence d'un accord collectif prévoyant la majoration des heures supplémentaires, le dispositif légal doit être écarté. Il en est de même pour la fixation des critères d'ordre des licenciements, qui n'incombe à l'employeur qu'en l'absence d'accord collectif de travail statuant sur ce point[646]. Plus récemment, les dispositifs relatifs à la pénibilité au travail ont été pris en ce sens, imposant à l'employeur d'élaborer un plan d'action ou de conclure un accord collectif pour échapper à la pénalité financière prévue par les textes[647].

354 Pour ces dispositifs particuliers, on a pu légitimement s'interroger sur la possibilité de conclure des accords de groupe qui suppléeraient à la loi. On peut remarquer que la rédaction initialement adoptée par le législateur différait d'un thème à l'autre. Ainsi, il envisageait expressément un accord de branche étendu ou un accord d'entreprise ou d'établissement s'agissant du taux de majoration des heures supplémentaires, alors qu'il faisait référence aux accords collectifs de travail pour la fixation des critères d'ordre des licenciements[648], et aux accords d'entreprise ou de groupe s'agissant de la pénibilité au travail[649]. Ces divergences rédactionnelles

---

645 *C. trav.*, art. L.3121-22.

646 *C. trav.*, art. L.1233-5.

647 *C. trav.*, art. L.4163-2.

648 *C. trav.*, art. L.1233-5.

649 *C. trav.*, art. L.4163-3.

auraient pu s'analyser en une véritable prise de position du législateur, qui aurait entendu strictement limiter la faculté de suppléer à la norme légale par accord de groupe.

Mais force est de constater que les dispositions légales ci-dessus évoquées ont été prises dans des contextes bien différents. Ainsi la possibilité de déroger au taux légal de majoration des heures supplémentaires a été prévue par la loi du 17 janvier 2003[650] pour les accords de branche, et étendue aux accords d'entreprise et d'établissement par la loi du 4 mai 2004[651]. Or c'est précisément cette dernière loi qui a envisagé pour la première fois le groupe de sociétés comme un niveau de négociation à part entière. La reconnaissance de l'accord de groupe n'était encore qu'à ses balbutiements, le législateur n'intervenant que par touches successives pour ne pas risquer de figer trop tôt le régime juridique qui lui était applicable.

355 À l'inverse, le dispositif relatif à la pénibilité au travail a été institué par la loi du 20 janvier 2014[652], dans un contexte où l'importance des accords de groupe dans l'ordonnancement juridique n'était plus à prouver, et où ces accords avaient clairement révélé leurs vertus par rapport à un cadre de négociation moins étendu. La pratique a pu nous conforter dans cette analyse, de nombreux accords de groupe étant intervenus dans les domaines dans lesquels la loi revêtait un caractère supplétif[653].

La faculté de faire primer l'accord de groupe sur la loi s'est donc rapidement imposée comme une évidence, le législateur n'apparaissant plus comme un rempart de la sauvegarde des intérêts des salariés, mais comme le bras armé des partenaires sociaux. « De la loi, les contours sont de plus en plus souvent façonnés par les partenaires sociaux, échappant aux pouvoirs publics […]. La norme sociale est de moins en moins la norme publique »[654].

356 La loi du 8 août 2016 est venue lever toute ambiguïté sur ce point. Désormais, il est possible de conclure des accords de groupe sur l'ensemble des thèmes ouverts à la négociation d'entreprise et de faire primer ses stipulations sur les dispositions légales de droit commun. Les dispositions légales d'ordre public, très résiduelles, sont les seules limites au déploiement de la politique sociale de groupe.

---

650 *Loi relative aux salaires, au temps de travail et au développement de l'emploi*, 17 janvier 2003, n° 2003-47, JORF, 18 janv. 2003, p. 1080.

651 *Loi relative à la formation professionnelle tout au long de la vie et au dialogue social*, 4 mai 2004, n° 2004-391, JORF, 5 mai 2004, n° 105, p. 7983.

652 *Loi garantissant l'avenir et la justice du système de retraites, 20 janv. 2014, n° 2014-40, JORF, 21 janv. 2014, p. 1050.*

653 À titre d'exemple, en matière de majoration des heures supplémentaires.

654 TEYSSIÉ (B.), « De l'irrésistible (?) essor de l'accord dans le droit des relations de travail », *JCP, S*, 2014, I, 1180 ; p. 12.

Il est intéressant de rappeler ici que dès 2003, certains auteurs soutenaient que l'intérêt du rôle du législateur résiderait dans la détermination des domaines de compétence respectifs des différents niveaux de négociation[655]. Il a même été argué après la loi du 4 mai 2004 que la hiérarchie légale jusqu'alors en place avait été progressivement substituée par une hiérarchie conventionnelle[656]. Une décennie plus tard, ces positions ont trouvé une véritable assise juridique.

Section 2 : Articulation avec les accords de branche

357 L'articulation des accords de groupe avec les accords de branche a fait l'objet d'une longue construction et a été profondément remaniée par la loi du 8 août 2016. Il est nécessaire de revenir sur le dispositif antérieurement applicable (§ 1), avant de préciser les modifications introduites par la réforme de 2016 (§ 2).

§ 1 : Le dispositif antérieur à la loi du 8 août 2016

358 La négociation de branche a avant tout un intérêt économique et social. Elle permet de soumettre les entreprises d'un même secteur aux mêmes charges, et ce alors même qu'elles ne sont pas affiliées à un syndicat signataire ou adhérent[657]. Elle offre ainsi une couverture conventionnelle aux salariés des entreprises dépourvues de représentation du personnel, dans le cadre desquelles les possibilités de conclure un accord collectif sont limitées. Les accords de branche assurent donc une protection minimale unifiée au sein de la branche ou de la profession considérée.

Initialement, les accords de branche avaient une valeur hiérarchique supérieure à celle des accords d'entreprise et des accords de groupe. L'effet utile des accords de branche a cependant été rapidement neutralisé par les accords d'entreprise et de groupe, plus à même de concilier les intérêts des salariés avec les contraintes structurelles et économiques des entreprises[658].

---

655 LYON-CAEN (G.), « Pour une réforme enfin claire et imaginative du droit de la négociation collective », *Dr. Soc.*, 2003, p 355.

656 KERBOURC'H (J. Y.), « Les clauses d'interdiction de déroger par accord d'entreprise à une convention plus large », *Dr. Soc.*, 2008, p.834.

657 VACHET (G.), « La négociation collective dans les groupes de sociétés », in *Les groupes de sociétés et le droit du travail*, éd. Panthéon-Assas, 1999, p. 105-123.

658 BARÈGE (A.), « Le pouvoir normatif des conventions et accords collectifs », *JCP, S*, 2014, I, 1432, p. 14.

Depuis les années 1980, l'entreprise est devenue le niveau privilégié de la négociation collective, l'objectif étant d'assurer la concordance entre le niveau d'élaboration et le niveau d'application de la norme sociale[659]. Dans le même temps, la reconnaissance du groupe prenait progressivement forme, jusqu'à sa consécration législative comme cadre de négociation[660]. On a alors pu constater une altération de la primauté et de la nature quasi réglementaire des accords de branche[661], à mesure que le législateur favorisait le développement de la négociation d'accords d'entreprise et de groupe. Pendant plusieurs décennies, l'articulation des accords de branche avec les accords de groupe a donc fait l'objet d'une multitude de règles applicables, ce qui a généré de nombreuses difficultés pratiques.

359 De manière traditionnelle, le principe de faveur a largement trouvé à s'appliquer pour articuler les accords de groupe et les accords de branche. Il s'agit d'un principe fondamental du droit du travail au sens de l'article 34 de la Constitution, dont il appartient au législateur de déterminer le contenu et la portée[662].

L'administration précisait en 2004 qu'un accord de groupe peut toujours comporter des clauses plus favorables que celles des accords de branche. Ces clauses devaient être effectivement plus favorables que celles de l'ensemble des accords de branche dont relevaient les entreprises comprises dans le périmètre de l'accord[663]. Il y avait lieu d'appliquer une méthode de comparaison globale, et par type d'avantage[664]. Le caractère plus favorable d'un type d'avantage devait s'apprécier en fonction de l'intérêt de la collectivité des salariés, et non pas à titre individuel.

Cette analyse s'est cependant rapidement heurtée au problème de la détermination du caractère plus ou moins favorable d'une disposition conventionnelle, et ce notamment en présence d'accords de groupe à la fois créateurs de droits et d'obligations à l'égard des salariés. À titre d'exemple, un accord de compétitivité sera défavorable aux salariés en ce qu'il prévoit un gel des salaires, mais leur sera favorable en ce qu'il prévoit le maintien

---

659 BARÈGE (A.), « Le pouvoir normatif des conventions et accords collectifs », *JCP, S*, 2014, I, 1432, p. 14.

660 *Loi relative à la formation professionnelle tout au long de la vie et au dialogue social*, 4 mai 2004, n° 2004-391, JORF, 5 mai 2004, n° 105, p. 7983.

661 MORVAN (P.), « L'articulation des normes sociales à travers les branches », *Dr. Soc.*, 2009, p. 679.

662 Cons. Const., 29 avril 2004, déc. n° 2004-494 DC, *JORF*, 5 mai 2004, n° 105, p. 7998 ; *RFDA*, 2005, n° 2, p. 409, comm. L. DARDALHON.

663 *Circulaire relative au titre II de la loi n° 2004-391 du 4 mai 2004 relative à la formation professionnelle tout au long de la vie et au dialogue social*, 22 sept. 2004, *JORF*, 31 oct. 2004, n° 255, p. 18472, Fiche n°5.

664 Cass. Soc., 19 fév.1997, n° 94-45286, Bull. Civ., 1997, V, n° 70, p. 48; Dr. Soc., 2000, n° 4, p. 381, n. Ch. RADÉ.

des emplois dans un contexte de difficultés économiques. L'application du principe de faveur a donc été rapidement reléguée au rang de « mécanisme parmi tant d'autres dans l'agencement des normes en concours »[665].

360 Pour certains thèmes s'est imposé le principe de prééminence de l'accord de branche sur les autres niveaux de négociation[666]. À titre d'exemple, le renouvellement d'une période d'essai ne pouvait intervenir que s'il était prévu par un accord de branche étendu applicable à l'entreprise[667]. Cela supposait qu'en l'absence d'un tel accord, les conditions du renouvellement ne peuvent être aménagées par un accord d'entreprise ou de groupe. Dès lors qu'un seul accord de branche applicable dans le groupe ne prévoyait pas ce renouvellement, un accord de groupe ne pouvait pas être conclu sur ce thème. Le législateur avait entendu confier certaines prérogatives aux seuls négociateurs des branches d'activités, imposant une véritable « tutelle » de la branche sur les autres niveaux de négociation.

L'existence d'accords de branche étendus applicables dans le groupe a pu rendre la négociation de certains accords de groupe plus souple et moins contraignante. À titre d'exemple, les entreprises et les groupes employant cinquante à trois cents salariés sont exonérés de l'obligation de négocier en matière de contrats de génération lorsqu'un accord de branche étendu leur est applicable[668]. De fait, certaines entreprises du groupe pouvaient donc être soumises à l'obligation de négocier sur ce thème, alors que d'autres étaient couvertes par l'accord de branche étendu qui leur était applicable. Cette situation pouvait créer des disparités notables au sein du groupe.

361 On pouvait alors envisager de limiter le champ d'application des accords de groupe aux seules entreprises du groupe qui ne sont pas couvertes par un accord de branche étendu sur le contrat de génération. De cette manière, toutes les entreprises du groupe se trouvaient en conformité avec les obligations légales en la matière, et aucune d'entre elles ne s'exposait au risque de pénalité financière.

Cette solution présentait cependant de nombreux inconvénients, dans la mesure où devait alors cohabiter l'ensemble des dispositifs prévus par les accords de branche étendues applicables dans le groupe, avec le dispositif

---

[665] MORVAN (P.), « Conventions et accords dérogatoire après la loi du 4 mai 2004 : de la « théorie des flaques d'eau » », in *Le nouveau droit de la négociation collective (loi n°2004-391 du 4 mai 2004)*, éd. Panthéon-Assas, 2004, p. 37-51.

[666] VACHET (G.), « L'articulation accord d'entreprise, accord de branche : concurrence, complémentarité ou primauté ? », La négociation collective : questions d'actualité, *Dr. Soc.*, 2009, p. 896 ; MORVAN (P.), « L'articulation des normes sociales à travers les branches », *Dr. Soc.*, 2009, p. 679.

[667] *C. trav.*, art. L.1221-21.

[668] *C. trav.*, art. L.5121-8.

conventionnellement établi pour les entreprises qui n'étaient pas couvertes par un tel accord. Aucune harmonisation ne pouvait être mise en œuvre à l'échelle du groupe, et le dispositif ne pouvait pas être efficacement articulé avec les autres mesures de gestion prévisionnelle des emplois et des compétences pouvant exister dans le groupe.

362 Pour résoudre ces difficultés, la conclusion d'accords de groupe applicables à l'ensemble des entités du groupe s'est révélée beaucoup plus efficace. Encore fallait-il déterminer comment devait s'articuler l'accord de groupe avec les accords de branche étendus applicables dans le groupe. Deux positions pouvaient être défendues. Soit on considérait que les avantages accordés par les accords de branche étendus constituaient des garanties minimales, et dans ce cas, l'accord de groupe devait être nécessairement plus favorable que l'ensemble des dispositifs de branche applicables. Soit on considérait qu'en présence d'un accord de groupe applicable à l'ensemble des sociétés, il n'y avait pas lieu de faire jouer les accords de branche étendus, et l'exonération de négociation dans les entreprises concernées. Dans ce dernier cas, les accords de branche étendus devaient être purement et simplement écartés au profit de l'accord de groupe, sans qu'il ne soit nécessaire de comparer les avantages en présence.

Cette position pouvait être aisément soutenue compte tenu de la lettre de la loi. L'article L.5121-8 du code du travail prévoit en effet que les entreprises sont soumises à une pénalité « lorsqu'elles ne sont pas couvertes par un accord collectif d'entreprise ou de groupe [...] ou lorsqu'elles ne sont pas couvertes par un accord de branche étendu [...] ». En d'autres termes, pour échapper à la pénalité financière, les entreprises du groupe doivent être couvertes soit par un accord de groupe, soit par un accord de branche étendu.

363 La même analyse a pu être retenue s'agissant de l'articulation des accords de groupe et des accords de branche dérogatoires à la loi. Initialement, les accords d'entreprise et de groupe ne pouvaient qu'adapter ou compléter les règles prévues dans l'accord de branche ou comporter des dispositions plus favorables[669]. Puis le législateur a progressivement admis la possibilité de déroger *in pejus* aux accords de branche[670], jusqu'à consacrer

669 Loi modifiant certaines dispositions du chapitre IV bis du titre II du livre I du code du travail relatives aux conventions collectives de travail, ainsi que certaines dispositions du titre II de la loi 50205 du 11 février 1950 relatives à la procédure de médiation, 13 juillet 1971, n°71-561, *JORF*, 14 juil. 1973, p. 6939.

670 Loi relative à la négociation collective et au règlement des conflits collectifs du travail, 13 nov. 1982, n° 82-957, *JORF*, 14 nov. 1982, p. 3414 ; Loi relative à la formation professionnelle tout au long de la vie et au dialogue social, 4 mai 2004, n° 2004-391, *JORF*, 5 mai 2004, n° 105, p. 7983 ; Loi portant rénovation de la démocratie sociale et

la primauté de la négociation d'entreprise sur la négociation de branche dans de nombreux domaines. Les dispositions législatives prises en ce sens faisaient référence à la possibilité de déroger par accord d'entreprise ou par accord de branche[671].

La pratique a développé la conclusion d'accords de groupe sur ces thèmes, mais a dû composer avec une contrainte spécifique aux accords de groupe : ceux-ci ne pouvaient déroger aux accords de branche applicables aux entreprises du groupe que lorsqu'une disposition expresse de ces accords de branche les y autorisait[672].

364 Le législateur avait ainsi entendu encadrer strictement le champ de la négociation de groupe, dans le but de « prévenir toute substitution de l'accord de groupe à l'accord de branche »[673]. De fait, un accord de groupe dérogatoire ne pouvait intervenir que si tous les accords de branche applicables aux entreprises du groupe l'autorisaient à statuer sur le thème envisagé.

Dès lors, chaque fraction du groupe relevant d'une convention de branche spécifique devait donner lieu à un accord particulier[674]. Ce fut d'ailleurs la pratique retenue par le groupe Carrefour pour la négociation annuelle obligatoire sur les salaires[675]. Cette situation a été vivement critiquée, notamment en ce qu'elle se heurtait aux principes de liberté contractuelle et d'autonomie de la volonté des parties : il revient en effet aux seules parties à la négociation de groupe de déterminer le périmètre des accords qu'ils négocient.

365 Certains auteurs ont alors proposé la conclusion d'accords-cadres dans le groupe, à charge pour chaque employeur relevant du champ d'application de l'accord d'en adapter les stipulations dans le cadre d'une négociation d'entreprise[676]. L'accord dépourvu d'effet impératif sur les contrats de travail, il n'y avait donc pas lieu de soumettre la conclusion de l'accord de groupe à l'autorisation expresse des accords de branche applicables dans le

---

réforme du temps de travail, 20 août 2008, n° 2008-789, *JORF*, 21 août 2008, n° 0194, p. 13064.

671 À titre d'exemple, *C. trav.*, art. L.3123-18.

672 *C. trav.*, art L.2232-35.

673 Sénat, CHERIOUX (J.), *Rapport fait au nom de la commission des affaires sociales*, 28 janv. 2004, n°179 (2003-2004), art.40 III.

674 TEYSSIÉ (B.), « Variations sur les conventions et accords collectifs de groupe », *Dr. Soc.*, 2005, p. 643.

675 *Négociations annuelles obligatoires, Accord du 23 février 2015*, groupe Carrefour.

676 LAGESSE (P.), « Sur les conventions et accords de groupe », in *Le nouveau droit de la négociation collective (loi n°2004-391 du 4 mai 2004)*, éd. Panthéon-Assas, 2004, p. 95-100.

groupe. C'est l'accord d'entreprise qui devait être en conformité avec l'accord de branche qui lui était applicable, or il peut y déroger par principe. L'accord de groupe y perdait toutefois de son intérêt, puisqu'il n'était pas directement applicable dans les entreprises. Il n'était donc pas en mesure d'unifier le statut collectif applicable aux salariés.

Bien que l'accord de groupe emporte déjà « les mêmes effets que l'accord d'entreprise »[677], il ne pouvait pas pour autant être totalement assimilé à l'accord d'entreprise, dès lors qu'il n'obéissait pas aux mêmes règles d'articulation avec les accords de branche.

366 La possibilité pour les accords de groupe de statuer dans un sens défavorable aux salariés était alors circonscrite entre deux limites : non seulement la dérogation devait être expressément envisagée par le législateur, mais elle devait également être autorisée par l'ensemble des accords de branche applicables dans les sociétés du groupe. Ce dispositif a été justifié par la nécessité d'éviter un régime trop complexe dans lequel les accords de groupe auraient pu cumuler tous types de dérogations[678].

On ne saurait pour autant parler d'un véritable conflit de normes dans ces hypothèses : lorsque la dérogation était autorisée, la norme de niveau inférieur devait prévaloir sur celle de niveau supérieur. Ainsi l'accord de groupe qui fixait un taux de majoration des heures supplémentaires inférieur au taux légal primait sur les dispositions légales, et de la même manière, l'accord de groupe qui fixait un taux de majoration inférieur à celui prévu par les accords de branche applicables dans le groupe primait, à condition toutefois que cette dérogation ait été autorisée par les accords de branche. La dérogation intervenait donc par paliers successifs.

367 Deux situations devaient donc être envisagées. Lorsque les accords de branche applicables étaient plus dérogatoires à la loi que l'accord de groupe, il y avait lieu d'appliquer le principe de faveur, et l'accord de groupe primait sur les dispositifs négociés dans le cadre des branches professionnelles concernées. Lorsque l'accord de groupe était plus dérogatoire que les accords de branche applicables, la dérogation opérée par l'accord de groupe était plafonnée aux garanties minimales octroyées par les accords de branche applicables. Le champ de la dérogation de l'accord de groupe était donc strictement enfermé entre les limites fixées par la loi et par les accords de branche.

Les travaux préparatoires à la loi du 4 mai 2004 semblaient d'ailleurs indiquer que les effets similaires des accords d'entreprise et des accords de

---

677 *C. trav.*, art. L.2232-33.

678 Ass. Nat., *Débats parlementaires, Compte-rendu intégral*, 17 déc. 2003, 1ère séance, *JORF*, 18 déc. 2003, n° 125, p.12493.

groupe tels que prévus par l'article L.2232-33 du code du travail ne devaient s'entendre que de leur opposabilité aux parties au contrat de travail. Dans l'exposé des motifs du projet de loi, il a été considéré qu'offrir la possibilité de déroger par accord de groupe aurait eu pour conséquence une instabilité pour la couverture conventionnelle des salariés et une fragilisation des relations sociales au sein du groupe[679].

Ceci étant, et comme l'a très justement relevé le professeur Couturier, il en est de même lorsque la négociation dérogatoire résulte d'un accord d'entreprise[680]. Ces dérogations peuvent rompre l'égalité entre les entreprises quant au coût du travail. Les entreprises qui sont en mesure de négocier des accords dérogatoires se révéleront plus compétitives que celles dépourvues de représentation salariale.

368 L'accord de branche pouvait également revêtir un caractère supplétif dans certaines hypothèses, et être neutralisé par un accord de groupe, sans qu'il soit nécessaire d'apprécier le caractère plus favorable ou non de son contenu à l'égard des salariés. Il en était ainsi notamment pour la modulation du temps de travail sur une durée supérieure à la semaine et au plus égale à l'année. Aux termes du code du travail, cette modulation peut être prévue « par un accord d'entreprise ou d'établissement, ou à défaut, par un accord de branche »[681]. Il en était déjà de même pour la fixation d'un contingent annuel d'heures supplémentaires[682], pour l'institution d'un compte épargne-temps[683], ou encore pour la conclusion de conventions individuelles de forfait[684].

Ces thèmes ont été très largement traités dans les accords de groupe, alors que le code du travail ne prévoyait pas expressément la possibilité de conclure de tels accords en ce sens. Il faut relever que la combinaison de ces différentes problématiques dans le cadre du groupe revêt un intérêt particulier : la modulation du temps de travail peut être négociée de pair avec l'institution d'un compte épargne-temps, voire même d'un dispositif d'épargne salariale. Les majorations pour heures supplémentaires et les repos compensateurs pourront alors être affectés au compte épargne-temps, ou être convertis et placés sur un plan d'épargne groupe.

---

679 Sénat, CHERIOUX (J.), *Rapport fait au nom de la commission des affaires sociales*, 28 janv. 2004, n°179 (2003-2004), art.40 III.

680 COUTURIER (G.), « Nouveaux contrats : conventions et accords de groupe », in *Le nouveau droit de la négociation collective (loi n°2004-391 du 4 mai 2004)*, Ed. Panthéon-Assas, 2004, p. 79-94.

681 *C. trav.*, art. L.3122-2.

682 *C. trav.*, art. L.3121-11.

683 *C. trav.*, art. L.3152-1.

684 *C. trav.*, art. L.3121-39.

369 Il faut relever à ce stade qu'un même accord de groupe peut comporter à la fois des stipulations plus favorables aux salariés que les autres normes applicables au contrat de travail, des clauses dérogatoires, et d'autres excluant tout autre disposition.

À titre d'exemple, l'accord de groupe Lactalis relatif à l'aménagement du temps de travail prévoit un contingent annuel d'heures supplémentaires de 120 heures, ce qui faisait obstacle à l'application du contingent légal, et de ceux prévus par les accords de branche subsidiairement applicables dans le groupe[685]. Il n'y avait pas lieu d'envisager l'articulation de l'accord de groupe avec les dispositions plus favorables contenues dans les accords de branche, ces derniers n'ayant vocation à s'appliquer qu'à défaut d'accord de niveau inférieur.

De la même manière, la convention collective des prestataires tertiaires prévoit l'affectation de 10 jours de congés maximum par an au compte épargne-temps. L'accord Lactalis limite cette affectation à 5 jours par an, et cette disposition s'impose dans la mesure où le compte épargne-temps n'est institué, dans les conditions définies par l'accord de branche, qu'à défaut d'accord de groupe. De même, la convention collective du commerce de gros prévoit l'affectation de la cinquième semaine de congés payés au compte épargne-temps, contrairement à l'accord de groupe Lactalis. Les salariés du groupe ne pouvaient se prévaloir de cette stipulation, le principe de faveur ne jouant pas lorsque l'accord de branche intervient de manière subsidiaire.

370 L'interprétation du taux de majoration des heures supplémentaires fixé par l'accord de groupe Lactalis posait également question au regard de ces principes. Il y était prévu une majoration des heures supplémentaires au taux de 15 % sur une première période de six mois, puis de 20 % sur le semestre suivant, puis de 25 %. Deux accords de branche applicables dans le groupe fixent à 25 % le taux de majoration des 8 premières heures supplémentaires[686]. Ils n'autorisent pas de dérogation par accord de groupe. Ceci étant, ces accords de branche fixent la durée hebdomadaire de travail à 39 heures, alors qu'elle est de 35 heures dans l'accord de groupe Lactalis. Si le taux de majoration des heures supplémentaires est moins attractif dans l'accord de groupe, il s'applique dès la 36ème heure de travail, et non pas à partir de la 40ème comme cela est prévu par les accords de branche.

---

685 Convention collective nationale de commerces de gros du 23 juin 1970 :180 heures; Convention collective nationale de l'industrie laitière du 20 mai 1955 : 150 heures ; Convention collective nationale du personnel des prestataires de services dans le domaine du secteur tertiaire du 13 août 1999 : 70h, sauf accord d'entreprise.

686 Convention collective nationale des transports routiers et activités auxiliaires du transport du 21 décembre 1950 ; Convention collective nationale de la fabrication et du commerce des produits à usage pharmaceutique, parapharmaceutique et vétérinaire du 1er juin 1989.

Dans ces conditions, l'accord de groupe Lactalis ne saurait être perçu comme dérogatoire aux accords de branche évoqués, alors même que le taux de majoration qu'il fixe est inférieur à celui prévu par les accords de branche qui lui sont applicables. Ces exemples illustrent parfaitement les difficultés rencontrées par les praticiens pour sécuriser les dispositifs mis en place par accords de groupe.

371 Le professeur Antonmattéi préconisait déjà l'égalité de traitement de l'accord de groupe et de l'accord d'entreprise dans son articulation avec l'accord de branche[687], ce qui supposait que l'accord de groupe devait pouvoir déroger aux accords de branche, sauf lorsque ces derniers le prohibaient expressément. On pouvait également soutenir que l'ouverture de la négociation dérogatoire aux groupes de sociétés permet, dans une certaine mesure, de rétablir l'équilibre évoqué plus haut, puisque l'accord de groupe peut s'appliquer dans des entreprises dépourvues de représentation syndicale ou de représentation du personnel habilitée à négocier. Les entreprises comprises dans le périmètre du groupe pourraient ainsi mettre en place des dispositifs dérogatoires à l'accord de branche qui leur est applicable, ce qui renforcerait leur compétitivité et contribuerait au maintien d'un juste équilibre entre protection des salariés et sauvegarde de la compétitivité des entreprises. C'est finalement le raisonnement qui a été retenu par le législateur de 2016.

§ 2 : L'articulation après la loi du 8 août 2016

372 Jusqu'à la loi du 8 août 2016, il n'existait aucune distribution claire des compétences entre les différents niveaux de négociation, pas plus qu'un régime juridique applicable aux concours de normes applicables à la relation de travail[688]. La branche exerçait une tutelle importante sur la négociation d'accords de groupe, en déterminant elle-même les domaines de compétences propres à chaque niveau de négociation. Le professeur Kerbourc'h évoquait à ce propos la substitution d'une hiérarchie conventionnelle à la hiérarchie légale qui était la règle avant la loi de 2004[689].

---

687 ANTONMATTÉI (P.-H.), « L'accord de groupe », Quel droit pour la négociation collective de demain ?, *Dr. Soc.*, 2008, p. 57.

688 LYON-CAEN (G.), « Pour une réforme enfin claire et imaginative du droit de la négociation collective », *Dr. Soc.*, 2003, p. 355.

689 KERBOURC'H (J. Y.), « Les clauses d'interdiction de déroger par accord d'entreprise à une convention plus large », *Dr. Soc.*, 2008, p.834.

Bien que le législateur reconnaissait à la négociation de branche un caractère subsidiaire pour certains thèmes, les garanties qu'il accordait aux salariés demeuraient pour d'autres thèmes un seuil minimal auquel l'accord de groupe ne pouvait quasiment jamais déroger alors que dans le même temps, la nécessité de concilier ces garanties avec la sauvegarde de la compétitivité des entreprises n'était plus contestée.

373 La loi du 8 août 2016 a mis fin à l'application d'un certain nombre de mécanismes, en vue d'une lecture beaucoup plus claire et sécurisée de l'articulation des accords de groupe avec les accords de branche. Du moins en apparence.

Par principe, l'application de l'accord de groupe prime désormais sur celle de l'accord de branche. Ce n'est désormais qu'à défaut d'accord de groupe que l'accord de branche a vocation à s'appliquer. Il n'y aurait plus donc lieu de raisonner en termes de négociation dérogatoire, de principe de faveur, ou de concurrence entre les deux normes : l'accord de groupe s'applique désormais de manière prééminente à la relation de travail, peu important les accords de branche existants et les dispositions supplétives de la loi. Seules les dispositions légales d'ordre public obéissent encore au principe de faveur.

Déjà appliqué en matière de temps de travail, ce principe est amené à se généraliser à l'horizon de 2019, dans le cadre de la réécriture du code du travail. Son champ d'application doit cependant être relativisé, le code du travail prévoyant d'autres dispositifs organisant l'articulation des accords de groupe avec les accords de branche.

374 Le processus d'inversion de la hiérarchie de normes porté par la loi du 8 août 2016 se trouve largement limité dans ses effets, dès lors que des accords de branche peuvent toujours interdire aux accords d'entreprise et de groupe de prévoir des dispositions moins favorables pour certains thèmes, et que d'autres thèmes sont purement et simplement exclus du champ de la négociation de groupe. La tutelle de la branche sur le niveau de l'entreprise et du groupe n'a donc pas été totalement évincée par la réforme. Bien au contraire, il sera intéressant d'observer l'évolution prochaine du contenu des accords de branche quant à la possibilité de négocier dans le cadre du groupe. Si les accords de branche venaient à interdire systématiquement la dérogation par accord d'entreprise ou de groupe, le principe de primauté de ces derniers porté par la loi du 8 août 2016 s'en trouverait purement et simplement dépourvu d'effets : il y aurait alors lieu d'appliquer le principe de faveur, comme antérieurement à la réforme.

C'est donc dans ce cas le schéma initial qui se redessinerait sous l'empire de la loi nouvelle : les accords de groupe, dont l'impact serait limité dans certains domaines, seraient amenés à se développer sur des thèmes non envisagés par les accords de branche, et qui n'auraient donc pas fait l'objet d'une interdiction de déroger. Mouvante et agile, la pieuvre s'extirperait sans difficulté de son cadre trop étriqué pour évoluer en eaux troubles, là où s'exprime toute sa créativité.

375 En second lieu, l'obligation d'adaptation des accords d'entreprise et de groupe aux accords de branche conclus postérieurement n'a pas été supprimée par la loi du 8 août 2016. Il faut ici entendre que les accords de groupe doivent offrir un niveau de garantie au moins équivalent à celui des accords de branche conclus postérieurement. On imagine difficilement que l'obligation d'adaptation puisse s'opérer dans un sens défavorable aux salariés. Ce sont donc les seuls accords dérogatoires aux accords de branche qui devraient être concernés.

Il en résulte que lorsqu'un accord de branche applicable à une ou plusieurs entreprises du groupe est conclu après un accord de groupe, il y aura lieu d'appliquer le principe de faveur et de neutraliser les dispositions des accords de groupe qui seraient moins favorables que celles prévues par l'accord de branche postérieur, et ce uniquement pour les salariés des entreprises soumises au nouvel accord de branche. Cette obligation d'adaptation aux accords de branche postérieurs met clairement en péril les objectifs d'harmonisation du statut social des salariés du groupe. Il semble au surplus résolument incompatible avec le principe de primauté des accords d'entreprise et de groupe porté par la loi du 8 août 2016.

376 Il faut ici relever que, compte tenu de la grande liberté laissée aux partenaires sociaux pour conclure des accords de groupe depuis la loi du 8 août 2016, la portée de cette obligation d'adaptation s'est considérablement réduite. Sous l'empire du dispositif antérieur, l'obligation d'adaptation des accords de groupe aux accords de branche postérieurs était soumise à la réunion de trois conditions : le code du travail devait autoriser l'accord de groupe à déroger sur un thème particulier, l'accord de groupe devait être moins favorable aux salariés que l'accord de branche, et l'accord de branche ne devait pas avoir autorisé expressément à déroger à ses stipulations par accord de groupe.

L'accord de groupe pouvant désormais déroger à la loi, dans la limite des dispositions d'ordre public, et à la condition que les accords de branches ne l'interdisent pas expressément, l'obligation d'adaptation des accords de groupe aux accords de branche postérieurs devrait donc être résiduelle sous l'empire de la loi nouvelle. Il n'en demeure pas moins que sa mise en œuvre persiste et qu'elle nous interpelle quant à sa compatibilité avec le principe de primauté des accords d'entreprise et de groupe.

377 Le nouveau dispositif légal d'articulation des accords de groupe avec les accords de branche s'est voulu vecteur de simplification et de sécurisation juridique. Il offre effectivement la possibilité aux groupes de s'adapter de manière beaucoup plus souple et rapide aux évolutions du marché, dans un contexte concurrentiel accru. Il sera vraisemblablement un tremplin vers la négociation d'accords collectifs dans le cadre de l'entreprise et du groupe.

Pour autant, l'accord de branche conserve sa fonction économique et protectrice des salariés, et demeure un outil particulièrement efficace pour garantir des concessions réciproques dans le cadre de la négociation d'accords de groupe. À défaut d'accord valablement conclu dans le cadre du groupe, ce sont les accords de branche qui auront vocation à régir la relation de travail. La partie patronale à l'accord aura donc tout intérêt à faire aboutir la négociation dans le cadre du groupe pour ne pas se trouver soumis aux dispositifs prévus par les accords de branche. À l'opposé, la partie salariale à l'accord disposera d'une marge de sécurité, dans la mesure où à défaut d'accord de groupe, ce sont les garanties prévues par les accords de branche qui trouveront à s'appliquer. Il faut ajouter à ces garanties l'obligation d'adaptation des accords de groupe aux accords de branche conclus postérieurement, qui semble perdurer sous l'empire de la loi nouvelle.

378 On peut toutefois s'interroger sur les effets à long terme de cette nouvelle articulation des normes sur les conditions d'emploi, et notamment au regard de la possibilité de négocier des accords de préservation et de développement de l'emploi. Si le refus de signer un tel accord va faire basculer les salariés sous la protection des accords de branche qui leur sont applicables, il ne saurait les préserver efficacement contre le risque de perte d'emploi. Des organisations syndicales pourraient donc être amenées à conclure des accords susceptibles de remettre en cause les conditions de travail des salariés, afin d'obtenir des garanties d'emploi que les accords de branche ne sont pas en mesure de proposer.

Malgré ses avancées, le nouveau dispositif d'articulation des accords de groupe avec les accords de branche ne semble donc pas en mesure de sécuriser pleinement les dispositifs négociés dans le cadre des groupes.

Section 3 : Articulation avec les accords d'entreprise

379 Semblables sur de nombreux aspects, les accords de groupe et les accords d'entreprise n'en conservent pas moins certaines spécificités (§ 1). Plusieurs théories peuvent être avancées pour déterminer de quelle manière ils doivent s'articuler. Tout d'abord, on peut considérer que l'entreprise et le groupe correspondent à un seul et même niveau de négociation (§ 2), ou tout au contraire, soutenir qu'il s'agit de deux niveaux de négociation hiérarchiquement différents (§3). On peut également envisager leur articulation en dehors du cadre hiérarchique, en fonction de leurs champs d'application respectifs selon la théorie des flaques d'eau (§ 4).

§1 : Ressemblances et dissemblances

380 Les accords de groupe emportant les mêmes effets que les accords d'entreprise, l'articulation de ces deux normes se résout en premier lieu par l'application du principe de faveur. Ce dispositif est cependant insuffisant à résoudre l'intégralité des difficultés posées par l'existence d'accords de groupe et d'accords d'entreprise applicables à une même relation de travail. Il faut tout d'abord rappeler qu'en matière de participation des salariés aux résultats de l'entreprise, un accord de groupe ne peut coexister avec un accord d'entreprise. La conclusion d'un accord de participation de groupe suppose la dénonciation de l'accord d'entreprise préexistant[690]. Outre ce cas particulier, l'articulation des accords de groupe avec les accords d'entreprise soulève de nombreuses interrogations.

Les travaux parlementaires de la loi du 4 mai 2004 soutenaient que les effets similaires des accords de groupe et des accords d'entreprise devaient s'entendre de l'opposabilité de l'accord au contrat de travail[691]. Pour certains auteurs, la similitude de ces deux niveaux de négociation ne devait pas être interprétée de manière plus extensive, compte tenu des différences notoires existant dans leurs régimes juridiques respectifs[692]. Il faut ici rappeler que les accords de groupe et les accords d'entreprise n'obéissaient pas à cette époque aux mêmes règles d'articulation avec les accords de branche.

Une partie de la doctrine considérait même que l'extension aux accords de groupe du régime applicable aux accords d'entreprise était le contraire d'une assimilation : il serait inutile de la prévoir si les accords de groupe n'étaient rien d'autre que des accords d'entreprise réunis en un ensemble plus ou moins intégré[693].

381 L'accord de groupe peut s'analyser de deux manières. En premier lieu, on peut envisager l'accord de groupe comme un rassemblement d'accords d'entreprise conclus par les différentes sociétés du groupe. On considère alors qu'un accord peut être conclu par un ou plusieurs employeurs pris individuellement, sans que ce mode de négociation ne lui confère une nature

---

690 *Cf.* Première partie, titre 2, chap. 2, sec. 1, § 1.

691 Ass. Nat., *Débats parlementaires, Compte-rendu intégral*, 17 déc. 2003, 1ère séance, *JORF*, 18 déc. 2003, n° 125, p.12493, [http://www.assemblee-nationale.fr/12/cri/2003-2004/20040106.asp].

692 LAGESSE (P.), « Sur les conventions et accords de groupe », in *Le nouveau droit de la négociation collective (loi n°2004-391 du 4 mai 2004)*, éd. Panthéon-Assas, 2004, p. 95-100.

693 COUTURIER (G.), « Nouveaux contrats : conventions et accords de groupe », in *Le nouveau droit de la négociation collective (loi n°2004-391 du 4 mai 2004)*, éd. Panthéon-Assas, 2004, p. 79-94.

particulière. C'était la position initialement retenue par la Cour de cassation, notamment dans son arrêt Mutuelle du Mans du 29 juin 1994[694].

Il était ici retenu que la négociation de groupe avait pour objet de conclure un accord au niveau de chacune des entreprises en cause. Dans ce cas, aucune spécificité de l'accord de groupe ne justifie qu'on lui applique un régime juridique différent de celui des accords d'entreprise. Il s'agirait donc d'accords de même niveau, dont le conflit sur un même thème devrait systématiquement se résoudre par l'application du principe de faveur.

Cette position nous paraît difficile à soutenir, dans la mesure où la négociation d'accords de groupe obéit à des règles qui lui sont spécifiques, notamment la possibilité pour l'employeur de l'entreprise dominante de représenter l'ensemble des employeurs des entreprises du groupe sans mandat exprès. La consécration d'un régime juridique propre aux accords interentreprises avec la loi du 8 août 2016 nous conforte d'ailleurs dans cette analyse.

382 En second lieu, et c'est notre sentiment, le groupe peut s'analyser comme un cadre spécifique de négociation, et notamment du fait qu'il regroupe une communauté de travail distincte de celle de chaque entreprise qui le compose. Dans ce cas, l'accord de groupe constitue un niveau de négociation distinct de celui de l'entreprise. Il ne doit pas s'analyser en une simple addition d'accords d'entreprises conclus dans le périmètre du groupe[695]. C'est la solution retenue par la chambre sociale de la Cour de cassation dans son arrêt Axa du 30 avril 2003[696], lequel a précédé la reconnaissance législative du groupe comme niveau de négociation d'accords collectifs. C'est aussi la position d'une majeure partie de la doctrine et, nous semble-t-il, celle privilégiée par le législateur.

383 De la nature de l'accord de groupe découlent nécessairement les conditions de son application en présence d'accords d'entreprise applicables à une même relation de travail.

S'il a été louable pour le législateur de ne pas figer trop tôt le régime juridique applicable aux accords de groupe, il est rapidement devenu nécessaire de sécuriser les pratiques existantes, compte tenu de leur

---

694 Cass. Soc., 29 juin 1994, *Mutuelles du Mans*, n° 91-18640, *Bull. Civ.*, 1994, V, n° 219, p. 149 ; *Dr. Soc.*, 2001, n° 5, p. 498, n. J. SAVATIER; *JCP, G*, 1995, 3817, obs. P.-H. ANTONMATTÉI.

695 Dans ce sens : GRANGÉ (J.), « Les conventions et accords collectifs de groupe », *Sem. Soc. Lamy*, 2004, n° 1183, p. 73.

696 Cass. Soc., 30 avril 2003, *Fédération des employés et cadres CGT-Force ouvrière c/ société Axa France assurances*, n° 01-10027 ; *Lexbase* n° A7524BSH ; *Bull. Civ.*, 2003, V, n° 155, p. 151 ; *Dr. Ouv.*, 2003, n° 662, p. 398, n. M.-F. BIED-CHARRETON ; *JSL*, 2003, n° 125, p. 14, n. J.-E. TOUREIL.

développement important et de la multiplication des obligations légales de négociation pesant sur certains groupes[697]. La loi du 8 août 2016 a apporté de nouveaux éclairages sur ces points, en précisant notamment que la conclusion d'un accord de groupe sur un thème de négociation obligatoire en entreprise emportait, pour les entreprises concernées, exonération de l'obligation de négocier. Ce dispositif ne lève pas pour autant l'ensemble des interrogations qui ont pu émerger.

Il est donc intéressant d'analyser les pratiques antérieures des groupes de sociétés en vue de résoudre un conflit de normes applicables aux mêmes contrats de travail, dans la mesure où c'est bien le développement de la négociation d'accords de groupe qui a forcé le législateur à intervenir sur ce thème. De la même manière, l'étude des accords de groupe antérieurs à l'entrée en vigueur de la loi du 8 août 2016 et de leur articulation avec les accords d'entreprise peut apporter au législateur des éléments supplémentaires quant au régime juridique qui pourrait les encadrer.

Force est de constater que la conclusion d'accords de groupe répond le plus souvent à une volonté d'harmoniser la situation sociale des salariés du groupe. La négociation d'accords de groupe permet d'étendre certains dispositifs existants à des entreprises dépourvues de représentation du personnel, et qui se trouvent individuellement dans l'impossibilité de s'aligner sur les pratiques d'autres filiales. Il en est ainsi notamment s'agissant de la formation professionnelle ou de la mobilité.

384 L'amélioration du statut social des salariés n'est cependant pas l'unique moteur de la négociation de groupe. À l'instar de la négociation d'entreprise, elle peut également avoir pour objet l'optimisation de l'organisation des différentes entités du groupe. Cet objectif n'est pas nécessairement incompatible avec une amélioration de la situation sociale des salariés. À titre d'exemple, une politique harmonisée de gestion prévisionnelle des emplois et des compétences pourra permettre de limiter l'impact d'une restructuration sur l'emploi des salariés, notamment par le recours à la formation professionnelle et à la mobilité au sein du groupe. Dans le même temps, elle permettra de limiter les coûts de ce réaménagement pour l'entreprise, en limitant le versement d'indemnités de départ ou le recours au travail temporaire.

De la même manière, la mise en place d'un dispositif de complémentaire santé de groupe offrira une couverture santé plus avantageuse aux salariés en même temps qu'elle réduira les coûts fixes pour les entreprises concernées. La mutualisation des besoins dans le groupe placera l'employeur en position de force pour négocier des conditions contractuelles avantageuses, d'où une

---

697 À titre d'exemple, Loi portant création du contrat de génération, 1er mars 2013, n° 2013-185, JORF, n° 0053, 3 mars 2013, p. 3943.

baisse du montant des cotisations patronales et salariales à garanties égales, et une optimisation des frais de gestion et des frais de dossier, qui seront appliqués une seule fois pour l'ensemble des entreprises concernées.

385 La mise en place de garanties harmonisées dans le cadre du groupe suppose un nivellement des garanties par le haut, mais qui n'est pas toujours le plus haut niveau existant dans le groupe. Les entreprises composant un groupe peuvent connaître des niveaux de garanties très différents, et la mise en place d'un statut social de groupe unifié peut se révéler défavorable pour les salariés de certaines entreprises. Pour y remédier il peut être intéressant de mettre fin à l'accord d'entreprise préexistant par la voie de la dénonciation, comme nous l'évoquerons par la suite. Lorsqu'il n'est pas fait usage de ce mécanisme, et pour résoudre les éventuelles difficultés d'articulation, il faut déterminer la manière dont se positionne l'accord de groupe dans la hiérarchie de normes préexistantes. Trois théories peuvent être avancées.

§2 : Première théorie : un seul et même niveau de négociation

386 Si la loi du 4 mai 2004 consacre le groupe comme un niveau de négociation à part entière, l'administration précise qu'il ne fait pas pour autant du groupe un nouveau niveau de négociation en tant que tel qui se situerait au-dessus ou en dessous de l'accord d'entreprise dans la hiérarchie des normes applicables à la relation de travail.

En se bornant à affirmer que l'accord de groupe emporte les mêmes effets que l'accord d'entreprise et en permettant désormais à la négociation de groupe de se substituer à la négociation obligatoire en entreprise, le législateur semble bien au contraire les placer au même niveau dans la hiérarchie des normes. Pour certains auteurs, le législateur envisage la négociation de groupe comme « une déclinaison particulière de la négociation d'entreprise »[698], tout comme la négociation dans le cadre de l'établissement ou de l'unité économique et sociale.

Les accords de groupe et d'entreprise seraient ainsi complémentaires : les premiers traitant des sujets d'intérêt commun et les seconds des sujets propres à chaque entité du groupe[699]. On peut relever à titre d'exemple, dans le groupe Casino, qu'en parallèle de la politique de groupe déployée en matière de rémunération accessoire, notamment en matière de participation

---

698 ANTONMATTÉI (P.-H.), « L'accord de groupe », Quel droit pour la négociation collective de demain ?, *Dr. Soc.*, 2008, p. 57.

699 TEYSSIÉ (B.), « Variations sur les conventions et accords collectifs de groupe », *Dr. Soc*. 2005, p. 643.

des salariés aux résultats du groupe, un accord d'entreprise conclu dans l'entité Serca prévoit l'attribution de primes particulières à ses seuls salariés compte tenu de leur activité[700]. Les salariés de cette entreprise pourront bénéficier cumulativement de la participation aux résultats prévue par l'accord de groupe, et de la prime annuelle aux résultats prévue par l'accord d'entreprise, dans la mesure où il s'agit d'avantages distincts.

La négociation de groupe offre ici un cadre général au statut social des salariés, complété par la négociation d'entreprise, qui prend en compte les spécificités de chaque structure composant le groupe.

387 Cette analyse doit cependant être nuancée, dans la mesure où les accords de groupe ne traitent pas nécessairement de sujets d'intérêt commun. Si ce critère était initialement retenu dans la jurisprudence Axa, il ne s'agit pas pour autant d'une condition de validité de l'accord de groupe. Celui-ci peut même contenir des stipulations qui ne seraient applicables qu'à une seule entreprise du groupe, les partenaires sociaux étant libres de fixer son champ d'application[701].

Si l'on considère que l'accord d'entreprise et l'accord de groupe relèvent du même niveau hiérarchique, il faut alors faire application du principe de faveur. En présence de stipulations nouvelles, elles seront directement applicables dans les entreprises du groupe. Lorsque l'accord de groupe porte sur des domaines déjà traités par des accords d'entreprise, les clauses de l'accord de groupe ne pourront prévaloir sur les stipulations des accords d'entreprise antérieurs ayant le même objet que si elles sont plus favorables aux salariés. C'est la position retenue par l'administration dans sa circulaire du 22 septembre 2004[702].

388 C'est également l'analyse qui a été retenue par le juge d'appel des référés saisi de l'accord de compétitivité du groupe Renault du 13 mars 2013[703]. En l'espèce, l'accord prévoyait qu'afin de garantir son économie générale, et considérant ses dispositions comme globalement plus favorables à l'ensemble des salariés inclus dans son champ d'application, ses stipulations prévaudront sur celles, contraires ou différentes, des accords

---

[700] *Accord collectif sur la prime annuelle aux résultats Serca (PARS) des salariés employés dans les centres techniques Serca*, 11 déc. 2013.

[701] *C. trav.*, art. L.2232-30.

[702] *Circulaire relative au titre II de la loi n° 2004-391 du 4 mai 2004 relative à la formation professionnelle tout au long de la vie et au dialogue social*, 22 sept. 2004, *JORF*, 31 oct. 2004, n° 255, p. 18472, Fiche n°5, §3 :

[703] *Accord de groupe « Contrat pour une nouvelle dynamique de croissance et de développement social de Renault en France »*, groupe Renault, 13 mars 2013.

d'entreprise et d'établissement conclus précédemment[704]. Le juge des référés a ordonné en appel le retrait de cette stipulation, en ce qu'elle constituait un trouble manifestement illicite, notamment au principe de faveur.

La cour d'appel a rappelé dans son arrêt que le principe de faveur constitue un principe fondamental du droit du travail d'où il résulte qu'en cas de conflit entre deux normes applicables à la même relation de travail, et en l'absence de toute hiérarchie entre celles-ci, il appartient au juge de rechercher laquelle est la plus favorable aux salariés[705].

389 L'application du principe de faveur pour résoudre le conflit entre accords de groupe et accords d'entreprise est cependant loin d'être appliqué de manière uniforme en pratique. On peut même relever que le déploiement d'une politique sociale de groupe peut considérablement réduire le champ de la négociation d'accords d'entreprise. On assiste d'ailleurs dans certains groupes à un véritable transfert de compétence des partenaires sociaux au profit du groupe, si bien que les problématiques d'articulation devraient perdre progressivement de leur ampleur. Cette tendance, si elle paraît globalement plus avantageuse pour les salariés, se heurte cependant aux impératifs économiques qui ont justifié la volonté du législateur de faire primer l'accord d'entreprise sur les autres normes applicables à la relation de travail.

Si l'on considère que les accords de groupe et les accords d'entreprise s'inscrivent sur un seul et même niveau dans la hiérarchie des normes, un accord d'entreprise et un accord de groupe pourront tous deux primer dans les mêmes conditions, et dans les mêmes proportions, sur les accords de branche et les dispositions supplétives de la loi. En l'absence de hiérarchie clairement établie entre les accords de groupe et les accords d'entreprise, un accord d'entreprise ne pourra pas déroger à un accord de groupe pour prendre en compte les spécificités de l'entreprise. Il y aura alors lieu de résoudre ce conflit de normes par l'application du principe de faveur. Cette solution ne nous paraît pas cependant conforme à l'esprit du dispositif légal de 2004 ni aux objectifs animant la négociation d'accords de groupe et d'entreprise.

390 Reconnaître le même niveau hiérarchique aux accords de groupe et aux accords d'entreprise priverait en effet les entités composant le groupe de toute faculté d'adapter les dispositifs qui leur sont applicables à leurs propres

---

704 *Accord de groupe « Contrat pour une nouvelle dynamique de croissance et de développement social de Renault en France »*, groupe Renault, 13 mars 2013, chap.12, §3.

705 CA Versailles, 14ème ch., 18 déc. 2013, n° 13/06530 ; *JSL*, 2014, n° 360, p. 25, n. G. DESMOULIN.

contraintes, pour préserver leur compétitivité. Cette analyse fait donc obstacle à la volonté du législateur de rapprocher le niveau de la négociation et le niveau de mise en œuvre des dispositifs conventionnels.

De la même manière, l'accord de groupe ne pourrait qu'accorder des avantages supplémentaires aux salariés, et il ne serait pas en mesure d'édicter des règles contraignantes, celles-ci étant systématiquement neutralisées par celles prévues par les accords d'entreprise concurrents en application du principe de faveur. Cette position ne saurait donc pleinement nous satisfaire compte tenu de ses imperfections.

§3 : Deuxième théorie : des niveaux de négociation hiérarchiquement différents

391 Pour certains auteurs, les effets identiques des accords d'entreprise et des accords de groupe s'entendent uniquement de leur applicabilité et de leur opposabilité à la relation de travail. Le législateur prévoit en outre des effets spécifiques de l'accord de groupe dans la plupart des domaines qui font de l'entreprise un niveau spécifique de négociation. Une partie de la doctrine considère ainsi que l'extension aux accords de groupe des effets des accords d'entreprise est le contraire d'une assimilation : il serait inutile de la prévoir si les accords de groupe n'étaient rien d'autre que des accords d'entreprise rassemblés en un ensemble plus ou moins intégré[706]. Calquer les effets de l'accord de groupe sur celui des accords d'entreprise reviendrait à méconnaître les spécificités de ce niveau de négociation. Il y aurait plutôt lieu « d'affirmer l'autonomie du groupe comme niveau particulier de négociation »[707].

392 La loi du 8 août 2016 consacre désormais la possibilité de négocier et de conclure des accords de groupe pour l'ensemble des négociations prévues par le code du travail au niveau de l'entreprise, dans les mêmes conditions[708]. Elle rapproche donc clairement les règles applicables à l'un ou l'autre de ces niveaux de négociation. Elle fait cependant expressément référence au terme de « niveau » de négociation, ce qui peut laisser supposer l'existence d'une hiérarchie entre les accords de groupe et les accords d'entreprise.

---

[706] COUTURIER (G.), « Nouveaux contrats : conventions et accords de groupe », in *Le nouveau droit de la négociation collective (loi n°2004-391 du 4 mai 2004)*, éd. Panthéon-Assas, 2004, p. 79-94.

[707] ANTONMATTÉI (P.-H.), « L'accord de groupe », Quel droit pour la négociation collective de demain ?, *Dr. Soc.*, 2008, p. 57.

[708] *C. trav.*, art. L.2232-33.

La consécration des accords interentreprises avec la loi du 8 août 2016 confirme cette autonomie de l'accord de groupe, en donnant toute sa spécificité à l'ensemble que constitue le groupe par rapport à un autre ensemble d'entreprises qui décide d'adopter un statut collectif commun. Mais malgré ces avancées, la position du législateur quant à la place de l'accord de groupe dans la hiérarchie des normes ne semble toujours pas clairement établie. Il en est de même s'agissant de son articulation avec les autres niveaux de négociation. Plusieurs positions peuvent être soutenues.

393 L'accord de groupe pourrait tout d'abord trouver sa place comme niveau intermédiaire de négociation, entre le niveau de l'entreprise et celui de la branche. Comme l'accord de branche, il offrirait un socle de garanties supplémentaires aux salariés dans les entreprises dépourvues de représentation du personnel, et imposerait un mode d'organisation uniforme dans chaque entreprise du groupe. Il aurait ici une fonction économique relativement similaire à celle dévolue aux accords de branche. Dans le même temps, il permettrait d'unifier le statut social des salariés, et d'adapter les dispositifs légaux aux contraintes et aux spécificités structurelles du groupe, afin de garantir sa compétitivité et sa pérennité. Sur ce point, il répondrait aux mêmes objectifs que les accords d'entreprise.

La reconnaissance d'une supériorité hiérarchique de l'accord d'entreprise sur l'accord de groupe supposerait alors l'absence de concours de normes applicables. Les accords d'entreprise primeraient nécessairement sur les accords de groupe, sans qu'il y ait lieu de distinguer selon que leurs stipulations sont plus ou moins favorables aux salariés. Cette analyse ferait donc obstacle à toute possibilité d'harmonisation du statut social des salariés par accord de groupe.

394 Une seconde thèse amènerait à considérer que l'accord de groupe a une valeur hiérarchique supérieure à celle de l'accord d'entreprise. Plusieurs dispositions de la loi du 8 août 2016 peuvent nous orienter vers cette analyse. Tout d'abord, lorsqu'un accord de groupe est conclu sur un thème de la négociation obligatoire, les entreprises concernées sont désormais dispensées d'engager elles-mêmes ces négociations[709]. Ce dispositif n'empêche nullement les entreprises du groupe de négocier sur ces thèmes si elles le souhaitent. Pour autant, aucun dispositif légal ne prévoit expressément la possibilité de dispenser les groupes d'engager des négociations obligatoires lorsque les entreprises qui le composent ont elles-mêmes conclu un accord sur le thème envisagé. La conclusion d'un accord de groupe a donc un impact fort sur les obligations légales pesant sur les employeurs des entreprises du groupe, sans qu'il existe de réciproque.

---

[709] *C. trav.*, art. L.2232-33 al. 3.

L'alinéa 2 de l'article L.2232-33 du code du travail prévoit des effets encore plus particuliers de la négociation d'un accord de groupe sur les obligations légales de négocier dans le cadre de l'entreprise : lorsqu'un accord sur la méthode conclu au niveau du groupe le prévoit, l'engagement à ce niveau d'une négociation obligatoire en entreprise dispense les entreprises appartenant à ce groupe d'engager elles-mêmes cette négociation.

395 Si l'on procède à une lecture littérale de la loi, ce n'est plus ici la conclusion d'un accord de groupe sur un thème de la négociation obligatoire en entreprise qui entraîne la substitution de l'accord de groupe à l'accord d'entreprise, mais seulement l'engagement de négociations dans le cadre du groupe. Il importe peu ici qu'un accord de groupe soit effectivement conclu à l'issue de ces négociations, les entreprises du groupe seront dispensées de l'obligation de négocier, quelle que soit l'issue de la négociation engagée au niveau du groupe conformément aux stipulations de l'accord sur la méthode.

On peut donc en déduire que la volonté des partenaires sociaux d'engager les négociations obligatoires en entreprise dans le cadre du groupe libère les entreprises concernées de leurs obligations légales en la matière, dès lors que cette volonté a été matérialisée par un accord de groupe sur la méthode. Il serait alors aisé de soutenir que l'accord de groupe a une valeur supérieure à celle de l'accord d'entreprise dans la hiérarchie des normes applicables à la relation de travail.

Dans ce cas, l'accord d'entreprise n'aurait vocation à s'appliquer qu'en l'absence d'accord de groupe. Cette configuration nous paraît cependant peu compatible avec les objectifs respectifs de la négociation d'entreprise et de groupe. Elle n'est pas davantage cohérente avec les pratiques développées jusqu'alors par les groupes de sociétés.

A titre d'exemple, on peut relever que certains accords objets de notre étude prévoient expressément que les accords antérieurs continuent de s'appliquer[710], ou encore que l'accord de groupe ne remet pas en cause les stipulations des accords applicables dans les sociétés de son périmètre[711]. Ces stipulations ne laissent pas présager d'une volonté des partenaires sociaux d'entériner une quelconque hiérarchie entre les accords de groupe et les accords d'entreprise. Bien au contraire, si tel avait été le cas, ces accords auraient expressément précisé qu'ils prévalaient sur les accords d'entreprises existant dans le champ du groupe.

---

710 *Accord de groupe relatif à l'aménagement du temps de travail*, groupe Lactalis, 13 oct. 2010.

711 *Accord de méthode de groupe Carrefour sur le dispositif d'accompagnement des restructurations*, groupe Carrefour, 21 déc. 2011.

396 En définitive, il est toujours difficile de déterminer précisément la place de l'accord de groupe dans la relation de travail. La tendance est clairement à l'alignement et à l'assimilation des accords de groupe et des accords d'entreprise. Pourtant, le législateur insiste sur la dimension spécifique du groupe comme niveau de négociation, sans toutefois lui reconnaître une valeur hiérarchique différente de celle de l'entreprise. Cette difficulté ne se résout pas nécessairement par un raisonnement fondé sur un principe hiérarchique. Une autre piste peut être envisagée.

§4 : Troisième théorie : les « flaques d'eau »

397 Une tout autre analyse de l'articulation des accords de groupe avec les accords d'entreprise a été envisagée par le professeur Morvan : la théorie des flaques d'eau[712]. Selon cette théorie, l'articulation des accords collectifs entre eux n'obéit pas à des règles hiérarchiques comme illustrées par la pyramide de Kelsen. Par nature, deux règles de valeur hiérarchique différente n'entrent jamais en conflit puisque l'une prime sur l'autre en vertu de son rang supérieur. Il en est ainsi s'agissant des accords d'entreprise et des accords de branche, en particulier depuis la loi du 8 août 2016 : les dispositions d'un accord de branche n'auront désormais vocation à s'appliquer qu'en l'absence d'accord d'entreprise ou d'établissement portant sur le même thème.

Rien n'a été précisé en revanche s'agissant des accords de groupe, et les théories consistant à consacrer un rang spécifique des accords de groupe dans la hiérarchie des normes, ou au contraire, à inscrire les accords de groupe et les accords d'entreprise sur le même niveau hiérarchique ont clairement montré leurs limites au regard des objectifs de la négociation collective.

398 Selon l'analyse du professeur Morvan, les accords collectifs de travail évoquent des flaques d'eau, d'une envergure variable selon l'étendue de leur champ d'application. Ces flaques sont généralement distinctes, mais parfois se superposent et se confondent. Il faut ici se référer à l'étendue du champ d'application respectif des accords en concours pour résoudre un éventuel conflit de normes applicables. Le recours à une règle d'interprétation est alors nécessaire.

Compte tenu des nouveaux principes d'ordonnancement juridique dégagés par la loi du 8 août 2016, et notamment de la supériorité hiérarchique des

---

712 MORVAN (P.), « Conventions et accords dérogatoire après la loi du 4 mai 2004 : de la « théorie des flaques d'eau » », in *Le nouveau droit de la négociation collective (loi n°2004-391 du 4 mai 2004)*, éd. Panthéon-Assas, 2004, p. 37-51.

accords d'entreprise sur les accords de branche, il est possible d'en déduire que le législateur a entendu faire primer le niveau de négociation le plus proche des salariés pour régir les relations de travail. Dès lors, on pourrait considérer que l'application d'un accord d'entreprise doit primer sur l'application d'un accord de groupe, dans la mesure où il recouvre un champ d'application plus restreint et qui s'inscrit dans une dynamique de proximité. Cette thèse permet d'appliquer aux salariés les dispositifs qui ont été mis en place au plus près de leurs préoccupations, sans pour autant qu'un dispositif négocié dans le cadre de l'entreprise soit exclusif d'un autre négocié dans le cadre du groupe. C'est ici l'accord qui a le champ d'application le plus restreint qui s'appliquera en priorité aux salariés.

399 Cette lecture pourrait offrir un regain d'intérêt aux dispositions des articles L.2253-1 et suivants du code du travail relatifs aux rapports entre les accords d'entreprise et les accords couvrant un champ territorial ou professionnel plus large. Les textes font ici expressément référence aux conventions de branche et aux accords professionnels ou interprofessionnels. On pourrait toutefois soutenir qu'il a vocation à régir l'articulation des accords de groupe et des accords d'entreprise, dans la mesure où il concerne les « accords couvrant un champ territorial ou professionnel plus large » que l'accord d'entreprise. Tel est bien le cas de l'accord de groupe.

Il y est tout d'abord prévu qu'un accord d'entreprise peut adapter les stipulations des accords couvrant un champ territorial ou professionnel plus large aux conditions particulières de l'entreprise considérée. L'accord d'entreprise pourrait donc adapter les stipulations de l'accord de groupe à ses spécificités en y apportant des compléments ou en prévoyant des dispositions plus favorables.

Il y est également prévu qu'en dehors de certains domaines limitativement énumérés[713], l'accord d'entreprise peut déroger aux accords couvrant un champ territorial ou professionnel plus large, sauf si ces derniers en disposent autrement. L'accord d'entreprise pourrait donc prévoir des stipulations particulières moins favorables aux salariés que celles prévues par l'accord de groupe qui leur est applicable, chaque fois que l'accord de groupe ne l'aura pas expressément interdit. Il reviendrait donc à l'accord qui possède le champ d'application le plus étendu (l'accord de groupe), de fixer les conditions de son articulation avec des accords recouvrant un champ d'application plus restreint (l'accord d'entreprise). L'accord de groupe pourrait donc ici faire primer l'impératif d'harmonisation du statut social des

---

713 En matière de salaires minimas, de classifications, de garanties collectives complémentaires, de prévention de la pénibilité, d'égalité professionnelle et de mutualisation des fonds de la formation professionnelle.

salariés dans le groupe sur la nécessité de chaque entreprise de l'adapter à ses propres contraintes.

Le code du travail prévoit enfin que les accords d'entreprises doivent être adaptés aux accords couvrant un champ territorial ou professionnel plus large qui viennent à s'appliquer dans l'entreprise postérieurement à la conclusion d'accords d'entreprise. Dès lors, si l'application de l'accord d'entreprise prime sur celle de l'accord de groupe, l'accord d'entreprise devrait néanmoins être adapté aux stipulations de l'accord de groupe conclu par la suite. L'application d'un accord d'entreprise ne serait donc pas incompatible avec la mise en place d'un statut social harmonisé dans le cadre du groupe, en particulier si l'accord de groupe interdit de déroger au statut qu'il a institué.

400 On peut remarquer que certains accords de groupe semblent s'inscrire directement dans cette tendance. À titre d'exemple, l'accord du groupe Korian relatif au contrat de génération du 10 septembre 2013[714] fixe un contingent d'heures supplémentaires de 220 heures pour les moins de 28 ans, et de 180 heures au-delà, tout en précisant que ces stipulations ne se substituent pas aux accords d'entreprise fixant un contingent d'heures supplémentaires supérieur. Les dispositions plus favorables aux salariés de l'accord de groupe seront donc neutralisées par celles d'accords d'entreprise dérogatoires, sans que l'accord de groupe ne puisse remettre en cause le dispositif prévu dans chaque entreprise du groupe.

De la même manière, l'accord du groupe Casino relatif au compte épargne-temps du 20 mai 2008[715] plafonne l'alimentation du compte individuel des salariés à 40 jours ouvrables par an. Dans le même temps, la négociation annuelle obligatoire sur les salaires de 2012 dans l'entreprise Restauration Collective Casino SAS a limité l'alimentation du compte épargne-temps à 10 jours ouvrables par an pour ses salariés. S'agissant d'un accord dérogatoire, les salariés de l'entreprise Restauration Collective Casino ne sauraient se prévaloir du dispositif plus avantageux mis en place dans le cadre du groupe. L'existence de stipulations dérogatoires dans cette entité ne remet pas pour autant en cause l'application de l'accord de groupe. Les stipulations de ce dernier s'appliqueront directement dans le périmètre concerné, pour autant qu'elles n'aient pas été neutralisées par un accord d'entreprise dérogatoire. Les deux types d'accords coexistent donc dans les mêmes conditions.

401 En conclusion, le législateur assimile les effets des accords de groupe à ceux des accords d'entreprise, tout en consacrant la nature spécifique des accords de groupe. Il ne se positionne pas clairement quant à la place de

---

[714] *Accord de groupe relatif au contrat de génération*, groupe KORIAN, 10 sept. 2013.

[715] *Accord de compte épargne-temps*, groupe Casino, 20 mai 2008.

l'accord de groupe dans la hiérarchie des normes applicables à la relation de travail.

L'intégration des accords de groupe dans la hiérarchie des normes nous entraîne dans une impasse lorsqu'il s'agit d'appréhender leur articulation avec les accords d'entreprise. Il paraît en effet peu opportun d'avancer une quelconque supériorité de l'accord de groupe, ou de l'accord d'entreprise et ce notamment du fait que les accords d'entreprises n'entrent pas systématiquement en conflit avec des accords de groupe. Ce n'est que dans l'hypothèse où l'entreprise est comprise dans le champ d'application d'un accord de groupe que la question se pose.

Il n'y a donc pas lieu, à notre sens, d'intégrer l'accord de groupe dans le système pyramidal pour analyser ses rapports avec l'accord d'entreprise. Néanmoins, les spécificités inhérentes à ce cadre de négociation justifieraient la consécration d'un régime juridique particulier.

Section 4 : Articulation avec les accords d'unité économique et sociale

402 Comme le cadre de l'entreprise, le cadre de l'unité économique et sociale doit être différencié de celui du groupe, compte tenu de ses spécificités (§ 1). La complémentarité de ces deux niveaux de négociation (§ 2) permet d'identifier strictement leurs domaines d'intervention respectifs (§ 3).

§1 : Spécificités des deux cadres de négociation

403 Les considérations qui précèdent nous amènent à évoquer de manière particulière l'articulation des accords de groupe avec les accords conclus dans le cadre d'une unité économique et sociale. Contrairement au groupe de sociétés, l'unité économique et sociale n'est pas reconnue expressément par le code du travail comme niveau de négociation, mais en pratique, de nombreux accords sont conclus à ce niveau. Rappelons qu'il s'agit d'une création jurisprudentielle[716] reprise par le législateur en 1982[717] pour imposer la mise en place d'institutions représentatives du personnel communes à des entreprises regroupant ensemble au moins cinquante salariés. Le champ des

---

716 Cass. Crim., 23 avril 1970, n° 68-91333 ; *Bull. Crim.*, 1970, n° 144, p. 335 ; *D.*, 1970, 444 ; Cass. Soc., 8 juin 1972, n° 71-12860 ; *Bull. Civ.*, 1972, V, n° 418, p. 382 ; *JCP*, 1973, II, 17316 ; Cass. Soc., 19 déc. 1972, n° 72-60088, *Bull. Civ.*, 1972, V, n°710, p. 650 ; *D.*, 1973, p. 381, n. M. DESPAX.

717 *Loi relative à la négociation collective et au règlement des conflits collectifs du travail*, 13 nov. 1982, n° 82-957, *JORF*, 14 nov. 1982, p. 3414.

attributions dévolues dans ce cadre juridique s'est progressivement étendu, si bien que des délégués syndicaux peuvent désormais être désignés par les organisations syndicales représentatives dans l'unité économique et sociale, et qu'ils peuvent être amenés à conclure des accords collectifs applicables dans ce périmètre[718].

404 Bien que le législateur n'ait pas formellement envisagé l'unité économique et sociale comme niveau de négociation des accords collectifs, il fait néanmoins expressément référence à ce cadre pour la conclusion d'accords de participation des salariés aux résultats de l'entreprise[719]. Dans la pratique, la négociation d'accords d'unité économique et sociale est loin de se cantonner à ce seul domaine. Elle présente un intérêt certain en ce qu'elle permet d'entériner l'unité sociale existant entre les salariés des différentes entreprises concernées.

Elle doit être clairement distinguée de la négociation de groupe, comme a pu le rappeler l'administration[720], et ce compte tenu des différences notoires existant entre ces deux niveaux de négociation.

405 Alors que l'unité économique et sociale suppose une unité de direction, une unité d'activités et une unité sociale, le groupe de sociétés peut correspondre à des réalités bien différentes. Juridiquement tout au moins, il n'existe pas de concentration des pouvoirs de direction dans le cadre du groupe, chaque entité le composant demeurant strictement autonome. Cette autonomie doit cependant être nuancée, les employeurs des différentes entités du groupe étant plus ou moins étroitement liés par les décisions stratégiques prises par la société-mère.

Par ailleurs, les activités exercées dans le cadre d'un groupe de sociétés peuvent être très différentes d'une entité à une autre. L'appartenance d'une société à un groupe se traduit le plus souvent par une détention capitalistique ou l'exercice d'une influence dominante de la société-mère. La similarité des activités n'est pas un facteur conditionnant l'existence d'un groupe.

Enfin, il n'y a pas lieu d'établir une unité sociale dans le cadre du groupe. Bien au contraire, ce sont les importantes disparités pouvant exister dans la communauté de travail qui justifient la conclusion d'accords de groupe, afin d'harmoniser le statut social des salariés et tendre vers une organisation unifiée et structurée dans le groupe.

---

718 Cass. Soc., 25 janv. 2012, n° 11-60088 ; Cass. Soc., 29 mai 2013, n° 12-60262 ; *Bull. Civ.*, 2013, V, n° 141 ; *Dr. Soc.*, 2013, n° 7/8, p. 653, n. F. Petit.

719 *C. trav.*, art L.3322-2.

720 *Circulaire relative au titre II de la loi n° 2004-391 du 4 mai 2004 relative à la formation professionnelle tout au long de la vie et au dialogue social*, 22 sept. 2004, *JORF*, 31 oct. 2004, n° 255, p. 18472, Fiche n°5, § 1.

406 Les objectifs inhérents à la conclusion d'accords de groupe sont les présupposés de la reconnaissance d'une UES. La reconnaissance d'une UES a pour objectif de mettre en place des institutions représentatives du personnel communes à des entités qui en sont dépourvues, et dans lesquelles existent une concentration des pouvoirs de direction, des activités similaires et une unité sociale. L'intérêt réside essentiellement dans la possibilité de conclure des accords d'entreprise entérinant cette unité.

À l'inverse l'accord de groupe vise à instituer un statut social et une organisation unitaire au sein d'un regroupement d'activités disparates, tant par leurs activités que par leur taille, leurs effectifs, et le statut social de leurs salariés découlant de l'ensemble des normes conventionnelles qui leur sont applicables (notamment les accords de branche et les accords d'entreprise).

Ces deux types d'accords se rejoignent cependant dans la faculté qu'ils offrent à certaines entités dépourvues de représentation du personnel, de bénéficier de dispositifs plus favorables à leurs salariés que ceux prévus par la loi. L'accord d'UES les crée de toutes pièces pour l'ensemble des entités relevant de son champ d'application, alors que le groupe étend le plus souvent des dispositifs préexistants dans certaines entités à un ensemble plus étendu d'entreprises.

§2 : Complémentarité des deux cadres de négociation

407 Si elles interviennent dans des cadres strictement distincts, la négociation d'accords d'UES et celle d'accords de groupe peuvent se révéler complémentaires. On peut en effet constater une importante dynamique de la conclusion d'accords d'UES dans les groupes de sociétés. À titre d'exemple, à l'heure où nous écrivons ces lignes, on peut recenser dix-sept accords d'UES applicables au sein du groupe Renault, parallèlement aux quarante et un accords de groupe en vigueur. Avant d'envisager la résolution d'un conflit de normes applicables à une même relation de travail, il faut en délimiter les contours.

En premier lieu, la reconnaissance d'une UES au sein d'un groupe de sociétés n'entraîne pas nécessairement un conflit de normes spécifiques. Ce n'est que lorsque des accords collectifs ont été conclus avec des délégués syndicaux spécifiquement désignés dans ce cadre que la difficulté se pose.

Pour l'administration, « les accords collectifs négociés et conclus au sein d'une unité économique et sociale reconnue par les organisations syndicales représentatives ayant procédé à la désignation d'un délégué syndical dans ce cadre, sont soumis au régime des conventions et accords d'entreprise, ainsi qu'à leurs conditions de validité »[721]. L'administration procède donc à une assimilation intégrale de l'accord d'UES à l'accord d'entreprise, là où il limite les similitudes des accords de groupe et des accords d'entreprises à leurs seuls effets.

408 La représentativité et l'audience des syndicats signataires doivent ici s'apprécier au regard des élections professionnelles organisées au niveau de l'unité économique et sociale, et non pas de chacune des entreprises la composant. Elles seront bien plus faciles à apprécier que dans le cadre du groupe, en l'absence de difficultés liées à la périodicité des élections professionnelles dans chaque entreprise et aux carences pouvant éventuellement intervenir dans certaines entités du groupe.

Ainsi, il ne peut être procédé à la désignation d'un délégué syndical au sein d'une unité économique et sociale que lorsque des élections permettant de déterminer l'audience des syndicats ont été organisées dans ce périmètre[722], et seuls les accords conclus par des représentants du personnel désignés ou élus dans ce périmètre auront vocation à s'y appliquer.

La Cour de cassation précise à ce sujet qu'en l'absence d'accords collectifs communs aux différentes sociétés composant l'UES, les accords propres à chacune d'elles conservent leurs champs d'application respectifs[723]. En d'autres termes, un salarié d'une entreprise incluse dans une UES ne pourra pas se prévaloir du bénéfice des stipulations contenues dans un accord conclu au sein d'une autre entreprise de l'UES.

409 C'est donc la désignation de délégués syndicaux par les organisations syndicales représentatives au sein de l'UES qui fixe en premier lieu le champ de l'articulation entre les accords de groupe et les accords d'UES. En l'absence d'une telle désignation, les accords conclus au sein de l'UES sont des accords d'entreprise de droit commun, et il y a alors lieu de se référer à notre démonstration précédente sur l'articulation des accords de groupe avec les accords d'entreprise.

410 En second lieu, les périmètres de l'UES et du groupe sont incompatibles pour la mise en place d'institutions représentatives du personnel, ce qui implique qu'un comité de groupe ne pourra pas être mis en place dans un

---

721 *Circulaire relative au titre II de la loi n° 2004-391 du 4 mai 2004 relative à la formation professionnelle tout au long de la vie et au dialogue social*, 22 sept. 2004, *JORF*, 31 oct. 2004, n° 255, p. 18472, fiche N°5, § 1.

722 Cass. Soc., 29 mai 2013, n° 12-60262 ; *Bull. Civ.*, 2013, V, n° 141 ; *Dr. Soc.*, 2013, n° 7/8, p. 653, n. F. PETIT.

723 Cass. Soc., 2 déc. 2003, n° 01-47010, *Bull. Civ.*, 2003, V, n° 310, p. 312; *Dr. Soc.*, 2004, n° 2, p. 212, n. J. SAVATIER; *JSL*, 2004, n° 137, p. 13, n. J.-E. TOUREIL;*JCP, E*, 2004, 428, n. F. DUQUESNE.

périmètre identique à celui d'un comité d'entreprise propre à l'UES[724]. De la même manière, il faut considérer qu'un accord de groupe et un accord d'UES ne peuvent coexister qu'à condition de recouvrir des périmètres différents, ou en l'absence de désignation de délégués syndicaux dans le cadre de l'unité économique et sociale.

411 Ces spécificités mises à part, l'articulation de l'accord de groupe avec l'accord d'UES appelle le même raisonnement que celui soulevé pour l'articulation avec les accords d'entreprise.

On pourrait tout d'abord inscrire ce conflit de normes applicables dans un cadre hiérarchique, et considérer que la négociation de groupe et la négociation d'UES constituent des déclinaisons de la négociation d'entreprise, les plaçant au même niveau hiérarchique. Dans ce cas, il y aurait lieu d'appliquer le principe de faveur, sans considération du périmètre de l'accord.

On pourrait aussi considérer que l'accord de groupe et l'accord d'entreprise ont un positionnement différent dans la hiérarchie des normes applicables à la relation de travail. Si l'on attribue une valeur hiérarchique supérieure à l'accord de groupe, il y aurait lieu de l'appliquer prioritairement aux salariés, sans considération du caractère plus ou moins favorable de ses stipulations par rapport à celles de l'accord d'UES. Si au contraire, on considère que l'accord d'UES a une valeur hiérarchique supérieure à celle de l'accord de groupe, ce dernier ne trouvera à s'appliquer qu'en ‘absence d'accord d'entreprise ou d'UES applicable aux salariés. Mais ces deux hypothèses réduisent à néant tout l'intérêt de la négociation collective dans ces cadres spécifiques.

On pourrait enfin considérer qu'il n'existe pas de hiérarchie entre ces deux niveaux de négociation, compte tenu de l'autonomie de la volonté des parties, et dans ce cas, l'articulation des normes en concours serait fondée sur le champ d'application respectif des accords. Dans cette hypothèse, il y aurait lieu de faire primer l'application de l'accord d'UES sur celle de l'accord de groupe, sans toutefois effacer l'ensemble des effets de ce dernier. L'accord d'UES pourrait prévoir des stipulations particulières adaptant le statut collectif institué dans le groupe à ses contraintes particulières, et il pourrait y déroger dans un sens défavorable aux salariés dès lors que cela n'est pas interdit par l'accord de groupe. Le code du travail accorde ici une très large marge de manœuvre aux partenaires sociaux pour organiser l'articulation des accords collectifs : l'accord ayant le champ d'application le plus restreint pourra déroger aux accords s'appliquant dans un champ plus

---

[724] Cass. Soc., 20 oct. 1999, n° 98-60398, Bull. Civ., 1999, V, no 391; *Sem. Soc. Lamy,* 1999, n° 954, p.11; *Gaz. Pal.*, 2000, n° 35, p. 12, n. B. BOUBLI.

étendu, si ces derniers ne l'ont pas interdit pour préserver l'impératif d'harmonisation du statut social des salariés.

412 Il faut cependant relever que cette articulation doit tenir compte de l'évolution des périmètres respectifs des accords de groupe et des accords d'UES dans le temps. La difficulté a déjà été soumise à la Cour de cassation concernant la mise en place d'institutions représentatives du personnel dans le groupe et l'UES.

En l'espèce, un comité de groupe avait été institué en 1996 entre cinq sociétés. Par la suite, deux de ces sociétés sont sorties du périmètre du groupe, et une autre y a été intégrée. Ces bouleversements avaient entraîné une stricte identité du périmètre du groupe avec celui d'une UES reconnue en 2003. La Cour de cassation a ici considéré « qu'il résulte de l'incompatibilité entre les notions d'unité économique et sociale et de groupe doté d'un comité que leurs périmètres respectifs servant à la mise en place d'institutions représentatives du personnel différentes doivent être comparés à la date de la requête tendant à la reconnaissance de l'unité économique et sociale compte tenu de leur évolution depuis leur mise en place »[725].

Les périmètres respectifs de ces deux niveaux de négociation peuvent considérablement évoluer au fil du temps, même si chacun d'eux obéit à des règles propres. Alors que le périmètre du groupe envisagé comme niveau de négociation reste un cadre extrêmement instable et difficile à appréhender, le périmètre de l'UES est fixé conventionnellement pour toute la durée des mandats de ses représentants du personnel. Les modifications structurelles pouvant intervenir durant le cycle électoral n'en affecteront pas le périmètre. Elles ne seront prises en compte qu'à l'expiration des mandats et donneront lieu à une réévaluation du périmètre de l'unité économique et sociale qui fera l'objet d'un nouvel accord ou d'une nouvelle reconnaissance judiciaire.

De fait, chaque élection professionnelle intervenant dans le cadre de l'UES peut entériner l'existence d'un périmètre d'UES identique à celui dans lequel auront pu être négociés précédemment des accords de groupe.

413 Pour résoudre l'incompatibilité de périmètres qui pourrait en découler, on peut envisager plusieurs solutions.

En premier lieu, il est toujours possible de modifier conventionnellement le champ d'application d'un accord de groupe : il suffirait d'inclure une entreprise non comprise dans le périmètre de l'UES dans le champ d'application de l'accord de groupe, ou à l'inverse, d'exclure du périmètre du groupe une entreprise appartenant à l'UES, pour que ces deux niveaux de négociation recouvrent des champs d'application distincts.

---

[725] Cass. Soc., 25 janv. 2006, nº 04-60234, *Bull. Civ.*, 2006, V, n° 34, p. 30; *JCP, S*, I, 1281, n. R. VATINET.

En second lieu, on pourrait envisager la novation de l'accord initial afin de l'adapter aux évolutions qu'il aura pu rencontrer : lorsqu'un accord de groupe a été conclu dans un périmètre qui s'avérera par la suite identique à celui d'une unité économique et sociale, l'accord de groupe pourrait devenir un accord d'UES, et les délégués syndicaux désignés dans ce cadre pourraient alors réviser l'accord de groupe initial. Cette solution pourrait être abondamment discutée sur le plan juridique, compte tenu des conditions tenant aux parties ayant qualité pour réviser un accord collectif. Nous reviendrons sur ce point à l'occasion de l'étude du mécanisme de révision des accords de groupe. Cette théorie pourrait en revanche être parfaitement accueillie dans la pratique. À titre d'exemple, on peut citer l'accord relatif à l'aménagement du temps de travail conclu au sein de l'UES Norauto, qui par avenant, a été étendu à deux entreprises du groupe Norauto, entraînant ainsi sa novation en accord de groupe[726].

414 La mise en œuvre de telles passerelles ne serait pas dépourvue d'utilité. Elle permettrait d'adapter des dispositifs existants à des situations juridiques nouvelles, sans bouleverser le statut social en place, et sans provoquer de nouvelles négociations dont l'issue pourrait être incertaine. Il faudrait cependant strictement délimiter la portée d'un tel mécanisme.

§3 : Des domaines d'intervention strictement identifiés

415 La négociation d'accords d'UES a pu se révéler plus efficace que la négociation d'accords de groupe dans certains domaines, compte tenu des critères particuliers d'identification de l'UES. L'intérêt de la négociation d'accords d'UES par rapport à la négociation d'accords de groupe a été particulièrement marqué avant la loi du 8 août 2016, compte tenu du principe de non-substitution de l'accord de groupe à l'accord d'entreprise[727]. En matière de négociation annuelle obligatoire sur les salaires par exemple, la négociation d'accords de groupe n'était pas proscrite, mais nécessitait une déclinaison particulière au niveau de chaque entreprise du groupe, ou au niveau de l'UES, dans la mesure où elle n'exonérait pas les entreprises de leurs obligations légales en matière de négociation annuelle. L'intérêt de la négociation de groupe était donc limité, et l'accord de groupe conclu sur ces thèmes n'avait la valeur juridique que d'un accord-cadre. On pouvait dès

---

[726] *Accord d'entreprise sur la réduction et l'aménagement du temps de travail, ses modalités d'application, ses dispositions salariales et d'emploi*, UES NORAUTO, 1er avril 1999.

[727] *Circulaire relative au titre II de la loi n° 2004-391 du 4 mai 2004 relative à la formation professionnelle tout au long de la vie et au dialogue social*, 22 sept. 2004, *JORF*, 31 oct. 2004, n° 255, p. 18472, Fiche n°5.

lors s'interroger sur la portée d'un accord d'UES nové en accord de groupe au regard du principe de non-substitution de l'accord de groupe à l'accord d'entreprise. La loi du 8 août 2016 a mis fin à ce dispositif.

416 Une autre difficulté doit être soulignée : la place des accords d'UES dans l'ordonnancement juridique n'est pas clairement déterminée par le législateur. Rappelons en effet que l'administration fait référence aux accords d'unité économique et sociale dans la fiche n° 5 de la circulaire du 22 septembre 2004 exclusivement consacrée aux accords de groupe. On pourrait donc en déduire que certaines spécificités des accords de groupe trouvent à s'appliquer aux accords d'unité économique et sociale.

Une lecture interprétative de la solution dégagée par la Cour de cassation dans son arrêt du 2 décembre 2003[728] permettrait de soutenir que si l'absence d'accord d'unité économique et sociale conserve aux accords d'entreprise leurs champs d'application respectifs, l'assimilation de l'unité économique et sociale à l'entreprise pour la définition du périmètre de négociation aboutirait à la neutralisation du périmètre de l'accord de proximité[729]. L'accord conclu dans le périmètre de l'unité économique et sociale vaudrait alors accord d'entreprise de chaque entité le composant.

417 Certains auteurs considèrent même que la reconnaissance d'une unité économique et sociale suppose que les obligations légales de négocier interviennent en toute hypothèse à ce niveau, à l'instar de la négociation au niveau central dans les entreprises à établissements multiples. Cette analyse appelle néanmoins une observation : si l'on considère la négociation dans le cadre de l'UES comme une simple déclinaison de la négociation d'entreprise, laquelle s'inscrit au même niveau dans la hiérarchie des normes, une entreprise comprise dans le champ de l'unité économique et sociale ne pourrait pas déroger aux stipulations de l'accord d'unité économique et sociale pour en adapter le contenu à ses contraintes et spécificités propres. Imposer la négociation au niveau de l'unité économique et sociale ne serait donc pas conforme à l'esprit des textes législatifs visant à concilier les intérêts des salariés avec les contraintes de l'entreprise. Par ailleurs, il y aurait lieu d'appliquer le même raisonnement s'agissant de l'articulation des accords de groupe avec les accords d'entreprise…

On pourrait tout au contraire se baser sur la théorie des flaques d'eau du professeur Morvan pour considérer que les accords d'UES et d'entreprise

---

728 Cass. Soc., 2 déc. 2003, n° 01-47010, *Bull. Civ.*, 2003, V, n° 310, p. 312; *Dr. Soc.*, 2004, n° 2, p. 212, n. J. Savatier; *JSL*, 2004, n° 137, p. 13, n. J.-E. Toureil; *JCP, E*, 2004, 428, n. F. Duquesne.

729 DUQUESNE (F.), « Autonomie du statut collectif au sein de l'unité économique et sociale », n. ss Cass. Soc., 2 déc. 2003, *JCP, E*, 2004, 428.

ont vocation à coexister, et que l'accord d'entreprise pourra déroger à l'accord d'UES, dans un sens plus ou moins favorable aux salariés, à chaque fois que l'accord d'UES ne l'aura pas interdit. L'articulation des accords d'UES avec les accords de groupe obéirait aux mêmes règles, dans une configuration de type « poupées russes ». Cette solution permettrait de concilier les différents impératifs justifiant la conclusion d'accords collectifs dans ces différents champs d'application.

418 Dans la pratique, de nombreux groupes appliquent la négociation annuelle obligatoire sur les salaires dans le cadre de l'unité économique et sociale[730], ce qui leur permet d'éviter une multiplication des négociations. Certains groupes ont même poussé cette rationalisation jusqu'à conclure des accords d'entreprises communs à l'ensemble des unités économiques et sociales existant dans le groupe.

À titre d'exemple, on peut citer le groupe Total qui opère une articulation toute particulière des accords de groupe et des accords d'entreprise conclus dans le cadre d'UES. Le groupe Total se subdivise en trois unités économiques et sociales distinctes, correspondant à trois branches d'activités : l'UES holding et services aux entreprises, l'UES raffinage pétrochimie et l'UES marketing et services. Cette organisation permettait de négocier et de conclure des accords de groupe sur les thèmes pour lesquels il y avait lieu d'appliquer le même statut social à l'ensemble des salariés du groupe[731], tout en limitant la portée de certains dispositifs au cadre de l'unité économique et sociale. Ainsi, le groupe engage chaque année une négociation annuelle sur les salaires entre les différentes unités économiques et sociales du groupe.

Chaque UES est partie à l'accord de manière autonome, comme s'il s'agissait d'un accord d'entreprise conclu simultanément par plusieurs employeurs. Ainsi, bien que l'accord s'applique à l'ensemble des entreprises du groupe Total, puisqu'il regroupe l'intégralité des UES existantes, il ne saurait être qualifié d'accord de groupe. Par la conclusion de cet accord unique, l'ensemble des entreprises du groupe seront réputées avoir satisfait à leurs obligations légales en matière de négociation annuelle sur les salaires. Dans ce groupe, on peut également relever que l'accord de configuration du comité de groupe énonce les UES existantes, et non pas la liste des entreprises comprises dans son périmètre[732].

419 La négociation d'accords collectifs d'UES permet aussi de neutraliser la difficulté née de la diversité des accords de branche applicables dans le champ du groupe. Bien que l'application de l'accord d'entreprise ou de

---

730 À titre d'exemple, l'UES NORAUTO au sein du groupe MOBIVIA.

731 *Accord portant règlement du plan d'épargne groupe Total*, 15 mars 2002.

732 *Comité de groupe Total, Accord de configuration*, groupe Total, 28 nov. 2011.

l'accord de groupe prime désormais sur celle de l'accord de branche, ce dernier reste la norme de référence pour certains thèmes limitativement énumérés[733], comme par exemple les salaires minimas. Pour ces thèmes, il existe donc autant de dispositifs auxquels il ne peut être dérogé par accord de groupe que d'accords de branche applicables dans le champ du groupe. C'est donc le dispositif le plus favorable prévu par les accords de branche qui constituera le socle minimal de garanties des salariés, et donc la limite à la faculté de déroger par accord de groupe.

A l'inverse, la similitude des activités exercées dans le cadre de l'UES suppose l'application d'un seul accord de branche là où le groupe sera soumis à autant d'accords de branche qu'il regroupe de secteurs d'activités. L'unité économique et sociale peut donc assurer une véritable harmonisation du statut collectif applicable aux salariés[734], bien plus que l'accord de groupe n'est en mesure de le faire en l'état actuel du droit.

420 La conclusion d'accords d'UES au sein du groupe permet d'assurer la sécurisation juridique des accords, et d'éviter certains risques inhérents au groupe. À titre d'exemple, l'UES sera le périmètre dans lequel les juges apprécieront la validité d'un plan de sauvegarde de l'emploi et la réalité des difficultés économiques rencontrées par l'entreprise si la décision de licencier a été prise à ce niveau et qu'elle a fait l'objet d'une concertation des différents employeurs concernés[735]. Dans certaines hypothèses, le secteur d'activité du groupe coïncidera avec le périmètre de l'UES[736], mais parfois, les UES sont délimitées selon des critères d'emplacement géographique.

En inscrivant la procédure de licenciement économique dans le cadre de l'UES, le risque de reconnaissance de situations de co-emploi devrait être largement limité, en ce qu'il n'existerait pas une entreprise exerçant une position dominante sur les autres, mais un rassemblement d'entités de même niveau. Par ailleurs, la reconnaissance d'une unité économique et sociale ne regroupera pas toujours des entreprises appartenant à un même groupe de sociétés. La conclusion d'accords d'UES pour l'établissement d'un PSE peut donc se révéler particulièrement sécurisante pour les groupes, dans la mesure où l'application du régime juridique des accords d'entreprise ne souffre aucune approximation. On peut d'ailleurs observer que certains groupes renoncent purement et simplement à l'opportunité de conclure des accords

---

733 *C. trav.*, art. L.2253-3.

734 DAUXERRE (N.) et LAFERRIÈRE (G.), « Unité économique et sociale et négociation collective », *JCP, S*, 2006, I, 1775.

735 Cass. Soc., 16 nov. 2010, n°09-69485 et 09-69489, *Bull. Civ.*, 2010, V, n°258 ; *RJS*, 2011, n° 2, p. 126 ; *Dr. Soc.*, 2011, p. 175, n. G. Couturier ; *CSBP*, 2011, n° 226, p. 23, n. F.-J. Pansier ; Cass. Soc., 9 mars 2011, *Norbert Dentressangle*, n°10-11581, *Bull. Civ.*, 2011, V, n° 70.

736 Par exemple, l'UES Marketing et Services au sein du groupe Total.

de groupe, et négocient exclusivement dans le cadre de l'UES[737]. Cette tendance devrait cependant s'estomper compte tenu de l'important dispositif de sécurisation des accords de groupe initié par la loi du 8 août 2016.

421 Il faut également relever que les accords collectifs conclus dans le cadre de l'unité économique et sociale connaissent certaines limites auxquelles les accords de groupe peuvent pallier. En effet, l'unité économique et sociale ne peut être composée que d'entreprises juridiquement distinctes, prises dans l'ensemble de leurs établissements et de leurs personnels, et les accords conclus dans ce cadre par les délégués syndicaux d'unité économique et sociale s'appliqueront nécessairement à l'ensemble des structures et des personnels visés. À l'inverse, des accords de groupe peuvent déterminer un champ d'application beaucoup plus souple, et regrouper par exemple certains services de plusieurs entreprises[738], ou une entreprise et l'établissement d'une autre[739]. Les inconvénients inhérents au cloisonnement juridique des entreprises composant l'unité économique et sociale constituent une formidable incitation à la conclusion d'accords de groupe à finalité sociale.

Il ressort de tout ce qui précède qu'il est encore difficile d'appréhender les places respectives des accords de groupe et des accords d'UES dans l'ordonnancement juridique, en l'état actuel du droit. Pour l'un comme pour l'autre, ni le positionnement hiérarchique ni l'articulation avec les autres normes applicables à la relation de travail n'ont été précisés par le législateur. Il nous paraît peu opportun de faire prévaloir l'un de ces cadres de négociation sur l'autre, compte tenu de leurs avantages et de leurs limites respectifs. Comme en matière d'accords d'entreprises, il nous semble plus approprié de considérer ces deux niveaux de négociation comme complémentaires, compte tenu du thème sur lequel ils interviennent.

Section 5 : Articulation avec d'autres accords de groupes

422 Il faut également envisager l'hypothèse d'un conflit d'accords de groupe applicables à une même structure. Une entreprise peut en effet se trouver comprise dans le périmètre de deux groupes distincts, que leurs périmètres respectifs soient établis sous forme de liste ou en fonction de critères objectifs. Même si cette hypothèse reste limitée, il faut néanmoins

---

[737] À titre d'exemple, le groupe Capgemini a constitué un comité de groupe, mais n'a pas désigné d'organisations syndicales représentatives dans ce cadre ; les accords dits « de groupe » sont intégralement négociés et conclus dans le cadre de l'UES Capgemini France.

[738] Cass. Soc., 12 juil. 1995, n° 94-60489.

[739] Cass. Soc., 2 avril 1996, n° 95-60665.

déterminer les dispositifs applicables à l'entité concernée. Nous n'évoquerons pas ici le conflit d'accords de groupe applicables à l'occasion de la mise en cause de l'un d'eux, cette situation sera envisagée plus loin dans notre étude. Sera ici envisagée l'hypothèse d'une entreprise à laquelle deux accords de groupe distincts ont vocation à s'appliquer de manière pérenne, compte tenu de leurs champs d'application respectifs.

423 Si l'on raisonne sur le plan hiérarchique, les deux accords de groupe en conflit se trouveraient sur un pied d'égalité. Il faudrait alors appliquer le dispositif le plus favorable à l'ensemble des salariés concernés, les avantages découlant des deux accords en conflit ne pouvant se cumuler. En pratique, ce mécanisme pourrait rencontrer des difficultés d'application, compte tenu des méthodes de comparaison des avantages dégagées par la Cour de cassation. Rappelons en effet que la haute juridiction judiciaire retient une méthode de comparaison globale par type d'avantage, c'est-à-dire en prenant en compte l'ensemble des salariés visés par le concours de normes en présence, mais en regroupant les avantages par ensembles se rapportant à un même objet ou à une même cause[740].

À ce jour, la jurisprudence se refuse à une comparaison globale des accords en concours, qui serait basée sur leur économie générale. Un accord de groupe pourrait alors se révéler plus favorable aux salariés sur un ensemble d'avantages particuliers, alors que l'autre accord de groupe en concours serait plus avantageux pour les salariés concernant un autre ensemble d'avantages. Il faudrait donc procéder à une application alternative des deux accords de groupe, en fonction de l'ensemble d'avantages envisagé. Or si une telle solution peut se concevoir pour certains types d'accords, d'autres forment un tout indivisible dont l'application ne saurait être fractionnée. Il en est ainsi des accords de groupe prévoyant la mise en place d'institutions représentatives du personnel supplémentaires, ou d'un régime obligatoire de complémentaire santé.

424 Le concours de deux accords de groupe applicables à une même entité ne pourrait donc pas à notre avis se résoudre par une application « à la carte » de leurs stipulations respectives. Il faut au contraire faire prévaloir l'application d'un accord sur l'autre, les deux dispositifs en présence ne pouvant coexister à l'égard des salariés concernés.

La théorie des flaques d'eau du professeur Morvan pourrait nous ouvrir une piste de réflexion. Ce serait ici l'accord de groupe dont le champ d'application est le plus restreint qui s'appliquerait en priorité aux salariés. Il pourra être moins favorable aux salariés que l'accord de groupe relevant

---

740 Cass. Ass. Plén., 18 mars 1988, n° 84-40083, *Bull. Civ.*,Ass. Plén., n° 3, p. 3 ; *D.*, 1989, p. 211, n. J.-P. CHAUCHARD, *Dr. Ouv.*, 1988, p. 515, n. BALLET.

d'un champ d'application plus étendu, sans que la réciproque ne soit possible.

La solution pourrait également, comme c'est souvent le cas, émerger de la pratique. De la pratique judiciaire tout d'abord, en adoptant une méthode de comparaison spécifique à ce type de situation. La comparaison par type d'avantage étant inappropriée en présence d'un concours d'accords de groupe applicables, on pourrait tout à fait envisager que la haute juridiction judiciaire se positionne en faveur d'une méthode de comparaison « par accord », afin de trancher l'accord de groupe applicable, en toutes ses dispositions, aux salariés concernés.

425 Avant qu'un tel positionnement puisse être envisagé, il serait prudent d'organiser conventionnellement le concours d'accords de groupe le cas échéant. Rien ne nous semble en effet s'opposer à l'élaboration de clauses en ce sens. La solution pourrait venir d'une clause d'adhésion à l'accord, comme nous l'évoquerons plus en avant par la suite. Elle pourrait aussi découler d'une obligation conventionnelle de dénonciation préalable des accords d'entreprise préexistants, étant entendu que la notion d'entreprise devrait ici s'apprécier au sens large (accords d'entreprise, d'unité économique et sociale, et de groupe). Nous reviendrons également sur cette pratique abondamment utilisée par certains groupes.

Conclusion du chapitre 1

426 L'ensemble des éléments que nous venons d'évoquer met clairement en lumière le flou juridique dans lequel évoluent les partenaires sociaux pour l'élaboration des dispositifs applicables aux salariés dans le cadre des groupes de sociétés, et ce malgré la volonté affichée par la loi du 8 août 2016 de sécuriser les accords de groupe. Si le développement de ces accords ne doit pas remettre en cause la hiérarchie des normes applicables aux contrats de travail, un positionnement clair du législateur quant à leur ordonnancement juridique serait gage de sécurité et de pérennité des dispositifs négociés.

C'est en réalité la négociation d'accords d'entreprises au sens large qui devrait être révisée. Une détermination claire et précise du statut de chaque type d'accord serait le préalable indispensable à une articulation efficace et sécurisée des accords de groupe avec les autres normes applicables à la relation de travail.

L'absence de refonte de l'ensemble de ces dispositifs n'a pas pour autant freiné le développement de la négociation collective. Pour pallier toutes ces incertitudes, les partenaires sociaux n'ont pas hésité à organiser conventionnellement l'application des accords de groupe dans les entités concernées.

Chapitre 2 : L'aménagement conventionnel de l'application de l'accord de groupe

427 Traditionnellement, la mise en œuvre d'un accord de groupe accorde aux salariés des entreprises concernées des avantages supplémentaires par rapport aux accords d'entreprise existants. Ce principe s'est pourtant largement atténué au fil des dernières réformes législatives, lesquelles ont considérablement fait évoluer le contenu des accords collectifs. Un accord de groupe peut désormais être le vecteur de contraintes et d'obligations supplémentaires à l'égard des salariés.

Dans ces conditions, l'application du principe de faveur pour résoudre le concours d'un accord de groupe avec un accord d'entreprise préexistant serait contraire aux objectifs de la négociation de groupe, puisqu'elle empêcherait toute harmonisation du statut social des salariés. La conclusion d'un accord de groupe moins favorable se trouverait dépourvue de tout effet utile si les salariés peuvent y opposer des stipulations plus favorables découlant de leur contrat de travail, ou d'accords collectifs conclus à un niveau différent.

C'est pourquoi, devant le mutisme du législateur, les praticiens ont entendu se prémunir contre les aléas et l'insécurité juridique pesants sur les accords de groupe. Il n'est donc pas rare que des accords de groupe organisent eux-mêmes leur articulation avec les accords d'entreprises préexistants, le cas échéant. Ils peuvent ainsi prévoir l'adaptation des accords d'entreprises préexistants par la voie de la révision (section 1), ou encore leur remplacement pur et simple par l'accord de groupe en procédant à leur dénonciation (section 2). Il faut observer ici que l'a pratique n'a pas envisagé l'accord de groupe hiérarchiquement inférieur à l'accord d'entreprise.

Section 1 : Révision des accords d'entreprise préexistants

428 La révision des accords d'entreprise préexistant à un accord de groupe peut se matérialiser de deux manières, selon la place reconnue aux accords de groupe dans la hiérarchie des normes. Si l'accord de groupe a la même valeur hiérarchique qu'un accord d'entreprise, il vaudra alors avenant de révision des accords d'entreprise préexistants (§ 1). Si l'accord de groupe est hiérarchiquement supérieur à l'accord d'entreprise, il pourra imposer une procédure de révision des accords d'entreprise (§ 2).

§1 : L'accord de groupe : un avenant de révision des accords d'entreprise

429 Les mécanismes d'articulation d'un accord de groupe avec les accords d'entreprise préexistants sont directement liés au positionnement de l'accord de groupe dans la hiérarchie des normes. Certains auteurs avancent que si le groupe n'est pas à un niveau de négociation différent de celui de l'entreprise, l'entrée en vigueur d'un nouvel accord de groupe sur un thème déjà traité par des accords d'entreprise doit nécessairement s'apparenter à une révision de l'accord préexistant[741]. L'entrée en vigueur d'un accord de groupe vaudrait alors révision des accords d'entreprise applicables dans les entités composant le groupe sur le thème envisagé.

Il n'y aurait donc pas lieu ici d'appliquer le principe de faveur, l'accord le plus récent trouvant à s'appliquer même si ses stipulations sont moins favorables aux salariés. L'accord de groupe se substituerait directement aux accords d'entreprises dans les domaines qu'il traite.

430 Certaines formulations conventionnelles semblent abonder en ce sens. On peut notamment citer à titre d'exemple l'accord sur la qualité de vie au travail du 4 février 2014 du groupe Thalès, qui stipule que « le présent accord de groupe […] a la valeur d'un accord d'entreprise et s'applique directement dans les sociétés du groupe »[742]. Le groupe précise également que l'accord « n'a pas vocation à se substituer aux prérogatives conférées par les lois, décrets et règlements », sans se prononcer sur l'impact de son entrée en vigueur sur les accords d'entreprises préexistants. On pourrait légitimement déduire de ce silence que l'accord de groupe a vocation à se

---

741 LEGRAND (H.-J.), « Accords collectifs de groupe et d'unité économique et sociale : une clarification inachevée », *Dr. Soc.*, 2008, p. 60.

742 *Accord sur la qualité de vie au travail au sein du groupe Thalès,* 4 fév. 2014.

substituer aux prérogatives conférées par les accords d'entreprise. En l'absence d'accord d'entreprise conclu sur le même thème, les stipulations de l'accord de groupe sont donc applicables de plein droit aux salariés concernés, et lorsqu'un accord d'entreprise a été négocié sur ce thème, ses stipulations ne pourront entrer en concours avec celles de l'accord de groupe.

Ce fut également la démarche du groupe Carrefour pendant un certain temps, s'agissant des négociations annuelles obligatoires. À titre d'exemple, son accord du 9 mars 2012 indiquait que « chacune de ses dispositions constitue un avenant de révision des accords d'entreprises qui s'y rapportent, au sens de l'article L.2261-8 du code du travail »[743]. Le groupe Carrefour a cependant modifié sa formulation ces dernières années, et stipule désormais pour ce thème que « les dispositions de cet accord se substituent, à compter de leur date d'application, à toute disposition, pratique ou usage en vigueur antérieurement et ayant le même objet »[744]. Il faut par ailleurs relever que cette évolution concerne également l'intitulé de l'accord, l'« accord d'entreprises »[745] étant désormais simplement intitulé l'« accord »[746].

Il est à noter cependant que la négociation collective dans le groupe Carrefour prend une forme tout à fait atypique : le groupe négocie exclusivement avec l'intégralité des dirigeants des entreprises comprises dans le périmètre des accords, et limite le champ de ses accords de groupe aux entreprises relevant d'une même branche d'activité.

431 Il existe des difficultés pratiques tenant aux conditions de validité de l'accord de groupe valant avenant aux accords d'entreprises. En effet, en l'absence de dispositions légales spécifiques aux accords de groupe, il y a lieu d'appliquer l'article L.2261-7-1 du code du travail. Jusqu'à la fin du cycle électoral au cours duquel l'accord initial a été conclu, les organisations syndicales de salariés représentatives dans le champ d'application de l'accord, signataires ou adhérentes, sont seules habilitées à engager la procédure de révision. À l'issue de cette période, cette démarche peut être réalisée par une ou plusieurs organisations syndicales représentatives dans le champ de l'accord. L'avenant sera de plus soumis aux mêmes conditions de validité d'un accord initial.

Or il convient de rappeler que, compte tenu des modalités d'appréciation de la représentativité dans les entreprises et dans le groupe, des organisations

---

743 *Négociations annuelles obligatoires, Accord d'entreprises*, groupe Carrefour, 9 mars 2012.

744 *Négociations annuelles obligatoires, Accord du 23 février 2015*, groupe Carrefour.

745 *Négociations annuelles obligatoires, Accord d'entreprises*, groupe Carrefour, 9 mars 2012.

746 *Négociations annuelles obligatoires, Accord du 23 février 2015*, groupe Carrefour.

syndicales peuvent être représentatives dans une entreprise sans l'être au niveau du groupe, et inversement. Dès lors, les parties signataires d'un accord de groupe peuvent différer de celles ayant conclu des accords d'entreprise. Pour envisager la révision collective des accords d'entreprise, il faudrait donc que les négociateurs de l'accord de groupe aient également qualité pour négocier les différents accords d'entreprise ou y adhérer.

432 Côté patronal, certains auteurs considèrent qu'il suffit que le dirigeant de chaque entreprise relevant du périmètre de l'accord soit présent ou représenté dans le cadre de l'accord de groupe pour que ce dernier ait la valeur d'un avenant de révision à l'accord d'entreprise. Compte tenu des attributions particulières conférées par le législateur à l'employeur de l'entreprise dominante, il ne nous semble pas que la conclusion d'un accord de groupe par ce dernier puisse faire obstacle à le qualifier d'avenant de révision des accords d'entreprise préexistants. Si l'on considère que l'employeur de l'entreprise dominante dispose d'un mandat légal de représentation des employeurs des entreprises relevant du champ d'application de l'accord, les accords qu'il régularisera au niveau du groupe entérineront nécessairement la qualité de partie à l'accord de l'ensemble des employeurs des entreprises concernées.

Cette solution peut toutefois être contestée, seule la participation active de chaque employeur à la négociation permettant d'acter avec certitude leur consentement. Lorsque l'employeur de l'entreprise dominante reçoit mandat exprès pour négocier, il y a bien une manifestation de volonté de chaque employeur relevant du périmètre du groupe. Pour autant, le mandant ne dispose d'aucun droit de regard sur le contenu de la négociation et sur le résultat de celle-ci. Dans ces conditions, il pourrait être contesté que l'accord de groupe, qui n'a pas été négocié et conclu directement par l'employeur partie à un accord d'entreprise, puisse valoir avenant de révision de ce dernier.

La solution est encore plus incertaine lorsque l'accord de groupe a été négocié et conclu par l'employeur de l'entreprise dominante, représentant légal de l'ensemble des employeurs des entreprises concernées. On pourrait ici opposer l'absence de manifestation de volonté des parties représentées pour faire échec à ce que l'accord de groupe négocié dans ces conditions puisse valoir avenant de révision des accords d'entreprise préexistants dans son champ d'application.

433 Côté salarial, il faut que les négociateurs de l'accord de groupe aient également qualité pour négocier les différents accords d'entreprise. Il faudrait donc qu'au moins une organisation syndicale représentative au niveau du groupe soit signataire des accords d'entreprise applicables dans le champ de l'accord de groupe. Au besoin, on peut imaginer une adhésion des organisations syndicales signataires de l'accord de groupe aux accords d'entreprise préexistants, mais encore faut-il que ces syndicats recueillent un taux d'audience suffisant dans les entreprises pour y asseoir leur représentativité et pouvoir engager des révisions dans ce cadre.

434 La réforme du dialogue social entérinée par la loi du 20 août 2008 pourrait nous amener par ailleurs à nous interroger sur l'opposabilité d'un accord de groupe dans l'entreprise, lorsque les signataires salariés ne justifient pas du taux d'audience requis par la loi dans l'entreprise concernée. On peut légitimement se demander dans quelle mesure un accord de groupe pourrait valoir avenant de révision d'un accord d'entreprise, alors qu'il ne satisfait pas aux conditions de validité de ce dernier. La détermination de l'audience sur laquelle est fondée la représentativité des organisations syndicales ainsi que la validité des accords collectifs est consolidée dans le cadre du groupe et appréciée indépendamment des résultats obtenus dans chaque entité du groupe. S'agissant de deux niveaux autonomes de négociation, cet argument est parfaitement intelligible. Il l'est en revanche beaucoup moins lorsque des interactions existent entre l'entreprise et le groupe. La mise en place de ce mécanisme va donc clairement dans le sens d'une assimilation de l'accord de groupe à l'accord d'entreprise.

Mais si la tendance clairement affichée par la loi du 8 août 2016[747] est au rapprochement du régime juridique applicable aux accords d'entreprise et aux accords de groupe, notamment avec la suppression des dispositions légales spécifiques à l'articulation des accords de groupe avec les accords de branche, le groupe n'en demeure pas moins, à l'heure où nous écrivons ces lignes, un niveau autonome et spécifique de négociation collective. Une réflexion de fond quant à la qualification juridique à donner à l'accord de groupe s'impose donc de manière encore plus flagrante si l'on envisage qu'un accord de groupe puisse valoir avenant de révision d'un accord d'entreprise.

435 Il faut encore relever que si l'accord nouvellement conclu se substitue de plein droit aux stipulations précédemment applicables, il suffirait d'engager des négociations dans le cadre des entreprises du groupe pour contrecarrer le statut social prévu par un accord de groupe. Les stipulations de l'accord d'entreprise se substitueraient alors de la même manière à celles de l'accord de groupe sur un thème particulier, ce qui priverait les accords de groupe de tout effet utile, en particulier pour la mise en place d'un statut social uniformisé.

Il convient donc, selon nous, d'écarter cette théorie, en ce qu'elle prive la négociation de groupe de toute spécificité vis-à-vis de la négociation

---

[747] *Loi relative au travail, à la modernisation du dialogue social et à la sécurisation des parcours professionnels*, 8 août 2016, n° 2016-1088, *JORF*, 9 août 2016, n° 0184.

d'entreprise. Pour sécuriser l'articulation de ces deux niveaux de négociation, les accords de groupe peuvent toutefois conventionnellement prévoir des mécanismes de révision des accords d'entreprise préexistants, assurant ainsi à la négociation de groupe « une vraie effectivité et non la cantonner à des accords-cadres ou à l'élaboration de principes généraux »[748].

§2 : L'accord de groupe : le déclencheur d'une procédure de révision des accords d'entreprise

436 Si l'on considère que l'accord de groupe est hiérarchiquement supérieur à l'accord d'entreprise, il pourra alors imposer le déclenchement d'une procédure de révision des accords d'entreprise préexistants. En premier lieu, les accords de groupe peuvent prévoir que chaque société comprise dans son périmètre doit réviser l'accord d'entreprise qui lui est applicable afin de l'adapter aux stipulations de l'accord de groupe. Dans ce cas, l'avenant peut porter sur tout ou partie de l'accord d'entreprise initial, et se substituera de plein droit aux dispositions antérieures. Il sera directement opposable à l'employeur ainsi qu'aux salariés qui en bénéficient, sans que ces derniers puissent se prévaloir d'une modification de leur contrat de travail[749]. L'avenant devra nécessairement être conclu avec les organisations syndicales représentatives signataires de l'accord initial, ou celles qui y ont adhéré postérieurement[750].

Cette démarche est prévue dans de nombreux accords de groupe, dans un souci de clarté, de lisibilité et de sécurité juridique. Elle permet au groupe et à l'ensemble des sociétés qui le composent d'anticiper les actions à mener, les budgets à provisionner et de se prémunir contre les aléas judiciaires qu'une application hasardeuse des textes pourrait générer. Elle permet au surplus d'entériner la volonté de chaque employeur de se voir appliquer le dispositif prévu par l'accord de groupe.

À titre d'exemple, l'accord de groupe du 18 décembre 2014 sur les dispositions sociales applicables aux salariés du groupe Thalès[751] impose une révision des accords d'entreprise préexistants dans chaque entreprise, avec maintien de leurs stipulations plus avantageuses et alignement des stipulations moins avantageuses au dispositif prévu par l'accord de groupe. Une telle démarche permet de neutraliser les difficultés d'articulation, en les

[748] GRANGÉ (J.), « Les conventions et accords collectifs de groupe », *Sem. Soc. Lamy*, 2004, n° 1183, p. 73.

[749] *C. trav.*, art L.2261-8.

[750] *C. trav.*, art L.2261-7.

[751] *Accord de groupe sur l'exercice du droit syndical et le dialogue social*, groupe Thalès, 18 déc. 2014.

déplaçant vers la négociation d'accords d'entreprises. Ceci étant, l'accord de groupe n'opère ici qu'une harmonisation a minima, chaque entité du groupe pouvant prévoir des dispositifs plus avantageux. En l'espèce, l'accord consacre un socle minimal de garanties applicables à l'ensemble des salariés du groupe, ce qui implique que les entreprises concernées ne pourront pas y déroger dans un sens défavorable aux salariés.

437 On peut raisonnablement s'interroger sur l'opportunité d'appliquer le mécanisme inverse dans le groupe, et de prévoir une adaptation des accords d'entreprise préexistants dans un sens défavorable aux salariés. Un accord de groupe prévoyant des stipulations moins favorables aux salariés que celles des accords d'entreprise préexistants imposerait ici un alignement vers le bas des dispositifs applicables. Aucun accord de groupe que nous avons pu analyser ne s'est aventuré en ce sens. Il n'est pourtant pas exclu que cette pratique puisse se développer, notamment en matière de préservation et de développement de l'emploi.

Néanmoins, certains auteurs considèrent qu'une telle démarche pourrait susciter de nombreuses difficultés pratiques lorsqu'elle serait engagée simultanément et indépendamment dans chaque entité du groupe. Ils condamnent ainsi le principe de telles révisions séparées, et préconisent de prévoir dans les accords de groupe un mécanisme de révision collective des accords d'entreprises applicables dans le périmètre de l'accord de groupe[752].

438 La frontière qui sépare le mécanisme de révision collective de la reconnaissance de la qualité d'avenant de révision de l'accord de groupe nous paraît cependant trop perméable pour assurer la sécurité juridique des accords de groupe. Tout l'intérêt de prévoir une clause de révision des accords d'entreprise préexistants est de consacrer cette révision au niveau de l'entreprise, et non plus au niveau du groupe. À l'inverse, reconnaître la faculté pour un accord de groupe de réviser de plein droit des accords d'entreprise aboutirait à une véritable confusion de ces deux niveaux de négociation. Mais prévoir une clause de révision collective fait nécessairement intervenir la révision dans le cadre du groupe, et non pas au niveau de l'entreprise, comme c'est le cas lorsqu'une révision individuelle des accords d'entreprise est prévue. Elle obéirait donc au même mécanisme que la révision de plein droit des accords d'entreprise par l'accord de groupe, avec toutes les incertitudes juridiques qui en découlent.

439 Plus que jamais, une clarification législative du régime juridique de l'accord de groupe devient indispensable : si la négociation de groupe

---

752 AUZERO (G.), « La vie des conventions et accords collectifs de groupe », *RDT*, 2006, p. 230.

s'apparente à une simple déclinaison de la négociation d'entreprise, ce que nous n'envisageons pas, l'accord de groupe statuant sur un thème déjà traité par un accord d'entreprise pourrait s'analyser en un avenant de révision de ce dernier, et cette révision pourrait s'opérer indifféremment dans un sens favorable ou défavorable aux salariés.

Si on affirme en revanche la spécificité des accords de groupe et leur supériorité hiérarchique sur les accords d'entreprise, il y aurait nécessairement lieu d'adapter les accords d'entreprise préexistants aux stipulations de l'accord de groupe nouvellement conclu. Dans ce cas, les différents dispositifs applicables continueraient de coexister.

Toutes ces observations ne valent toutefois que lorsque les dispositifs prévus par les accords de groupe n'affectent pas l'économie générale des accords d'entreprise préexistants. La révision des accords d'entreprise ne peut intervenir que si les apports de l'accord de groupe n'altèrent pas leur cohérence générale.

Section 2 : Dénonciation des accords d'entreprise préexistants

440 Il n'est pas rare que la conclusion d'un accord de groupe entraîne des bouleversements tels qu'ils ne peuvent être intégrés dans les accords d'entreprise préexistants. Il faut alors envisager la dénonciation des accords d'entreprise préexistants, ceux-ci ne pouvant coexister avec l'accord de groupe (§ 1). Comme en matière de révision, deux mécanismes peuvent être envisagés, selon la place reconnue au groupe dans la hiérarchie des normes. Soit l'accord de groupe est placé au même niveau que l'accord d'entreprise et vaudra alors accord de substitution des accords d'entreprise dénoncés (§ 2), soit l'accord de groupe est hiérarchiquement supérieur à l'accord d'entreprise et pourra conditionner sa mise en œuvre à la dénonciation par les entreprises des accords qu'ils avaient préalablement conclu (§ 3).

§1 : L'impossible coexistence des accords de groupe et des accords d'entreprise

441 Pour assurer l'effectivité des dispositions prévues par un accord de groupe dans l'ensemble des sociétés le constituant, la révision des accords d'entreprise peut se révéler inopérante. Il en est ainsi lorsque les dispositifs prévus par l'accord de groupe bouleversent l'économie générale des accords d'entreprise préexistants. Il en est de même lorsque les dispositifs prévus par les différents accords collectifs applicables ne peuvent coexister.

À titre d'exemple, la conclusion d'un accord de groupe relatif à l'intéressement ne pourra pas se cumuler avec un dispositif similaire applicable dans les entreprises composant le groupe. Un concours d'accords collectifs sur ce thème ne pourrait pas davantage se résoudre par l'application du principe de faveur. Compte tenu de l'aléa pesant sur les bases de calcul de la prime qu'ils octroient, l'accord de groupe pourrait se révéler plus favorable aux salariés d'une entreprise A, alors que l'accord d'entreprise en vigueur dans l'entreprise B serait plus favorable à ses salariés. Dans une telle hypothèse, il y aurait lieu de faire application de l'accord d'entreprise B aux salariés concernés, et d'exclure cette entité du périmètre de consolidation des résultats sur la base desquels sera calculée la prime d'intéressement prévue par l'accord de groupe. Il faudrait alors comparer les avantages de l'accord de l'entreprise A et de l'accord de groupe suivant cette nouvelle base de calcul pour déterminer lequel sera le plus favorable aux salariés de l'entreprise A.

442 La détermination du périmètre de consolidation des résultats pour la mise en œuvre de l'accord de groupe serait de plus susceptible d'évoluer chaque année, en fonction des résultats dégagés individuellement par chaque entité relevant du périmètre du groupe. Une telle solution éloignerait considérablement l'accord de groupe de ses objectifs d'harmonisation du statut social des salariés. Il y aurait lieu de procéder chaque année à la comparaison des avantages résultant de l'application de l'accord de groupe et des accords d'entreprise, et lorsque l'accord de groupe se révèle défavorable, d'exclure les résultats de l'entité concernée de la base de calcul de la prime d'intéressement de groupe.

Il faut en outre souligner les difficultés qui pourraient animer la comparaison des avantages en présence lorsque les accords collectifs en concours optent pour des méthodes de répartition différentes de la prime d'intéressement. À titre d'exemple, un accord d'intéressement qui fonderait en priorité sa méthode de calcul sur le montant des salaires pourra se révéler plus avantageux pour les salariés de certaines entités qu'un accord privilégiant le temps de travail. Dans ces conditions, la détermination de l'accord le plus avantageux à l'égard de l'ensemble des salariés d'une entité pourrait devenir source de contentieux.

443 Il est donc possible, afin de se prémunir contre l'ensemble de ces difficultés, de prévoir conventionnellement que la mise en œuvre de l'accord de groupe sera précédée de la dénonciation des accords d'entreprises portant sur le même thème. Contrairement à la révision des accords d'entreprise, leur dénonciation doit nécessairement porter sur l'intégralité du texte, et suppose que l'accord ait été conclu pour une durée indéterminée[753].

L'accord d'entreprise dénoncé continue alors de produire ses effets jusqu'à l'entrée en vigueur de l'accord de groupe qui lui est substitué, ou à défaut, pendant une durée d'un an à compter de l'expiration du délai de préavis[754]. La dénonciation de l'accord d'entreprise doit en outre être précédée de l'information et de la consultation du comité d'entreprise dans chaque entité qui en est pourvue[755].

Cette démarche permet de simplifier la gestion et l'organisation du groupe, mais aussi de résoudre les difficultés liées à l'articulation de l'accord de groupe avec les accords d'entreprise. L'accord de groupe conclu pendant la période de survie des accords d'entreprise vaudrait alors accord de substitution pour chacun d'entre eux, et chaque société comprise dans le périmètre de l'accord de groupe se verrait appliquer le même statut social. Reste toutefois à déterminer dans quelles conditions cette dénonciation doit intervenir.

§2 : L'accord de groupe : un accord de substitution aux accords d'entreprise dénoncés

444 La participation d'une entreprise à la négociation de l'accord de groupe pourrait s'analyser en une traduction de sa volonté de se voir appliquer le dispositif mis en œuvre de concert dans le cadre du groupe. Cette participation serait qualifiée en toute hypothèse, que l'employeur de l'entreprise soit signataire de l'accord de groupe, ou qu'il ait été représenté par l'employeur de l'entreprise dominante, avec ou sans mandat exprès. L'ouverture des négociations de l'accord de groupe supposerait donc en parallèle la dénonciation de l'ensemble des accords d'entreprise applicables sur le même thème dans le périmètre de l'accord de groupe.

On pourrait même envisager que cette dénonciation émane du seul employeur de l'entreprise dominante, celui-ci étant le représentant légal de l'ensemble des employeurs des entreprises comprises dans le périmètre de l'accord. Il pourrait ainsi procéder à la dénonciation de l'ensemble des

---

753 Certains groupes prévoient toutefois la possibilité de dénoncer des accords de groupe à durée déterminée.

754 *C. trav.*, art L.2261-10 al. 1.

755 Cass. Soc., 5 mars 2008, *SA Oce Business services et autres c/ Syndicat CGT Oce France et autres*, n° 07-40273 ; *JurisData* n° 2008-043017 ; *RJS*, 2008, n° 5, p. 449 ; JCP, E, 2008, 40, p. 48-50, n. G. VACHET.

accords d'entreprise préexistants dès l'ouverture des négociations, afin de leur substituer l'accord de groupe en cours d'élaboration[756].

Il faudra alors que l'accord de groupe soit conclu pendant la période de survie des accords d'entreprise. L'accord de groupe vaudrait alors accord de substitution des accords d'entreprise dénoncés, et ce alors même qu'il aurait été conclu à un niveau différent de celui des accords dénoncés. L'incertitude pesant sur la place de l'accord de groupe dans l'ordonnancement juridique refait alors surface.

445 Si on considère que le groupe et l'entreprise constituent un seul et même niveau de négociation, les dispositions d'un accord de groupe entrant en vigueur devraient se substituer de plein droit aux dispositions des accords d'entreprises préexistants. Si l'on opte au contraire pour la supériorité hiérarchique des accords de groupe sur les accords d'entreprise, la question du remplacement du dispositif d'entreprise par un dispositif de groupe n'a plus lieu d'être. Les deux dispositifs devraient coexister.

Cette pratique comporterait toutefois un risque : si l'accord de groupe n'a pas été conclu à l'issue de la période de survie provisoire des accords d'entreprise dénoncés, il ne pourra pas valoir accord de substitution. Il trouvera effectivement à s'appliquer dans les entreprises concernées, mais devra se cumuler avec la conservation par les salariés d'une rémunération ne pouvant être inférieure à celle perçue lors des douze derniers mois.

446 Il faut en outre relever qu'un tel dispositif serait inopérant pour les entreprises intégrant le périmètre du groupe postérieurement à la mise en œuvre de l'accord. C'est pourquoi une autre solution est régulièrement envisagée par les partenaires sociaux : l'insertion d'une clause conditionnant l'applicabilité de l'accord de groupe à la dénonciation par l'entreprise de l'accord d'entreprise préexistant, le cas échéant.

§3 : La dénonciation des accords d'entreprise : un préalable indispensable à la mise en œuvre d'un accord de groupe

447 Cette méthode assure la prise en compte de l'évolution du périmètre du groupe, et donc la pérennité de l'harmonisation du statut social des salariés. À titre d'exemple, l'accord d'intéressement du groupe Renault du 17 février

---

[756] Cette position est cependant loin de faire l'unanimité en doctrine, comme nous le développerons lorsque nous évoquerons la dénonciation des accords de groupe par un ou plusieurs employeurs.

2014[757] précise que ses dispositions ne sont pas applicables aux entreprises du périmètre qui seraient couvertes par un accord non conclu dans le cadre fixé par l'accord de groupe. En pareille hypothèse, l'accord de groupe ne sera pas applicable tant que l'accord d'entreprise n'aura pas expiré ou n'aura pas été dénoncé. La présence d'une entreprise dans le champ d'application de l'accord de groupe est ici une condition nécessaire, mais non suffisante, à l'application de l'accord de groupe. L'entreprise doit également faire cesser l'application de tout dispositif qui pourrait entrer en concurrence avec l'accord de groupe.

La mise en œuvre d'une telle clause permet de passer outre les difficultés qui pourraient résulter de la détermination des attributions des parties à la négociation, en faisant peser la procédure de dénonciation des accords d'entreprises sur chaque entité concernée. Il n'y a plus alors lieu de s'interroger sur la régularité de la procédure de dénonciation d'un accord d'entreprise par l'employeur de l'entreprise dominante.

448 On peut par ailleurs signaler, comme nous le développerons par la suite, que ce processus de dénonciation individuelle est parfois doublé d'une procédure d'adhésion des entreprises rendue obligatoire par l'accord de groupe. À ce titre, l'accord de participation du groupe PSA du 6 juin 2013 prévoit que « les sociétés devront manifester leur volonté de bénéficier de ce dispositif, par acte d'adhésion, signé par les représentants employeurs et salariés dûment mandatés, le cas échéant après avoir dénoncé au préalable leur accord existant dans les conditions prévues par celui-ci »[758].

On peut enfin relever que ce mécanisme peut revêtir un intérêt tout à fait particulier lorsque survient un concours d'accords de groupe applicables à une même entreprise. On peut imaginer l'hypothèse où une entreprise fait l'objet d'une cession de participation. Son pourcentage de détention capitalistique par la holding du groupe A s'en trouvera réduit, mais pour autant, l'entreprise serait toujours comprise dans le périmètre du groupe. Les accords de groupe ne seraient pas mis en cause dans l'entreprise, la cession de participation ne s'analysant pas en une modification de la situation juridique de l'employeur. Pour autant, cette opération ferait rentrer l'entreprise dans le périmètre des accords conclus dans le groupe B. Les salariés de l'entreprise concernée se verront alors appliquer l'ensemble des dispositifs applicables dans les deux groupes, sans toutefois pouvoir cumuler les avantages en présence.

---

[757] *Accord d'intéressement Renault pour les années 2014 -2015– 2016*, groupe Renault, 17 fév. 2014.

[758] *Accord de participation du groupe PSA Peugeot Citroën*, 6 juin 2013.

449 La mise en œuvre d'une clause de dénonciation préalable des accords préexistants permettrait alors à l'entreprise concernée de mettre fin à l'application des accords conclus dans le groupe A et de leur substituer les dispositifs existants dans le groupe B. Cette hypothèse illustre avec vivacité les limites de la dénonciation des dispositifs applicables dans une entreprise du groupe par l'employeur de l'entreprise dominante. Si l'on pouvait éventuellement admettre la régularité d'une procédure de dénonciation d'un accord d'entreprise engagée par l'employeur de l'entreprise dominante, il faudrait de la même manière envisager que celui-ci puisse alors dénoncer l'ensemble des dispositifs applicables dans l'entreprise, et même les accords de groupe en vigueur. Il ne faudrait pas exclure alors que l'employeur de l'entreprise dominante dans le groupe B puisse, de sa propre initiative, dénoncer les accords de groupe pris dans le groupe A, au nom et pour le compte de l'employeur de l'entreprise qui serait comprise simultanément dans le périmètre des deux groupes.

Conclusion du chapitre 2

450 Pour neutraliser le flou juridique pesant sur la place des accords de groupe dans la hiérarchie des normes applicables à la relation de travail, les partenaires sociaux ont expérimenté de multiples techniques. Aucune n'est parvenue à concilier l'ensemble des intérêts en présence : la coexistence d'accords d'entreprises et d'accords de groupe altère nécessairement le champ des prérogatives dévolues à chaque niveau de négociation. Deux tendances se sont dégagées des accords que nous avons pu étudier.

La première considère l'entreprise et le groupe comme un seul et même niveau de négociation, ce qui permet au groupe d'intervenir de manière autoritaire dans la détermination du statut social applicable aux salariés. Un accord de groupe pourra ainsi réviser de plein droit les stipulations des accords d'entreprises applicables dans les entités concernées par son champ d'application. Il pourra même imposer la dénonciation d'accords d'entreprise et s'imposer comme un accord de substitution applicable à l'ensemble des entreprises concernées. Cette approche permet de simplifier la procédure applicable, mais elle ne nous semble pas compatible avec l'esprit des textes. Une observation peut résumer l'ensemble des difficultés posées par cette analyse : si l'accord de groupe peut modifier les accords d'entreprises préexistants, un accord d'entreprise devrait pouvoir en faire de même.

La seconde tendance s'attache au contraire à reconnaître la spécificité du niveau du groupe par rapport à celui de l'entreprise, mais elle ne parvient pas à lui octroyer une véritable autonomie pour la négociation d'accords collectifs. L'accord de groupe, pour assurer son plein effet, pourra prévoir la mise en œuvre d'une procédure de révision ou de dénonciation des accords d'entreprise existant dans chaque entité du groupe. Il ne pourra cependant l'imposer, cette procédure n'entrant pas dans le champ de ses compétences propres. Les partenaires sociaux n'ont pas manqué d'ingéniosité pour résoudre cette difficulté, en érigeant ces procédures en conditions d'applicabilité de l'accord de groupe dans les entreprises : si une entreprise refuse d'adapter son propre dispositif à celui de l'accord de groupe, l'accord de groupe ne lui sera pas applicable. Une prise de position du législateur s'impose pour sécuriser les dispositifs existants.

Conclusion du titre 1

451 On peut aisément comprendre les hésitations du législateur à circonscrire les accords de groupe dans un régime juridique figé, tant ses applications auront d'incidences sur le contenu et la portée des négociations. Cette position place cependant les partenaires sociaux dans une situation particulièrement inconfortable : alors que le législateur reconnaît l'autonomie des groupes pour négocier et conclure des accords collectifs, il est aujourd'hui impossible de déterminer avec certitude quelle est leur place dans la hiérarchie des normes applicables à la relation de travail.

Sans trancher catégoriquement cette difficulté, les partenaires sociaux nous orientent vers une piste de réflexion : faire interagir le groupe et l'entreprise dans l'élaboration de la norme juridique applicable à la relation de travail. L'idée qui s'en dégage est de centraliser au maximum la conclusion d'accords dans le cadre du groupe, tout en laissant à la charge de chaque entreprise les problématiques liées à l'application des accords de groupe dans le périmètre de proximité.

452 D'une certaine manière, ces pratiques nous renvoient à l'idée de l'élaboration d'accords-cadres dans le cadre du groupe, dont la mise en œuvre dans chaque entité serait subordonnée à la conclusion d'accords d'entreprise précisant leurs modalités d'application. Cette analyse présente l'avantage de sauvegarder l'autonomie juridique de chaque entreprise dans la mise en œuvre du statut social applicable à leurs salariés. En d'autres termes, le groupe propose, et l'entreprise dispose.

Bien qu'elle fasse obstacle à l'application impérative et automatique de l'accord de groupe, cette position permet une prise en compte permanente des évolutions pouvant affecter le groupe.

TITRE 2 : L'ÉVOLUTION DES ACCORDS DE GROUPE

453 Les groupes de sociétés sont des structures en permanente évolution. Évolution de leur périmètre d'une part, mais aussi de leur composition structurelle et de leurs activités, en fonction de la stratégie économique et sociale de la société-mère, et des restructurations qui peuvent affecter certaines entités qui le composent.

Ces bouleversements affectent nécessairement les accords collectifs négociés dans le cadre du groupe, lesquels doivent s'adapter en permanence pour assurer l'effectivité des garanties qu'ils mettent en place. Le législateur n'a pourtant pas prévu de régime juridique particulier applicable aux modifications affectant les accords de groupe, pas plus qu'il n'a d'ailleurs prévu leur articulation avec les autres normes applicables à la relation de travail.

On peut considérer qu'il y a lieu d'appliquer les dispositions de droit commun relatives aux conventions et accords collectifs de travail, ce qui n'est pas sans difficultés pratiques. Certains auteurs mettent en avant la nécessité d'adapter ces dispositions pour tenir compte de la « *particularité fondamentale des conventions et accords collectifs de groupe : leur application à des entités juridiques distinctes* »[759]. Il convient dans un premier temps de s'attacher à l'évolution du périmètre du groupe (chapitre 1) avant d'envisager l'évolution du contenu des accords de groupe (chapitre 2).

---

[759] AUZERO (G.), « La vie des conventions et accords collectifs de groupe », *RDT*, 2006, p. 230.

Chapitre 1 : L'évolution du périmètre du groupe

454 Le périmètre d'un groupe de sociétés peut être confronté à de multiples bouleversements, qui découleront le plus souvent de la situation économique et financière du groupe, ainsi que des orientations stratégiques adoptées par la société-mère.

Un groupe pourra ainsi être amené à se développer en période propice, par l'acquisition d'entités concurrentes, voire même par l'absorption d'un autre groupe. Il peut également se diversifier en s'implantant dans de nouveaux secteurs d'activité ou en renforçant son implantation territoriale.

En période difficile, il peut au contraire procéder à des transferts d'activités d'une structure à une autre, et se séparer d'entités peu attractives, en les cédant, en les liquidant, voire même en les délocalisant.

455 Toutes ces situations impacteront nécessairement l'application des accords de groupe. Pour assurer leur cohérence dans la durée, il peut être opportun d'organiser conventionnellement l'entrée et la sortie des entreprises du champ d'application des accords de groupe.

Les praticiens ont bien saisi l'importance d'une adaptation constante des accords de groupe aux évolutions susceptibles d'affecter leur champ d'application. C'est dans ces conditions qu'a pu se développer la mise en œuvre de mécanismes conditionnant l'entrée des entreprises dans le périmètre des accords de groupe (section 1), ainsi que des dispositifs organisant la sortie des entreprises de leur champ d'application (section 2).

Section 1 : Mécanismes d'entrée dans le groupe

456 En l'absence de dispositif légal contraignant pour délimiter le champ d'application des accords de groupe (§ 1), deux mécanismes peuvent être envisagés pour y intégrer une entreprise *a posteriori* : l'accord de groupe peut être d'application immédiate dans l'entreprise entrante (§ 2) ou bien son application peut être subordonnée à la mise en œuvre d'une procédure d'adhésion (§ 3).

§1 : Un dispositif légal incertain

457 Au rang des modifications susceptibles d'impacter le périmètre des accords de groupe, il faut tout d'abord évoquer l'intégration d'entreprises nouvelles dans le groupe. Rappelons que le champ d'application des accords de groupe est fixé conventionnellement par les parties à l'accord, au moment de leur négociation. La plus grande liberté est accordée aux partenaires sociaux pour délimiter le périmètre de l'accord, si bien que chaque accord de groupe peut recouvrir un périmètre différent, selon ses objectifs propres, la teneur des négociations engagées, ainsi que les organisations syndicales représentatives parties à la négociation.

Sur ce dernier point, on peut déjà relever que l'étendue du périmètre des accords de groupe pourra donc différer selon le moment de la négociation, et plus précisément selon le cycle électoral au cours duquel elle interviendra. Dans le même groupe, le périmètre peut également varier selon le thème traité par l'accord. Tous ces paramètres devront être pris en compte pour déterminer quels liens pourront justifier la mise en place d'un régime social commun à plusieurs entreprises.

458 Alors que certains accords de groupe dressent une liste des entreprises entrant dans leur champ d'application[760], d'autres délimitent leur périmètre en fonction de critères objectifs, tels qu'un pourcentage de détention capitalistique[761], ou encore par référence au groupe tel qu'envisagé par le code de commerce[762]. Certains accords de groupe appliquent cumulativement ces deux méthodes, et précisent, outre les critères d'appartenance au groupe, la liste nominative des entreprises comprises dans leur champ d'application[763].

Toutes ces possibilités illustrent l'embarras du législateur pour déterminer la procédure applicable à l'intégration d'une entreprise nouvelle dans le périmètre d'un accord de groupe préexistant. L'applicabilité de l'accord de groupe dans la nouvelle entité n'obéira pas aux mêmes règles suivant la manière dont a été initialement fixé le périmètre de l'accord. Une difficulté supplémentaire doit être relevée : les accords de groupe n'ont pas tous le même impact juridique sur les entreprises composant le groupe. Il revient aux partenaires sociaux de déterminer le régime juridique qu'ils entendent appliquer à l'accord au moment de la négociation. Un accord-cadre ne s'appliquera pas de la même manière dans les entreprises composant le groupe qu'un accord conclu dans les conditions de l'article L.2232-33 du code du travail. Dès lors, plusieurs analyses peuvent être avancées.

---

[760] *Accord de dialogue social au sein du groupe Casino*, 5 nov. 2012.

[761] *Accord de groupe sur l'exercice du droit syndical et le dialogue social, groupe Thalès*, 18 déc. 2014.

[762] *Accord sur la prévention du stress au travail*, groupe Safran, 19 janvier 2011.

[763] *Accord de groupe EADS en France sur un dispositif intergénérationnel*, 18 juillet 2013.

§2 : L'application immédiate de l'accord de groupe

459 Comme tout accord collectif négocié et conclu dans les conditions de droit commun, on peut considérer que l'accord de groupe a vocation à s'appliquer de manière immédiate et impérative à l'ensemble des sociétés concernées[764]. Cette méthode trouve aisément à s'appliquer lorsque le périmètre de l'accord est arrêté sous la forme d'une liste d'entreprises. L'applicabilité de l'accord de groupe sera strictement limitée aux entreprises figurant sur la liste, et l'intégration de nouvelles entités dans le périmètre de l'accord supposera une révision de celui-ci.

À l'inverse, dans les groupes dont le périmètre est établi selon des critères objectifs, l'accord de groupe deviendrait immédiatement applicable dans les entreprises entrantes, et ce bien qu'elles n'aient pas pris part à la négociation initiale. Les évolutions du périmètre de l'accord de groupe n'auront ici aucun impact sur la rédaction de l'accord initial. Certains accords de groupe précisent d'ailleurs expressément ce principe.

À titre d'exemple, l'accord du groupe GDF Suez du 25 novembre 2009 relatif à la mise en œuvre d'un plan d'épargne pour la retraite collectif de groupe indique s'appliquer « à la société-mère, et aux sociétés du groupe incluses dans le périmètre de consolidation par intégration globale du groupe, et celles dont la majorité du capital est détenue directement ou indirectement par la société-mère »[765]. Il précise en outre que « toute entreprise qui viendrait, postérieurement à la signature du présent accord, à remplir les conditions définies à l'article 1.1 entrerait automatiquement dans le périmètre de l'accord ».

460 Ce mécanisme présente l'avantage d'adapter le champ d'application des accords de groupe aux évolutions du périmètre du groupe, sans qu'il soit nécessaire de réunir les partenaires sociaux pour entériner ces évolutions. Il comporte toutefois des risques, dans la mesure où l'intégration de nouvelles entités dans le groupe pourrait impacter l'économie générale de l'accord de groupe. Il en est ainsi notamment pour les accords de groupe relatifs à la participation des salariés aux résultats. Selon le mode de calcul retenu dans l'accord de groupe, chaque entreprise contribue, dans une certaine proportion à la constitution de la réserve de participation[766]. L'intégration d'une nouvelle entité pourrait donc influer sur la base de calcul, et sur la composition des avantages servis à l'ensemble des salariés du groupe. Chaque employeur devient donc solidairement responsable du résultat

---

[764] Dans ce sens : TEYSSIÉ (B.), « Variations sur les conventions et accords collectifs de groupe », *Dr. Soc.*, 2005, p. 643.

[765] *Plan d'Épargne pour la Retraite Collectif groupe GDF SUEZ*, 25 nov. 2009.

[766] *Accord de participation du groupe Nexter*, 26 oct. 2011.

distribué à ses salariés au titre de la participation, sans toutefois pouvoir intervenir dans les décisions de gestion qui pourraient affecter son calcul et son versement.

461 L'application automatique et impérative des accords de groupe aux structures intégrant leur champ d'application pourrait également se heurter à une difficulté liée au champ des activités exercées dans le groupe. Il faut ici rappeler qu'un accord de branche peut interdire de déroger à ses dispositions par accord de groupe ou par accord d'entreprise. Dès lors, plus il existe d'accords de branche applicables dans le champ du groupe, plus le risque de faire face à une interdiction de déroger par accord de groupe est important.

Or il n'est pas rare que les critères d'appartenance au groupe soient fondés sur des considérations capitalistiques, certains groupes développant ainsi leurs domaines d'activités bien au-delà des limites prévues initialement par les parties à l'accord de groupe. En pareille hypothèse, l'applicabilité des accords de groupe aux entités nouvellement intégrées à leur champ d'application pourrait se heurter à l'inflation des accords de branche applicables, et à l'impossibilité d'y déroger en cas d'interdiction expresse en ce sens.

Ainsi, un accord de groupe qui aurait été initialement applicable à des entreprises relevant du seul secteur tertiaire pourrait avoir été étendu à des domaines d'activité régis par des accords de branche qui interdiraient la dérogation par accord de groupe. Dans ce cas, et bien que les entreprises répondent parfaitement aux critères délimitant le périmètre du groupe, un accord de groupe dérogatoire à l'accord de branche prévoyant une interdiction de déroger ne saurait leur être appliqué. La seule fixation de critères objectifs de délimitation du périmètre du groupe n'est donc pas suffisante pour appréhender toutes les difficultés que pose l'application d'un accord de groupe. L'application automatique de l'accord de groupe aux entités postérieurement intégrées au périmètre du groupe n'est d'ailleurs pas admise par l'ensemble de la doctrine.

§3 : La mise en œuvre d'une procédure d'adhésion

462 Pour certains auteurs, lorsqu'une société intègre un groupe, les accords de groupe préexistants ne lui sont pas directement opposables. « Lorsqu'une entreprise vient à entrer dans le périmètre d'un groupe, dans la mesure où, par définition, elle n'a en aucune façon consenti à l'acte juridique, il paraît difficile de considérer que l'accord de groupe lui est automatiquement applicable »[767]. Selon cette analyse, l'opposabilité de l'accord de groupe à

---

[767] AUZERO (G.), « La vie des conventions et accords collectifs de groupe », *RDT*, 2006, p. 230.

l'entreprise entrante serait subordonnée à la mise en œuvre d'une procédure d'adhésion. Il convient de relever que cette position a été défendue par une partie de la doctrine avant même la consécration législative de la négociation de groupe[768].

À l'époque, la Cour de cassation avait d'ailleurs déjà pris position en ce sens, notamment dans un arrêt du 23 janvier 2002 dans lequel elle affirme qu'un accord organisant la représentation du personnel au sein du groupe ne peut être opposable à une société non signataire[769]. On peut toutefois s'interroger sur la pérennité de l'apport d'un tel arrêt, dans la mesure où la chambre sociale s'est ici placée sur le terrain de l'accord d'entreprise, et non sur celui de l'accord de groupe, comme l'avaient soutenu les moyens au pourvoi. On ne saurait exclure que la solution aurait pu être différente si l'affaire avait été portée devant la haute juridiction judiciaire après l'entrée en vigueur de la loi du 4 mai 2004.

463 Suivant ce raisonnement, l'intégration d'une société nouvelle dans le périmètre d'un accord de groupe suppose une procédure particulière, qui peut différer selon la manière dont a été fixé le champ d'application de l'accord. Lorsqu'il est établi sous forme de liste nominative, son extension nécessite la révision de l'accord[770]. Lorsqu'il est fixé selon des critères objectifs, une procédure d'adhésion peut être envisagée.

Ce dispositif a d'ailleurs été décrit en son temps par l'administration pour les accords relatifs à l'épargne salariale[771]. La circulaire interministérielle du 14 septembre 2005 indique qu'« en cas de modification du périmètre du groupe, toute adhésion d'une entreprise nouvelle rentrant dans le champ de l'accord de groupe doit faire l'objet d'un avenant obéissant aux mêmes règles de conclusion et de dépôt que l'accord lui-même. L'avenant doit être signé par l'ensemble des parties concernées, c'est-à-dire tant par les représentants de la nouvelle entreprise adhérente que par ceux du groupe ou des entreprises déjà parties à l'accord de groupe [...] ». Elle précise en outre que « certains accords de groupe peuvent prévoir expressément la possibilité d'adhésion de plein droit de nouvelles entreprises à l'accord de groupe sous certaines conditions. Dans ce cas, l'avenant - toujours nécessaire - constatant la volonté d'adhésion de la nouvelle entreprise n'aura à être signé que par les représentants employeurs et salariés de cette dernière [...] ».

---

768 MORIN (M.-L.), « Les accords collectifs de groupe, une variété d'accords collectifs de droit commun », *RJS*, 10/03, p. 743.

769 Cass. Soc., 23 janv 2002, n°00-60386, *RJS*, 4/02, n°454.

770 Dans ce sens, *Accord groupe d'intéressement – Exercices 2013 -2014-2015*, groupe Casino, 20 mars 2013.

771 *Circulaire interministérielle relative à l'épargne salariale*, 14 sept. 2005, *JORF*, 1er nov. 2005, fiche n°3, p. 17179.

464 Par principe, toute adhésion d'une entreprise nouvelle à l'accord de groupe doit donc faire l'objet d'un avenant conclu dans les mêmes conditions que l'accord initial, mais les méthodes de mise en œuvre de ce processus ne sont pas toujours aussi strictes et contraignantes.

Les incertitudes pesant sur les conséquences d'une modification du périmètre des accords de groupe ont poussé nombre de groupes à organiser conventionnellement l'entrée d'entreprises nouvelles dans le périmètre des accords de groupe. La créativité des partenaires sociaux a permis d'instituer une grande variété de configurations. Le mécanisme d'adhésion peut se révéler plus ou moins contraignant pour l'entreprise et pour le groupe, en fonction des difficultés qu'il entend résoudre. Il peut se matérialiser par un accord d'entreprise (A) ou par un avenant de révision de l'accord de groupe (B).

A) L'adhésion par accord d'entreprise

465 L'adhésion de l'entreprise entrante à l'accord de groupe peut avoir pour objectif d'entériner sa volonté d'appliquer le dispositif mis en œuvre dans le groupe. Une telle démarche permet notamment de se prémunir contre d'éventuelles contestations portant sur l'application de l'accord de groupe dans l'entreprise. Initialement envisagée uniquement pour l'intégration d'entreprises nouvelles au champ d'application d'accords déjà conclus, certains groupes généralisent désormais cette pratique, et l'imposent à l'ensemble des entreprises concernées, dès la conclusion de l'accord.

466 C'est notamment la démarche adoptée dans l'accord de participation du groupe PSA du 16 juin 2013[772]. Les critères déterminant les entreprises entrant dans le champ d'application de l'accord sont ici ramenés à une condition d'éligibilité au processus d'adhésion : pour pouvoir adhérer à l'accord de groupe, l'entreprise intéressée doit être contrôlée directement ou indirectement par Peugeot SA à plus de 50 %. À l'inverse, l'adhésion à l'accord n'est plus valable lorsque cette condition n'est plus remplie. Remplir les critères de détention capitalistique devient alors un critère nécessaire, mais non suffisant, à l'application de l'accord de groupe. « Les sociétés devront manifester leur volonté de bénéficier de ce dispositif, par acte d'adhésion, signé par les représentants employeurs et salariés dûment mandatés [...] »[773].

Dans ce cas d'espèce, l'accord d'adhésion est pris dans le cadre de l'entreprise. L'accord de groupe précise que « l'accord d'adhésion sera signifié aux autres parties du présent accord » et que « cette clause

---

[772] *Accord de participation du groupe PSA Peugeot Citroën*, 6 juin 2013.

[773] *Accord de participation du groupe PSA Peugeot Citroën*, 6 juin 2013.

d'adhésion dispense les parties initialement signataires du présent accord ou adhérents ultérieurs de signer l'avenant d'adhésion d'une nouvelle société du groupe ». Cette procédure s'accompagne en outre d'une simple information des institutions représentatives du personnel de l'entreprise entrante et du groupe.

467 Le groupe EDF a également mis en place un dispositif similaire, notamment dans son accord de groupe du 12 décembre 2008 relatif à la mise en place d'un système de retraite supplémentaire[774]. Après avoir déterminé les critères d'appartenance au groupe, l'accord de groupe précise qu'il est applicable de plein droit à l'entreprise dominante, et qu'il concerne également, sous réserve de leur adhésion, l'ensemble des entreprises répondant aux critères énumérés.

Ici encore, le processus d'adhésion de l'entreprise entrante n'entraîne pas la révision de l'accord de groupe par les parties signataires et adhérentes. L'adhésion se matérialise par un accord d'entreprise, qui statue en outre sur le financement applicable dans l'entité concernée. « L'adhésion d'une entreprise emporte l'acceptation d'EDF SA et des entreprises déjà adhérentes ».

468 Ce mécanisme permet de faire peser les difficultés liées à l'évolution du périmètre de l'accord de groupe sur les seules entités concernées, tout en consacrant expressément leur volonté de se voir appliquer les stipulations de l'accord. Pour illustrer notre propos, on peut se référer au contenu de l'accord d'adhésion de la société Axa France à l'accord de groupe du 21 octobre 2002 sur la mobilité géographique, conclu dans le périmètre de la représentation syndicale du groupe éponyme[775].

Dans son préambule, l'accord d'adhésion fait référence aux accords d'adhésion antérieurement conclus dans le groupe[776], et à leur mise en cause par les opérations de transfert des salariés de ces entités vers la société Axa France. À la suite de cette restructuration, la société Axa France, dans sa nouvelle configuration, a alors adhéré à l'accord de groupe par accord d'entreprise. En l'espèce, le déplacement des problématiques d'entrée et de sortie d'entreprises du groupe au niveau de chaque entité concernée a permis, grâce à la réalisation d'un montage juridique astucieux, d'adapter le champ d'application de l'accord de groupe, sans affecter son contenu ni ses conditions de validité.

---

774 Accord relatif à la mise en place d'un régime de retraite supplémentaire dans le groupe EDF, 12 décembre 2008.

775 *Accord RSG sur l'accompagnement matériel de la mobilité géographique au sein du groupe AXA France*, 21 oct. 2002.

776 *Accord d'adhésion Axa France Assurance* du 4 nov. 2002 ; accord d'adhésion Axa Assurances du 18 nov. 2002 ; accord d'adhésion Axa Conseil du 22 nov. 2002 ; accord d'adhésion Axa Courtage du 25 nov. 2002.

La mise en cause des accords d'adhésion du fait du transfert de salariés a entraîné le déclenchement de négociations dans les entreprises concernées, en vue de la conclusion d'un accord de substitution. Ces entités ayant été absorbées par l'entreprise Axa France, il a suffi de faire adhérer cette dernière à l'accord de groupe pendant la période de survie provisoire des accords d'adhésion mis en cause pour voir ses stipulations appliquées à l'ensemble des salariés qu'elle regroupait désormais. L'accord d'adhésion de la société Axa France vaut donc accord de substitution aux accords d'adhésion mis en cause par le transfert des salariés.

469 Certains accords de groupe vont encore plus loin dans l'application de cette méthode, en ouvrant la possibilité d'y adhérer à des entreprises qui ne répondent pas aux critères délimitant le champ d'application de l'accord. On peut ainsi relever l'accord d'adhésion de la société Thalès services à l'accord de groupe Thalès relatif à la participation[777].

Dans son préambule, l'accord d'adhésion précise que certaines entreprises relevant du périmètre du groupe ont fusionné au sein de l'entreprise Thalès Services et ont quitté de ce fait le périmètre du groupe. L'accord d'adhésion rappelle en outre que la société Thalès Services ne fait plus partie du périmètre de l'accord de groupe avant de déclarer que « les partenaires sociaux s'entendent, par le biais du présent accord, pour adhérer audit accord de groupe ». Bien que les conditions de détention capitalistiques ne soient pas remplies par cette entité pour l'intégrer au périmètre du groupe, il lui est donc possible de candidater via la procédure d'adhésion pour se voir appliquer le statut social en vigueur dans le groupe.

Ceci étant, l'accord d'adhésion conclu dans le cadre de l'entreprise ne vaut pas ici adhésion de plein droit à l'accord de groupe. Il faut en effet relever que certains accords de groupe ne limitent pas le processus d'adhésion à une simple manifestation de volonté des entreprises nouvellement intégrées, mais imposent le consentement des parties initiales à l'accord pour que l'intégration de nouvelles entités dans son périmètre soit effective.

B) L'adhésion par avenant de révision de l'accord de groupe

470 La procédure d'adhésion d'une entreprise par avenant de révision de l'accord de groupe présente deux avantages majeurs : elle permet d'une part de recueillir l'accord des parties initiales à l'accord de groupe (1) et offre d'autre part la possibilité d'organiser conventionnellement l'articulation des accords au niveau du groupe (2).

---

[777] *Accord d'adhésion de la société Thalès Services SAS à l'accord de participation des salariés aux résultats des sociétés du groupe Thalès,* 26 avril 2006.

1. *L'accord nécessaire des parties initiales à l'accord de groupe*

471 Cette procédure pourrait être comparée dans un tout autre domaine à celle de l'agrément de cessions de parts sociales à un tiers souvent prévue dans les statuts de sociétés à responsabilité limitée. L'intégration d'un nouvel associé étant de nature à modifier les droits et les obligations de chaque partie au contrat, il paraît légitime que les signataires initiaux puissent s'y opposer.

De la même manière, l'intégration d'une entreprise nouvelle dans le périmètre d'un accord de groupe se matérialisera dans ce cas par un avenant de révision à l'accord, entériné tant par l'entreprise adhérente que par les signataires de l'accord initial. Lorsque le périmètre du groupe est fixé sous forme d'une liste nominative, cette procédure paraît incontournable, et l'accord de groupe devra être modifié chaque fois qu'une entreprise intègre son champ d'application ou s'en extrait. À titre d'exemple, l'accord de participation des salariés aux résultats de l'entreprise conclu dans le groupe Crédit Mutuel-CIC[778] stipule que « le présent accord s'applique aux salariés des entreprises signataires » et que « l'entrée d'une nouvelle entreprise dans le champ d'application se fera par avenant de révision au présent accord ». Son avenant n° 1 en date du 29 juin 2012 détaille les mouvements ayant affecté le périmètre de l'accord de groupe avant de lister les entreprises qui y sont nouvellement intégrées et celles qui en sont désormais exclues[779].

Le groupe Thalès s'illustre également dans une procédure similaire, en offrant aux signataires des accords de groupe un véritable droit de regard sur l'intégration d'une nouvelle entité dans leur champ d'application. Il faut relever qu'à la différence du groupe Crédit Mutuel-CIC, le groupe Thalès détermine le champ d'application de ses accords de groupe selon des critères objectifs[780]. Dans ces conditions, la mise en œuvre d'une procédure de révision de l'accord de groupe lorsque survient une modification de son champ d'application pourrait paraître superflue et source de lourdeur administrative supplémentaire. Pourtant son accord de groupe du 23 juillet 2013 relatif au contrat de génération[781] prévoit qu'en cas de nouvelle société intégrant le groupe, « les parties signataires s'engagent, par avenant à l'accord, à décider de l'entrée de cette nouvelle société dans le périmètre de l'accord ». L'accord d'adhésion conclu par l'entreprise entrante devra donc

---

778 *Accord de groupe CM11-CIC de participation des salariés aux résultats de l'entreprise*, 29 juin 2012.

779 *Avenant n°1 à l'accord de groupe CM11-CIC de participation des salariés aux résultats de l'entreprise*, 27 février 2014.

780 Accord de groupe sur l'exercice du droit syndical et le dialogue social, groupe Thalès, 18 déc. 2014.

781 *Accord groupe relatif à l'engagement de Thalès en faveur de l'emploi des jeunes et des seniors et au soutien de la transmission des savoirs et des compétences*, 23 juillet 2013.

être ratifié par les signataires de l'accord de groupe, et à défaut, l'entreprise ne pourra se voir appliquer les stipulations de l'accord de groupe. C'est également la démarche adoptée au sein du groupe Casino[782].

472 Cette procédure peut se révéler particulièrement salvatrice lorsque l'entrée d'une entreprise dans le périmètre de l'accord de groupe est susceptible d'impacter les avantages qu'il offre aux salariés, ou de modifier l'économie générale de l'accord. À ce titre, l'accord d'intéressement en vigueur dans le groupe Casino précise que « toute modification du périmètre doit, si c'est nécessaire, préciser les règles comptables qui s'appliquent ». Ceci étant, on pourrait valablement opposer que chaque modification affectant le périmètre du groupe n'est pas nécessairement génératrice de bouleversements de nature à provoquer la mise en œuvre d'une procédure de révision impliquant la réunion de l'ensemble des parties signataires de l'accord initial.

473 La révision d'un accord de groupe pour intégrer une nouvelle entreprise dans son périmètre pose d'ailleurs une difficulté juridique supplémentaire qu'il convient de relever : l'article L.2261-7-1 du code du travail renvoie l'avenant de révision d'un accord d'entreprise aux conditions de validité de l'accord initial. Lorsqu'une entreprise sort du périmètre du groupe, ce dispositif est aisément applicable : l'entreprise sortante, signataire ou adhérente de l'accord initial pourra valablement régulariser l'avenant de révision de l'accord de groupe, de concert avec les autres parties à l'accord initial, pour entériner sa sortie du groupe.

Mais lorsque la révision vise à intégrer une nouvelle structure dans le périmètre de l'accord de groupe, il ne nous semble pas, à la lecture de ce dispositif, que l'entité concernée puisse valablement signer l'avenant actant de son intégration dans le périmètre du groupe. Ce n'est qu'une fois son intégration consacrée par l'avenant de révision que l'entité concernée aura la qualité de partie à l'accord et pourra en signer les avenants.

Cette difficulté ne se retrouve pas dans la procédure d'agrément d'une cession de parts sociales, dans la mesure où la modification des statuts est nécessairement précédée d'une décision des associés en ce sens. Le tiers n'est donc pas partie à la décision des associés. À l'inverse, nous avons pu constater que de nombreux avenants entérinant l'intégration d'une entité nouvelle dans le périmètre d'un accord de groupe étaient signés non seulement par les signataires de l'accord initial et ceux y ayant adhéré

---

782 *Accord groupe d'intéressement – Exercices 2013 -2014-2015*, groupe Casino, 20 mars 2013.

postérieurement, mais aussi par l'entité faisant l'objet de l'intégration[783]. On pourrait donc s'interroger sur la validité de ces avenants.

474 Toutes ces observations nous poussent à considérer que la mise en place d'un processus d'adhésion à l'accord de groupe dans le cadre de l'entreprise pourrait se révéler plus efficace, plus souple et plus sécurisante pour les entreprises comme pour leurs salariés.

Ceci étant, une telle procédure ne permettra pas aux entreprises signataires de l'accord initial, ni à celles y ayant adhéré postérieurement, de manifester leur accord ou leur refus à l'intégration d'une nouvelle entité dans le périmètre du groupe. Or c'est l'accord lui-même qui doit fixer son champ d'application, ce qui implique l'intervention de l'ensemble des parties.

Par ailleurs, la procédure d'adhésion individuelle par chaque entreprise peut modifier l'économie générale de l'accord de groupe, son contenu et ses modalités de mise en œuvre, lorsqu'elle est utilisée à de multiples reprises, ce qui est souvent le cas. La modification du périmètre de l'accord par avenant de révision est plus contraignante techniquement, mais elle permet d'anticiper les éventuelles répercussions de l'évolution du champ d'application de l'accord sur son contenu, et de procéder aux remaniements nécessaires.

475 La détermination du processus le plus adapté dépendra donc nécessairement des intérêts que l'accord de groupe entend garantir. À ce titre, on peut observer que certains groupes appliquent alternativement ces mécanismes, selon le degré d'intensité des liens unissant l'entreprise entrante au reste du groupe. Ainsi l'accord d'intéressement du groupe Carrefour pour la période 2011-2013[784] prévoit l'application de plein droit de l'accord aux entreprises signataires de l'accord, un mécanisme d'adhésion individuelle pour les sociétés contrôlées par une ou plusieurs des entreprises déjà parties à l'accord, et un mécanisme d'adhésion par avenant à l'accord de groupe pour les autres sociétés candidates. Cette démarche permet d'appliquer une procédure simplifiée à l'égard des entreprises répondant aux critères de délimitation du périmètre de l'accord, tout en offrant la possibilité d'inclure d'autres entités, si l'ensemble des parties y consent.

2. *L'organisation conventionnelle de l'articulation des accords*

476 Cette procédure peut permettre d'organiser l'articulation des stipulations de l'accord de groupe avec les autres accords collectifs applicables dans l'entreprise entrante. Cette précaution est non négligeable en l'état actuel du

[783] À titre d'exemple : *Avenant n°1 à l'accord de groupe CM11-CIC de participation des salariés aux résultats de l'entreprise*, 27 fév. 2014.

[784] *Accord d'intéressement 2011/2012/2013*, 30 juin 2011.

droit, les partenaires sociaux n'étant pas en mesure de déterminer avec certitude l'impact des stipulations d'un accord de groupe sur celles des accords d'entreprise préexistants. Certains accords de groupe subordonnent donc l'intégration d'une nouvelle entreprise dans leur périmètre à une démarche de reconfiguration du statut social applicable dans l'entreprise.

On peut ainsi rappeler que dans son accord de participation de groupe du 6 juin 2013, le groupe PSA impose l'adhésion de chaque entité qui souhaiterait intégrer le périmètre de l'accord, et la dénonciation préalable de l'accord d'entreprise préexistant le cas échéant[785].

Cette volonté d'organiser l'articulation des accords collectifs applicables dans le groupe nous apparaît d'ailleurs comme l'une des motivations principales de la mise en place d'un processus d'adhésion. On peut ainsi relever que le groupe Thalès n'impose ce dispositif que pour les entreprises dans lesquelles un accord d'entreprise est applicable. En l'absence d'accord préexistant dans l'entreprise, l'adhésion peut se voir appliquer de plein droit l'accord de groupe, dès lors que l'entreprise répond aux critères objectifs délimitant le champ de l'accord. En présence d'un accord d'entreprise préexistant, le processus d'adhésion doit s'accompagner d'une révision du statut antérieurement applicable dans l'entreprise pour l'adapter à celui mis en œuvre par l'accord de groupe. Seules les stipulations plus favorables de l'accord d'entreprise auront vocation à perdurer. Le processus d'adhésion d'entreprises aux accords de groupe Thalès peut donc s'apparenter à un contrôle de conformité de l'accord d'entreprise préexistant à l'accord de groupe.

477 La mise en place d'un processus d'adhésion à l'accord de groupe peut également permettre de résoudre les éventuels concours d'accords de groupe pouvant survenir à l'occasion d'une restructuration. L'applicabilité immédiate et automatique d'accords de groupe à des entreprises intégrant leur champ d'application connaît en effet une limite non négligeable lorsque l'entreprise entrante est déjà soumise à un autre dispositif social de groupe. Rappelons que certaines opérations de restructuration n'entraînent pas la mise en cause automatique du statut collectif antérieur. Il en est ainsi notamment lorsque l'entreprise intègre le périmètre d'un groupe à l'occasion d'une prise de participation par l'entreprise dominante.

L'intégration de l'entreprise dans le périmètre d'un nouveau groupe n'implique pas nécessairement que ses salariés ne puissent plus bénéficier du statut social applicable dans le groupe auquel ils appartenaient initialement, dès lors que l'entreprise continue de remplir les critères déterminant son champ d'application. Dans ce cas, les accords du groupe d'origine et ceux du

---

785 *Accord de participation du groupe PSA Peugeot Citroën*, 6 juin 2013.

groupe d'intégration auront tous vocation à s'appliquer aux salariés concernés, sans toutefois pouvoir se cumuler.

Par ailleurs, il faut rappeler que la Cour de cassation a pu considérer, dans une affaire faisant suite à la cession d'une entreprise[786], que la convention collective applicable dans l'entreprise d'accueil à l'issue de la période de survie de la convention collective applicable dans l'entreprise cédée ne constitue pas l'accord de substitution prévu par les textes. Cette solution s'explique par l'effet relatif des conventions et par le fait que l'employeur de la société entrante n'a pas pris part aux négociations. Il y a donc lieu de cumuler, en pareille hypothèse, les garanties découlant de l'accord de groupe nouvellement applicables avec le maintien d'une rémunération équivalente à celle perçue au cours des douze derniers mois dans le cadre de l'application de l'accord antérieurement en vigueur.

478 La mise en œuvre d'une procédure d'adhésion dans une telle situation pourrait permettre de remplacer le dispositif du groupe d'origine par celui du groupe d'accueil. Il faudrait que l'entreprise concernée dénonce les accords du groupe d'origine, lorsque l'opération de restructuration n'entraîne pas leur mise en cause automatique[787]. Une adhésion aux accords du groupe d'accueil durant la période de survie provisoire des accords du groupe d'origine pourrait alors conférer aux accords du groupe d'accueil la qualité d'accords de substitution.

La procédure d'adhésion à l'accord de groupe revêt ici un intérêt particulier, en ce qu'elle entérine la volonté de l'entreprise d'appliquer le statut social préexistant dans le groupe d'accueil. Si l'on considère que l'accord de groupe n'a pas vocation à s'appliquer de manière automatique à une entreprise qui n'en serait pas signataire, la procédure d'adhésion permet de contourner cette difficulté : la démarche d'adhésion permet de rendre l'accord applicable à l'entreprise entrante de la même manière que si elle l'avait initialement négocié et signé.

---

[786] Cass. Soc., 19 oct. 1999, n° 97-45907 et 97-45911, *Bull. Civ.*, 1999, V, n° 386, p. 284 ; *Dr. Soc.*, 2000, p. 228, obs. G. BÉLIER.

[787] En cas de mise en cause automatique, la même procédure s'applique : période de survie provisoire et maintien des avantages individuels acquis en l'absence d'accord de substitution.

Section 2 : Mécanismes de sortie du groupe

479 Corrélativement à nos propos relatifs à l'intégration d'entités nouvelles dans le périmètre d'accords de groupe, la sortie d'entreprises de ce périmètre soulève tout autant d'incertitudes et d'interrogations. Ici encore, les solutions diffèrent selon le fait générateur de la sortie de l'entreprise du groupe, et la manière dont a été initialement arrêté le périmètre de l'accord de groupe[788].

Les partenaires sociaux peuvent organiser les effets de la sortie d'une entreprise du champ d'application de l'accord de différentes manières, selon les garanties offertes par l'accord de groupe. Tout d'abord, la sortie d'une entreprise du groupe peut provoquer la mise en cause de l'accord de groupe dans l'entreprise concernée, dans les conditions de droit commun (§ 1). Mais cette solution n'est pas toujours compatible avec les objectifs fixés par l'accord de groupe. Celui-ci peut alors organiser la cessation immédiate de son application dans l'entreprise sortante (§ 2) ou bien sa cessation différée (§ 3). Il peut aussi se prémunir de tout aléa juridique en imposant sa dénonciation par l'entreprise sortante (§ 4), ou bien la dénonciation de l'accord d'adhésion à l'accord de groupe le cas échéant (§ 5).

§1 : La mise en cause de l'accord de groupe

480 La sortie d'une entreprise du champ d'application d'un accord de groupe peut provenir de nombreux facteurs. Le plus souvent, elle intervient lorsque l'entreprise cesse d'être détenue ou contrôlée par la société-mère, de nombreux accords de groupe se référant à des critères objectifs pour déterminer leur champ d'application. Dès lors qu'une entité cesse de remplir ces critères, celle-ci ne devrait plus se voir appliquer l'accord de groupe. Il faut toutefois préciser de quelle manière cette cessation peut se matérialiser.

Il résulte des dispositions de l'article L.2261-14 du code du travail que lorsque survient une modification dans la situation juridique de l'employeur, l'accord collectif applicable est automatiquement mis en cause. Lorsqu'une entreprise ne satisfait plus aux critères délimitant le périmètre d'un accord de groupe, notamment du fait de sa cession, l'accord cesserait donc de lui être applicable. Ce mécanisme paraît toutefois difficile à appliquer dans le cadre du groupe, compte tenu des conséquences juridiques de la mise en cause des accords collectifs.

---

[788] Nous ne reviendrons pas ici sur l'hypothèse du périmètre déterminé par une liste nominative, puisque la sortie d'une entreprise du champ de l'accord entraînera une procédure de révision identique à celles prévue en cas d'intégration d'une entreprise au périmètre de l'accord.

481 En premier lieu, la mise en cause d'un accord de groupe dans l'une des entités le composant suppose sa survie provisoire jusqu'à la conclusion d'un accord d'adaptation ou de substitution. Ce maintien de l'accord malgré la sortie effective de l'entreprise du périmètre du groupe ne saurait valablement s'appliquer dans certains cas. Il en est ainsi notamment en matière de participation[789], les accords de groupe conclus sur ces thèmes ayant pour objet de consolider les résultats de plusieurs entreprises et de répartir la masse à distribuer entre l'ensemble des salariés du groupe[790]. Une telle répartition n'a plus lieu d'être dans une entreprise ne remplissant plus les critères délimitant le périmètre du groupe. Le législateur a d'ailleurs prévu un mécanisme de mise en cause spécifique aux accords de participation, par lequel l'accord cesse immédiatement de produire ses effets à la date de l'évènement générateur, sans qu'une période de survie ne soit applicable[791].

Une difficulté supplémentaire pourrait apparaître du fait que la survie provisoire de l'accord de groupe dans l'entreprise sortante devra se cumuler avec l'application des accords collectifs en vigueur dans la structure d'accueil[792]. Lorsque la cession d'une entreprise du groupe fait entrer celle-ci dans le périmètre d'un autre groupe, deux accords de groupe pourraient alors s'appliquer simultanément, et il serait fait application des dispositions les plus favorables de chacun d'entre eux. Cette solution serait difficile à mettre œuvre dans certains cas, et notamment lorsque les accords de groupe en concours mettent en place une participation des salariés aux résultats du groupe, ou encore une complémentaire santé.

482 En deuxième lieu, il faut rappeler qu'à défaut d'accord conclu durant la période de survie provisoire de l'accord de groupe mis en cause, les salariés conservent l'avantage d'une rémunération dont le montant annuel, pour une durée du travail équivalente, ne peut être inférieur à la rémunération versée lors des douze derniers mois[793]. La loi du 8 août 2016[794] a considérablement réduit le débat sur ce point, puisqu'il n'est plus désormais fait référence aux avantages individuels acquis, mais au seul maintien du niveau de rémunération. Pour autant, il y a fort à parier que les discussions soient simplement déportées sur le point de savoir sur quels éléments doit se fonder

[789] *Cf.* Première partie, titre 2, chap. 2, sec. 1, § 1.

[790] Cass. Soc., 28 janv 1998, n° 95-45220, *Bull. Civ.*, 1998, V, n° 50, p. 37.

[791] *C. trav.*, art. L.3323-8.

[792] Cass. Soc., 10 fév. 2010, n° 08-44454, *Bull. Civ.*, 2010, V, n° 36 ;*RJS*, 2010, n° 4, p. 309 ; *JCP, S*, 2010, n° 18, p. 29, n. A. Martinon.

[793] *C. trav.*, art. L.2261-14 al. 2 ; Loi relative au travail, à la modernisation du dialogue social et à la sécurisation des parcours professionnels, 8 août 2016, n° 2016-1088, *JORF*, 9 août 2016, n° 0184.

[794] *Loi relative au travail, à la modernisation du dialogue social et à la sécurisation des parcours professionnels*, 8 août 2016, n° 2016-1088, *JORF*, 9 août 2016, n° 0184.

le maintien de la rémunération. Dans les hypothèses de sortie d'une entreprise du champ d'application d'un accord de groupe, l'employeur de l'entreprise sortante se trouverait contraint à maintenir un taux de rémunération construit et alimenté par une politique globale de groupe. On peut légitimement se demander comment l'employeur d'une entreprise sortante pourra maintenir seul un niveau de rémunération fondé sur une mutualisation des moyens des entreprises du groupe et des économies d'échelle.

483 Enfin, il faut rappeler que la mise en cause de l'accord de groupe dans l'entreprise sortante suppose une modification dans la situation juridique de l'employeur résultant par exemple d'une cession ou d'une fusion. Mais toutes les opérations entraînant la sortie d'une entreprise du périmètre du groupe n'entrent pas nécessairement dans ce cadre. À titre d'exemple, la mise en cause telle que prévue par l'article L.2261-14 du code du travail ne trouvera pas à s'appliquer lorsqu'une cession de participation qui ramène le pourcentage de détention du capital d'une filiale par la société-mère à moins de 50 %, alors que le périmètre du groupe est fixé aux entreprises dépassant ce seuil. Il n'y a pas ici de modification de la situation juridique de l'employeur. Pourtant, l'accord de groupe n'aura plus vocation à s'appliquer dans l'entreprise.

484 La distinction entre les opérations entraînant ou non le transfert d'une entité économique autonome nous apparaît totalement dépourvue d'intérêt lorsqu'il est question d'organiser la sortie d'une entreprise du champ d'application d'un accord de groupe. Cette position semble partagée par maître Grangé, puisqu'il propose d'appliquer le régime de la mise en cause automatique de l'accord de groupe dans l'entreprise sortante dans toutes les hypothèses de sortie, peu important que la modification intervenue s'analyse en un transfert d'entité économique autonome ou non[795]. Cette proposition ne saurait néanmoins nous satisfaire pleinement, compte tenu des difficultés que nous venons d'évoquer. Il faut donc explorer d'autres pistes, et il nous paraît indispensable que les accords de groupe anticipent, dès leur conclusion, les conséquences de la sortie d'une entreprise du groupe, tant à l'égard de cette entreprise que du reste du groupe[796].

Une fois encore, les praticiens n'ont fort heureusement pas attendu la réaction du législateur pour sécuriser les accords de groupe et limiter l'impact des bouleversements structurels des groupes sur les garanties

---

[795] GRANGÉ (J.), « Les conventions et accords collectifs de groupe », *Sem. Soc. Lamy*, 2004, n° 1183, p. 73.

[796] Les conséquences sur le groupe seront envisagées plus en avant dans le cadre de notre étude sur la révision des accords de groupe.

sociales qu'ils octroient à leurs salariés. Différentes solutions se dégagent des accords de groupe que nous avons pu analyser.

§2 : La cessation immédiate de l'application de l'accord de groupe

485 Certains accords de groupe organisent expressément la cessation de plein droit de leur application dans l'entreprise sortante. Elle peut intervenir dès la survenance de l'évènement qui aura fait sortir l'entreprise du périmètre du groupe. À titre d'exemple, l'accord de groupe Alcatel du 15 avril 2010 sur l'égalité professionnelle stipule que « toute société quittant le groupe cessera de bénéficier de l'ensemble de ses dispositions à compter de la sortie effective du groupe »[797]. De la même manière, l'accord de groupe Véolia du 24 février 2012 relatif au dialogue social[798] stipule que ses dispositions « cesseront d'être applicables à toute entité qui sortirait du périmètre de groupe ».

Les accords de groupe devront, le cas échéant, prévoir un accompagnement et une organisation spécifiques pour mettre en œuvre cette cessation immédiate de leurs effets dans l'entreprise sortante. Il en ainsi notamment s'agissant d'accords mettant en place un compte épargne-temps.

486 Si les salariés de l'entreprise sortante ne peuvent plus bénéficier du dispositif une fois l'entreprise sortie du groupe, des aménagements doivent être prévus pour liquider les droits épargnés sur les comptes individuels de chaque salarié concerné. À titre d'exemple, l'accord Alcatel-Lucent sur le plan d'épargne groupe du 15 avril 2010 stipule, en cas de sortie d'une entreprise du périmètre de l'accord, que « les parts détenues par le personnel de l'entreprise concernée continuent néanmoins pendant le reste de la période d'indisponibilité, à suivre le régime antérieur »[799]. En d'autres termes, les salariés concernés n'auront plus la possibilité d'alimenter le plan d'épargne groupe une fois l'entreprise sortie du périmètre de l'accord, mais les sommes qu'ils y ont affectées seront conservées dans ce circuit.

Il en est de même en cas de sortie d'une entreprise d'un groupe ayant mis en place des institutions représentatives du personnel dans son périmètre : il y aura lieu d'organiser la fin des mandats des salariés de l'entreprise sortante. À ce titre, le groupe Safran prévoit dans son accord du 19 juillet 2006 relatif au dialogue social que « toute société cessant de remplir les

---

[797] *Accord sur le plan d'épargne groupe*, groupe Alcatel-Lucent, 15 avril 2010.

[798] *Accord sur l'exercice du droit syndical et le dialogue social dans le groupe Veolia Transdev en France*, 24 fév. 2012.

[799] *Accord sur le plan d'épargne groupe*, groupe Alcatel-Lucent, 15 avril 2010.

conditions définies à l'article 1 ci-dessus, sortira du champ d'application du présent accord de groupe » et que « la sortie du périmètre de l'accord de la société à laquelle appartient le coordinateur syndical du groupe entraîne la perte de son mandat »[800].

On peut ainsi relever qu'à défaut de stipulations spécifiques prises en ce sens, le groupe Safran se trouverait privé de son coordonnateur syndical si l'entreprise dans laquelle il exerce son mandat de délégué syndical sortait du périmètre du groupe. *A minima*, il serait prudent de prévoir la désignation d'un coordonnateur syndical suppléant désigné parmi les délégués syndicaux d'une autre entreprise comprise dans le champ d'application du groupe. Celui-ci pourrait alors assurer le remplacement du coordonnateur syndical titulaire en cas de sortie de l'entreprise du groupe.

487 Certains accords de groupe se prémunissent directement contre ce type de difficultés susceptibles d'affecter les mandats des représentants du personnel. À titre d'exemple, le groupe EDF prévoit dans son accord du 1er septembre 2008 relatif à la mise en place d'un comité de groupe[801] que « la disparition des relations entre EDF SA et une société [...] entraîne de droit la sortie de cette société du champ d'application du présent accord, à compter du fait générateur » et que « le cas échéant, le ou les représentants de l'entreprise concernée au sein du comité de groupe perdent de droit leur mandat et cessent de faire partie de ce comité à la même date. La ou les organisations syndicales auxquelles appartenaient les représentants concernés peuvent alors procéder à leur remplacement, en désignant, en nombre égal, de nouveaux membres choisis parmi les élus aux comités d'entreprise ou d'établissement du groupe pour la durée du mandat restant à courir ». Mais la cessation immédiate de l'application de l'accord n'est pas toujours la solution la plus adaptée pour assurer l'efficacité du dispositif.

§3 : La cessation différée de l'application de l'accord

488 Certains accords de groupe prévoient une cessation différée de leurs effets dans l'entreprise sortante, cette solution pouvant se révéler plus appropriée dans certaines hypothèses. Il en est ainsi notamment en matière d'intéressement et de participation[802], dès lors que les stipulations de l'accord sont fondées sur des données périodiques telles que les résultats annuels de l'ensemble des entreprises du groupe. Ce différé pourra tout

---

800 *Accord sur le développement du dialogue social dans le groupe Safran*, 19 juil. 2006.

801 *Accord relatif à la mise en place d'un comité de groupe France d'EDF*, 1er septembre 2008.

802 *Cf.* Première partie, titre 2, chap. 2, sec. 1, § 1 et 2.

autant intervenir de manière proactive que rétroactive. Ainsi l'accord d'intéressement du groupe Renault du 17 février 2014 stipule que si la société-mère cesse de détenir plus de 50 % dans une entreprise du périmètre, l'accord cessera de lui être applicable « à compter du premier jour de l'exercice au cours duquel la condition n'est plus remplie »[803]. Les résultats dégagés par l'entreprise sortante pendant l'exercice comptable au cours duquel elle sort du périmètre du groupe ne seront donc pas pris en compte dans le calcul de l'intéressement de groupe.

489 Quel que soit le moment auquel intervient la sortie de l'entreprise du périmètre du groupe, il convient de remarquer que la négociation de groupe organise souvent la suppression des accords concurrents, ce qui a pour effet de priver ses filiales de tout dispositif collectif en cas de sortie du périmètre du groupe.

Si l'on s'attache à nos deux exemples précédents, on peut relever que le groupe Renault subordonne l'application de l'accord de groupe aux entreprises entrant dans son périmètre à l'expiration ou à la dénonciation de tout accord conclu en dehors du cadre qu'il a fixé[804]. Il ne peut donc pas exister de concours de normes applicables au sein du groupe, et les entreprises relevant de son champ d'application se trouvent de fait privées de tout avantage équivalent en cas de sortie du périmètre du groupe.

S'agissant du groupe Casino, l'accord d'intéressement de groupe du 20 mars 2013 ne prévoit aucune disposition spécifique s'agissant d'un tel concours. Néanmoins, la négociation de groupe a considérablement réduit le champ des négociations d'entreprises, si bien qu'aucune des filiales relevant du périmètre de l'accord ne bénéficie, au moment où nous écrivons ces lignes, d'un dispositif équivalent dans le cadre de l'entreprise. Cela se justifie d'autant plus que le groupe Casino prévoit non seulement un intéressement global aux résultats du groupe, mais également des intéressements locaux pour les différentes activités du groupe[805].

490 Le mécanisme de cessation de plein droit de l'application de l'accord de groupe à date certaine dans l'entreprise sortante ne produit donc pas les mêmes effets que sa mise en cause. Il permet de résoudre certaines difficultés inhérentes aux conséquences juridiques de la mise en cause. Certains auteurs considèrent néanmoins que la cessation de plein droit des

---

803 *Accord d'intéressement Renault pour les années 2014 -2015– 2016*, groupe Renault, 17 fév. 2014.

804 *Accord d'intéressement Renault pour les années 2014 -2015– 2016*, groupe Renault, 17 fév. 2014.

805 *Accord groupe d'intéressement – Exercices 2013 -2014-2015*, groupe Casino, 20 mars 2013.

effets de l'accord de groupe dans l'entreprise sortante n'est pas incompatible avec le processus de mise en cause. On pourrait en effet avancer que les dispositions prévues par l'accord de groupe en ce sens ne feraient pas obstacle à l'application du régime de droit commun de sa mise en cause dans l'entreprise sortante.

Bien au contraire, elles régiraient les effets de l'accord dans l'entreprise sortante pendant sa période de survie temporaire[806]. Cette théorie ne saurait toutefois pleinement nous satisfaire, dans la mesure où elle pourrait faire obstacle au maintien d'une rémunération équivalente à celle des douze derniers mois, en l'absence d'accord de substitution conclu pendant la période de survie provisoire de l'accord de groupe dans l'entreprise sortante.

§4 : La dénonciation obligatoire de l'accord de groupe

491 Une autre solution dégagée par certains accords de groupe pour résoudre les difficultés nées de la sortie d'une entreprise de leur champ d'application est d'imposer à l'entreprise sortante la dénonciation de l'accord.

Le code du travail prévoit en effet que les accords collectifs peuvent être dénoncés par une partie des signataires employeurs ou salariés[807]. Dans ce cas, la dénonciation ne vaudra que pour la partie qui en est à l'origine, et elle ne fera pas obstacle au maintien de l'accord entre les autres parties signataires[808]. Ce dispositif peut se révéler parfaitement approprié pour organiser la sortie d'une entreprise du périmètre du groupe, en ce qu'elle limite la cessation de l'application de l'accord à la seule entreprise à l'origine de la dénonciation.

La dénonciation de l'accord de groupe par l'entreprise sortante permet en outre d'offrir à ses salariés certaines garanties sociales, en particulier lorsque le groupe a organisé l'absence de concours de normes applicables, et que la sortie d'une entreprise du périmètre du groupe la prive de tout avantage collectif. La sortie d'une entreprise du périmètre du groupe supposera alors la négociation d'un accord de substitution, et à défaut d'accord conclu en ce sens pendant la période de survie provisoire de l'accord de groupe dénoncé, les salariés pourront revendiquer le maintien d'une rémunération équivalente à celle perçue au cours des douze derniers mois précédant.

492 Ce mécanisme pose cependant des difficultés pratiques. Ainsi, le code du travail fait expressément référence à « une partie seulement des

806 GRANGÉ (J.), « Les conventions et accords collectifs de groupe », *Sem. Soc. Lamy*, 2004, n° 1183, p. 73.

807 *C. trav.*, art. L.2261-9 al.1.

808 *C. trav.*, art. L.2261-11 al.2.

signataires employeurs ou des signataires salariés »[809]. Or les accords de groupe sont souvent signés par l'employeur de l'entreprise dominante, au nom et pour le compte de l'ensemble des employeurs des entreprises comprises dans le périmètre de l'accord, et sans mandat exprès.

On peut alors se demander en pareille hypothèse, si l'employeur d'une filiale peut régulièrement dénoncer un accord de groupe qu'il n'aurait pas lui-même signé. Pour certains auteurs, il y a lieu de respecter un certain parallélisme des formes, et de considérer que lorsque l'employeur d'une entreprise n'est pas signataire de l'accord de groupe initial, et que l'entreprisc cst seulement comprise dans son champ d'application, celui-ci ne pourrait pas dénoncer l'accord[810]. Selon cette analyse, la dénonciation ne devrait pouvoir être opérée que par les seules parties signataires. Il reviendrait alors à l'entreprise dominante de procéder à cette dénonciation, au nom et pour le compte de la seule entreprise sortante. Cette solution ne saurait toutefois pleinement nous satisfaire.

En effet, si l'employeur de l'entreprise dominante peut être considéré comme le représentant de droit de l'ensemble des employeurs des entreprises comprises dans le périmètre de l'accord de groupe, rien ne nous permet d'affirmer qu'il puisse représenter individuellement l'employeur d'une seule entreprise de cet ensemble.

493 Il faut s'interroger sur la définition que l'on entend donner au groupe comme périmètre de négociation d'accords collectifs. Soit on considère le groupe comme une addition d'entreprises autonomes, auquel cas on ne saurait reconnaître à l'entreprise dominante des prérogatives particulières en matière de négociation, soit on le considère comme un ensemble spécifique dans lequel les entreprises abandonnent une part de leur autonomie juridique au profit d'une collectivité plus étendue, et qui répond à ses propres aspirations. Dans ce dernier cas, l'employeur de l'entreprise dominante peut effectivement intervenir au nom de l'ensemble des employeurs des entreprises du groupe, mais on ne saurait pour autant lui reconnaître la possibilité d'agir au nom et pour le compte de l'employeur d'une seule entité de ce groupe. Il ressort de l'ensemble des textes normatifs que c'est bien cette seconde conception du groupe qui trouve à s'appliquer, et par conséquent, il faut reconnaître à l'employeur de l'entreprise dominante des attributions spécifiques pour la conclusion des accords de groupe.

Certains auteurs avancent néanmoins que ces attributions particulières doivent rester strictement cantonnées au cadre prévu par le législateur. Ainsi, si on peut admettre un cas de représentation légale au bénéfice de

---

[809] *C. trav.*, art. L.2261-11 al. 1.

[810] GRANGÉ (J.), « Les conventions et accords collectifs de groupe », *Sem. Soc. Lamy*, 2004, n° 1183, p. 73.

l'employeur de l'entreprise dominante pour négocier et conclure un accord de groupe, il ne serait pas pour autant évident qu'il soit investi de plein droit du pouvoir de dénoncer l'accord, dans la mesure où le texte légal ne vise que la négociation et la conclusion de l'accord, et non sa dénonciation[811].

494 Pour une autre partie de la doctrine, rien ne s'oppose juridiquement à ce que l'employeur d'une entreprise du groupe dénonce un accord de groupe, même s'il a été conclu au nom de tous par l'employeur de l'entreprise dominante[812]. Chaque employeur, même représenté, n'en demeure pas moins partie à l'accord, et devrait donc pouvoir le dénoncer unilatéralement[813]. Pour notre part, nous adhérons à cette analyse et considérons que la signature de l'accord de groupe par l'employeur de l'entreprise dominante ne devrait pas faire obstacle à sa dénonciation par tout employeur d'une entité comprise dans le champ d'application de l'accord, et ce notamment en raison de la finalité de la procédure de dénonciation : la prohibition des engagements perpétuels.

495 Différentes solutions se dégagent des accords de groupe que nous avons pu analyser. On peut notamment relever que certains accords de groupe conclus par l'employeur de l'entreprise dominante dûment mandaté, prévoient qu'en cas de sortie d'une entreprise du groupe, « celle-ci est tenue de faire application des dispositions de l'article L.132-8 du code du travail »[814]. On peut s'interroger ici sur la procédure envisagée, dans la mesure où l'ancien article L.132-8 du code du travail faisait référence tant à la dénonciation de l'accord qu'à sa mise en cause. L'accord du groupe TF1 précise seulement qu'il cesse de produire ses effets de droit vis-à-vis de la société sortante, et que celle-ci « devra faire son affaire des conséquences financières de cette sortie ». Cet accord n'a pas fait l'objet d'une adaptation sur ce point.

D'autres accords de groupe conclus par l'employeur de l'entreprise dominante en l'absence de mandat exprès prévoient leur dénonciation par le seul employeur de l'entreprise sortante. Il en est ainsi notamment dans l'accord de groupe Alcatel-Lucent du 15 avril 2010 relatif au plan d'épargne groupe[815]. Cet accord reconnaît à chaque employeur dans le groupe la possibilité de le dénoncer unilatéralement, même si l'employeur concerné

---

811 AUZERO (G.), « La vie des conventions et accords collectifs de groupe », *RDT*, 2006, p. 230.

812 TEYSSIÉ (B.), « Variations sur les conventions et accords collectifs de groupe », *Dr. Soc.*, 2005, p. 643.

813 VACHET (G.), « La négociation collective dans les groupes de sociétés », in *Les groupes de sociétés et le droit du travail*, éd. Panthéon-Assas, 1999, p. 105-123.

814 *Accord collectif de groupe relatif au compte épargne-temps du groupe TF1*, 6 mars 2007.

815 *Accord sur le plan d'épargne groupe, groupe Alcatel Lucent*, 15 avril 2010.

n'était pas signataire de l'accord initial, et quand bien même il n'aurait pas donné mandat exprès à l'employeur de l'entreprise dominante pour négocier et conclure l'accord. Cette solution permet d'organiser un seul mécanisme de sortie des entreprises du groupe, applicable à tous les cas de figure. Elle présente donc un avantage évident, puisque toutes les situations provoquant la sortie d'une entreprise du groupe ne peuvent être réglées par l'application de l'article L.2261-14 du code du travail.

D'autres groupes enfin consacrent la possibilité pour l'employeur de l'entreprise dominante de dénoncer l'accord de groupe, au nom et pour le compte de l'employeur de l'entreprise sortante. L'accord en faveur de la gestion des séniors du groupe Carbone Lorraine du 21 décembre 2009[816] stipule à ce titre que « la sortie d'une entreprise du champ d'application de l'accord pourra résulter de la dénonciation de cet accord au niveau du groupe pour le compte de la société, par la partie signataire employeur ou salarié ». Or cet accord a été conclu par l'entreprise dominante, en l'absence de tout mandat exprès accordé par ses filiales. Il rappelle d'ailleurs à ce propos que « la société dominante a vocation à représenter l'ensemble des sociétés du groupe entrant dans le champ d'application du présent accord ».

496 Nous émettons toutefois des réserves sur l'interprétation que ce groupe donne à « l'ensemble des sociétés du groupe ». Si nous admettons que l'employeur de l'entreprise dominante a tout à fait qualité pour représenter les entreprises composant le groupe, en ce qu'elles constituent un ensemble particulier, on ne saurait pour autant en déduire qu'il peut représenter l'employeur de chaque entité composant le groupe, à titre individuel. Une telle interprétation serait la porte ouverte à une ingérence sans limites de l'entreprise dominante dans la gestion de ses filiales, et notamment dans l'élaboration de leur politique sociale. Or si l'harmonisation de la politique sociale peut être recherchée dans le cadre du groupe, elle doit néanmoins offrir à chaque entité concernée la possibilité de l'adapter en fonction de ses contraintes spécifiques.

497 Revenons un instant sur la question de la durée des accords et de la prohibition des engagements perpétuels pour évoquer une particularité que nous avons pu relever dans certains accords de groupe objets de notre étude. Si la procédure de dénonciation prévue par le législateur ne vaut que pour les accords à durée indéterminée[817], nous avons été surpris de relever que certains accords de groupe à durée déterminée prévoient aussi une procédure de dénonciation. Ce mécanisme s'applique d'ailleurs tant pour les

---

816 *Accord de groupe en faveur de la gestion des seniors,* groupe Carbone Lorraine, 21 décembre 2009.

817 *C. trav.*, art. L.2261-9 al.1.

dénonciations unilatérales objets de notre présent propos que pour les dénonciations réalisées par l'ensemble des parties signataires.

À titre d'exemple, l'accord de participation du groupe Carrefour du 28 juin 2013 stipule que « toute société qui ne remplirait plus les conditions sortirait du champ d'application de l'accord et cesserait de plein droit d'en bénéficier. Toutefois, la sortie du périmètre du groupe fera l'objet d'une dénonciation de la part de la société concernée »[818]. Il prévoit également que « l'accord pourra être dénoncé par l'ensemble des parties contractantes ». Bien que de telles procédures n'aient pas été envisagées par le législateur, cette extension conventionnelle du champ de la dénonciation nous semble tout à fait appropriée pour des accords qui peuvent être amenés à évoluer rapidement, tant dans leur champ d'application, que dans leur contenu. Rappelons d'ailleurs ici que la loi du 8 août 2016 tend à la généralisation des accords collectifs à durée déterminée, même si elle n'exclut pas la possibilité de conclure des accords à durée indéterminée. À défaut de stipulation de l'accord sur sa durée, celle-ci est désormais fixée à cinq ans[819]. Rien ne nous semble d'ailleurs s'opposer juridiquement à de telles stipulations, l'accord tenant lieu de loi entre les parties. Cette analyse permet de mettre en œuvre un régime unifié de sortie du groupe, qui sera applicable quelle que soit la nature de l'accord, et quelle que soit la nature de l'évènement ayant provoqué la sortie de l'entreprise du groupe.

498 Une dernière difficulté résultant de la mise en œuvre d'une procédure de dénonciation unilatérale de l'accord de groupe par l'employeur de l'entreprise sortante doit être évoquée : celle du maintien d'une rémunération équivalente à celle des douze derniers mois en l'absence d'un accord de substitution conclu pendant la période de survie de l'accord dénoncé. Une pratique quasi unanime se dégage des accords de groupe que nous avons pu étudier : la cessation de plein droit de l'application du dispositif de l'accord à l'entreprise sortante, et ce quelle que soit la procédure mise en œuvre pour entériner la sortie de l'entreprise du périmètre du groupe.

On peut analyser cette démarche en une organisation conventionnelle des effets de la sortie de l'entreprise du groupe, comme l'avait suggéré maître Grangé[820]. L'accord de groupe continue de produire ses effets à l'égard de l'entreprise sortante pendant la période de survie provisoire, étant entendu que l'accord de groupe prévoit expressément la cessation de ses effets à l'égard de l'entreprise sortante dès la survenance de l'évènement qui a provoqué cette sortie. L'accord de groupe continue bien de produire ses

---

[818] *Accord de participation de groupe Carrefour France*, 28 juin 2013.

[819] *C. trav.*, art. L.2222-4.

[820] GRANGÉ (J.), « Les conventions et accords collectifs de groupe », *Sem. Soc. Lamy*, 2004, n° 1183, p. 73.

effets à l'égard de l'entreprise sortante, puisque c'est lui qui prévoit la cessation immédiate de l'application du dispositif à l'entreprise sortante.

499 La mise en place d'une procédure conventionnelle de dénonciation de l'accord de groupe par l'entreprise sortante présente de nombreux avantages : elle permettrait d'appliquer une même procédure pour chaque hypothèse de sortie d'une entreprise du groupe, que cette sortie résulte ou non d'une modification de la situation juridique de l'employeur. Elle limiterait également les concours de normes applicables aux contrats de travail, puisque seul l'accord de groupe dénoncé serait applicable pendant sa période de survie provisoire. Elle offrirait enfin la possibilité d'organiser conventionnellement la cessation des effets de l'accord de groupe dans l'entité concernée, en fonction de l'objet de l'accord.

La prudence reste cependant de mise, dans la mesure où ce mécanisme, bien que largement développé en pratique, ne repose pas sur une base juridique solide, la procédure de dénonciation prévue par le législateur aux articles L.2261-9 et suivants du code de travail ne visant que les accords d'entreprise.

§5 : La dénonciation de l'accord d'adhésion

500 Cette alternative pourrait permettre d'aménager la sortie d'entreprises du périmètre du groupe en contournant la difficulté posée par l'absence de fondement juridique certain de la dénonciation des accords de groupe par la seule entreprise sortante. Elle serait le corollaire de la procédure d'adhésion prévue par certains accords de groupe à l'égard des entreprises intégrant leur champ d'application. Lorsque l'application de l'accord de groupe est subordonnée dans le cadre de chaque entité concernée, à la conclusion d'un accord d'adhésion, la dénonciation de cet accord d'adhésion pourrait permettre de régler certaines difficultés liées à la sortie de l'entreprise du groupe.

Certains groupes semblent adopter cette méthode, notamment le groupe EDF, qui limite l'applicabilité directe de ses accords de groupe à l'entreprise dominante, et la conditionne dans ses filiales à une adhésion à l'accord de groupe par accord d'entreprise[821]. Les accords d'adhésion conclus par les filiales du groupe EDF prévoient la possibilité de les dénoncer dans les conditions fixées par les articles L.2261-9 et suivants du code du travail[822].

---

821 *Accord relatif à la mise en place d'un régime de retraite supplémentaire dans le groupe EDF*, 12 décembre 2008.

822 *Accord d'adhésion RTE au régime de retraite supplémentaire du groupe EDF*, 26 février 2013.

501 Ce dispositif pourrait résoudre certaines difficultés posées par la dénonciation unilatérale de l'accord de groupe par l'entreprise sortante. Il en est ainsi notamment de l'incidence de la sortie d'une entreprise du groupe sur les taux d'audience des organisations syndicales, et donc sur leur représentativité et leur légitimité à conclure des accords de groupe. La sortie d'une entreprise du groupe n'aura pas d'incidence immédiate sur l'appréciation des taux d'audience des organisations syndicales, mais sera répercutée à l'issue du cycle électoral en cours.

La démarche opérée par le groupe EDF et d'autres consiste à déterminer des critères objectifs d'appartenance au groupe, sans pour autant que ces critères soient la seule condition de l'applicabilité de l'accord dans les entreprises. Le périmètre de l'accord sera le fondement de la prise en compte des suffrages électoraux, mais l'employeur de chaque entreprise concernée demeurera libre d'adhérer ou non à l'accord de groupe. De la même manière, l'employeur de chaque entreprise pourra dénoncer l'accord, non seulement lorsqu'elle ne satisfait plus aux critères de délimitation du périmètre du groupe, mais aussi lorsqu'il ne souhaite plus se voir appliquer son dispositif, ou lorsqu'il souhaite négocier un autre dispositif dans le cadre de l'entreprise[823].

À titre d'exemple, l'accord du groupe Carrefour du 1er juillet 2012 relatif au règlement du plan d'épargne groupe[824] précise que « l'entreprise qui ne souhaite plus bénéficier du plan ou qui ne remplit plus les conditions de détention en capital [...] dénonce son application en respectant les modalités d'adhésion initiale ». Or les modalités d'adhésion initiales sont des accords d'adhésion conclus dans le cadre de chaque entreprise qui satisfait aux critères délimitant le périmètre du groupe. Il est intéressant de relever, outre la manifestation de volonté laissée à la diligence des employeurs de chaque entité susceptible de se voir appliquer l'accord, que cet accord fait référence à la dénonciation de l'application de l'accord. Il faut donc en déduire que l'accord d'adhésion conclu dans le cadre de chaque entité du groupe vaut accord d'application. Par conséquent, la dénonciation de cet accord d'adhésion vaudra dénonciation de l'application de l'accord dans l'entité concernée, et n'aura aucune incidence sur l'accord de groupe lui-même.

502 La dénonciation du seul accord d'adhésion conclu au niveau de l'entreprise permettrait de cloisonner les effets de la sortie d'une entreprise du périmètre du groupe. Dans cette configuration, deux niveaux de

---

823 Rappelons en effet qu'on ne saurait affirmer avec certitude que l'employeur d'une entreprise du groupe puisse prendre des dispositions dérogatoires à l'accord de groupe dans le cadre d'un accord d'entreprise ; il faudrait une position claire du législateur sur la place de l'accord de groupe dans la hiérarchie des normes pour se prononcer.

824 *Règlement du plan d'épargne groupe Carrefour France*, 1er juin 2012.

négociation complémentaires interagissent : d'une part, l'accord de groupe qui fixe les limites du groupe, et d'autre part, les accords d'adhésion qui consacrent l'applicabilité du dispositif dans chaque entité concernée, lorsque leur employeur en manifeste la volonté.

Ce cadre pourrait offrir la flexibilité nécessaire à une adaptation permanente du dispositif conventionnel aux évolutions du groupe, sans affecter l'économie générale et le contenu de l'accord. Les accords d'adhésion et de dénonciation conclus dans le cadre de chaque entreprise concernée feraient tampon entre le socle de garanties conventionnelles mis en place au niveau du groupe, et qui nécessite une certaine stabilité, et les évènements de nature à intégrer ou à exclure des entités du périmètre initialement fixé par l'accord.

503 Cette configuration offrirait également une sécurité juridique supplémentaire, en ce qu'elle respecte scrupuleusement le cadre des dispositions des articles L.2261-9 et suivants du code du travail. Leur application à la dénonciation d'accords de groupe, si elle s'est imposée dans la pratique, n'a jamais été envisagée par le législateur. On ne saurait présager avec certitude de la légalité de cette pratique. Dans ces conditions, les impératifs de sécurité juridique inhérents au statut social des salariés imposeraient une déclinaison de l'applicabilité de l'accord de groupe au niveau de chaque entreprise concernée, à l'entrée par un accord d'adhésion d'entreprise, et à la sortie par la dénonciation de cet accord d'adhésion.

Il faut toutefois objecter que ce mécanisme tend à priver l'accord de groupe de tout caractère contraignant vis-à-vis des entreprises comprises dans le périmètre du groupe. L'accord de groupe acquiert ici une stabilité juridique, mais se trouvera dépourvu de tout effet normatif, son application étant conditionnée à la conclusion d'accords d'application dans chaque entité concernée. Son statut se rapproche donc ici de celui d'un accord-cadre, lequel ne permet pas d'aboutir à une harmonisation effective du statut social des salariés du groupe.

Conclusion du chapitre 1

504 La créativité des praticiens a ouvert de très intéressantes pistes de réflexion pour résoudre les difficultés liées à l'évolution du périmètre des accords de groupe. Cependant, aucune de leurs propositions n'a permis de dégager une solution qui pourrait être appliquée de manière uniforme à chaque cas d'espèce.

Cette absence de résultat est parfaitement légitime, compte tenu du peu de certitudes sur lesquelles les praticiens peuvent s'appuyer pour tenter d'élaborer un régime juridique adapté aux accords de groupe.

505 Alors que certains accords de groupe envisagent le groupe comme un niveau autonome de négociation de nature à primer sur celui de l'entreprise, n'hésitant pas à déposséder chacune d'elles d'une part non négligeable de leurs attributions, d'autres s'orientent prudemment vers une négociation subordonnée à la volonté de chaque entité concernée d'appliquer le dispositif, quitte à priver l'accord de groupe de tout effet normatif.

Cette dernière option nous est apparue comme la méthode la plus efficace, en l'état actuel du droit, pour concilier l'évolution du champ d'application de l'accord de groupe avec la stabilité juridique indispensable à sa pérennité, notamment en lui permettant de s'imposer comme un accord de révision, un accord de substitution, ou un accord d'adaptation des accords d'entreprise préexistants.

Elle ne nous semble pas pour autant conforme à l'esprit des textes normatifs pris dans ce domaine, d'une part parce qu'ils envisagent le groupe comme un niveau autonome de négociation, et d'autre part parce qu'ils considèrent que les accords de groupe doivent s'appliquer de manière immédiate et automatique aux salariés concernés, de la même manière que le serait un accord d'entreprise.

Si nous adhérons à cette dernière conception du groupe, force est de constater qu'aucune mesure n'a été prise par les pouvoirs publics pour permettre aux partenaires sociaux d'abonder en ce sens. Bien au contraire, l'incertitude qui pèse sur le régime juridique des accords de groupe peut les inciter à dépouiller les accords de groupe de tout effet normatif, et par voie de conséquence, de tout effet utile quant à l'harmonisation du statut social des salariés dans le groupe.

Chapitre 2 : L'évolution du contenu des accords de groupe

506 Outre la modification du périmètre du groupe, les évènements susceptibles d'affecter le contenu des accords de groupe sont nombreux et peuvent relever de plusieurs ordres. Il peut s'agir de circonstances propres au groupe pris dans son ensemble, mais aussi celles affectant une ou plusieurs entités du groupe, ou encore un secteur d'activité.

L'évolution du contenu des accords de groupe peut également résulter de circonstances extérieures, comme une conjoncture économique particulière, ou encore la survenance de réformes législatives de nature à remettre en cause le contenu de l'accord.

Lorsque ces évolutions peuvent être intégrées à l'accord de groupe au moyen d'une simple adaptation, les partenaires sociaux pourront engager une procédure de révision de l'accord (section 1). Lorsque les évolutions sont trop importantes pour que l'accord de groupe initial puisse continuer de s'appliquer, il peut être préférable de procéder à sa dénonciation, afin de le remplacer par un nouvel accord négocié et conclu sur de toutes nouvelles bases (section 2).

Quelle que soit la méthode utilisée, il faut d'ores et déjà souligner qu'il n'existe pas de dispositif légal spécifiquement applicable aux accords de groupe, ce qui est source de nombreuses interrogations. Ces incertitudes ont été exacerbées par un dispositif légal resté très longtemps inadapté aux évolutions portées par la loi du 20 août 2008.

Section 1 : La révision des accords de groupe

507 La révision des accords de groupe n'étant pas régie par un dispositif légal spécifique, il faut se référer à l'article L.2261-7 du code du travail. La procédure se déroule en deux étapes : le déclenchement des négociations (§ 1) et la conclusion de l'avenant de révision (§ 2).

§1 : Le déclenchement des négociations

508 Par principe, l'accord de groupe, comme tout accord de droit commun, doit prévoir dès sa conclusion ses modalités de révision. La Cour de cassation a longtemps considéré que lorsque l'accord initial ne prévoyait pas les modalités de sa révision, il résultait de l'article L.2261-7 que d'une part, le consentement unanime des signataires était nécessaire pour engager la procédure de révision, et que, d'autre part, les organisations syndicales signataires étaient seules habilitées à signer l'avenant de révision selon les règles applicables à chaque niveau de négociation[825].

Il y avait donc déjà un intérêt évident à prévoir conventionnellement les modalités de révision d'un accord de groupe, et de nombreux groupes intervenaient en ce sens pour fixer la procédure applicable. Mais la notion de modalités de révision de l'accord recouvre des réalités bien différentes en pratique.

De la lecture de l'arrêt de la Cour de cassation du 13 novembre 2008, il ressort qu'il faut dissocier deux temps forts dans la procédure de révision des accords collectifs : l'ouverture des négociations, et la conclusion de l'avenant de révision. Or si le code du travail définissait précisément les conditions de la conclusion d'un avenant de révision, il était resté totalement silencieux sur le déclenchement de la procédure de révision jusqu'à la loi du 8 août 2016. Cette réforme fait écho aux préconisations des praticiens, ainsi qu'aux propositions soutenues dans les rapports Combrexelle[826] et Cesaro[827]. Il est intéressant à ce stade de s'attarder sur les pratiques qui ont précédé cette réforme.

509 De nombreux accords de groupe que nous avons pu étudier adoptaient sur ce point une rédaction très évasive, qui pouvait faire l'objet de différentes interprétations, et qui laissait, par voie de conséquence, une grande marge de manœuvre aux partenaires sociaux. À titre d'exemple, l'accord du groupe Casino du 5 novembre 2012 relatif au dialogue social offrait la possibilité d'engager la procédure de révision à « l'une ou l'autre des parties signataires »[828].

Si une telle formulation visait en premier lieu les parties patronales et salariales prises dans leur ensemble, on pouvait légitimement se demander si elle pouvait permettre à un employeur ou à une organisation syndicale représentative de salariés de déclencher de sa propre initiative la procédure de révision. Une réponse positive devait s'imposer à notre avis, dans la mesure où le déclenchement d'une procédure de révision restait dépourvu

---

825 Cass. Sos., 11 mai 2004, n° 02-14844 ; *Bull. Civ.*, 2004, V, n° 130, p. 119 ; *JSL*, 2004, n° 147, p. 8, n. M. HAUTEFORT ; Cass. Soc., 13 nov. 2008, Société Générale, n°07-42481, *Bull. Civ.*, 2008, V, n° 224; RJS, 2009, n° 2, p. 166; *JCP*, S, 2009, I, 1116, p.834, n. J.-Y. KERBOURC'H.

826 COMBREXELLE (J.-D.), « *La négociation collective, le travail et l'emploi* », Rapport au premier ministre, France Stratégie, sept. 2015.

827 CESARO (J.-F.), « *Propositions pour le droit du renouvellement et de l'extinction des conventions et accords collectifs de travail* », Rapport à la ministre du travail, de l'emploi, de la formation professionnelle et du dialogue social, 22 janv. 2016.

828 *Accord de dialogue social au sein du groupe Casino*, 5 nov. 2012,;*Accord sur le développement du dialogue social dans le groupe Safran*, 19 juil. 2006

d'effets sur l'accord initial lorsqu'il n'aboutissait pas à la conclusion d'un avenant de révision.

510 Nous considérions d'ailleurs bien avant la réforme de 2016 que cette procédure pouvait tout aussi bien être déclenchée par un tiers à l'accord initial, et notamment par une organisation syndicale représentative non signataire. Si le code du travail imposait qu'une organisation syndicale représentative non-signataire adhère à l'accord initial pour pouvoir signer ses avenants de révision, l'adhésion ne nous semblait pas cependant être un préalablc indispensable pour le seul déclenchement de la procédure de révision. Ceci étant, l'organisation syndicale concernée devait nécessairement y procéder si la négociation aboutissait et si elle entendait signer l'avenant de révision.

Les conditions légales restrictives inhérentes à la conclusion de l'avenant de révision nous confortaient d'ailleurs dans cette analyse : ce n'est pas tant le déclenchement de la procédure de négociation qui doit faire l'objet d'une vigilance accrue, mais bien les conditions de la conclusion d'un avenant de révision. D'ailleurs, l'idée même de limiter les hypothèses d'ouverture des négociations nous paraissait en totale contradiction avec l'esprit des dernières réformes législatives, prises sous l'impulsion des partenaires sociaux, et qui tendaient à ouvrir le champ de la négociation collective.

511 Pourtant, l'analyse adoptée par certains accords de groupe se révélait bien plus restrictive que le dispositif légal en vigueur. On pouvait à ce titre relever l'accord du groupe Safran du 19 juillet 2006 relatif au dialogue social, qui stipulait que « dans l'hypothèse d'une révision partielle du présent accord par l'une ou l'autre des parties signataires, les dispositions nouvelles ne pourraient entrer en vigueur que si l'avenant est signé par l'ensemble des parties signataires de l'acte initial »[829]. Dans ce dernier exemple, non seulement le déclenchement de la négociation était limité à l'une ou l'autre des parties signataires, mais la conclusion de l'avenant était subordonnée à la participation de l'ensemble des signataires de l'accord initial[830]. Si cette rédaction était appropriée au moment de la conclusion de l'accord[831], elle n'était plus du tout adaptée au regard de la loi du 20 août 2008. Cette clause illustrait donc parfaitement notre propos sur la nécessité d'adapter les stipulations des accords de groupe dans le temps.

---

829 *Accord sur le développement du dialogue social dans le groupe Safran*, 19 juil. 2006

830 D'après le dispositif légal, il n'est pas nécessaire de regrouper l'ensemble des signataires de l'accord initial, les organisations syndicales représentatives peuvent adhérer à l'accord initial pour signer son avenant de révision, et il suffit que les signataires justifient d'un certain taux d'audience.

831 *Accord sur le développement du dialogue social dans le groupe Safran*, 19 juil. 2006

512 Alors que la plupart des accords de groupe que nous avons étudiés se bornaient à fixer la procédure applicable, en renvoyant aux conditions fixées par l'article L.2261-7 du code du travail, d'autres accords prévoyaient expressément les évènements de nature à provoquer sa révision. Cette démarche pouvait s'expliquer par la volonté de limiter les procédures de révision, en particulier lorsqu'elles pouvaient être déclenchées par une seule partie à l'accord.

À titre d'exemple, le groupe Casino prévoyait expressément dans son accord de participation du 20 mars 2013 qu'une modification des règles comptables d'une société du périmètre ayant des incidences sur les résultats globaux du périmètre retenu pouvait déclencher une procédure de révision[832].

De la même manière, l'accord de groupe GDF Suez du 25 septembre 2013 sur le contrat de génération[833] envisageait la révision de l'accord lorsque la DIRECCTE considère que les conditions libératoires fixées par la loi ne sont pas remplies. On peut également citer l'accord de participation du groupe Carrefour du 28 juin 2013 qui organisait sa révision en cas de modification des obligations légales de partage des profits[834].

513 On a pu s'interroger sur la pertinence de telles précisions, et notamment se demander si la référence faite à des évènements particuliers n'était pas de nature à limiter le champ de la révision à ces seules hypothèses.

Cette interrogation n'avait pas échappé à certains groupes, qui adoptaient une rédaction très évasive de leurs accords et laissaient le champ à une interprétation extensive des situations envisagées. À titre d'exemple, l'accord d'intéressement du groupe Renault du 17 février 2014 prévoyait que la révision de l'accord pourra intervenir « lorsque ses modalités de mise en œuvre ne sont plus conformes aux principes ayant servi de base à l'élaboration de l'accord »[835]. Cette rédaction pouvait englober toutes les situations énumérées dans les accords de groupe précédemment évoqués, et même bien davantage.

Pour notre part, nous considérions que compte tenu de la rapidité d'évolution du périmètre des groupes et du contenu de leurs accords, la référence à des évènements particuliers de nature à déclencher une procédure de révision pouvait se révéler source de rigidité, voire même de blocage des procédures de révision. Face à ce flou juridique, certains groupes

---

832 *Accord groupe d'intéressement – Exercices 2013 -2014-2015*, groupe Casino, 20 mars 2013

833 *Accord groupe France GDF SUEZ relatif au contrat de génération*, 25 sept. 2013

834 *Accord de participation de groupe Carrefour France*, 28 juin 2013.

835 *Accord d'intéressement Renault pour les années 2014 -2015– 2016*, groupe Renault, 17 fév. 2014.

prévoyaient même des aménagements permettant de modifier le contenu de leurs accords sans recourir à la procédure de révision. À titre d'exemple, l'accord de participation du groupe Carrefour du 28 juin 2013 prévoyait qu'en « cas de modification des obligations légales de partage des profits, le montant des sommes nouvellement mises à la charge des entreprises vient en diminution du montant de la réserve spéciale de participation telle qu'elle est prévue par l'accord »[836].

514 Compte tenu de l'ensemble de ces difficultés, la loi du 8 août 2016 a finalement précisé les contours du déclenchement de la procédure de révision des accords d'entreprise. L'article L.2261-7-1 du code du travail distingue désormais les organisations syndicales habilités à engager la procédure de révision d'un accord d'entreprise en fonction du moment auquel intervient cette démarche. Jusqu'à la fin du cycle électoral au cours duquel l'accord a été conclu, seules les organisations syndicales représentatives signataires ou adhérentes peuvent engager la procédure de révision. À l'issue de cette période, toute organisation syndicale représentative dans le champ de l'accord peut y procéder.

Cette solution permet de mieux identifier les acteurs du déclenchement de la procédure de révision des accords collectifs, et notamment au regard des évolutions liées à la réforme de la représentativité des organisations syndicales opérée par la loi du 20 août 2008. Cependant, elle laisse subsister certaines difficultés. En particulier, la loi du 8 août 2016 n'a pas précisé s'il y avait bien lieu de faire application des dispositions légales relatives à la révision des accords d'entreprise pour la révision des accords de groupe.

On peut raisonnablement penser que la négociation d'un avenant de révision d'un accord de groupe doit s'engager dans le cadre des dispositions de l'article L.2261-7-1 du code du travail pour deux raisons. Tout d'abord, l'ensemble des négociations prévues par le code du travail au niveau de l'entreprise peut être engagé et conclu au niveau du groupe dans les mêmes conditions. Ensuite, l'accord de groupe emporte les mêmes effets que l'accord d'entreprise[837].

515 Une autre position peut toutefois être soutenue à la lumière du rapport Cesaro[838], lequel distingue deux options, selon le degré de confiance accordé au dialogue social. Dans sa première hypothèse, le droit de la révision est aligné sur le droit de la conclusion : l'accord peut être révisé par toute

[836] *Accord de participation de groupe Carrefour France*, 28 juin 2013.

[837] *C. trav.*, art. L.2232-33.

[838] CESARO (J.-F.), « *Propositions pour le droit du renouvellement et de l'extinction des conventions et accords collectifs de travail* », Rapport à la ministre du travail, de l'emploi, de la formation professionnelle et du dialogue social, 22 janv. 2016.

organisation syndicale représentative, peu important qu'elle soit ou non signataire de l'accord initial. Dans ce cas, la demande peut être formulée par toute organisation syndicale représentative et l'accord peut être valablement révisé si l'avenant est conclu dans les conditions de droit commun. Le professeur Cesaro relève que cette démarche faciliterait considérablement la signature des avenants de révision, mais met en garde sur le risque d'instabilité conventionnelle qu'elle pourrait générer.

Dans sa deuxième hypothèse, le droit de la révision est strictement distingué du droit de la conclusion. Il faut ici appréhender séparément l'engagement de la procédure de révision et la signature de l'avenant de révision. Dans ce cas, seuls les signataires de l'accord initial peuvent procéder à sa révision lorsque celle-ci intervient au cours du même cycle électoral que l'accord initial. À l'issue de ce délai, ou lorsque les signataires sont passés sous le seuil d'audience requis pour la signature de l'accord, toute organisation syndicale représentative peut engager la procédure de révision. Bien que cette solution soit plus complexe à mettre en œuvre, elle présente l'avantage d'offrir une plus grande stabilité des accords conclus.

Il faut déduire de cette analyse que la solution retenue par le législateur de 2016 pour déterminer les acteurs du déclenchement de la procédure de révision des accords collectifs tend à distinguer le droit de la révision du droit de la négociation des accords. Dès lors, on ne saurait considérer que les dispositions du premier alinéa de l'article L.2232-33 du code du travail applicables à la négociation d'un accord de groupe puissent être étendues à la négociation d'un avenant de révision. En toute hypothèse, les conséquences du seul déclenchement des négociations restent largement limitées compte tenu des conditions légales de conclusion d'un avenant de révision.

§2 : La conclusion de l'avenant de révision

516 L'article L.2261-7-1 du code du travail renvoie, s'agissant de la signature de l'avenant de révision, aux conditions de conclusion de l'accord initial. Jusqu'à la loi du 8 août 2016, seules les organisations syndicales représentatives signataires ou adhérentes étaient habilitées à signer l'avenant de révision d'un accord. Il faut ici rappeler les étapes de la construction juridique de la révision des accords collectifs (A) avant de la mettre en perspective avec la réforme de la représentativité des organisations syndicales (B).

A) Une construction juridique de longue haleine

517 Jusqu'à la loi du 8 août 2016, seules les parties signataires de l'accord initial, ou qui y avaient postérieurement adhéré avaient qualité pour signer un avenant de révision[839]. La pérennité de ce dispositif ne manquait pas de surprendre au regard des bouleversements qu'a connu le droit de la négociation collective avec la loi du 20 août 2008[840]. Il n'est pas nécessaire de rappeler ici les conditions de représentativité des organisations syndicales dans le groupe ni les conditions de validité des accords de groupe que nous avons déjà largement analysées précédemment. Il est cependant intéressant de rappeler la lente évolution du régime juridique de la révision des accords collectifs vers une prise en compte des conditions de la représentativité des organisations syndicales instituées par la loi du 20 août 2008.

C'est par la loi du 13 novembre 1982[841] que le législateur a introduit pour la première fois la révision des accords collectifs dans le code du travail. L'ancien article L132-7 du code du travail prévoyait alors que « la convention et l'accord collectif de travail prévoient dans quelle forme et à quelle époque ils pourront être renouvelés ou révisés ». Ce dispositif très succinct a nécessité une clarification jurisprudentielle des effets de la révision.

518 Dans son arrêt Basirico[842], confirmé par trois arrêts rendus en assemblée plénière[843], la Cour de cassation a considéré qu'un avenant de révision ne pouvait être opposable aux salariés que si tous les syndicats signataires de l'acte initial ou qui y avaient adhéré l'avaient signé. Dans le cas contraire, les salariés pouvaient réclamer le bénéfice d'un avantage prévu par l'accord initial et supprimé par l'avenant.

Le législateur, pour briser cette position, était intervenu par la loi du 31 décembre 1992[844], pour préciser que « sous réserve de l'exercice du droit d'opposition [...], l'avenant portant révision de tout ou partie de la convention ou de l'accord collectif, signé par une ou plusieurs organisations syndicales de salariés visées à l'alinéa précédent, se substitue de plein droit

---

839 *C. trav.*, art. L.2261-7.

840 *Loi portant rénovation de la démocratie sociale et réforme du temps de travail*, 20 août 2008, n° 2008-789, *JORF*, 21 août 2008, n° 0194, p. 13064.

841 *Loi relative à la négociation collective et au règlement des conflits collectifs du travail*, 13 nov. 1982, n° 82-957, *JORF*, 14 nov. 1982, p. 3414.

842 Cass. Soc., 9 mars 1989, n° 87-43.154, *Bull. Civ.*, V, 1989, n° 200, p. 118 ; *Dr. Soc.*, 1989, p. 635, obs. M. DESPAX ; *Dr. Ouvr.*, 1989, p. 359, n. P. BOUAZIZ ; *D.*, 1990, 227 n. M. MEUNIER ; *D.*, 1990, Somm. 165, obs. A. LYON-CAEN.

843 Cass. Ass. Plén., 20 mars 1992, n° 90-42.196, n° 90-44359 et n° 89-44503, *Bull. Ass. Plén.*, n° 3, p. 6 ; *Dr. Soc.*, 1992, p. 371, obs. J. SAVATIER ; *JCP, E*, 1992, II, p. 324, n. G. VACHET.

844 *Loi relative à l'emploi, au développement du travail à temps partiel et à l'assurance chômage*, 31 décembre 1992, n° 92-1446, *JORF*, 1er janv. 1993, n°1, p.19.

aux stipulations de la convention ou de l'accord qu'il modifie et est opposable [...] à l'ensemble des employeurs et des salariés liés par la convention ou l'accord collectif de travail »[845].

L'avenant de révision régulièrement conclu était alors devenu opposable à l'ensemble des employeurs et des salariés concernés, dès lors qu'il avait été conclu par une ou plusieurs organisations syndicales signataires de l'accord initial. Il n'était donc plus nécessaire de justifier de l'unanimité des parties signataires à l'acte initial pour signer un avenant de révision. Cependant, le droit d'opposition des organisations syndicales majoritaires demeurait alors réservé aux avenants « qui réduisent ou suppriment un ou plusieurs avantages individuels ou collectifs dont bénéficient les salariés en application de la convention ou de l'accord qui les fondent, à l'exclusion de tous autres »[846].

519 Par la suite, la loi du 4 mai 2004[847] a généralisé le droit d'opposition des organisations syndicales majoritaires[848] à tous les avenants de révision, sans distinction de leur caractère plus ou moins favorable aux salariés concernés. Il convient par ailleurs de relever, comme l'a souligné le professeur Vachet[849], que contrairement à la signature de l'avenant de révision, le droit d'opposition n'était pas limité aux seules organisations syndicales signataires ou adhérentes de l'accord initial. Ce dispositif permettait ainsi aux organisations syndicales absentes de l'entreprise au moment de la signature de l'accord initial, de s'exprimer sur ses modifications. On imaginait mal en effet qu'une organisation syndicale nouvellement intégrée au paysage syndical du groupe et d'entreprises qui le composent doive adhérer à l'accord initial pour pouvoir s'opposer à la régularisation d'un de ses avenants. L'adhésion à l'accord pouvait être perçue comme contraire aux promesses de campagne du syndicat à son électorat, même si elle avait pour seule finalité de s'opposer à la régularisation d'un avenant de révision.

---

845 *C. trav. anc.*, art. L.132-7 al. 3 (version issue de la loi du 31 décembre 1992, n°92-1446 du 31 décembre 1992, art. 33, n° 92-1446, *JORF*, 1er janv. 1993, n°1, p.19).

846 *C. trav. anc.*, art. L.132-7 al. 3(version issue de la loi du 31 décembre 1992, n°92-1446 du 31 décembre 1992, art. 33, n° 92-1446, *JORF*, 1er janv. 1993, n°1, p.19).

847 *Loi relative à la formation professionnelle tout au long de la vie et au dialogue social*, 4 mai 2004, n° 2004-391, *JORF*, 5 mai 2004, n° 105, p. 7983.

848 *C. trav.*, art. L.2232-12.

849 VACHET (G.), « La révision des conventions et accords collectifs », *Dr. Soc.*, 1993, p. 134.

B) L'impact de la réforme de la représentativité sur la révision des accords

520 Le régime légal de la révision des accords collectifs s'est stabilisé avec la loi du 4 mai 2004, et n'a pas été refondu à l'occasion de la réforme du 20 août 2008. Pourtant, ce dispositif a largement bouleversé les mécanismes de révision des accords collectifs.

Jusqu'à la loi du 8 août 2016, la conclusion d'un avenant de révision à un accord collectif était réservée aux organisations syndicales de salariés représentatives, signataires de l'accord initial, ou qui y ont adhéré. Ce principe n'a posé aucune difficulté particulière lorsqu'il a été édicté, la présomption de représentativité des organisations syndicales assurant à l'époque la stabilité des parties à l'accord dans le temps. Les hypothèses de perte de représentativité, si elles n'étaient pas totalement inenvisageables, restaient néanmoins très marginales[850].

Tel n'était plus le cas après la loi du 20 août 2008, la représentativité des organisations syndicales s'appréciant notamment au regard du taux d'audience recueilli dans le cadre des dernières élections professionnelles. Il en résultait qu'une organisation syndicale signataire d'un accord de groupe pouvait perdre sa représentativité à l'issue d'un cycle électoral, et ne pouvait donc pas signer ses avenants de révision le cas échéant.

521 Dans une telle situation, on pouvait se demander si l'organisation syndicale signataire de l'accord initial devait participer à la négociation de sa révision. La Cour de cassation a rappelé à de maintes reprises que si les seules organisations syndicales signataires ou adhérentes à l'accord initial étaient habilitées à signer un avenant de révision, l'ensemble des organisations syndicales représentatives implantées dans le cadre de la négociation envisagée devaient être convoquées et participer à la négociation. Cette position fermement défendue bien avant la réforme de 2008[851], l'a été tout autant par la suite[852].

En revanche, nous n'avons pu relever aucun élément de nature légale ou jurisprudentielle imposant la convocation des organisations syndicales signataires de l'accord initial lorsque celles-ci avaient perdu leur caractère représentatif du fait de la baisse de leur taux d'audience aux dernières

850 À titre d'exemple, le contentieux Front National Pénitentiaire pour non-respect du critère d'indépendance : Cass. Ch. Mixte, 10 avril 1998, n° 97-16970, *Bull. Ch. Mixte*, n°1, p.1.

851 Cass. Soc, 26 avril 2002, *Société Sanofi Synthélabo et autres c/ Syndicat FO Sanofi et autres*, n° 00-17231, *Bull. Civ.*, 2002, V, n° 107, p. 115 ; *Juris-Data* n° 2002-013730 ; *Act. Jur. CFDT*, 2002, n° 155, p. 18 ; *JSL*, 2002, n° 100, p. 14, n. N. Rérolle ; *Dr. Ouv.*, 2002, n° 651, p. 501, n. F. Héas ; *JCP, E*, 2002, n° 49, p. 1964, n. S. Darmarsin.

852 Cass. Crim., 28 oct. 2008, Société Alcatel Aliena France, n° 07-82799, RJS, 2009, n° 3, p. 226 ; *Dr. Soc.*, 2009, n° 4, p. 504, obs. F. Duquesne.

élections professionnelles. Comme l'a relevé un auteur, « maintenir les organisations syndicales qui ont perdu leur représentativité dans la signature des avenants de révision serait faire peu de cas du suffrage des salariés »[853]. Il nous paraissait d'ailleurs difficile de soutenir qu'une organisation syndicale qui a été désavouée par ses électeurs et qui a perdu son caractère représentatif puisse être conviée à une quelconque négociation.

522 Il en résultait que « ce qui subsiste encore de la logique contractuelle en matière de révision coïncide mal avec les règles introduites par la réforme de 2008 »[854]. D'une part, l'ensemble des organisations syndicales représentatives dans le groupe devait participer à la négociation de l'avenant de révision, alors qu'elles n'avaient pas nécessairement participé à la conclusion de l'accord initial. D'autre part, les organisations syndicales signataires de l'accord initial et qui avaient perdu leur caractère représentatif n'avaient plus vocation à intervenir dans cette négociation.

Il fallait aussi envisager l'hypothèse selon laquelle une organisation syndicale représentative signataire de l'accord initial, qui avait participé aux négociations, refusait de signer l'avenant, alors qu'elle bénéficiait d'un taux d'audience suffisant pour garantir la validité de l'avenant. On pouvait légitimement se demander si l'avenant signé par des organisations syndicales représentatives adhérentes était valide, dès lors que les parties à l'accord initial refusaient de le signer.

523 Dans ces conditions, la référence traditionnelle aux parties signataires de l'accord initial n'avait donc plus lieu d'être au regard de la réforme de 2008 : les signataires initiaux ayant perdu leur représentativité sont exclus de la conclusion de l'avenant, et des tiers à l'accord initial peuvent conclure des avenants de révision du fait de leur caractère représentatif. Certains auteurs ont d'ailleurs soutenu qu'il y a lieu de se défaire de la distinction entre les parties et les tiers à l'accord en vue de réformer le droit de la révision[855]. Cette position s'inscrivait dans le prolongement de la thèse selon laquelle « le droit de la négociation collective est un droit individuel s'exerçant collectivement et certainement pas un droit appartenant aux syndicats eux-mêmes »[856].

---

[853] NADAL (S.), « Fluctuations de la représentativité syndicale et perturbations de la vie juridique des conventions et accords collectifs de travail », *Dr. Soc.*, 2013, p. 323.

[854] NADAL (S.), « Fluctuations de la représentativité syndicale et perturbations de la vie juridique des conventions et accords collectifs de travail », *Dr. Soc.*, 2013, p. 323.

[855] Dans ce sens : PALLI (B.), « La révision des conventions collectives de travail à l'épreuve de la réforme de la représentativité syndicale », *RDT*, 2010, p. 155.

[856] AUZERO (G), « Les syndicats, mandataires des salariés ? », *Sem. Soc. Lamy*, 2015, n° 1666.

La qualité de partie à l'accord n'est plus attachée à la qualité de signataire de l'accord, puisqu'il est possible pour une organisation syndicale de devenir partie à l'accord par une simple procédure d'adhésion, dès lors qu'elle peut justifier de sa représentativité. À l'inverse, une organisation syndicale signataire de l'accord initial qui perd sa représentativité n'a plus qualité pour négocier ou conclure des avenants de révision à l'accord initial. C'est dorénavant la légitimité électorale des organisations syndicales qui prime.

On peut donc conclure à une « parlementarisation du droit »[857] de la révision des accords collectifs, la faculté de conclure des avenants de révision étant confiée à toutes les organisations syndicales représentatives de salariés, peu important qu'elles aient signé ou non l'accord initial.

524 L'application des accords de groupe s'est donc trouvée largement déconnectée des parties signataires, celles-ci pouvant perdre les qualités qui leur ont permis de conclure l'accord, sans que l'accord lui-même n'en soit affecté. « Une fois conclu, le caractère normatif de l'accord prend le pas sur sa nature contractuelle »[858].

La représentativité des organisations syndicales étant assurée pour une période déterminée, à savoir le cycle électoral, et le paysage syndical du groupe pouvant être profondément modifié à l'occasion de chaque nouveau cycle électoral, certains auteurs ont alors proposé d'aménager la procédure de révision des accords de groupe en fonction de cet élément temporel[859]. Certains groupes ont d'ailleurs innové en ce sens.

On peut prendre l'exemple de l'accord du groupe Véolia du 24 février 2012 relatif au dialogue social[860]. Cet accord précisait le point de départ, la durée de chaque cycle électoral, ainsi que les caractéristiques de la représentativité pendant cette période. Il excluait donc expressément la prise en compte des modifications pouvant affecter le périmètre de l'accord et la représentativité des organisations syndicales de groupe au cours d'un cycle électoral. « La représentativité sera ensuite appréciée tous les trois ans [...] ; durant ce cycle, la représentativité est figée, permettant ainsi de stabiliser les institutions représentatives du personnel du groupe pendant une durée limitée ».

L'accord Véolia poursuivait ainsi : « la révision du présent accord sera subordonnée à une négociation menée après convocation de la direction, de

---

857 PALLI (B.), « La révision des conventions collectives de travail à l'épreuve de la réforme de la représentativité syndicale », *RDT*, 2010, p. 155.

858 NEAU-LEDUC (C.), « Perte de représentativité et sort de l'accord collectif d'entreprise », *Dr. Soc.*, 2009, p. 910.

859 NEAU-LEDUC (C.), « Perte de représentativité et sort de l'accord collectif d'entreprise », *Dr. Soc.*, 2009, p. 910.

860 *Accord sur l'exercice du droit syndical et le dialogue social dans le groupe Véolia Transdev en France*, 24 fév 2012.

toutes les organisations syndicales représentatives au regard du cycle électoral en cours ». C'était donc bien le caractère représentatif des organisations syndicales qui leur donnait qualité pour négocier et conclure par la suite un avenant de révision. Aucune mention n'était ici faite aux parties signataires de l'accord initial, il était au contraire fait référence « à l'employeur » et aux « organisations syndicales représentatives de salariés », peu important qu'elles aient été amenées à évoluer depuis la conclusion de l'accord. Il n'existait dans cette formulation aucune survivance du régime antérieur à la réforme de 2008 ni aucune stipulation accordant une quelconque primauté aux signataires de l'accord initial sur les organisations syndicales représentatives au regard du cycle électoral en cours.

Nous saluons ici les rédacteurs de cet accord, qui ont su parfaitement adapter et sécuriser ses stipulations aux évolutions législatives, et en l'absence de toute directive ou interprétation des pouvoirs publics. Cette démarche illustre au surplus la préconisation soulevée en doctrine d'aménager conventionnellement dans les accords de droit syndical la perte de représentativité[861].

525 Il faut rappeler ici l'intérêt que peut revêtir la procédure de révision d'un accord de groupe par rapport à d'autres mécanismes de modification du statut social des salariés. La révision a pour objectif premier, soit de compléter un texte conventionnel, soit de mettre à jour ses stipulations, par exemple la modification du champ d'application de l'accord de groupe suite à des entrées et sorties d'entreprises de son périmètre. La révision n'a donc pas vocation à remettre en cause le contenu de l'accord, mais se contente d'en modifier certains aspects.

D'un point de vue psychologique, la mise en œuvre d'une procédure de révision n'a pas du tout le même impact que sa dénonciation. Bien que le résultat sur le statut social des salariés puisse être identique, la procédure de dénonciation est très souvent perçue comme une fermeture du dialogue social. Cela peut s'expliquer notamment par les effets de l'échec des négociations dans ces deux types de procédures.

En cas de révision, l'échec des négociations maintient le statu quo. En l'absence de signature d'un avenant de révision, l'accord initial est maintenu dans toutes ses dispositions, comme si la procédure de révision n'avait jamais été déclenchée. À l'inverse, la dénonciation d'un accord de groupe provoque sa survie temporaire pendant la négociation, et en l'absence d'un accord de substitution, l'accord initial cessera de s'appliquer à l'issue de cette période. L'enjeu de la négociation d'un accord de substitution est donc beaucoup plus important que celui de la révision, en ce que l'échec des

---

[861] NEAU-LEDUC (C.), « Perte de représentativité et sort de l'accord collectif d'entreprise », *Dr. Soc.*, 2009, p. 910.

négociations aboutira à la suppression pure et simple du statut social applicable aux salariés.

526 La procédure de révision n'en demeure pas moins une procédure tout à fait particulière, mais ses spécificités s'attachent aujourd'hui davantage à son contenu qu'à ses modalités de négociation. Contrairement à l'accord de substitution, l'avenant reste un accessoire de l'accord initial et n'a pas vocation à remettre en cause ce dernier, mais simplement à le compléter et à l'adapter pour assurer sa pérennité dans le temps.

Compte tenu de toutes ces observations, force est de constater que la procédure de révision doit être privilégiée dans la mesure du possible, pour sa souplesse et sa sécurité.

527 Le principe de l'identité des parties signataires à l'accord initial et à l'avenant de révision a été totalement abandonné avec la loi du 8 août 2016. Il est désormais fait exclusivement référence aux conditions de validité de droit commun des accords collectifs. Pour être valide, l'avenant de révision de l'accord de groupe devra être conclu par une ou plusieurs organisations syndicales représentatives dans les conditions prévues par l'article L.2232-12 du code du travail. Cette position semble valider la thèse soutenue par certains auteurs, selon laquelle la conclusion d'un accord de même niveau et portant sur le même thème vaut nécessairement avenant de révision si l'accord antérieur n'a pas fait l'objet d'une dénonciation[862]. Dès lors que l'accord initial et l'avenant de révision répondent aux mêmes conditions de validité, il serait tout à fait possible de les assimiler. Cette théorie s'expose cependant à un obstacle juridique de taille : les accords de groupe et les accords d'entreprise n'obéissent pas systématiquement aux mêmes conditions de validité

Il est intéressant de préciser ici que le MEDEF avait formulé, dans le cadre de la négociation nationale interprofessionnelle relative à la qualité et à l'efficacité du dialogue social dans les entreprises et à l'amélioration de la représentation des salariés initiée par le gouvernement en juillet 2014, une proposition analogue pour organiser la procédure de révision des accords d'entreprise en ces termes : « un accord d'entreprise ou d'établissement peut être modifié par les titulaires du droit de négocier dans l'entreprise ou l'établissement, à la date de signature de l'avenant, selon les conditions de

---

862 GRANGÉ (J.), « Les conventions et accords collectifs de groupe », *Sem. Soc. Lamy*, 2004, n° 1183, p. 73 ; TEYSSIÉ (B.), « Variations sur les conventions et accords collectifs de groupe », *Dr. Soc.*, 2005, p. 643.

négociation applicables à cette date, peu important que cet avant soit négocié par les signataires de l'accord initial »[863].

Cette proposition n'a pas été immédiatement suivie d'effets, les négociations engagées le 9 octobre 2014 sur ce thème n'ayant pas abouti à la conclusion d'un accord. Elle n'avait pas non plus été reprise par la loi du 17 août 2015 intervenue suite à l'échec de ces négociations ni même été évoquée à l'occasion des débats parlementaires qui ont précédé son adoption. Ce n'est donc qu'avec la loi du 8 août 2016 que ces préconisations ont été reprises et que le dispositif légal applicable à la révision des accords collectifs a été mis en adéquation avec les principes énoncés par la loi du 20 août 2008 s'agissant de la représentativité des organisations syndicales. Il est toutefois regrettable que le dispositif n'ai pas été plus explicite sur le cas particulier des accords de groupe.

528 C'est désormais le caractère représentatif et le taux d'audience des partenaires sociaux qui justifie leur qualité pour signer un avenant de révision, ou pour faire jouer leur droit d'opposition. Dans la pratique, on pouvait observer, bien avant la réforme de 2016, que les parties sont rarement parfaitement identiques entre la signature d'un accord de groupe et la signature d'un avenant de révision.

À titre d'exemple, l'avenant n°1 à l'accord de participation du groupe Crédit Mutuel-CIC fait référence, pour la partie patronale, aux « entreprises relevant de la convention collective du Crédit Mutuel figurant en annexe 1 »[864]. Or cet avenant avait pour objet de contractualiser les modifications du périmètre de l'accord initial, et parmi les entreprises figurant en annexe 1 apparaissaient les entreprises nouvellement intégrées dans le périmètre du groupe. Les entreprises sortantes en étant exclues. Côté patronal, les signataires de l'avenant ne sont donc pas les signataires de l'accord initial, mais ceux du nouveau périmètre entériné par l'avenant.

Une lecture littérale du code du travail dans sa version de l'époque aurait supposé que l'avenant soit conclu avec les entreprises sortantes, qui avaient qualité pour contractualiser leur sortie, et sans les entreprises entrantes, qui n'étaient pas encore parties à l'accord au moment de sa révision. C'est au contraire l'application de l'avenant qui leur rendait l'accord initial opposable. Au surplus, il n'y avait pas dans notre exemple une identité absolue des parties côté salarial, puisque l'UNSA-CM11-CIC, signataire de l'accord initial, n'avait pas signé l'avenant de révision.

---

[863] MEDEF, « Négociation relative à la qualité et à l'efficacité du dialogue social dans l'entreprise et à l'amélioration de la représentation des salariés », 10 déc. 2014.

[864] *Avenant n°1 à l'accord de groupe CM11-CIC de participation des salariés aux résultats de l'entreprise*, 27 février 2014.

529 La référence aux parties signataires de l'accord initial a progressivement a été vidée de sa substance après la réforme de 2008, au profit des critères de la représentativité et de l'audience électorale des organisations syndicales représentatives. Ces critères ont été définitivement consacrés par la loi du 8 août 2016. Il y a donc désormais lieu de s'attacher uniquement aux conditions prévues « à la section 3 du chapitre II, du titre III »[865]. Mais si les mécanismes applicables à la révision des accords de groupe ont été aujourd'hui précisés, des incertitudes persistent selon le montage juridique adopté par les partenaires sociaux et le poids qu'ils ont entendu donner à l'accord de groupe.

530 Il faut ici rappeler que des accords d'entreprise peuvent être conclus, en l'absence de délégué syndical, notamment par des représentants élus du personnel, mandatés ou non par une organisation syndicale, alors que les accords de groupe relèvent de la compétence exclusive des organisations syndicales. Dans ces conditions, la révision d'un accord d'entreprise conclu sans délégué syndical via un accord de groupe ne semble pas générer de débat particulier, puisque l'accord ainsi révisé revient dans le schéma classique de la négociation collective. Il en est autrement lorsque c'est l'accord de groupe qui est révisé via un avenant conclu dans le cadre de l'entreprise sans délégué syndical. Une telle hypothèse ferait obstacle au principe de monopole des organisations syndicales dans la négociation et la conclusion des accords de groupe. On peut donc en déduire que les spécificités inhérentes à la négociation et à la conclusion des accords de groupe s'opposent à ce que l'on puisse intégralement les assimiler à des accords d'entreprise dans le cadre de la procédure de révision.

Il faut relever une autre difficulté susceptible de mettre à mal la souplesse du régime de la révision des accords de groupe : l'hypothèse d'un accord de groupe dont l'application dans les entreprises concernées est subordonnée à leur adhésion par accords d'entreprise. Si l'accord de groupe initial n'est opposable aux entités relevant de son champ d'application que par la conclusion d'un accord d'adhésion, la même procédure devra alors être appliquée pour leur rendre opposable l'avenant de révision. Outre la lourdeur administrative d'engager des négociations dans chaque entreprise du groupe pour adhérer à l'avenant de révision, on peut légitimement s'interroger sur les effets que pourrait entraîner l'absence d'adhésion d'une entité du groupe à l'avenant de révision. Plus précisément, on pourrait se demander si une entreprise adhérente à l'accord de groupe initial pourrait se prévaloir de ses stipulations originelles en l'absence d'accord d'adhésion à son avenant de révision.

---

[865] *C. trav.*, art. L.2261-7-1.

Une fois encore, la logique contractuelle montre ses limites lorsqu'elle est appliquée à la négociation collective. Deux solutions pourraient être envisagées. D'une part, on pourrait proscrire purement et simplement le mécanisme de l'adhésion aux accords de groupe et reconnaître sans concession l'applicabilité immédiate et impérative des accords de groupe dans les entités comprises dans son champ d'application. Cela reviendrait cependant à notre sens à se priver d'outils particulièrement efficaces pour associer et coordonner la négociation de groupe à la négociation d'entreprise. Cette procédure permet aujourd'hui de pallier les incertitudes pesant sur le régime des accords de groupe.

531 Une autre solution serait de déduire de la règle *accessorium sequitur principale*, que dès lors qu'une entité comprise dans le périmètre de l'accord y a adhéré, elle a manifesté sa volonté d'appliquer dans l'entreprise l'accord de groupe, et par voie de conséquence, ses avenants postérieurs. Cette solution pourrait aisément trouver à s'appliquer, dans la mesure où chaque entreprise adhérente à l'accord de groupe pourrait dénoncer son propre accord d'adhésion si elle n'entendait plus appliquer les stipulations modifiées de l'accord de groupe.

Il faut également relever que la procédure de révision des accords collectifs est subordonnée à une démarche positive des partenaires sociaux en ce sens. Des solutions ont donc dû être envisagées pour pallier leur inertie éventuelle. Une partie de la doctrine a ainsi proposé de généraliser les accords à durée déterminée, assortis d'une clause de renouvellement[866]. Le rapport Cesaro a également abondé en ce sens[867]. Sans imposer ce principe, la loi du 8 août 2016 l'a fortement encouragé en prévoyant désormais que l'accord « définit ses conditions de suivi et comporte des clauses de rendez-vous »[868]. Néanmoins, la réforme n'exclut pas pour autant la possibilité de conclure des accords à durée indéterminée, pas plus qu'elle ne prévoit de sanction en l'absence de clauses de rendez-vous.

532 La généralisation des accords de groupe à durée déterminée permettrait d'adapter dans des délais raisonnables leurs stipulations aux évolutions législatives, réglementaires, voire même aux interprétations administratives ou jurisprudentielles qui pourraient éclairer les partenaires sociaux sur

---

866 NEAU-LEDUC (C.), « Perte de représentativité et sort de l'accord collectif d'entreprise », *Dr. Soc.*, 2009, p. 910 ; NADAL (S.), « Fluctuations de la représentativité syndicale et perturbations de la vie juridique des conventions et accords collectifs de travail », *Dr. Soc.*, 2013, p. 323.

867 CESARO (J.-F.), « *Propositions pour le droit du renouvellement et de l'extinction des conventions et accords collectifs de travail* », Rapport à la ministre du travail, de l'emploi, de la formation professionnelle et du dialogue social, 22 janv. 2016.

868 *C. trav.*, art. L.2222-5-1.

l'orientation que devrait emprunter la rédaction des accords de groupe. Rappelons ici à titre d'exemple l'obsolescence du régime de révision de l'accord du groupe Safran du 19 juillet 2006 sur le dialogue social au regard de la réforme de 2008[869].

Certains groupes se sont engagés dans cette démarche bien avant sa consécration par le législateur. Ainsi, l'accord d'intéressement du groupe Casino du 20 mars 2013 stipule que « les partenaires sociaux conviennent de la possibilité d'une rencontre au début de chaque année afin d'étudier l'éventuelle révision des modalités de l'intéressement local »[870]. L'accord sur le contrat de génération du groupe Cahors du 12 novembre 2013 précise quant à lui qu'il « pourra faire l'objet, en cas de besoin, d'une révision annuelle qui pourra intégrer des mesures au regard des évolutions constatées à l'occasion de sa mise en place et du déroulement du plan d'action »[871].

533 La généralisation des accords de groupe à durée déterminée ne résoudrait pas pour autant toutes les difficultés que génère leur révision. Le principal danger d'une telle solution serait qu'en l'absence de conclusion d'un nouvel accord une fois le terme de l'accord initial dépassé, aucun statut social n'aurait vocation à s'appliquer aux salariés du groupe. En l'absence d'un nouvel accord, les salariés perdraient purement et simplement les avantages issus de l'accord initial. Dans ces conditions, il peut être préférable de privilégier la voie de la dénonciation de l'accord, et d'en renégocier intégralement les termes.

Section 2 : La dénonciation des accords de groupe

534 La dénonciation d'accords collectifs est un acte grave, en ce qu'elle a vocation à supprimer le statut social en vigueur pour le remplacer par un autre. Elle est traditionnellement perçue comme un constat d'échec, et elle peut placer les parties dans un rapport conflictuel pour la négociation d'un accord de substitution. Son utilisation n'est pourtant pas toujours le gage d'une suppression d'avantages octroyés aux salariés, et ce particulièrement s'agissant des accords de groupe.

La recherche d'une harmonisation du statut social des salariés dans le cadre des groupes de sociétés requiert des partenaires sociaux une prise en compte permanente des évolutions susceptibles d'affecter le contenu des accords de groupe. Les modifications affectant le périmètre du groupe, les

869 *Accord sur le développement du dialogue social dans le groupe Safran*, 19 juil. 2006.

870 *Accord groupe d'intéressement – Exercices 2013 -2014-2015*, groupe Casino, 20 mars 2013.

871 *Accord groupe CAHORS relatif au contrat de génération*, 12 nov. 2013.

évolutions législatives et réglementaires, ou bien les enseignements tirés de l'application des accords de groupe précédents, sont autant d'éléments nécessitant une adaptation régulière des accords de groupe.

535 Mais la superposition de ces éléments peut rendre difficile, voire inefficace, la révision des accords de groupe. Il est parfois plus opportun de repartir d'une page blanche plutôt que de multiplier les modifications qui pourraient rendre l'accord modifié peu intelligible. C'est dans cette optique qu'à titre d'exemple, le groupe Bull a pu communiquer sur la dénonciation à venir de la majorité des accords de groupe régissant l'organisation, l'aménagement du temps de travail et les systèmes d'astreinte. La direction exposait qu'« au fil des rachats et des accords signés localement, des droits disparates ont émergé d'une société du groupe à une autre, d'où la nécessité de remodeler les accords sur le temps de travail »[872].

Plus anciennement, le groupe Casino justifiait la dénonciation de son accord du 22 janvier 1997 relatif au dialogue social par la possibilité de « permettre la renégociation d'un nouvel accord mieux adapté aux réalités économiques et sociales actuelles », précisant que « l'expansion du groupe et la modification des structures juridiques ont entraîné une augmentation très importante des instances représentatives du personnel centrales », et invoquant la nécessité d'adapter le dispositif aux évolutions apportées par la loi du 20 août 2008[873].

536 Cette pratique est également particulièrement efficace en cas de rapprochement de deux groupes. À titre d'exemple, la conclusion de l'accord sur le régime de prévoyance et les frais de santé dans le groupe Crédit Mutuel-CIC[874] a été précédée de la dénonciation des accords de groupe conclus sur ce thème dans les deux groupes avant leur réunion[875], « dans la perspective de l'harmonisation des statuts CM et CIC ».

Il convient ici de préciser que nous n'envisagerons dans ce développement que la dénonciation globale des accords de groupe, c'est-à-dire la dénonciation qui affecte l'ensemble des entreprises composant le groupe, et

---

872 Miroir Social, *« Dénonciation des accords programmée chez Bull »*, 12 fév. 2014, [http://www.miroirsocial.com/actualite/9738/denonciation-des-accords-rtt-programmee-chez-bull].

873 *Accord de dialogue social au sein du groupe Casino*, 30 juin 2009.

874 *Accord de groupe sur le régime de prévoyance et de frais de santé*, groupe CM5-CIC, 19 mai 2010.

875 Dénonciation le 19 février 2010 de l'accord de prévoyance et complémentaire santé du groupe Crédit Mutuel du 13 décembre 2002, et de l'accord sur la mise en place d'une complémentaire santé et d'une prévoyance lourde uniques dans le groupe CIC du 29 sept 2006.

non pas seulement une ou plusieurs d'entre elles[876]. Comme en matière de révision, il n'existe pas à l'heure actuelle de dispositif légal spécifique applicable à la dénonciation des accords de groupe. Il faut donc se référer au régime légal applicable aux accords d'entreprise, ce qui, nous le développerons, pose de nombreuses difficultés.

Pour faire toute la lumière sur celles-ci, il faut dans un premier temps analyser quels peuvent être les auteurs de la dénonciation globale d'un accord de groupe (§ 1), avant d'envisager les conséquences de cette dénonciation sur le statut social des salariés du groupe (§ 2).

§ 1 : Les auteurs de la dénonciation

537 Aux termes de l'article L.2261-9 du code du travail, « la convention et l'accord à durée indéterminée peuvent être dénoncés par les parties signataires ». Il faut donc envisager deux hypothèses : la dénonciation opérée par la partie employeur à l'accord d'une part (A), et la dénonciation émanant de la partie salariée d'autre part (B).

A) Dénonciation par la partie employeur

538 Les motivations de la partie employeur à dénoncer un accord de groupe peuvent être diverses. Comme nous avons déjà pu le mettre en avant, les avantages que peut tirer la direction de la négociation d'accords de groupe vont bien au-delà de la pacification des relations sociales. La recherche de l'harmonisation du statut social des salariés du groupe ne répond pas exclusivement à une volonté de la direction d'accorder des avantages supplémentaires aux salariés, sans contrepartie. Qu'ils traitent du maintien dans l'emploi par la formation et la mobilité interne, ou de la qualité de vie au travail, les accords de groupe obéissent le plus souvent à une configuration donnant-donnant : les salariés bénéficient d'avantages supplémentaires que le groupe peut leur accorder à moindre coût[877], voire même en en tirant des avantages financiers substantiels[878].

La dénonciation des accords de groupe par la partie employeur ne procède pas nécessairement d'une volonté de supprimer purement et simplement le statut social préexistant, dans la mesure où les avantages accordés aux

[876] La dénonciation par certaines entreprises du groupe a été abordée dans les développements consacrés à la sortie d'une entreprise du périmètre du groupe.

[877] À titre d'exemple, les conditions générales et particulières d'une complémentaire santé obligatoire seront beaucoup plus attractives lorsque le contrat est négocié pour de nombreux salariés.

[878] À titre d'exemple, les dispositifs d'épargne salariale seront exonérés de charges sociales et fiscales, et déduits du résultat avant le calcul de l'impôt sur les sociétés.

salariés sont également un outil d'optimisation financière dans le groupe. Les magistrats sont d'ailleurs vigilants sur les motivations de l'employeur à dénoncer un accord collectif, et ce bien qu'il ne soit pas légalement tenu de motiver sa décision de dénoncer. À titre d'exemple, des juges du fond ont pu prononcer la nullité de la dénonciation d'un accord collectif en raison du « manque de loyauté dans l'exercice par l'employeur de sa faculté de dénonciation »[879].

En l'espèce, les juges du fond avaient relevé que compte tenu des précisions de l'accord quant à ses modalités de révision, l'employeur aurait dû réviser l'accord et non le dénoncer, et que ce choix avait été animé par une volonté manifeste de l'employeur de supprimer les moyens supplémentaires alloués aux institutions représentatives du personnel par l'accord dénoncé. La dénonciation d'un accord collectif n'est donc pas un acte discrétionnaire, et il convient d'appréhender ce mécanisme avec la plus grande prudence, et ce particulièrement s'agissant d'accords de groupe.

En effet, les nombreuses configurations des groupes nous interpellent sur la manière dont il convient d'interpréter les dispositions de l'article L.2261-9 du code du travail et en particulier sa référence aux parties signataires. Plusieurs situations doivent être distinguées.

539 Il faut tout d'abord envisager le cas des accords de groupe conclus, pour la partie employeur, par l'ensemble des entreprises relevant du périmètre de l'accord. Si tout employeur partie à un accord de groupe peut individuellement dénoncer l'accord pour mettre fin à son application dans sa propre structure, le code du travail fait référence à « la totalité des signataires employeurs »[880] pour mettre fin à l'application de l'accord dans le groupe.

On pourrait donc en déduire que la dénonciation de l'accord doit recueillir l'unanimité auprès des employeurs concernés, et que dans le cas contraire, la dénonciation ne vaudrait que pour les employeurs qui y auraient pris part, conformément au dispositif légal relatif à la dénonciation par une partie des signataires employeurs.

Mais la conclusion et le contenu des accords de groupe sont le plus souvent déterminés au regard des moyens matériels et humains dont dispose l'ensemble constitué par les entreprises parties à l'accord. Une première limite de l'application du régime légal de la dénonciation des accords d'entreprise aux accords de groupe se dessine ici : l'accord de groupe ne saurait s'analyser en une simple addition d'accords d'entreprises. Le groupe, bien qu'il n'ait pas d'existence juridique propre, constitue un ensemble distinct des entités qui le composent, et appréhende un intérêt social différent de ceux existants dans chacune des entreprises du groupe.

---

[879] TGI, Nanterre, 25 nov. 2005, n° 05/11716 ; *Sem. Soc. Lamy*, 2005, n° 1249.

[880] *C. trav.*, art.L.2261-10 al. 1.

540 La dénonciation d'un accord de groupe par une large majorité des signataires employeurs ne suffit pas, en l'état actuel du droit, à mettre fin à son application dans l'ensemble des entités concernées. Pourtant de nombreux accords de groupe se trouveraient en pareille situation dépourvus de tout effet utile. La sortie d'une large majorité d'entreprises du périmètre de l'accord de groupe pourrait le priver de tout effet utile, et ce tout particulièrement lorsque l'entreprise dominante a pris part à la dénonciation.

À titre d'exemple, une telle situation aurait d'importantes répercussions sur l'application d'un accord ayant mis en place des institutions représentatives du personnel supplémentaires dans le cadre du groupe, tel qu'il était établi au moment de sa conclusion. De la même manière, la dénonciation d'un accord de groupe mettant en place un régime de prévoyance complémentaire par une majorité des signataires employeurs impacterait nécessairement la population bénéficiaire et, par voie de conséquence, les avantages octroyés aux salariés[881].

541 Il faut aussi envisager les accords de groupe qui ont été conclus au regard des effectifs salariés du groupe, et notamment les accords de GPEC. Si le dispositif initial pouvait être attractif pour les entreprises, la sortie de certaines entreprises du champ d'application de l'accord pourrait le vider de sa substance, en le privant des moyens matériels, financiers et humains qui existaient au moment de sa conclusion.

Le bon sens supposerait alors une entente unanime des employeurs pour dénoncer un accord de groupe et engager des négociations en vue de conclure un accord de substitution. La pratique abonde en ce sens, même si les formules de style divergent d'un groupe à l'autre. Alors que certains font référence à « l'ensemble des parties contractantes »[882], ou à « un accord de l'ensemble des parties signataires »[883], d'autres évoquent plus restrictivement la dénonciation « par la totalité des entreprises »[884], ou « à l'unanimité des parties signataires »[885].

L'unanimité permet de mettre fin à l'accord dénoncé et de conclure un accord de substitution avec les mêmes signataires employeurs. On ne saurait toutefois présager que le bon sens anime systématiquement les débats, et il pourrait être judicieux d'envisager une solution légale pour résoudre les situations de blocage qui pourraient se présenter en pareille hypothèse.

---

881 Dans ce cens, VACHET (G.), « La négociation collective dans les groupes de sociétés », in *Les groupes de sociétés et le droit du travail*, éd. Panthéon-Assas, 1999, p. 105-123.

882 *Accord de participation de groupe Carrefour France*, 28 juin 2013.

883 *Accord de participation du groupe Nexter*, 26 oct. 2011.

884 *Règlement du plan d'épargne groupe Carrefour France*, 1er juin 2012.

885 *Accord groupe d'intéressement – Exercices 2013 -2014-2015*, groupe Casino, 20 mars 2013.

542 Il faut également envisager le cas des accords de groupe conclus par la seule entreprise dominante, ès qualités de représentant légal de l'ensemble des entreprises relevant du champ d'application de l'accord. Il faut ici écarter l'hypothèse d'une entreprise dominante titulaire d'un mandat exprès de l'ensemble des entreprises concernées pour négocier l'accord, car dans ce cas, chaque entreprise serait individuellement partie à l'accord. La dénonciation de l'accord supposera alors une intervention individuelle de chacune d'elles, ou la conclusion d'un mandat au profit de l'entreprise dominante. Lorsqu'en revanche, l'entreprise dominante a conclu un accord de groupe en l'absence de mandat exprès de ses filiales, il faut déterminer si elle peut le dénoncer dans les mêmes conditions.

Pour certains auteurs, la dénonciation de l'accord de groupe peut effectivement émaner de l'entreprise dominante : « de plein droit mandataire des autres entreprises du groupe pour négocier la convention ou l'accord, elle l'est aussi, à notre sens, pour dénoncer »[886]. Cette position ne fait toutefois pas l'unanimité en doctrine, et d'autres auteurs considèrent que si l'on admet une représentation légale au profit de l'employeur de l'entreprise dominante, il n'est pas pour autant évident que ce dernier soit investi de plein droit du pouvoir de dénoncer l'accord[887]. En effet, l'article L.2232-31 du code du travail ne vise que la négociation et la conclusion de l'accord.

543 Pour le professeur Auzero, reconnaître à l'entreprise dominante la faculté de dénoncer l'accord de groupe pour l'ensemble des entreprises relevant de son champ d'application reviendrait à rendre opposable aux entreprises une dénonciation à laquelle elles n'auraient pas consenti, et ce alors même qu'elles sont juridiquement distinctes de l'entreprise dominante. On peut cependant observer que la négociation et la conclusion d'un accord de groupe obéit déjà à ces règles : un accord de groupe peut être conclu par la seule entreprise dominante alors que ses filiales n'y ont pas consenti, et cet accord leur sera opposable de plein droit, bien qu'elles soient juridiquement distinctes de l'entreprise dominante.

On pourrait également opposer à cet argument que le législateur a prévu un régime légal spécifique aux accords de groupe aux termes des articles L.2232-30 et suivants du code du travail, alors qu'il n'a pas prévu corrélativement de dispositions spécifiques à la dénonciation des accords de groupe. Il n'y a donc pas lieu à notre sens de déduire de l'absence de référence légale à l'entreprise dominante pour la dénonciation des accords de groupe que celle-ci ne serait pas en mesure d'y procéder. Bien au contraire,

---

[886] TEYSSIÉ (B.), « Variations sur les conventions et accords collectifs de groupe », *Dr. Soc.*, 2005, p. 643.

[887] AUZERO (G.), « La vie des conventions et accords collectifs de groupe », *RDT*, 2006, p. 230.

il ressort des travaux parlementaires annexés aux dispositifs mis en place par la loi du 4 mai 2004 que le législateur n'a pas entendu « figer trop tôt » le régime juridique applicable aux accords de groupe, et que « les effets de l'accord de groupe devront sans doute être précisés à l'avenir »[888].

544 La pratique œuvre d'ailleurs en ce sens, et nous avons pu relever que certains accords de groupe, négociés et conclus par la seule entreprise dominante prévoient expressément la possibilité pour cette dernière de dénoncer l'accord, au nom et pour le compte de l'ensemble des entreprises concernées par l'accord. À titre d'exemple, l'accord de participation du groupe BNP Paribas du 30 juin 2010 stipule que « la dénonciation du présent accord par [l'entreprise dominante] produira effet à l'égard de toutes les entités signataires ou adhérentes »[889].

Il y a lieu à notre sens d'approuver cette tendance, laquelle est la conséquence logique de la reconnaissance d'un mandat légal de représentation par l'employeur de l'entreprise dominante pour la conclusion des accords de groupe. La consécration d'un cas de représentation légale par l'employeur de l'entreprise dominante pour la dénonciation des accords de groupe pourrait résoudre les difficultés évoquées en amont, et qui pourraient naître du refus de certaines entreprises contractantes de dénoncer l'accord de concert avec les autres. L'employeur de l'entreprise dominante disposerait alors d'un pouvoir discrétionnaire pour dénoncer les accords de groupe, à l'instar de celui qui lui est reconnu pour leur négociation et leur conclusion.

545 Il faut observer qu'en pratique, la reconnaissance de cette faculté de dénonciation à l'entreprise dominante s'accompagne le plus souvent de précautions rédactionnelles particulières. Alors que la plupart des accords de groupe se bornent à évoquer la procédure applicable à la dénonciation, d'autres déterminent précisément les circonstances pouvant justifier leur dénonciation. À titre d'exemple, en matière d'intéressement, le groupe Casino[890] précise que si des obligations légales ou professionnelles imposaient aux entreprises un mode de prime qui serait différent de celui appliqué par l'accord, les parties se réuniraient afin de réfléchir aux évolutions à apporter à l'accord, tout comme si l'exonération de charges sociales prévue par la loi venait à être supprimée partiellement ou totalement. La procédure décrite ici ne fait pas directement référence à la dénonciation et pourrait tout

---

888 Sénat, CHERIOUX (J.), *Rapport fait au nom de la commission des affaires sociales*, 28 janv. 2004, n°179 (2003-2004), art.40 III.

889 *Accord de participation aux résultats des salariés du groupe BNP Paribas*, 30 juin 2010.

890 *Accord groupe d'intéressement – Exercices 2013 -2014-2015*, groupe Casino, 20 mars 2013.

aussi bien s'appliquer à la révision de l'accord. Toutefois, elle est insérée entre deux paragraphes relatifs à la dénonciation.

De la même manière l'accord d'intéressement du groupe Renault du 17 février 2014[891] prévoit expressément dans les conditions de validité de l'accord, que « la remise en cause des avantages sociaux et fiscaux constituerait une cause de dénonciation », et qu'il en serait de même en cas de modification importante dans les données économiques fondamentales de l'ensemble composé des entreprises du périmètre[892].

546 Ces précautions s'inscrivent systématiquement dans le cadre d'accords de groupe conclus par la seule entreprise dominante, et en l'absence de mandat exprès consenti par les employeurs des entreprises visées par l'accord. On peut en déduire que si la faculté de dénonciation de l'entreprise dominante semble acquise dans certains groupes, elle n'en demeure pas moins strictement encadrée par les partenaires sociaux. Une dénonciation qui ne trouverait pas sa justification dans les stipulations particulières de l'accord de groupe pourrait alors s'exposer à un risque judiciaire de nullité.

B) Dénonciation par la partie salariale

547 La dénonciation des accords de groupe par la partie salariale se heurte à deux difficultés majeures. Outre l'absence de dispositif légal spécifique aux accords de groupe, il faut identifier les acteurs de la dénonciation d'un accord de groupe côté salarié à la lumière de la loi du 20 août 2008.

L'article L.2261-10 du code du travail organise la fin de l'application de l'accord collectif « lorsque la dénonciation émane de la totalité [...] des signataires salariés ». Dans cette rédaction, deux éléments sont parfaitement incompatibles avec la réforme de 2008. Il s'agit de la référence aux parties signataires d'une part (1), et de la référence à la totalité des signataires salariés d'autre part (2).

1. *La référence légale aux parties « signataires »*

548 Il faut rappeler brièvement le dispositif antérieur à la loi du 20 août 2008 et ses applications pratiques pour saisir la portée de la référence légale à la qualité de signataire, toujours en vigueur à l'heure où nous écrivons ces lignes.

Si avant la réforme de 2008, la conclusion d'accords collectifs était réservée aux organisations syndicales de salariés représentatives, leur représentativité était alors indépendante des suffrages recueillis aux élections

---

891 *Accord d'intéressement Renault pour les années 2014 -2015– 2016*, groupe Renault, 17 fév. 2014.

892 L'accord précise que des cessions ou des acquisitions de sociétés pourraient ici constituer une cause de dénonciation de l'accord de groupe

professionnelles, et de fait, leur stabilité était assurée, sauf dans des circonstances tout à fait particulières[893].

Tel n'est plus le cas aujourd'hui, la représentativité des organisations syndicales étant subordonnée dans l'entreprise à un taux d'audience d'au moins 10 % aux dernières élections professionnelles. Dans le groupe, ces résultats seront ceux de l'ensemble des entreprises concernées, consolidés et circonscrits dans un cycle électoral. Le caractère représentatif d'une organisation syndicale peut par conséquent être remis en cause dans le groupe à l'issue de chaque nouveau cycle électoral.

549 En l'état actuel du droit, et comme ont pu très justement le souligner certains auteurs, la seule référence aux organisations syndicales signataires, sans mention particulière sur leur caractère représentatif, n'est plus appropriée[894]. La loi du 20 août 2008 a d'ailleurs prévu un dispositif particulier en cas de perte de représentativité d'une organisation syndicale signataire qui, bien que lacunaire, nous éclaire volontiers sur les intentions du législateur. L'alinéa 4 de l'article L.2261-10 du code du travail dispose désormais que « lorsqu'une des organisations syndicales de salariés signataires de la convention ou de l'accord perd la qualité d'organisation représentative dans le champ d'application de cette convention ou de cet accord, la dénonciation de ce texte n'emporte d'effets que si elle émane d'une ou plusieurs organisations syndicales de salariés représentatives dans son champ d'application ayant recueilli la majorité des suffrages exprimés dans les conditions prévues au chapitre II du titre III ».

Deux observations se dégagent de la lecture de ce dispositif. D'une part, une organisation syndicale signataire d'un accord collectif qui perd son caractère représentatif n'aura pas qualité pour dénoncer l'accord. D'autre part, une organisation syndicale non signataire de l'accord initial pourra néanmoins le dénoncer, si elle est devenue représentative compte tenu des suffrages qu'elle a recueillis aux dernières élections professionnelles.

550 Ces éléments nous confortent dans l'idée que la référence aux parties signataires de l'accord est devenue hors de propos depuis la réforme de 2008, laquelle tend à affaiblir la dimension contractuelle de la négociation collective. Nous avons déjà pu observer ce phénomène s'agissant de la révision des accords de groupe. C'est désormais le caractère représentatif des organisations syndicales qui légitime leur qualité pour dénoncer un accord

---

893 À titre d'exemple, le contentieux Front National Pénitentiaire: Cass. Ch. Mixte, 10 avril 1998, n° 97-16970, *Bull. Ch. Mixte*, n°1, p.1.

894 Dans ce sens, NEAU-LEDUC (C.), « Perte de représentativité et sort de l'accord collectif d'entreprise », *Dr. Soc.*, 2009, p. 910.

collectif, et non plus la circonstance qu'elles aient été ou non signataires de l'accord initial.

Pourtant, l'ensemble du dispositif légal applicable à la dénonciation des accords collectifs est loin de faire échec à notre propos. Bien au contraire, « l'ensemble est confus, lacunaire, à l'occasion contradictoire, souvent archaïque »[895].

On peut à ce titre observer que le législateur n'envisage pas la possibilité de faire dénoncer l'accord par une ou plusieurs organisations syndicales représentatives ayant adhéré à l'accord postérieurement à sa conclusion. On peut aisément l'expliquer du fait du message contradictoire qu'une telle adhésion enverrait du syndicat à son électorat, en particulier s'il s'est engagé dans ses promesses de campagne à mettre fin à l'accord en question. Certains auteurs soulignent même qu'une telle démarche transformerait la procédure d'adhésion en une démarche préalable à la destruction de l'accord, ce qui serait totalement contradictoire avec la finalité de cette procédure[896]. Suivant ce raisonnement, il faudrait donc ouvrir aux organisations syndicales représentatives non signataires de l'accord initial le droit de le dénoncer.

On peut déplorer que la lettre de l'article L.2261-10 alinéa 4 du code du travail laisse penser que la dénonciation ne pourrait être opérée par des organisations syndicales représentatives non signataires que dans l'hypothèse où une organisation signataire aurait perdu sa représentativité. Certains auteurs proposent cependant une lecture *a pari* de ce dispositif, considérant que la perte de représentativité pourrait être considérée comme « un cas typique de difficulté possible, ayant valeur d'exemple, sans être limitatif »[897].

551 Depuis la réforme de 2008, la tendance est clairement à la « parlementarisation » de la négociation collective[898]. Il faut considérer que les salariés sont partie à l'accord collectif, par l'intermédiaire de leurs représentants (les organisations syndicales), ces derniers pouvant être désavoués à tout moment par le vote démocratique. Cette position se veut porteuse de démocratie sociale, et s'inscrit dans le prolongement des dispositions de l'alinéa 8 du préambule de la constitution de 1946, qui dispose que « tout travailleur participe, par l'intermédiaire de ses délégués, à la détermination collective des conditions de travail ». Il est donc indispensable de prendre en

---

895 DOCKÈS (E.), « Les titulaires du droit de dénoncer efficacement une convention collective », *Dr. Soc.*, 2011, p. 1257.

896 DOCKÈS (E.), « Les titulaires du droit de dénoncer efficacement une convention collective », *Dr. Soc.*, 2011, p. 1257.

897 DOCKÈS (E.), « Les titulaires du droit de dénoncer efficacement une convention collective », *Dr. Soc.*, 2011, p. 1257.

898 PALLI (B.), « La révision des conventions collectives de travail à l'épreuve de la réforme de la représentativité syndicale », *RDT*, 2010, p. 155.

compte les évolutions portées par les élections professionnelles pour identifier les acteurs de la dénonciation d'un accord de groupe.

Or si la perte de représentativité d'une organisation syndicale fait obstacle à ce qu'elle puisse valablement faire évoluer le contenu d'un accord de groupe, il nous paraît logique que les organisations ayant acquis un caractère représentatif puissent intervenir sur les accords collectifs déterminant les conditions de travail des salariés qui les ont plébiscitées. Certains auteurs soulignent d'ailleurs que les organisations syndicales non signataires ne sont pas parties à l'acte qu'elles dénoncent, mais elles sont porteuses de la légitimité électorale qui désormais fonde la validité et la force obligatoire des conventions collectives[899].

Il en résulte que la référence légale aux parties signataires est devenue hors de propos, voire même source d'insécurité juridique lorsqu'il est question de dénoncer des accords de groupe. Il convient à notre sens de proscrire purement et simplement cette référence, pour la remplacer par la notion d'organisation syndicale représentative.

2. *La référence légale à la totalité des signataires salariés*

552 Sous le régime légal antérieur à la loi du 20 août 2008, la validité des accords collectifs n'était pas fonction de l'audience électorale recueillie par les syndicats qui en étaient signataires. La signature d'une seule organisation syndicale de salariés représentative était donc suffisante pour valider un accord collectif, quel qu'ait été le poids de celle-ci. Aujourd'hui, la conclusion d'un accord de groupe par une seule organisation syndicale n'est possible que si celle-ci a recueilli un taux d'audience suffisant au regard des dispositions de l'article L.2232-12 du code du travail.

Ce système n'a pas posé de difficulté particulière tant que les accords collectifs avaient pour unique objet d'accorder des avantages supplémentaires aux salariés. Mais la reconnaissance législative des accords dérogatoires avec les lois du 13 novembre 1982[900] et du 4 mai 2004[901]supposait une légitimité supplémentaire des organisations syndicales parties à de tels accords. Cette recrudescence des accords dérogatoires était souvent d'ailleurs à l'origine des changements de cap électoraux : une organisation syndicale signataire d'un accord dérogatoire risquait de voir son audience électorale chuter aux élections professionnelles suivantes. Ce besoin de légitimité des interlocuteurs s'est encore accentué avec la loi du 8 août 2016

---

899 DOCKÈS (E.), « Les titulaires du droit de dénoncer efficacement une convention collective », *Dr. Soc.*, 2011, p. 1257.

900 *Loi relative à la négociation collective et au règlement des conflits collectifs du travail*, 13 nov. 1982, n° 82-957, *JORF*, 14 nov. 1982, p. 3414.

901 *Loi relative à la formation professionnelle tout au long de la vie et au dialogue social*, 4 mai 2004, n° 2004-391, *JORF*, 5 mai 2004, n° 105, p. 7983.

et la primauté désormais reconnue aux accords d'entreprise sur les autres normes applicables à la relation de travail.

Vu les anciennes conditions de validité des accords collectifs, la dénonciation par la totalité des signataires salariés était parfaitement intelligible : le nombre de syndicats signataires pouvait être très limité, tout autant que pouvait l'être l'hypothèse qu'ils perdent leur représentativité pendant la durée d'application de l'accord. Mais la référence à l'unanimité des parties signataires ne trouve plus aucun fondement juridique en l'état actuel du droit. Bien au contraire, il peut être perçu comme une difficulté supplémentaire de nature à compromettre l'intervention des organisations syndicales plébiscitées par le vote des salariés.

553 Pour certains auteurs, la survivance de la règle de la dénonciation par la totalité des signataires est incompréhensible dans le cadre d'une loi qui considère les salariés comme la véritable partie au contrat[902]. Nous nous rangeons à cette position, et considérons qu'il y aurait donc lieu de repenser intégralement la rédaction du dispositif légal relatif à la dénonciation, en ne prenant en compte que la représentativité et l'audience totalisée par les organisations syndicales à l'initiative de la dénonciation, corrélativement à ce qui est prévu pour la négociation et la conclusion des accords collectifs.

On peut relever que le MEDEF, dans le cadre de la négociation nationale interprofessionnelle relative à la qualité et à l'efficacité du dialogue social dans les entreprises et à l'amélioration de la représentation des salariés initiée par le gouvernement en juillet 2014, avait proposé de remplacer le dispositif légal actuellement en vigueur par le texte suivant : « un accord d'entreprise ou d'établissement peut être dénoncé par les titulaires du droit de négocier dans l'entreprise ou l'établissement, à la date de dénonciation [...]. Lorsque la dénonciation émane [...] de la totalité des syndicats ayant la capacité à dénoncer, elle entraîne la mise en cause de l'accord ».[903]. Cette proposition n'a pas été suivie d'effets à l'heure où nous écrivons ces lignes, les partenaires sociaux n'ayant pas réussi à faire aboutir cette négociation. La loi du 17 août 2015 relative au dialogue social et à l'emploi, élaborée suite à l'échec de ces négociations, n'est pas revenue sur ce point, pas plus que la loi du 8 août 2016.

En toute hypothèse, cette proposition ne résout pas à notre sens l'ensemble des difficultés posées par le dispositif légal en vigueur. Si cette rédaction permet de prendre en compte l'évolution de la représentativité des organisations syndicales au fil des élections professionnelles, elle fait

---

902 GHAZI (K.), « La voix des salariés compte moins pour la dénonciation des accords que pour leur conclusion », *Chr. ouvr.*, 8 janv. 2011, n° 197.

903 MEDEF, « Négociation relative à la qualité et à l'efficacité du dialogue social dans l'entreprise et à l'amélioration de la représentation des salariés », 10 déc. 2014.

cependant toujours référence à la totalité des organisations syndicales pour rendre la dénonciation effective à l'ensemble des parties concernées. Cette analyse n'apporte donc pas de solution quant à la possibilité que les organisations syndicales représentatives qui demeurent parties à l'accord puissent représenter un taux d'audience inférieur à celui requis pour conclure un accord.

554 Il faut par ailleurs relever que le législateur de 2008 a prévu la possibilité de faire dénoncer un accord collectif par une ou plusieurs organisations syndicales de salariés représentatives non signataires, à condition qu'elles aient recueilli ensemble la majorité des suffrages exprimés[904]. Il a donc bien envisagé la dénonciation d'accords collectifs par la partie salariée en fonction de trois critères : la représentativité d'une part, un seuil minimal d'audience d'autre part, et enfin une absence d'opposition majoritaire.

Toutefois, cette alternative n'a été prévue que dans l'hypothèse où une organisation syndicale signataire aurait perdu son caractère représentatif. Il nous paraît tout à fait regrettable que le législateur ait ainsi limité la portée de ce dispositif.

Si la validité des accords de groupe est désormais subordonnée à leur conclusion par une ou plusieurs organisations syndicales représentatives justifiant d'un taux d'audience suffisant, leur dénonciation devrait corrélativement s'appuyer sur le caractère représentatif des organisations syndicales qui en sont à l'initiative d'une part, et sur le taux d'audience électorale qu'elles totalisent d'autre part.

555 Il faut aussi souligner que la réforme de 2008 a prévu la possibilité pour les organisations syndicales représentatives majoritaires de s'opposer à l'application d'un accord collectif au moment de sa conclusion[905]. Ce dispositif est toujours d'actualité au regard des conditions de validité des accords d'entreprise prévues par la loi du 8 août 2016, s'agissant des accords majoritaires : un accord conclu par des organisations syndicales représentatives justifiant d'un taux d'audience minimal de 50 % suppose bien en effet l'absence d'opposition majoritaire. Il nous paraîtrait logique qu'une démarche équivalente puisse être opérée chaque fois qu'une nouvelle coalition majoritaire se dégage des urnes professionnelles. La rédaction de l'alinéa 4 de l'article L.2261-10 du code du travail va d'ailleurs timidement dans ce sens, selon notre analyse, on offrant la possibilité aux organisations syndicales représentatives majoritaires de dénoncer un accord collectif, bien que le législateur ait cantonné cette possibilité à la seule circonstance de la perte de représentativité d'une organisation syndicale signataire. Les

---

904 *C. trav.*, art. L.2261-10 al. 4.

905 *C. trav.*, art. L.2232-12.

organisations syndicales représentatives de salariés et nouvellement majoritaires pourraient ainsi valablement remettre en cause l'application d'un accord collectif durant sa durée d'application, de la même manière qu'elles l'auraient fait si elles avaient recueilli les suffrages nécessaires au moment de la conclusion de l'accord.

556 On peut observer que le dispositif légal introduit par la loi du 20 août 2008 se veut plus souple que la position commune du 9 avril 2008[906] sur ce point, puisqu'il permet aux organisations syndicales représentatives dans le champ de l'accord représentant la majorité des suffrages de le dénoncer, alors que la position commune limitait cette possibilité à une dénonciation unanime par l'ensemble des organisations syndicales représentatives dans ce champ. L'article 6-1 de ce texte prévoyait en effet que « lorsque l'application des nouvelles règles d'appréciation de la représentativité conduit à une modification dans la représentativité des organisations syndicales de salariés présentes dans le champ de l'accord, la dénonciation de l'accord n'emporte d'effets que si elle émane de l'ensemble des organisations syndicales représentatives dans ledit champ à la date de la dénonciation ». Bien que perfectible, ce dispositif a néanmoins eu le mérite d'ouvrir le champ de la dénonciation des accords collectifs aux organisations syndicales représentatives non signataires.

Dans la position commune du 9 avril 2008, un raisonnement similaire aurait pu être envisagé quant à la détermination des suffrages représentés par les organisations syndicales signataires : la dénonciation pourrait émaner d'organisations syndicales représentatives non signataires lorsque les signataires encore représentatifs dans le champ de l'accord totalisent ensemble un taux d'audience inférieur au minimum requis par les textes. Mais la position commune n'a pas œuvré en ce sens. Bien au contraire, son article 6-2 précisait que « dans les autres cas, les règles actuelles demeurent applicables ». Seule la perte de représentativité ouvrirait donc la possibilité de dénoncer un accord collectif à des organisations syndicales représentatives non signataires.

557 Deux interprétations peuvent se dégager de ce silence. Soit on considère qu'en l'absence de dispositif particulier prévu par le législateur, et en amont par les partenaires sociaux, le passage des organisations syndicales signataires sous le seuil de suffrages minimal requis est sans incidence sur l'application de l'accord. Soit on soutient que les partenaires sociaux et le législateur n'ont pas envisagé que les organisations syndicales signataires, tout en demeurant représentatives, pourraient totaliser un taux de suffrages

---

906 Position commune sur la représentativité, le développement du dialogue social et le financement du syndicalisme, 9 avril 2008.

inférieur à celui requis pour conclure un accord collectif. Dans cette seconde hypothèse, il faudrait envisager des correctifs au dispositif actuel pour pallier ses lacunes.

Avec le recul d'années de pratique, on peut raisonnablement penser que le dispositif pilote prévu par l'article L.2261-10 alinéa 4 du code du travail devrait être généralisé. Cette position a été vigoureusement défendue par une partie de la doctrine dès l'entrée en vigueur de la loi du 20 août 2008[907]. Sa référence à la perte de représentativité des organisations syndicales signataires nous paraît hors de propos.

558 Il faut par ailleurs souligner que la prise en compte des suffrages électoraux dans le cadre du groupe peut particulièrement impacter la représentativité et l'appréciation du taux d'audience des organisations syndicales.

En premier lieu, l'évolution du périmètre du groupe pendant la durée d'un cycle électoral pourra considérablement impacter les résultats consolidés. Si la politique sociale déployée dans le groupe oriente nécessairement le vote des salariés, les entrées et sorties d'entreprises du périmètre du groupe pendant la durée du cycle électoral peuvent contrebalancer l'orientation générale des scrutins.

En second lieu, l'issue du vote des salariés peut être largement différente d'une entreprise à une autre, et ce tout particulièrement lorsque des accords dérogatoires sont conclus dans ce cadre : le désaveu d'une organisation syndicale exprimé dans une entité du groupe ne trouvera pas d'écho s'il est limité à cette seule entité. L'issue des scrutins consolidés dans le cadre des groupes de sociétés ne trouvera donc pas la même résonance que si elle s'était traduite individuellement dans chaque entité le composant.

559 On pourrait donc proposer la rédaction suivante : lorsque la dénonciation émane d'une ou plusieurs organisations syndicales de salariés représentatives dans son champ d'application ayant recueilli la majorité des suffrages exprimés dans les conditions prévues au chapitre II du titre III, la convention ou l'accord continue de produire effet jusqu'à l'entrée en vigueur de la convention ou de l'accord qui lui est substitué, ou, à défaut, pendant une durée d'un an à compter de l'expiration du délai de préavis, sauf stipulation contraire.

---

907 La dénonciation d'une partie des organisations syndicales, si elles sont majoritaires, devrait conclure à la cessation de l'accord. Dans ce cens, VACHET (G.), « *Les problèmes spécifiques aux accords d'entreprise et de groupe* », Sem. Soc. Lamy, 2008, n° 1361, suppl.

§ 2 : Les conséquences de la dénonciation

560 À titre liminaire, et à la lumière de nos développements précédents, on peut s'interroger sur l'actualité du formalisme de la notification de la dénonciation, tel qu'il ressort de l'article L.2261-9 du code du travail. En effet, ce dispositif ne prévoit la dénonciation de l'accord que par les « parties signataires », et les « autres signataires de la convention » sont seuls destinataires de la notification de la dénonciation. Nous ne reviendrons pas sur l'incohérence entre ce dispositif et l'alinéa 4 de l'article L.2261-10 du code du travail introduit par la loi du 20 août 2008, et qui offre aux organisations syndicales représentatives dans le champ de l'accord la possibilité de le dénoncer lorsqu'une des organisations syndicales signataires a perdu son caractère représentatif…

Il convient toutefois de préciser les finalités de la notification, dont la première est d'informer les parties de la fin de l'application de l'accord et de donner une date certaine au point de départ du délai de préavis. La limitation de la notification aux seuls signataires de l'accord pouvait aisément se comprendre avant la réforme de 2008, en raison de la stabilité et de la pérennité des organisations syndicales représentatives. Tel n'est plus le cas aujourd'hui.

561 En l'état actuel du droit, une organisation syndicale signataire pourra donc se voir notifier la dénonciation d'un accord de groupe qu'elle aura conclu, même si elle a entre temps perdu son caractère représentatif. Cette procédure surprend, puisqu'une organisation syndicale non représentative n'a plus vocation à intervenir dans le devenir d'un accord collectif qu'elle aurait conclu lorsqu'elle était représentative, ni même à participer à la négociation d'un éventuel accord de substitution.

Dans ces conditions, il y aurait lieu selon notre analyse d'adapter le dispositif légal applicable à la procédure de dénonciation aux profonds bouleversements générés par la réforme de 2008, et de considérer que chaque organisation syndicale représentative au moment de la dénonciation devrait se voir notifier la dénonciation d'un accord de groupe, qu'elle ait été ou non signataire de cet accord.

562 On pourrait suggérer que la procédure de dénonciation des accords collectifs soit fixée en ces termes : la convention et l'accord d'entreprise ou de groupe peuvent être dénoncés par le ou les employeurs d'une part, et par les organisations syndicales représentatives de salariés dans le champ de l'accord d'autre part. En l'absence de stipulation expresse, la durée du préavis qui doit précéder la dénonciation est de trois mois. La dénonciation est notifiée par son auteur à la partie employeur, ainsi qu'à l'ensemble des organisations syndicales de salariés représentatives dans le champ de l'accord à cette date.

Cette démonstration introduit nos propos qui vont suivre sur les conséquences de la dénonciation d'un accord de groupe, lesquelles sont de deux ordres : l'ouverture de négociations en vue de la conclusion d'un accord de substitution pendant la période de survie provisoire de l'accord dénoncé d'une part (A), et le maintien d'une rémunération équivalente en l'absence d'accord de substitution conclu dans ce délai d'autre part (B).

A) La négociation d'un accord de substitution

563 Le code du travail prévoit que la négociation d'un accord de substitution s'engage, « à la demande d'une des parties intéressées »[908]. Cette rédaction, loin d'être claire, ne nous semble plus adaptée en tout état de cause depuis la réforme de 2008. La notion de partie renvoie ici encore aux signataires de l'accord, ou le cas échéant, à ceux qui y ont adhéré postérieurement à son entrée en vigueur. Rien n'est prévu pour la prise en compte des organisations syndicales qui pourraient devenir représentatives à l'issue d'un cycle électoral postérieur à la conclusion de l'accord.

Pourtant l'acquisition du caractère représentatif et le recueil d'un taux de suffrages conséquent confèrent une légitimité certaine aux organisations syndicales concernées pour participer activement au devenir des accords de groupe en vigueur. C'est ainsi qu'une organisation syndicale devenue représentative peut adhérer à un accord de groupe préexistant, lui conférant ainsi une légitimité supplémentaire, ou tout au contraire, des organisations syndicales représentatives non signataires pourront dénoncer valablement un accord de groupe si elles représentent ensemble une majorité de suffrages.

La rédaction en vigueur de l'alinéa 2 de l'article L.2261-10 du code du travail laisse au contraire supposer une identité des parties signataires de l'accord dénoncé et de l'accord qui lui est substitué. Tel n'est plus le cas désormais, pour les raisons que nous avons largement développées. Une organisation syndicale signataire d'un accord de groupe et qui aurait perdu son caractère représentatif n'a plus vocation à demander l'ouverture de négociations en vue d'un accord de substitution. À l'inverse, une organisation syndicale devenue représentative après la conclusion de l'accord de groupe pourrait légitimement demander l'ouverture de telles négociations.

564 Par partie intéressée, il faut entendre que le législateur n'a pas souhaité faire peser d'obligations particulières à la charge des auteurs de la dénonciation quant à l'ouverture de négociations en vue de la conclusion d'un accord de substitution. Cette notion pourrait être rapprochée de celle de « la partie la plus diligente », souvent mentionnée dans les décisions de justice, notamment s'agissant des formalités de signification. Dans ce cas,

[908] *C. trav.*, art. L.2261-10 al. 2.

l'exécution de la décision de justice est subordonnée à sa signification. Bien qu'aucune obligation ne pèse sur elle, la partie bénéficiaire du jugement rendu a tout intérêt à faire signifier la décision si son adversaire n'entend pas exécuter volontairement le jugement. Il en est de même pour les procédures dans lesquelles la signification de la décision fait courir le délai d'appel. La partie bénéficiaire dispose donc d'outils efficaces pour faire valoir ses droits, mais elle demeure libre de les utiliser ou non.

La référence aux parties intéressées s'agissant de l'ouverture de négociations en vue de la conclusion d'un accord de substitution obéit aux mêmes mécanismes. On peut tout à fait imaginer qu'aucune des parties à l'accord dénoncé ne prenne l'initiative d'ouvrir les négociations. L'inertie des partenaires sociaux n'aura pas de conséquence sur la dénonciation : l'accord dénoncé continuera de produire ses effets durant la période de survie, et en l'absence d'accord de substitution conclu avant son terme, les salariés pourront revendiquer le maintien d'une rémunération équivalente à celle versée lors des douze derniers mois. La Cour de cassation a pu rappeler sur ce point que le manquement éventuel de l'employeur à son obligation de négociation n'est pas de nature à assurer le maintien des accords dénoncés[909], et qu'en l'absence de conclusion d'un accord de substitution, le bénéfice de l'accord antérieur au-delà de sa période de survie est inopposable à l'employeur[910].

565 Dans ces conditions, et bien qu'il n'y soit pas juridiquement contraint, l'employeur de l'entreprise dominante a tout intérêt à prendre l'initiative d'ouvrir les négociations en vue de la conclusion d'un accord de substitution, même s'il n'a pas été à l'initiative de la dénonciation. Certes s'agissant d'accords de groupe, l'employeur de l'entreprise dominante échappe aux contraintes liées à la contractualisation du maintien de la rémunération équivalente des salariés, mais pour autant, sa responsabilité pourrait être recherchée sur le terrain du manquement à son obligation de négociation.

En pratique, les accords de groupe ne sont guère plus précis que le dispositif légal quant à l'initiative de l'ouverture de telles négociations. Les rares accords de groupe qui font référence à cette procédure adoptent une rédaction très évasive, et en tout état de cause, aucun ne fait peser d'obligations supplémentaires sur les parties à l'initiative de la dénonciation. À titre d'exemple, l'accord de participation du groupe BNP Paribas du 30 juin 2010 stipule que « les parties conviennent d'ouvrir une négociation en

---

909 Cass. Soc., 23 juin 1999, n° 97-43162 et 97-43163, *Bull. Civ.*, 1999, V, n° 297, p. 214 ; *Dr. Soc.*, 1999, p. 973, obs. B. GAURIAU.

910 Cass. Soc., 12 oct. 2005, n° 03-40294, *Bull. Civ.*, 2005, V, n° 290, p. 252 ;*JCP, S*, 2006, n° 3, p. 29, n. PH. LANGLOIS.

vue de tirer les conséquences de cette dénonciation »[911]. Ici encore, la référence à la notion de partie doit être relativisée, dans la mesure où rien ne semble interdire à une organisation syndicale non signataire devenue représentative d'organiser l'ouverture des négociations auxquelles elle sera d'ailleurs amenée à participer.

Il faut en effet identifier les parties à la négociation d'un accord de substitution, le code du travail n'apportant aucune précision à ce sujet. La Cour de cassation précise que toutes les organisations syndicales représentatives doivent être invitées à cette nouvelle négociation[912]. Il ne semble pas par ailleurs qu'il faille apporter à ce dispositif une quelconque restriction quant aux parties signataires de l'accord. Il n'y a pas lieu de raisonner ici comme en matière de révision de l'accord, l'accord de substitution devant s'analyser comme un accord distinct de celui qui a été préalablement dénoncé.

566 C'est l'un des intérêts principaux de la procédure de dénonciation que de mettre fin à l'accord précédemment en vigueur et d'engager des négociations sur de toutes nouvelles bases, avec l'ensemble des organisations syndicales représentatives de salariés. Il y a donc lieu à notre sens de se référer uniquement aux conditions de droit commun de conclusion d'un accord de groupe pour identifier les signataires de l'accord de substitution.

De fait, le périmètre de l'accord de substitution peut différer de celui de l'accord de groupe dénoncé, et peut prévoir un champ d'application plus restreint. Dans ce cas, on peut s'interroger sur la situation des entités exclues du champ d'application de l'accord de substitution, et plus particulièrement, on pourrait se demander si une obligation individuelle de négocier un accord de substitution devrait peser sur les employeurs concernés. La Cour de cassation a déjà pris position sur ce point, et a considéré qu'en l'absence d'accord de substitution conclu pendant la période de survie de l'accord dénoncé, l'employeur devait contractualiser les avantages individuels acquis par ses salariés, peu important ici que l'absence d'accord de substitution soit intervenue dans le cadre du groupe ou dans le cadre de l'entreprise.

Elle a précisé que « lorsqu'à la suite de la dénonciation d'une convention collective, la convention de substitution exclut de son champ d'application les activités de services auxquels appartenaient certains salariés, ces derniers, en l'absence de signature d'un accord propre à cette activité dans le délai prévu par l'article L.132-8 [L.2261-10 nouv.], conservent le bénéfice des avantages individuels acquis qui s'étaient incorporés à leur contrat de

---

911 *Accord de participation aux résultats des salariés du groupe BNP Paribas*, 30 juin 2010.

912 Cass. Soc., 9 fév.2000, n°97-22619, *Bull. Civ.*, 2000, V, n°59, p. 48; *Dr. Ouv.*, 2001, n° 634, p. 261, n. E. DOCKÈS; *JSL*, 2000, n° 53, p. 11, n. M.-C. HALLER; *Dr. Patr.*, 1999, n° 86, p. 113, n. P.-H. ANTONMATTÉI.

travail »[913]. Il y a donc lieu d'engager la négociation d'un accord de substitution dans l'ensemble des entreprises comprises dans le champ de l'accord dénoncé. À défaut, les entités exclues du champ d'application de l'accord de substitution devront engager leur propre négociation en ce sens, et à défaut d'accord, leurs employeurs devront contractualiser le maintien d'une rémunération équivalente à celle versée lors des douze derniers mois.

567 Dans l'hypothèse d'une exclusion d'une entreprise du périmètre du groupe entre la dénonciation d'un accord de groupe et la conclusion d'un accord de substitution, l'employeur concerné peut tout à fait négocier un accord de substitution dans le cadre de l'entreprise. Il ne nous semble pas pour autant qu'on puisse en déduire une quelconque obligation en ce sens, et ceci d'autant plus lorsqu'un accord de substitution a été conclu dans le cadre du groupe dont le périmètre a été modifié. Imposer la négociation d'accords de substitution dans les entreprises exclues du champ d'application de l'accord de substitution de groupe reviendrait à nier toute spécificité à la négociation de groupe, et à faire peser sur chaque entité le composant des contraintes supplémentaires qu'elles ne seront pas toujours en mesure d'assumer à titre individuel. Rappelons ici que le statut social du groupe procède le plus souvent d'une mutualisation des moyens de chaque entité et de la réalisation d'économies d'échelle.

On pourrait toutefois opposer à cette analyse qu'exonérer les entreprises exclues du périmètre de l'accord de substitution de l'obligation de négocier dans le cadre de l'entreprise irait à l'inverse des finalités de l'article L.2261-10 du code du travail, et de la fonction protectrice du droit du travail. Il n'y a pas lieu ici d'apprécier le caractère plus ou moins favorable des avantages figurant dans l'accord de substitution par rapport à ceux de l'accord dénoncé. La Cour de cassation précise sur ce point qu'à la date d'entrée en vigueur de l'accord de substitution, les salariés ne peuvent plus se prévaloir des dispositions de l'accord dénoncé, et ce même si l'accord de substitution comporte des dispositions moins favorables[914]. Ainsi, un accord de substitution conclu dans le cadre de l'entreprise pourrait valablement s'appliquer, même si les avantages qu'il accorde aux salariés, compte tenu des moyens dont dispose l'entreprise, sont largement moins attractifs que ceux prévus par l'accord dénoncé.

568 Un accord de substitution peut tout aussi bien étendre son champ d'application pour faire bénéficier à de nouvelles entités du statut social commun qu'il met en œuvre. La dénonciation permet ainsi, lorsque

[913] Cass. Soc., 7 juin 2005, n°04-43652, *Bull. Civ.*, 2005, V, n° 192, p. 170 ; *Dr. Soc.*, 2005, p.937, obs. J. SAVATIER.

[914] Cass. Soc., 3 mars 1998, n° 96-11115, *Bull. Civ.*, 1998, V, n°115, p.85.

l'intégration progressive de nouvelles entités dans le périmètre du groupe a créé des situations sociales éparses, de mettre fin à l'ensemble des dispositifs existants dans un périmètre déterminé et de procéder à leur harmonisation. Cette démarche permet alors de contourner les difficultés liées à l'articulation des accords de groupe et des accords d'entreprise, et qui n'ont toujours pas été réglées par le législateur. C'est la volonté qui a semblé animer la direction du groupe Bull dans sa démarche de dénonciation globale des accords de groupe relatifs au temps de travail[915].

Elle peut également se révéler particulièrement efficace en cas de rapprochement de deux groupes, en témoigne l'exemple de l'accord sur le régime de prévoyance et les frais de santé du 19 mai 2010 dans le groupe Crédit Mutuel-CIC[916], lequel a été précédé de la dénonciation des accords de groupe préexistants respectivement dans le groupe Crédit Mutuel et dans le groupe CIC. La négociation d'un nouvel accord de groupe dans ce champ d'application étendu permettait ici non seulement d'harmoniser le statut social de l'ensemble des salariés concernés, mais aussi de négocier des tarifs et prestations de prévoyance et frais de santé plus avantageux, compte tenu de la masse salariale à couvrir.

569 Il n'est toutefois pas à exclure qu'une modification du périmètre du groupe entre la dénonciation d'un accord et la négociation d'un accord de substitution puisse procéder d'intentions beaucoup moins louables, et en particulier de celle d'évincer certaines organisations syndicales de la négociation de l'accord de substitution. La détermination des organisations syndicales représentatives de salariés dans le cadre du groupe peut être fonction du périmètre dans le cadre duquel les parties entendent négocier l'accord.

Il ressort de toutes ces observations que les craintes souvent exprimées par les organisations syndicales à l'occasion de la dénonciation d'un accord collectif peuvent être bien fondées. Une fois encore se dessinent les limites de la détermination conventionnelle du champ de la négociation de groupe. Ceci étant, le droit du travail n'est pas en reste pour protéger les salariés, qui pourront revendiquer le maintien d'une rémunération équivalente en l'absence de conclusion d'un accord de substitution pendant la période de survie provisoire de l'accord dénoncé.

---

915 Miroir Social, « *Dénonciation des accords programmée chez Bull* » , 12 fév. 2014.

916 *Accord de groupe sur le régime de prévoyance et de frais de santé*, groupe CM5-CIC, 19 mai 2010.

B) Le maintien de la rémunération perçue

570 La loi du 8 août 2016 a profondément modifié les dispositions de l'article L.2261-13 du code du travail. Cet article organise la survivance de certains avantages au profit des salariés lorsque l'accord dénoncé n'a pas été remplacé par un nouvel accord à l'issue de la période de survie provisoire. Avant cette réforme, les garanties maintenues aux salariés au terme de cette période étaient regroupées sous l'appellation d'avantages individuels acquis. Il convient de revenir sur ce dispositif qui n'a été que très récemment abandonné.

Dans son ancienne formulation, l'article L.2261-13 du code du travail disposait que « lorsque la convention ou l'accord qui a été dénoncé n'a pas été remplacé par une nouvelle convention ou un nouvel accord dans un délai d'un an à compter de l'expiration du préavis, les salariés des entreprises concernées conservent les avantages individuels qu'ils ont acquis, en application de la convention ou de l'accord, à l'expiration de ce délai ». L'application de ce dispositif aux accords de groupe dénoncés a soulevé des difficultés particulières.

571 Il faut tout d'abord rappeler que la loi n'a pas défini la notion d'avantage individuel acquis. Il s'agit d'un concept ancien, puisqu'il est apparu pour la première fois dans le cadre de la loi du 13 novembre 1982, et c'est la jurisprudence qui en a précisé les contours, de manière très évolutive.

Dans son arrêt du 13 mars 2001, la Cour de cassation précisait que l'avantage individuel acquis « est celui qui, au jour de la dénonciation de la convention ou de l'accord collectif, procurait au salarié une rémunération ou un droit dont il bénéficiait à titre personnel, et qui correspondait à un droit ouvert, et non simplement éventuel »[917]. Cette définition délimitait dans une certaine mesure le champ des avantages visés, mais elle n'était pas pour autant exempte d'ambiguïtés.

On pouvait déduire de l'arrêt du 13 mars 2001 que l'avantage devait être acquis au jour de la dénonciation. À titre d'exemple, un salarié ne pouvait pas revendiquer le bénéfice de dispositifs de retraite anticipée prévus par un accord de groupe relatif à la GPEC, lorsqu'il remplissait les conditions pour en bénéficier à l'issue de la période de survie provisoire de l'accord. Il en était de même en cas de dénonciation d'un accord de méthode prévoyant une indemnité supplémentaire de licenciement, et que le licenciement intervenait au terme de la survie de l'accord dénoncé.

---

[917] Cass. Soc., 13 mars 2001, n°99-45651, *Bull. Civ.*, 2001, V, n° 90, p. 69 ; *Dr. Patr.*, 2001, n° 97, p. 107, n. P.-H. ANTONMATTÉI ; *Dr. Ouv.*, 2001, n° 634, p. 261, n. E. DOCKÈS ; *Dr. Soc.*, 2001, n° 5, p. 571, n. CH. RADÉ ; *JSL*, 2001, n° 77, p. 18, n. L. SÉGUIN.

La notion d'avantages individuels acquis a très largement alimenté les débats judiciaires et doctrinaux pour déterminer quels avantages devraient survivre à l'accord dénoncé.

572 La jurisprudence a tenté de le préciser au fil des affaires qui ont été portées à son examen. Ainsi, la Cour de cassation a pu considérer qu'une prime de treizième mois prévue par un accord collectif dénoncé constituait un avantage individuel acquis[918], tout comme une prime de déplacement lorsque, selon l'accord dénoncé, elle constituait un élément de rémunération[919]. D'une manière générale, lorsque la structure de la rémunération a été fixée par un accord dénoncé et non remplacé avant l'expiration du délai de survie, elle constituait un avantage individuel acquis[920].

Malgré ces précisions, la frontière qui séparait les avantages individuels des avantages collectifs était loin d'être clairement tracée. On pouvait à ce titre relever que la chambre sociale de la Cour de cassation considérait que l'attribution conventionnelle d'un jour de congé supplémentaire à l'ensemble des cadres dont le jour de repos coïncidait avec un jour férié était également un avantage individuel acquis[921]. Dans le cas d'espèce, la haute juridiction judiciaire précisait en effet que le bénéfice d'un jour de repos hebdomadaire profitait individuellement à chaque cadre se trouvant dans cette situation.

573 Pourtant à l'inverse, la Cour de cassation se refusait à considérer l'octroi de jour de repos dans le cadre d'un accord de réduction du temps de travail comme un avantage individuellement acquis[922]. Elle précisait ici que « le nombre de jours de RTT octroyés aux deux cadres autonomes résultait non pas de leurs contrats de travail qui ne mentionnaient que l'existence d'un forfait annuel de 216 jours, mais des accords négociés dans le cadre de la réduction du temps de travail, ce qui excluait que ces jours de repos, de nature exclusivement collective, présentent le caractère d'avantages individuels acquis ». La différence de traitement pouvait ici s'expliquer par l'incidence de ce droit sur l'organisation de la production. C'était en tout cas l'analyse développée par certains auteurs[923], notamment à la lecture d'un

---

918 Cass. Soc., 5 juin 2002, n°00-42769.

919 Cass. Soc., 12 nov. 2008, n°07-42297 ; Opt. Fin., 2009, n° 1010, p. 32, n. J.-M. LAVALLART.

920 Cass. Soc., 1er juill 2008, n°06-44437, *Bull. Civ.*, 2008, V, n°147; *Dr. Soc.*, 2008, 1276, obs. Ch. RADÉ; *Dr.Ouv.*, 2009, n° 726, p. 52, n. P. TILLE; *CSBP*, 2008, n° 205, p. 386, n. S. NOUREDINE; *JCP, S*, 2008, n° 43, p. 32, n. F. DUMONT.

921 Cass. Soc., 31 janv. 2007, n° 05-17216 ; JSL, 2007, n° 212, p. 27, n. N. RÉROLLE.

922 Cass. Soc., 23 sept. 2009, n° 08-40830 ; *CSBP*, 2009, n° 215, p. 279 ; *JCP, S*, 2009, I, 1599, n. G. VACHET ; *Gaz. Pal.*, 2010, n° 6-7, p. 11, n. E. PIERROUX.

923 Dans ce sens : TOUREIL (J.-E.), « Un temps de pause rémunéré n'est pas un avantage individuel acquis dès lorsqu'il est incompatible avec l'organisation collective du temps

arrêt de la chambre sociale du 8 juin 2011, qui avait suscité de vives polémiques[924].

En l'espèce, la Cour de cassation avait considéré que la suppression d'une heure quotidienne d'entraînement physique accordée aux agents de sécurité « se rapportait aux conditions de travail de l'ensemble des agents de sécurité, ce dont il résultait qu'elle avait une nature collective ». Cette position a été vivement critiquée, en ce qu'elle constituait une interprétation extensive de la notion d'avantages collectifs, restreignant corrélativement le champ des avantages individuellement acquis. Une partie de la doctrine s'interrogeait d'ailleurs sur l'étendue des avantages qui pouvaient, dans ces conditions, résister à une argumentation fondée sur l'incompatibilité de l'avantage revendiqué par les salariés avec une nouvelle organisation du travail, en présence d'accords relatifs au temps de travail[925]. La conséquence pouvait en être une dégradation de la dynamique contractuelle, les employeurs n'étant plus tenus de faire aboutir les négociations de substitution pour limiter le risque de voir les avantages dénoncés intégrés aux contrats de travail.

574 Cette interprétation pouvait toutefois être nuancée, considérant que l'arrêt du 8 juin 2011 se bornait à statuer sur l'organisation du travail, et que la solution aurait sans doute été différente si la question avait porté sur l'incidence de la suppression de la pause sur la rémunération[926]. Il en est de même dans le cas de l'arrêt de la chambre sociale du 23 septembre 2009 évoqué précédemment[927].

On pouvait se référer en ce sens à la distinction proposée par le professeur Vachet lorsqu'il a commenté cet arrêt : « une organisation du temps de travail favorable aux salariés serait un avantage collectif, car il ne peut profiter qu'aux salariés pris dans leur ensemble ou à un groupe de salariés. En revanche, l'avantage accordé aux salariés du fait de cette organisation

---

de travail », *JSL*, 2011, n° 304 ; VACHET (G.), « Convention collective : notion d'avantage individuel acquis », *JCP, E*, 2011, 1863 ; DUMONT (F.), « L'avantage individuel acquis doit être compatible avec l'organisation collective du travail », *JCP, S*, 2011, 1407.

924 Cass. Soc., 8 juin 2011, n° 09-42807, *Bull. Civ.*, 2011, V, n° 146; *RJS*, 2001, n° 10, p. 727; *JCP, E*, 2011, n° 48, p. 47, n. G. VACHET; *JCP, S*, 2011, n° 37, p. 46, n. F. DUMONT; *CSBP*, 2011, n° 233, p. 232, n. F.-J. PANSIER; *JSL*, 2011, n° 304, p. 17, n. J.-E. TOUREIL.

925 COLIN (E.), « Des effets amplifiés de la dénonciation des accords collectifs », Sem. Soc. Lamy, 2012, n° 1527, suppl., p. 8.

926 FABRE (D.),« En écho aux effets amplifiés de la dénonciation des accords collectifs », *Sem. Soc. Lamy,* 2012, n° 1527, suppl..

927 Cass. Soc., 23 sept. 2009, n° 08-40830 ; *CSBP*, 2009, n° 215, p. 279 ; *JCP, S*, 2009, I, 1599, n. G. VACHET ; *Gaz. Pal.*, 2010, n° 6-7, p. 11, n. E. PIERROUX.

serait un avantage individuel »[928]. Cette interprétation avait d'ailleurs été confirmée par la Cour de cassation dans un arrêt du 5 novembre 2014, considérant que la rémunération des temps de pause prévue par un accord collectif dénoncé constituait bien un avantage individuel acquis[929].

575 La question du caractère individuel ou collectif des avantages contenus dans les accords collectifs dénoncés a ainsi longtemps alimenté les débats doctrinaux et le contentieux judiciaire. Il faut en effet rappeler que les syndicats étaient recevables pour agir en justice afin de faire déterminer l'étendue des droits individuellement acquis par les salariés à la suite de la dénonciation d'un accord collectif, dans la mesure où cette question touchait à l'intérêt collectif de la profession[930].

Pour pallier les incertitudes inhérentes à une interprétation judiciaire de l'accord collectif dénoncé, il pouvait être intéressant de préciser, dès la conclusion de l'accord, la nature des avantages qu'il contient, voire même d'y distinguer les avantages individuels des avantages collectifs. Cette proposition a été largement développée par le rapport Cesaro[931], à l'appui de nombreuses opinions doctrinales convergeant en ce sens. Ce rapport envisageait même la possibilité de prévoir, dès la dénonciation de l'accord, une négociation anticipée en vue d'aboutir à un accord de transition ou à l'insertion de clauses définissant les avantages individuels acquis. La détermination des avantages individuels acquis aurait ici été laissée à l'appréciation des partenaires sociaux, au cas par cas.

Dans la pratique, aucun des accords de groupe que nous avons pu étudier ne faisait expressément référence aux avantages individuels acquis ni à leur maintien au terme de la période de survie de l'accord dénoncé. Ils se bornaient pour la plupart à faire référence à la procédure de dénonciation de l'accord, soit par renvoi aux dispositions légales prévues par le code du travail[932], soit en rappelant dans leur contenu chaque étape de la procédure de dénonciation, sans toutefois envisager les conséquences de l'absence d'accord de substitution conclu durant la période de survie de l'accord.

---

928 VACHET (G), « Contribution à la distinction de l'avantage individuel et de l'avantage collectif », comm. ss Cass. Soc., 23 sept. 2009, n° 08-40830 ; *JCP, S*, 2009, I, 1599.

929 Cass. Soc., 5 nov. 2014, n° 13-19818 ; JCP, S, 2014, I, 1425, n. J. CRÉDOZ-ROSIER ; JCP, S, 2015, 1028, comm. G. VACHET.

930 Dans ce sens : Cass. Soc., 2 déc. 2008, n° 07-44132, *Bull. Civ.*, 2008, V, n° 243; *RJS*, 2009, n° 2, p. 166; *Dr. Ouv.*, 2009, n° 731, p. 293, n. X. MÉDEAU; *JCP, S*, 2009, n°10, p. 53, n. L. DAUXERRE; *Dr. Soc.*, 2009, n°2, p. 240, obs. CH. RADÉ; *JSL*, 2009, n° 247, p. 9, n. J.-E; TOUREIL.

931 CESARO (J.-F.), « *Propositions pour le droit du renouvellement et de l'extinction des conventions et accords collectifs de travail* », Rapport à la ministre du travail, de l'emploi, de la formation professionnelle et du dialogue social, 22 janv. 2016.

932 *Accord sur l'exercice du droit syndical et le dialogue social dans le groupe Veolia Transdev en France*, 24 fév. 2012.

576 La loi du 8 août 2016 est venue mettre en fin à des décennies de débats, en supprimant purement et simplement la notion de maintien des avantages individuels acquis. Désormais, l'article L.2261-13 du code du travail dispose que lorsque l'accord qui a été dénoncé n'a pas été remplacé par un nouvel accord durant sa période de survie provisoire, les salariés des entreprises concernées conservent « une rémunération dont le montant annuel (...) ne peut être inférieur à la rémunération versée lors des douze derniers mois ». Cette innovation a pour objectif la sécurisation de la situation de l'entreprise en l'absence de nouvel accord conclu au cours de la période de survie provisoire de l'accord dénoncé. Ceci étant, il n'est pas exclu que les juges judiciaires soient amenés à préciser la notion de rémunération au-delà des limites fixées par l'article L.2261-13 du code du travail[933].

Il faut également remarquer que si le champ des avantages accordés aux salariés a changé, certains mécanismes observés sous l'empire du dispositif légal antérieur trouvent toujours à s'appliquer.

577 A ce titre, la chambre sociale de la Cour de cassation[934]considérait que les avantages individuels acquis devaient être incorporés au contrat de travail, de telle manière qu'une modification ultérieure devait s'analyser en une modification du contrat de travail en l'absence d'accord exprès du salarié.

Appliquer le régime légal de la dénonciation des accords d'entreprise aux accords de groupe pouvait donc aboutir à une situation juridiquement particulière : l'intégration au contrat de travail d'avantages individuels qui ne découlaient pas directement de la relation de travail existant entre le salarié et son propre employeur. De fait, seul l'employeur de l'entité non couverte par un accord de substitution était contraint de contractualiser les avantages individuels acquis par ses salariés, alors que la conclusion et la dénonciation de l'accord de groupe pouvaient être le fait du seul employeur de l'entreprise dominante, et que les avantages octroyés aux salariés par l'accord pouvaient résulter de la mutualisation des moyens des différentes entités composant le groupe. Ce mécanisme peut trouver à s'appliquer dans les mêmes conditions sous l'empire de la loi nouvelle en cas de maintien de la rémunération perçue en l'absence de nouvel accord conclu avant la fin de la période de survie provisoire de l'accord dénoncé.

---

933 PAGNERRE (Y.), JEANSEN (E.), « Des avantages individuels acquis au maintien de la rémunération annuelle : une notion byzantine chasse l'autre », *JCP, S,* 2016, 1420.

934 Cass. Soc., 13 mars 2001, n°99-45651, *Bull. Civ.*, 2001, V, n° 90, p. 69 ; *Dr. Patr.*, 2001, n° 97, p. 107, n. P.-H. ANTONMATTÉI ; *Dr. Ouv.*, 2001, n° 634, p. 261, n. E. DOCKÈS ; *Dr. Soc.*, 2001, n° 5, p. 571, n. CH. RADÉ *;* *JSL*, 2001, n° 77, p. 18, n. L. SÉGUIN.

578 Ici comme dans de nombreux autres domaines, on peut observer que les mécanismes régissant les relations de travail dans le cadre du groupe offrent la pleine initiative aux entreprises dominantes pour dicter leur politique sociale, à charge pour chaque employeur concerné d'en assumer les conséquences. Lorsque la charge du statut social devenait trop imposante pour le groupe, la dénonciation de l'accord permettra à l'entreprise dominante de se désengager, en faisant peser sur ses filiales les conséquences de l'échec des négociations d'un accord de substitution. La dénonciation des accords de groupe entraîne donc des effets particuliers à la charge de la direction de chaque entité concernée, et permet à l'entreprise dominante d'échapper aux conséquences de l'absence de conclusion d'un accord de substitution.

La dénonciation des accords de groupe présente donc une spécificité devant laquelle l'article L.2261-13 du code du travail est impuissant : alors que la conclusion et la dénonciation de l'accord de groupe peut émaner de la seule entreprise dominante, en l'absence de tout mandat exprès des entités concernées, celle-ci se trouve exonérée des conséquences de cette dénonciation en l'absence d'accord de substitution conclu pendant la période de survie de l'accord dénoncé. Les employeurs des entités relevant du périmètre de l'accord sont tenus à titre individuel à la contractualisation d'avantages qu'ils n'ont pas eux-mêmes accordés à leurs salariés. Il existe donc toujours une inadéquation entre le niveau de la négociation et celui des conséquences de l'absence d'accord de substitution.

579 Il faut ajouter à ce constat le fait que certains accords de groupe ne sont pas d'applicabilité directe. Certains la subordonnent en effet à la conclusion d'un accord d'adhésion dans le cadre de chaque entité concernée. D'autres se contentent de poser les jalons de la politique sociale du groupe dans des accords-cadres, laissant aux entreprises le soin de les appliquer et de les adapter dans leur propre structure via des accords d'entreprise. Dans ces hypothèses, la mise en cause des stipulations de l'accord de groupe suppose la dénonciation par chaque entité composant le groupe, de son propre accord d'entreprise, l'accord de groupe n'ayant lui-même aucun pouvoir normatif.

Ici encore, les conséquences de l'absence d'accord de groupe de substitution se matérialiseront séparément dans le cadre de chaque entité relevant du champ d'application de l'accord initial : l'accord d'entreprise entraîne l'applicabilité du statut social de groupe dans l'entreprise, et sa dénonciation non suivie d'une adhésion à un accord de substitution pendant la période de survie contraindra chaque employeur à contractualiser les avantages individuels acquis par ses propres salariés.

Conclusion du chapitre 2

580 La dénonciation et la révision des accords de groupe sont par principe des outils pertinents pour assurer la continuité du statut social des salariés dans le groupe. Encore faut-il que les praticiens puissent les utiliser dans un cadre parfaitement établi, et que leurs effets ne soient pas exposés à un risque judiciaire.

La portée de ces pratiques demeure à ce jour incertaine, celles-ci étant subordonnées à un dispositif légal inadapté. Non seulement les mécanismes de la révision et de la dénonciation des accords collectifs ne prennent pas en considération les spécificités inhérentes aux accords de groupe, mais au surplus, ils n'ont pas été repensés en profondeur à la lumière de la réforme de 2008 sur la représentativité des organisations syndicales. Il en résulte que leur utilisation pour entériner l'évolution des accords de groupe soulève toujours des interrogations, malgré les tentatives de sécurisation de la loi du 8 août 2016.

Or c'est bien cette souplesse et cette faculté d'adaptation rapide qui caractérisent la croissance et l'évolution des groupes de sociétés, et par voie de conséquence, le développement du statut social de leurs salariés.

Chapitre 3 : Le devenir des accords de groupe à l'issue des cycles électoraux

581 L'évolution du périmètre du groupe peut générer une remise en cause des parties à un accord de groupe au cours de son application, et la légitimité des parties signataires d'un accord de groupe peut également être sujette à débats, indépendamment de toute modification affectant le périmètre du groupe.

La difficulté est particulièrement patente s'agissant des organisations syndicales depuis la loi du 20 août 2008[935] et la remise en cause périodique de leur taux d'audience au regard des résultats des élections professionnelles. L'évolution du taux d'audience des organisations syndicales à l'occasion de nouvelles élections professionnelles impacte au premier chef leur représentativité : le passage d'une organisation syndicale sous le seuil de 10 % des suffrages exprimés au premier tour des dernières élections lui fera perdre son caractère représentatif et la privera de toute légitimité pour participer aux négociations à venir. À l'inverse, un taux d'audience supérieur à 10 % des suffrages exprimés conférera à l'organisation syndicale concernée un caractère représentatif qui aura pu lui faire défaut auparavant et la priver de toute perspective de négociation.

Ensuite, les résultats des dernières élections professionnelles intervenues dans le périmètre du groupe peuvent anéantir les conditions de validité qui ont justifié la conclusion d'un accord de groupe. Il en est ainsi notamment lorsque le taux d'audience recueilli par les organisations syndicales signataires d'un accord est devenu, à la suite de ces dernières élections, inférieur à celui imposé par l'article L.2232-12 du code du travail comme condition de validité de l'accord.

582 L'analyse exhaustive des applications de l'accord de groupe nous amène à nous interroger sur un problème essentiel que pose la réforme du 20 août 2008 : les nouvelles conditions de représentativité des organisations syndicales et les nouvelles conditions de validité des accords collectifs impliquent nécessairement de s'interroger sur le devenir des accords de groupe lorsqu'à l'issue d'un cycle électoral, les conditions qui ont justifié antérieurement leur conclusion ne sont plus remplies. Plusieurs pistes ont été envisagées par le législateur (section 1) et la doctrine (section 2).

---

[935] *Loi relative au travail, à la modernisation du dialogue social et à la sécurisation des parcours professionnels*, 8 août 2016, n° 2016-1088, *JORF*, 9 août 2016, n° 0184.

Section 1 : Solution légale : la perte de la qualité d'organisation représentative des organisations syndicales signataires

583 La question du devenir des accords collectifs au regard de l'évolution des organisations syndicales n'est pas nouvelle et a été signalée par certains auteurs bien avant la réforme de la représentativité des organisations syndicales, s'agissant des conditions de validité des accords de groupe[936]. Elle s'est ensuite accentuée sous l'impulsion du législateur et des praticiens, à mesure que s'est développée la négociation d'accords majoritaires[937].

Leur généralisation récemment consacrée par la loi du 8 août 2016[938] donne désormais toute son ampleur à la question du devenir des accords lorsqu'à l'issue d'un cycle électoral, les parties signataires ou adhérentes côté salarié sont passées sous le seuil des 50 % de suffrages exprimés. Cette hypothèse est d'autant plus vraisemblable que depuis cette dernière réforme, seuls les suffrages exprimés en faveur d'organisations syndicales représentatives sont pris en compte pour la détermination du taux d'audience des organisations syndicales signataires d'un accord.

584 Les évolutions quant à la finalité des accords collectifs imposent également qu'une solution soit arrêtée de manière explicite sur ce point. Si les accords collectifs octroyaient traditionnellement des avantages supplémentaires aux salariés, ce n'est plus toujours le cas dorénavant, et c'est d'ailleurs une des raisons pour lesquelles s'est développée la négociation d'accords collectifs majoritaires. Un accord défavorable aux salariés suppose une légitimité accrue de ses signataires. La question du maintien de son application lorsque le seuil de suffrages autorisant la conclusion de l'accord n'est plus atteint doit donc impérativement être résolue.

Cette situation peut trouver son origine dans de nombreuses circonstances susceptibles d'intervenir au cours de l'application des accords de groupe. Il en est ainsi notamment de l'orientation des suffrages exprimés par les salariés dans le périmètre du groupe : l'intervention d'une organisation syndicale dans la conclusion d'un accord dérogatoire peut lui attirer les foudres des salariés aux élections professionnelles suivantes, si bien qu'elle

---

[936] AUZERO (G.), « La vie des conventions et accords collectifs de groupe », *RDT*, 2006, p. 230 ; VACHET (G.), « Les problèmes spécifiques aux accords d'entreprise et de groupe », *Sem. Soc. Lamy*, 2008, n° 1361, suppl..

[937] Loi du 14 juin 2013 (accord de maintien dans l'emploi) ; loi du 17 août 2015 (accords mettant en place une délégation unique du personnel dans les entreprises de plus de trois cents salariés et accords modifiant la périodicité des négociations obligatoires).

[938] *Loi relative au travail, à la modernisation du dialogue social et à la sécurisation des parcours professionnels*, 8 août 2016, n° 2016-1088, *JORF*, 9 août 2016, n° 0184.

pourrait perdre toute légitimité. Il en est de même des évolutions affectant le périmètre du groupe, et qui influeront nécessairement sur le taux d'audience des organisations syndicales dans le groupe. Il faut également envisager les hypothèses dans lesquelles une organisation syndicale signataire d'un accord de groupe procède à sa dénonciation. Si par principe, cette démarche va la libérer de ses droits et obligations attachés à l'accord, sans en affecter le maintien aux autres parties, il pourrait en être différemment lorsque ces dernières ne totalisent plus ensemble un taux d'audience suffisant pour conclure un accord de même niveau.

Il peut en résulter, à l'issue d'un nouveau cycle électoral, la perte de représentativité d'organisations syndicales signataires et adhérentes d'un accord de groupe d'une part, et d'autre part, l'impossibilité de justifier ensemble d'un taux d'audience suffisant pour conclure un accord de groupe.

585 Sur ce premier point, le code du travail prévoit que « la perte de la qualité d'organisation représentative de toutes les organisations syndicales signataires d'une convention ou d'un accord collectif n'entraîne pas la mise en cause de cette convention ou de cet accord »[939]. Il faut considérer que ce dispositif s'applique aux accords de groupe, puisqu'il figure au chapitre 1 du titre sixième du livre deuxième, applicable à l'ensemble des accords collectifs. Il n'y a pas lieu ici de distinguer selon la nature de l'accord ni selon son agencement dans la hiérarchie des normes.

On pourrait toutefois s'interroger sur la portée de ce dispositif. Si la question de la perte de représentativité d'une organisation syndicale signataire y est clairement résolue, il ne donne aucune indication sur les conséquences du franchissement du seuil d'audience qui a légitimé la conclusion de l'accord. L'administration demeurait tout aussi muette sur ce point[940]. Cette question est pourtant devenue déterminante à l'heure de la généralisation des accords majoritaires, et tout particulièrement lorsque ces accords sont défavorables aux salariés.

586 La tendance est clairement aujourd'hui à la parlementarisation du droit de la négociation collective, et par voie de conséquence, à l'atténuation progressive de son caractère contractuel. Dans ces conditions, on pourrait avancer que les évolutions affectant le taux d'audience des organisations syndicales signataires d'un accord de groupe ne devraient pas susciter de questionnements supplémentaires : une fois l'accord conclu, ses aspects contractuels seraient supplantés par ses caractéristiques réglementaires.

---

939 *C. trav.*, art. L.2261-14-1.

940 DGT, *Circulaire relative à la loi du 20 août 2008 portant rénovation de la démocratie sociale et réforme du temps de travail,* 13 nov. 2008, n° 20.

La circulaire du 13 novembre 2008 semble d'ailleurs abonder en ce sens, puisqu'elle précise que ces nouvelles règles sont prévues « pour sécuriser les accords »[941]. On pourrait déduire de cette mention particulière que la volonté du législateur, au soutien de l'article L.2261-14-1 du code du travail, était d'assurer la continuité des accords collectifs, peu important l'évolution des taux d'audience des organisations syndicales signataires à l'issue d'un nouveau cycle électoral.

587 Dans ce cas, le dispositif de l'article L.2261-14-1 du code du travail devrait s'entendre non seulement de la perte de représentativité des organisations syndicales signataires de l'accord, mais aussi plus largement de toutes les conséquences du résultat des élections professionnelles suivantes, et notamment de la circonstance qu'elles ne justifieraient plus ensemble du taux d'audience nécessaire à la conclusion d'un accord collectif.

Il est à déplorer que ce dispositif ne règle pas toutes les conséquences de l'évolution des suffrages dévolus aux organisations syndicales sur l'application des accords qu'ils négocient, ce qui reste source d'insécurité juridique. Comme cela a souvent été le cas dans la construction du régime juridique des accords de groupe, il n'est pas à exclure que le législateur attende de voir comment les praticiens résoudront ces difficultés pour entériner, le cas échéant, un dispositif de portée générale. D'autres pistes de travail ont été explorées par la doctrine.

Section 2 : Les pistes de travail dégagées par la doctrine

588 L'enjeu du devenir des accords de groupe au regard de l'évolution du taux d'audience des organisations syndicales est considérable, puisque la poursuite des accords de groupe dans le temps sera conditionnée par la solution retenue, avec toutes les conséquences que cela suppose à l'égard des employeurs et des salariés concernés. Pour résoudre cette difficulté, la doctrine a envisagé l'application de différents mécanismes juridiques préexistants.

§ 1 : La caducité de l'accord de groupe

589 Au premier chef, lorsque l'évolution des suffrages dévolus à chaque organisation syndicale ne leur permet plus de satisfaire aux conditions de

---

[941] DGT, *Circulaire relative à la loi du 20 août 2008 portant rénovation de la démocratie sociale et réforme du temps de travail,* 13 nov. 2008, n° 20, Fiche n° 13.

conclusion initiales d'un accord collectif, certains auteurs se sont interrogés sur la possibilité d'appliquer le régime de la caducité à l'accord concerné[942].

L'acte caduc peut se définir comme un acte « régulièrement formé, mais qui perd, postérieurement à sa conclusion, un élément essentiel de sa validité, l'objet, la cause, ou un élément nécessaire à sa perfectibilité du fait de la survenance d'un évènement indépendant de la volonté des parties, ou dans la dépendance partielle de leur volonté »[943]. La chambre sociale de la Cour de cassation a déjà pu utiliser ce mécanisme pour faire cesser l'application d'un accord collectif, notamment lorsqu'il se trouvait dépourvu d'objet[944]. Cette solution reste cependant marginale et semble relever d'une simple tolérance[945].

L'application de ce mécanisme pourrait se justifier par la perte d'un élément essentiel de validité du contrat, à savoir un taux d'audience supérieur aux minimas légaux recueilli aux dernières élections professionnelles par les organisations syndicales signataires de l'accord. La difficulté réside néanmoins dans la qualification qu'il faut accorder aux organisations syndicales dans la négociation et la conclusion d'accords collectifs. Maître Barthélémy rappelait en 2008 « la nature duale de la convention collective, eu égard à la fonction protectrice du droit du travail dont elle est l'un des instruments »[946]. Il soulignait ainsi que « tout accord collectif contient une partie contractuelle -composée des normes régissant les rapports entre les signataires- et une partie normative, celle rassemblant les droits et avantages au bénéfice des salariés, tiers au contrat collectif, mais qui en sont les bénéficiaires ».

590 Ce dernier aspect appelle à précisions. La réforme du 20 août 2008 et l'introduction de l'audience des organisations syndicales comme critère de leur représentativité et de la validité des accords qu'ils concluent a provoqué un effacement certain des aspects contractuels de la négociation collective, au profit d'un renforcement de son approche normative.

---

942 ANTONMATTÉI (P.-H.), « Caducité et conventions et accords collectifs de travail », *Sem. Soc. Lamy,* 2008, n°1361, suppl. ; NEAU-LEDUC (C.), « Perte de représentativité et sort de l'accord collectif d'entreprise », *Dr. Soc.*, 2009, p. 910 ; contra : PALLI (B.), « La révision des conventions collectives de travail à l'épreuve de la réforme de la représentativité syndicale », *RDT*, 2010, p. 155.

943 TERRE (T.) et SIMLER (P.), *Les obligations*, Précis Dalloz, 2005, n°82, 9ème éd., 6 oct. 2005.

944 Cass. Soc., 17 juin 2003, n° 01-15710, *Bull. Civ.*, 2003, V, n° 198, p. 197 ; *Sem. Soc. Lamy*, 2003, n° 1129, p. 12 ; *JSL*, 2003, n° 128, p. 16, n. J.-E. TOUREIL.

945 ANTONMATTÉI (P.-H.), « Caducité et conventions et accords collectifs de travail », *Sem. Soc. Lamy,* 2008, n°1361, suppl.

946 BARTHÉLÉMY (J.), « La fin de vie de l'accord collectif », *Sem. Soc. Lamy,* 2008, n° 1361.

La représentativité des organisations syndicales est désormais subordonnée au vote favorable des salariés, qui peuvent corrélativement les désavouer. À notre sens, les organisations syndicales représentatives ne doivent donc plus être considérées comme parties à l'accord, mais comme des mandataires désignés par la voie des urnes, et qui peuvent être révoqués dans les mêmes conditions par les salariés[947]. Il en découle que les salariés ne devraient plus être considérés comme des tiers auxquels est appliqué l'accord, mais comme des parties représentées par les organisations syndicales qu'ils ont plébiscitées à cet effet. Les organisations syndicales auraient alors un rôle sensiblement similaire à celui des coordonnateurs syndicaux : simplifier le processus de négociation et de conclusion des accords de groupe en limitant le nombre de participants.

591 Mais l'application du régime juridique de la caducité appellerait ici d'autres interrogations, eu égard à sa définition : la disparition d'un élément essentiel du contrat doit provenir d'un élément indépendant de la volonté des parties, ou dans la dépendance partielle de leur volonté[948]. Or reconnaître aux salariés la qualité de partie à l'accord, par l'intermédiaire de leurs représentants, supposerait que l'évènement à l'origine de la perte d'une des conditions de validité de l'accord résulte bien de la volonté des parties, puisqu'il serait la traduction, par la voie des urnes, du souhait des salariés d'être représentés par certaines organisations syndicales plutôt que par d'autres.

Au surplus, il faut relever que les effets de la caducité de l'accord collectif du fait de l'évolution du taux d'audience des organisations syndicales signataires ne semblent guère en phase avec les règles habituellement applicables aux accords collectifs voués à disparaître. En effet, la caducité de l'accord supposerait son extinction immédiate, alors que le droit du travail prévoit traditionnellement la survie temporaire de l'application de l'accord, lorsque des circonstances particulières doivent mener à sa fin de vie. Or la cessation immédiate de l'accord ne nous paraît pas justifiée par la circonstance de la modification des suffrages recueillis par les organisations syndicales signataires au cours de la durée d'application d'un accord collectif, et ceci d'autant plus dans un contexte de renforcement du caractère normatif des accords collectifs. Il convient dès lors d'explorer d'autres pistes.

Comme nous venons de le souligner, le droit du travail organise traditionnellement la fin de vie des accords collectifs, en prévoyant leur survie provisoire pendant un certain temps, au cours duquel les partenaires

---

947 Sur ce point : AUZERO (G), « Les syndicats, mandataires des salariés ? », *Sem. Soc. Lamy*, 2015, n° 1666.

948 TERRE (F.) et SIMLER (P.), *Les obligations*, Précis Dalloz, 2005, n° 82, 9ème éd., 6 oct. 2005.

sociaux doivent engager des négociations en vue de leur substitution. Il en est ainsi lorsqu'un accord collectif est dénoncé par les parties, ou lorsqu'une modification de la situation juridique de l'employeur entraîne sa mise en cause. L'objectif est d'assurer la continuité du statut social des salariés, malgré les circonstances qui pourraient justifier son remplacement par un autre dispositif.

§ 2 : La mise en cause de l'accord de groupe

592 Certains auteurs ont envisagé la possibilité d'appliquer le régime de la mise en cause à l'accord de groupe lorsque ses conditions de validité initiales ne sont plus remplies à l'issue d'un cycle électoral. Ce dispositif pourrait être intéressant pour deux raisons.

En premier lieu, la mise en cause d'un accord collectif est liée à la survenance d'un évènement particulier, qui peut être identifié et fixé dans le temps. Les hypothèses expressément prévues par l'article L.2261-14 du code du travail illustrent parfaitement ce propos : la cession et la scission d'une entreprise pourront être appréhendées dans le temps, et la date de ces évènements sera le point de départ de la survie provisoire de l'accord et des négociations visant à conclure un accord de substitution. De la même manière, on pourrait imaginer que la modification survenant dans la situation juridique des organisations syndicales parties à l'accord, ou adhérentes, pourrait justifier la mise en cause de l'accord. Pour les accords de groupe, c'est donc la survenance du terme d'un cycle électoral qui serait le point de départ de la période de survie de l'accord.

En second lieu, la mise en cause de l'accord de groupe assurerait la continuité du dispositif existant pendant la période de survie provisoire de l'accord, outre le déclenchement de négociations avec les organisations syndicales représentatives à l'issue du cycle électoral, et le maintien d'un niveau de rémunération équivalent, en l'absence de conclusion d'un accord de substitution dans le délai imparti. Lorsque les organisations syndicales parties à l'accord ne justifient plus ensemble du taux d'audience requis au moment de sa conclusion, il serait mis en cause, provoquant une négociation avec les organisations syndicales nouvellement légitimées par le vote démocratique.

593 Il faut toutefois relever que l'article L.2261-14 du code du travail n'envisage dans son dispositif que les changements affectant la situation juridique de l'employeur. Il n'envisage même pas d'appliquer ce dispositif à toutes les hypothèses de restructurations. Ainsi, une simple cession de participation n'entraînera pas de plein droit l'application du régime de la mise en cause de l'accord, alors même que cette opération pourrait, lorsqu'elle intervient dans le cadre d'un groupe, faire sortir une entité du champ d'application d'un accord de groupe.

Le législateur ne précise pas si le dispositif de mise en cause des accords collectifs peut s'appliquer en cas de modifications affectant la situation juridique des organisations syndicales parties à un accord collectif. Adopté sous l'empire du dispositif antérieur à la loi de 2008, le régime juridique de la mise en cause n'avait pas jusqu'alors à envisager de telles hypothèses, tant la stabilité et la pérennité de la représentativité des organisations syndicales étaient acquises. Tel n'est plus le cas aujourd'hui, la légitimité des organisations syndicales étant désormais soumise périodiquement au vote des salariés.

594 On peut toutefois considérer que le mécanisme de la mise en cause peut s'appliquer en pareille hypothèse, dans la mesure où l'article L.2261-14 du code du travail emploie l'adverbe « notamment », et prend ainsi le soin de ne pas limiter les cas de recours. Cette position est très largement défendue par la doctrine[949], et est parfaitement cohérente avec la finalité du dispositif, à savoir assurer la continuité du statut social des salariés et éviter l'apparition brutale de vides conventionnels.

Pour sécuriser encore davantage l'impact de l'évolution de la situation juridique des organisations syndicales sur l'application des accords qu'elles ont conclu, il pourrait même être précisé expressément dans les accords concernés qu'il s'agit d'un cas conventionnel de leur mise en cause[950].

§ 3 : La généralisation des accords à durée déterminée

595 Comme nous avons déjà pu le suggérer, la généralisation des accords de groupe à durée déterminée assortis d'une clause de reconduction pourrait résoudre certaines difficultés posées par les évolutions susceptibles d'affecter la partie salariée aux accords. Au terme de la durée de l'accord, les organisations syndicales alors représentatives pourraient décider, soit de reconduire l'accord dans les mêmes conditions pour une même durée, soit de le laisser arriver à échéance, et engager par la suite des négociations en vue de la conclusion d'un nouvel accord portant sur le même thème.

Cette solution permettrait de renouveler de manière régulière les parties à l'accord au regard des résultats des dernières élections professionnelles et

---

949 En ce sens : TEYSSIÉ (B.),*Droit du travail*, Relations collectives, Lexis Nexis, 8ème éd., 2012, 970 p.

950 TEYSSIÉ (B.), « Mise en cause des conventions et accords collectifs de travail », in *Révision, dénonciation et mise en cause des conventions et accords collectifs de travail*, Litec 1997.

des modifications ayant pu affecter le périmètre du groupe. Elle offrirait aussi la possibilité de repréciser le contenu des accords de groupe à la lumière des évènements susceptibles de le faire évoluer. Lorsque les circonstances ne le justifient pas, les partenaires sociaux pourront décider de reconduire l'accord dans les mêmes conditions, de manière à garantir la stabilité du dispositif.

Lorsque le terme de l'accord survient pendant un cycle électoral différent de celui au cours duquel il a été négocié, les organisations syndicales concernées seraient celles dont le caractère représentatif a été établi sur la base des résultats électoraux consolidés dans le cadre du dernier cycle électoral intervenu, sans qu'il y ait lieu de se référer aux parties signataires de l'accord. D'une certaine manière, cette procédure reviendrait à soumettre périodiquement les accords de groupe à l'approbation des organisations syndicales représentatives.

596 La reconduction de l'accord devra alors répondre aux mêmes conditions de validité que l'accord initial, et il faudra alors entériner cette reconduction par la conclusion d'un avenant de révision de l'accord.

La loi du 8 août 2016 apporte des éléments en ce sens, en prévoyant que par principe, les accords collectifs sont conclus pour une durée déterminée, et qu'à défaut de stipulation sur la durée de l'accord, celui-ci est réputé conclu pour une durée de cinq ans[951]. Elle précise en outre que les accords doivent comporter des clauses de rendez-vous[952]. Il faut toutefois relever que ces dispositions n'ont aucun caractère contraignant : il est toujours possible de conclure des accords à durée indéterminée, et l'absence de clause de rendez-vous n'est pas de nature à entraîner la nullité de l'accord. Il semble donc que le législateur a souhaité valider les pratiques largement développées dans le cadre des groupes pour sécuriser les accords conclus dans ce cadre, sans toutefois l'imposer aux partenaires sociaux, afin de ne pas restreindre leur champ d'action.

597 Les avantages de la généralisation des accords à durée déterminée doivent être nuancés, dans la mesure où la mise en œuvre d'un tel dispositif suppose un accord des parties, tant du côté employeur que du côté salarié. Or si l'employeur de l'entreprise dominante, ou l'ensemble des employeurs des entreprises concernées selon le cas, entendent s'opposer à la reconduction de l'accord, les apports de ce dispositif pour l'actualisation de la partie salariée à l'accord n'auront plus vocation à s'appliquer.

Mais la plus importante carence d'un tel dispositif serait qu'en l'absence de reconduction de l'accord, celui-ci devrait cesser de s'appliquer de plein

---

[951] *C. trav.*, art. L.2222-4.

[952] *C. trav.*, art. L.2222-5-1.

droit à son terme. En cas d'échec des négociations, les salariés ne bénéficieraient plus d'aucun dispositif social de groupe applicable entre le terme de l'accord à durée déterminée et la conclusion d'un nouvel accord sur le même thème. Cette solution ne permet donc pas à elle seule de garantir les principes élémentaires de protection régissant le droit du travail, si bien qu'il faut définitivement l'écarter des débats.

§ 4 : La dénonciation des accords de groupe

598 Une autre solution pourrait consister à considérer que lorsque la dénonciation d'un accord de groupe par une ou plusieurs organisations syndicales fait passer la partie salariale restante sous le seuil d'audience requis pour conclure un accord, cette dénonciation vaudrait alors pour l'ensemble des organisations syndicales parties à l'accord.

L'accord serait alors tacitement dénoncé par l'ensemble de la partie salariale. Cette solution proposée en doctrine[953] paraît séduisante, mais ne saurait pleinement nous satisfaire, et ce pour plusieurs raisons. Tout d'abord, la dénonciation traduit nécessairement une démarche active de son auteur. Une dénonciation tacite nous paraît extrêmement périlleuse à mettre en œuvre en pratique, ne serait-ce que pour identifier les auteurs de cette dénonciation.

599 Cette identification des auteurs de la dénonciation pourrait poser des difficultés certaines quant au respect du formalisme de la dénonciation, et notamment de sa notification aux autres parties à l'accord. Si la dénonciation vaut pour l'ensemble des parties salariées, y a-t-il lieu de notifier tout de même la dénonciation expresse de l'accord aux organisations syndicales qui auraient tacitement dénoncé l'accord ? À l'inverse, on pourrait se demander si une organisation syndicale qui aurait tacitement dénoncé l'accord devrait notifier la dénonciation, alors qu'elle n'en est pas à l'origine. Ces interrogations ne sont pas dépourvues d'intérêt compte tenu du risque judiciaire de nullité qui pèse sur les dénonciations irrégulières d'accords collectifs : la dénonciation de l'accord de groupe pourrait être annulée sur ce fondement postérieurement à la conclusion d'un accord de substitution. Dans ce cas, les deux dispositifs auraient vocation à s'appliquer, sauf à considérer que l'accord de groupe conclu ultérieurement vaut accord de révision de l'accord initial…

Mais la principale limite que l'on pourrait opposer à un tel dispositif est qu'il resterait strictement cantonné aux hypothèses de dénonciation de

---

[953] DOCKÈS (E.), « Les titulaires du droit de dénoncer efficacement une convention collective », *Dr. Soc.*, 2011, p. 1257.

l'accord de groupe par une partie des organisations syndicales concernées. Ce mécanisme serait donc insuffisant pour appréhender l'ensemble des difficultés que pose la prise en compte des suffrages électoraux dans la détermination des conditions de validité des accords de groupe. Néanmoins, cette solution a le mérite de nous conforter par défaut dans l'idée que les accords de groupe devraient se prémunir contre ce type de difficultés au moyen de clauses de portée générale.

§ 5 : Procédure de révision automatique de l'accord de groupe

600 On pourrait envisager de prévoir, dès la conclusion d'accords de groupe, une procédure de révision automatique de l'accord, à l'issue de chaque cycle électoral intervenu dans le périmètre du groupe. Comme nous avons déjà pu l'évoquer, certains accords encadrent très strictement le déroulement de chaque cycle électoral, en précisant les dates de début et de fin de chacun d'eux[954]. Parallèlement, certains accords de groupe prévoient expressément la possibilité de réviser l'accord dans des circonstances particulières, telles que la modification d'un dispositif législatif ou réglementaire[955], ou encore l'évolution du périmètre du groupe[956]. Enfin, certains accords de groupe prévoient un mécanisme de révision périodique pour l'adaptation de leur dispositif à des circonstances que les partenaires sociaux n'auraient pas pu anticiper lors de la conclusion de l'accord[957].

De la même manière, on pourrait tout à fait envisager de prévoir un mécanisme de révision calqué sur les échéances de consolidation des résultats électoraux dans le groupe en ces termes, ou en termes similaires : dans les trois mois suivant l'échéance de chaque cycle électoral, les parties pourront se réunir pour envisager les conséquences que pourrait avoir la nouvelle répartition des taux d'audience entre les organisations syndicales dans le groupe sur l'applicabilité du présent accord.

601 Un tel dispositif pourrait permettre, à l'issue de chaque cycle électoral dans le groupe, de conclure un avenant de révision entérinant la nouvelle configuration de la partie salariale à l'accord. Il serait ainsi fait mention des organisations syndicales qui auraient perdu leur caractère représentatif, et

---

954 *Accord sur l'exercice du droit syndical et le dialogue social dans le groupe Veolia Transdev en France*, 24 fév. 2012.

955 *Accord de participation de groupe Carrefour France*, 28 juin 2013.

956 *Accord de groupe EADS en France sur un dispositif intergénérationnel*, 18 juillet 2013.

957 *Accord d'intéressement Renault pour les années 2014 -2015– 2016*, groupe Renault, 17 fév. 2014.

n'auraient donc plus vocation à intervenir à l'accord, ainsi que de celles qui auraient nouvellement acquis leur caractère représentatif et souhaiteraient adhérer à l'accord.

Ce mécanisme pourrait s'apparenter à celui existant dans certains accords de groupe pour entériner leur périmètre d'application. On peut ici rappeler que certains groupes établissent une mise à jour du périmètre de leurs accords en listant les entreprises sorties du périmètre de l'accord initial, et celles qui l'ont intégré à la date de la signature de l'avenant[958].

Il permettrait enfin de vérifier si, à l'issue du nouveau cycle électoral, les organisations syndicales représentatives parties à l'accord de groupe recueillent bien ensemble un taux d'audience suffisant pour conclure un tel accord. Si la procédure légale de révision n'impose pas cette vérification, il nous semble pourtant indispensable que les parties à l'accord satisfassent toujours à ces conditions, à l'issue d'un cycle électoral, comme si elles concluaient ensemble un nouvel accord. À défaut, on pourrait valablement se demander si l'accord aura vocation à perdurer. Sa dénonciation devrait alors être envisagée.

602 Lorsqu'à l'issue d'un cycle électoral, les suffrages recueillis par les organisations syndicales ne leur permettent plus de satisfaire le critère d'audience conditionnant la conclusion d'un accord de groupe, il pourrait être envisagé de procéder à la dénonciation de l'accord et au déclenchement de nouvelles négociations avec l'ensemble des organisations syndicales représentatives à l'issue du dernier cycle électoral.

Ce mécanisme présenterait un certain nombre d'avantages. Il permettrait d'acter les modifications affectant les parties initiales à l'accord à l'issue du dernier cycle électoral intervenu. Il nous semblerait en effet inapproprié d'admettre qu'un accord de groupe conclu avec des organisations syndicales qui auraient été par la suite désavouées par le vote démocratique, puisse toujours régir les relations de travail dans le groupe, à moins que les organisations syndicales désormais représentatives décident de la poursuite de l'accord.

Pour autant, le dispositif initial ne doit pas cesser de s'appliquer de manière immédiate, sauf si les parties en décident autrement, compte tenu du thème de l'accord. La procédure de dénonciation permettrait de déclencher une négociation avec l'ensemble des organisations syndicales représentatives à l'issue du dernier cycle électoral intervenu, en vue de la conclusion d'un accord de substitution. De fait, et sauf si les parties en disposent autrement, l'application du dispositif de l'accord de groupe dénoncé continuera de s'appliquer jusqu'à l'entrée en vigueur de l'accord de substitution, et à

---

958 À titre d'exemple : *Avenant n°1 à l'accord de groupe CM11-CIC de participation des salariés aux résultats de l'entreprise*, 27 février 2014.

défaut d'accord, les salariés concernés pourront prétendre au maintien de leur rémunération.

La fonction protectrice du droit du travail serait ainsi préservée, tout en prenant en compte les évolutions affectant la partie salariale à l'accord et leurs incidences sur l'applicabilité des accords en vigueur.

603 On pourrait donc proposer, en complément du modèle de clause de révision que nous avons établi précédemment, un mécanisme de dénonciation en ces termes, ou en termes similaires : lorsqu'il ressort de la révision périodique du présent accord que ses conditions de validité initiales ne sont plus remplies, et notamment si la partie salariale ne totalise plus un taux d'audience qui lui aurait permis de conclure valablement un accord de même niveau, il sera procédé à sa dénonciation.

La mise en œuvre d'une telle procédure permettrait au surplus de résoudre une difficulté que nous avons évoquée en amont s'agissant de la partie employeur : la dénonciation de l'accord de groupe par les employeurs de certaines entreprises du groupe, qui rendrait impossible le maintien du dispositif dénoncé aux autres entités du groupe. Outre l'hypothèse d'un accord conclu par le seul employeur de l'entreprise dominante et qui prévoit expressément la possibilité pour ce dernier de dénoncer l'accord au nom et pour le compte de l'ensemble des employeurs des entreprises du groupe, on pourrait proposer l'insertion d'une clause contractuelle en ces termes, ou en termes équivalents : lorsque la dénonciation du présent accord par une ou plusieurs entreprises du groupe rend impossible son maintien aux autres entreprises du groupe, cette dénonciation prendra effet pour l'ensemble des entreprises comprises dans le champ d'application de l'accord.

604 À l'heure où nous écrivons ces lignes, nous n'avons pas relevé de tels aménagements dans les accords de groupe que nous avons pu analyser. L'évolution des taux d'audience des organisations syndicales est pourtant un élément fondamental de la négociation collective depuis la réforme du 20 août 2008, et influe nécessairement sur l'application des accords qu'ils négocient. Nous ne considérons pas pour notre part, à la lumière du dispositif légal en vigueur, que l'on puisse exclure purement et simplement une telle hypothèse.

Conclusion du chapitre 3

605 La faculté de l'accord de groupe à s'adapter à son environnement est une condition indispensable de son efficacité. Outre l'adaptation de son contenu et de son champ d'application, la question de son adaptation aux évolutions impactant la légitimité de ses signataires reste aujourd'hui largement ouverte.

L'imprécision du dispositif prévu à l'article L.2261-14-1 du code du travail ne permet pas d'assurer qu'il puisse s'appliquer à toutes les hypothèses dans lesquelles le vote démocratique des salariés impacte la représentativité des organisations syndicales. Il ne règle pas au surplus le devenir de l'accord de groupe lorsque ses conditions de validité ne sont plus remplies en termes de taux d'audience des organisations syndicales signataires.

Les solutions envisagées par la doctrine recèlent de zones d'ombre et ne sont pas toujours en adéquation avec les fonctions protectrices du droit social. La loi du 8 août 2016 a nourri d'importants espoirs de réforme, notamment en termes de cantonnement de la durée des accords collectifs, et d'adaptation de leurs modalités de révision et de dénonciation à la remise en cause périodique de l'audience des organisations syndicales. Elle laisse pourtant d'importantes zones d'ombre que les praticiens devront clarifier.

Conclusion de la partie 2

606 Les accords de groupe ont progressivement acquis un statut devenu incontournable dans l'ordonnancement juridique des normes applicables à la relation de travail, empruntant tantôt aux fonctions du législateur, tantôt à celles des partenaires sociaux de branche, et tantôt à celles des partenaires sociaux dans l'entreprise. Dès lors, il n'est plus possible de se contenter d'une intervention sporadique du législateur sur le statut du groupe dans la négociation collective : il devient au contraire nécessaire, pour garantir la sécurité juridique des accords de groupe, que le groupe soit lui-même appréhendé comme un véritable sujet de droit, dont le champ de compétences serait strictement défini et encadré.

L'absence de positionnement certain du groupe dans la hiérarchie des normes soumet nécessairement les accords de groupe à un aléa juridique, dès lors qu'il est impossible de déterminer de quelle manière les dispositifs qu'ils mettent en œuvre doivent s'articuler avec ceux élaborés dans un autre champ. Les solutions dégagées par la pratique apportent un nouvel éclairage sur cette difficulté, mais ne peuvent pallier au silence du législateur. La mise en place de dispositifs d'articulation conventionnelle a néanmoins eu le mérite de mettre en évidence les forces et les limites des accords de groupe par rapport aux accords d'entreprise : ces deux niveaux de négociations doivent nécessairement interagir.

607 L'une des difficultés majeures qui a freiné l'élaboration d'un régime juridique applicable aux accords de groupe provient de l'évolution incessante, tant de leur champ d'application, que des dispositifs qu'ils mettent en œuvre. Le groupe de sociétés doit s'adapter en permanence à l'environnement qui l'entoure pour sauvegarder sa compétitivité. Il dispose pour y parvenir d'une large palette d'outils juridiques, les restructurations, qui lui permettront de modeler son périmètre. Bien que ces évolutions soient de nature à impacter le statut social des salariés, le législateur n'en a pas organisé les conséquences. Le dispositif légal applicable aux accords d'entreprises a pourtant largement montré les limites lorsqu'il est transposé aux accords de groupe.

Comme l'a relevé le professeur Vatinet dans sa très pertinente comparaison du groupe de société à la pieuvre, « aucune disposition légale n'est parvenue à prévenir les métamorphoses et les techniques de fuite qui caractérisent cet animal »[959]. L'anticipation des difficultés liées aux entrées

---

959 VATINET (R.), « La pieuvre et l'Arlésienne », Groupes de sociétés et droit du travail, *Dr. Soc.*, 2010, p. 801.

et aux sorties d'entreprises du périmètre du groupe a une fois encore été laissée à la seule diligence des partenaires sociaux, lesquels ont été contraints à les résoudre au cas par cas. La pratique n'a pas permis de dégager une solution unique qui pourrait être appliquée à l'ensemble des hypothèses d'entrées et de sorties d'entreprises du groupe. La loi du 8 août 2016 n'a pas résolu ces difficultés, malgré sa volonté affichée de sécuriser les accords de groupe.

608 Les évolutions affectant le périmètre du groupe n'ont par ailleurs pas pour unique effet de modifier le champ d'application des accords de groupe. Elles peuvent également modifier significativement le contenu des droits et des obligations qu'ils stipulent, en particulier lorsque la masse salariale ou le périmètre du groupe ont été des paramètres déterminants dans la négociation. Dans ce cas, le contenu de l'accord de groupe doit être adapté en conséquence. Le dispositif légal en vigueur montre ici encore une limite significative : la loi du 20 août 2008 a profondément modifié les conditions de la représentativité des organisations syndicales, mais n'a pas appréhendé l'impact de cette nouvelle représentativité, notamment sur les conditions de la révision et de la dénonciation des accords collectifs. Cette évolution engagée avec la loi du 8 août 2016 s'agissant de la révision des accords, va vraisemblablement s'étendre dans la durée.

D'une manière plus générale, la question de la pérennité des accords de groupe dans le temps, au regard de l'évolution des taux d'audiences des organisations syndicales a suscité de nombreuses réflexions, sans qu'un dispositif précis et juridiquement sécurisé ait pu se dégager. La loi du 8 août 2016 n'a guère modifié à ce constat, malgré ses ambitions initiales de généralisation des accords à durée déterminée et d'adaptation du dispositif légal relatif à la révision et à la dénonciation des accords collectifs.

Conclusion générale

609 Bien que leur légitimité ne soit plus contestée, les accords de groupe peinent à trouver leur place dans la hiérarchie des normes applicables à la relation de travail. Cela peut s'expliquer en grande partie par l'absence de personnalité juridique du groupe.

Un autre frein considérable au développement des accords de groupe provient de l'absence de régime juridique applicable à l'articulation des accords de groupe avec les autres niveaux de négociation. Si la loi du 8 août 2016 a précisé de manière non équivoque le champ d'intervention des accords de groupe à l'article L.2232-33 du code du travail, elle n'en tire aucune conséquence quant à la place de l'accord de groupe dans la hiérarchie des normes. Ce point est pourtant fondamental, à l'heure où cette hiérarchie est profondément bouleversée. La primauté désormais reconnue à l'accord d'entreprise et l'alignement progressif du régime juridique de l'accord de groupe sur celui de l'accord d'entreprise pourrait amener l'accord de groupe au premier rang des dispositifs applicables à la relation de travail dans le groupe. Il s'agira sans doute d'un important point de débats au cours des années à venir.

610 Les praticiens s'accordent largement sur le fait que c'est dans le groupe que « se trouve l'innovation en matière sociale et que sont imaginés les nouveaux dispositifs notamment en matière d'emploi, d'égalité hommes/femmes ou de responsabilité sociale des entreprises »[960]. Le droit à la déconnexion consacré par la loi du 8 août 2016 en est un exemple significatif. La construction d'un régime juridique propre aux accords de groupe s'inscrit dans une procédure de renouvellement permanent : la première étape consiste pour les partenaires sociaux à créer et à expérimenter des dispositifs conventionnels dans un cadre légal peu restrictif, de manière à apprécier la viabilité des solutions qu'ils auront mises en œuvre. La seconde étape est la transposition par le législateur des dispositifs efficaces, dans un cadre structuré permettant d'en limiter les effets pervers. Mais la mise en œuvre d'un dispositif à caractère général et impersonnel soulèvera nécessairement de nouvelles difficultés auxquelles les partenaires sociaux devront rapidement apporter des réponses pour garantir la sécurité juridique des accords. Le législateur devra ensuite tirer les enseignements de ces correctifs pour adapter le dispositif légal en conséquence. Et ainsi de suite.

---

960 COMBREXELLE (J.-D.), « *La négociation collective, le travail et l'emploi* », Rapport au premier ministre, France Stratégie, sept. 2015

611 Les réformes législatives successives qui ont construit le régime juridique applicable aux accords de groupe ont ainsi repris de nombreuses innovations élaborées par les partenaires sociaux. Mais ces apports ont entraîné tout autant de nouveaux questionnements, auxquels des réponses constructives doivent être apportées.

La consécration du groupe comme véritable niveau de négociation avec la loi du 4 mai 2004 a soulevé la question de son agencement dans la hiérarchie des normes applicables à la relation de travail, ainsi que celle de la détermination du champ d'intervention respectif des groupes et des entreprises.

La loi du 20 août 2008 a renforcé la légitimité des organisations syndicales amenées à négocier et à conclure des accords de groupe en fondant leur représentativité sur le taux d'audience recueilli auprès des salariés, mais elle a également montré les limites du groupe conçu comme un rassemblement d'entreprises, la consolidation des suffrages recueillis dans les différentes entités composant le groupe ne permettant pas de prendre en compte l'opinion de chaque salarié du groupe. Cette réforme est également à l'origine de nouveaux questionnements concernant l'adaptation des dispositifs mis en œuvre par les accords de groupe au regard de la remise en cause périodique de la représentativité des organisations syndicales.

612 La loi de sécurisation de l'emploi du 14 juin 2013 a expressément prévu que certains de ses dispositifs peuvent être mis en œuvre par accord de groupe, notamment la mobilité interne[961]ou encore la base de données économiques et sociales[962], sans envisager cette possibilité à l'égard d'autres dispositifs, qui se prêtent pourtant tout particulièrement au cadre du groupe, notamment la mise en place du compte de formation ou d'une complémentaire santé obligatoire. Cette situation s'est révélée source d'insécurité juridique, jusqu'à ce que la loi du 8 août 2016 consacre la possibilité de conclure des accords de groupe sur l'ensemble des thèmes de la négociation d'entreprise[963].

La loi du 17 août 2015 a obéi aux mêmes mécanismes : en favorisant le regroupement des instances représentatives du personnel de l'entreprise au sein d'une délégation unique du personnel, elle permet une mesure plus efficace de l'audience des organisations syndicales et tend ainsi à renforcer leur légitimité pour négocier et conclure des accords de groupe. En laissant aux partenaires sociaux le soin de fixer eux-mêmes le champ d'intervention des accords de groupe ainsi que la périodicité de leur négociation, elle offre une souplesse supplémentaire pour la mise en œuvre d'une véritable

---

961 *C. trav.*, art. L.2242-21.

962 *C. trav.*, art. L.2323-7-2.

963 *C. trav.*, art. L.2232-33.

politique sociale globalisée dans le cadre du groupe. Pourtant, en enfermant ces périodicités dans des délais particuliers selon le thème envisagé, ce nouveau dispositif n'a pas offert aux partenaires sociaux toute la liberté nécessaire au regroupement des thèmes de négociation.

Par ailleurs, en supprimant certaines obligations de consultation des instances représentatives du personnel, le législateur a incité les partenaires sociaux à créer de toutes pièces des procédures conventionnelles en dehors de tout cadre légal ou réglementaire protecteur à l'égard des salariés.

613 Si les accords de groupe visaient initialement à améliorer les garanties des salariés sur des thèmes particuliers et avaient en cela une véritable dimension sociale, ils répondent aujourd'hui le plus souvent à des objectifs d'adaptation et de performance, dans un contexte concurrentiel particulièrement contraint. Ils peuvent désormais s'apparenter à de véritables outils d'organisation et de management des groupes.

Avec l'aval du législateur, ils tendent aujourd'hui à mettre en place un dispositif unique matérialisant la politique sociale déployée dans le groupe. De l'accumulation des thèmes envisagés et des solutions proposées s'est progressivement dégagée une véritable « loi des groupes », qui tente de s'imposer comme la norme de référence régissant les relations de travail.

BIBLIOGRAPHIE

OUVRAGES, TRAITÉS ET MANUELS

ANTONMATTÉI (P.-H.), DERUE (A.) et JOURDAN (D.)
Unité économique et sociale : un périmètre social de l'entreprise, Lamy Axe Droit, éd. 2011, 174 p.

ARISTOTE
Éthique à Nicomaque,/Traduit du grec par BODÉÜS (R.), Paris : Flammarion, 2008, 126 p.
Politique II,/Traduit du grec par BARTHÉLÉMY SAINT-HILAIRE (J.), Paris : Librairie Philosophique de Ladrange, 1874, 229 p.

AUZERO (G.) et DOCKÈS (E.)
Droit du travail, Précis Dalloz, 28ème éd, 2014, 1556 p.

BARTHÉLÉMY (J.), COULON (N.) *et al.*
Le droit des groupes de sociétés, Dalloz, 1991, 573 p.

BÉLIER (G.) et LEGRAND (H.-J.)
La négociation collective après la loi du 20 août 2008, éd. Liaisons, 2009, 334 p.

BOSSU (B.), DUMONT (F.) et VERKINDT (P.-Y.)
Droit du travail, Montchrétien, éd 2011, 704 p.

COHEN (M.)
Le droit des comités d'entreprise et des comités de groupe, L.G.D.J., 9ème éd., 2009, 1230 p.

COUTURIER (G.)
Traité de droit du travail, les relations collectives de travail, PUF droit, 2001, 571 p.

CORMIER LE GOFF (A.) et BENARD (E.)
Les restructurations, aspects juridiques et pratiques, Wolters Kluwer, 3ème éd., 2014, 416 p.

DE ROMILLY (J.)
La loi dans la pensée grecque, Les Belles Lettres, 2001, 268 p.

DOCKÈS (E.), PESKINE (E.) et WOLMARK (C.)
Droit du travail, Hypercours, 5ème éd, 2010, 686 p.

FAVENNEC-HÉRY (F.) et VERKINDT (P.-Y.)
Droit du travail, 4ème éd, LGDJ, 2014, 624 p.

GILLY (J.-P.) (dir.),
*L'europe industrielle horizon 93,*Tome 1, Les groupes et l'intégration européenne, MORIN (F.), POTTIER (C.), TANDEAU (B.) *et al.*, Doc. française, 1991, 171 p.

GUYON (Y.)
Droit des affaires, tome 1, Droit commercial général et sociétés, Economica, 9ème éd., 1996, 1016 p.

LE GOFF (J.)
Droit du travail et société, tome 2- Les relations collectives de travail, Pr. Univ. Rennes, 2002, 1015 p.

MAZEAUD (A.)
Droit du travail, Montchrétien, 8ème éd, 2012, 672 p.

MOREAU (M.-A.) (dir.),
La représentation collective des travailleurs, ses transformations à la lumière du droit comparé, JEAMMAUD(A.), *et al.*, Dalloz, éd. 2012, 329 p.

MORIN (M.-L.), PÉCAUT-RIVOLIER (L.) et STRUILLOU (Y.)
Le guide des élections professionnelles et des désignations de représentants syndicaux dans l'entreprise, Guides Dalloz, 2ème éd., 2012, 1163 p.

MOULIN (J-M.)
Droit des sociétés et des groupes, Lextenso, 2ème éd, 2011, 524 p.

NURIT-PONTIER (L.)
Les groupes de sociétés, Ellipses, 1998, 127 p.

OLIVIER (R.)
La désignation des délégués syndicaux, Aspects contentieux, Litec, 2007, 269 p.

RAY (J.-E.)
Droit du travail, droit vivant, 2013/2014, 22e éd, éd liaisons, 2013, 714 p.

ROSANVALLON (R.)
La question syndicale, Hachette Littérature, 1998, 273 p.

TERRE (F.) et SIMLER (P.)
Les obligations, Précis Dalloz, 2005, n°82, 9ème éd., 6 oct. 2005, 1474 p.

TEYSSIÉ (B.) (dir.),
Le nouveau droit de la négociation collective (loi n°2004-391 du 4 mai 2004), BRUNEL (J.), COUTIER (G.), FAVENNEC-HÉRY (F.) *et al.*, éd. Panthéon-Assas, 2004, 125 p.
Les groupes de sociétés et le droit du travail, ANTONMATTÉI (P.-H.), BOUBLI (B.), VACHET (G.) *et al.*éd. Panthéon-Assas, 1999, 164 p.
L'articulation des normes en droit du travail, BOSSU (B.), BOUSEZ (F.), CAVALLINI (J.) *et al.*, Economica, 2011, 321 p.

VERDUN (F.)
Le management stratégique des risques juridiques, Lexis Nexis, 2013, 236 p.

VIDAL (D.)
Droit des sociétés, LGDJ, 7ème éd., 2010, 798 p.

OUVRAGES SPÉCIAUX

ATTIA (T.)
La prise en compte des groupes de sociétés par le droit du travail, Thèse en droit, Strasbourg : Université Robert Schuman, 1991, 713 p.

DAUXERRE (N.)
Le rôle de l'accord collectif dans la production de la norme sociale, Thèse en droit, Aix-Marseille : Université Paul Cézanne, 2005, 581 p.

KOCHER (M.)
La notion de groupe d'entreprises en droit du travail, Thèse en droit, Université de Strasbourg, LGDJ, 2013, 427 p.

MORIN (C.),
Le groupe de sociétés au regard du droit social, Thèse en droit, Université de Toulon, 2000, 518 p.

SÈBE (F.)
Le droit de la représentation collective dans l'entreprise, essai sur l'effectivité de la norme, Thèse en droit, Paris : Université Panthéon-Assas, 2014, 347 p.

VACHET (G.)
Les conflits entre conventions collectives en droit français, Thèse en droit, Lyon : Université Jean Moulin, 1977, 310 p.

ARTICLES, ÉTUDES, CHRONIQUES

ANTONMATTÉI (P.-H.)
« Caducité et conventions et accords collectifs de travail », *Sem. Soc. Lamy,* 2008, n°1361, suppl.
« GPEC et licenciement pour motif économique : le temps des confusions judiciaires », *Dr. Soc.*, 2007, p. 289.
« L'accord de groupe », Quel droit pour la négociation collective de demain ?, *Dr. Soc.*, 2008, p. 57.
« La consécration législative de la convention ou de l'accord de groupe : satisfactions et interrogations », *Dr. Soc.* 2004, p. 601.
« Représentativité syndicale : la Cour de cassation consacre la méthode du cycle électoral », *Rev. Lamy Dr. Aff., 2013*, p. 80.
« Le concept de groupe en droit du travail », in *Les groupes de sociétés et le droit du travail*, éd. Panthéon-Assas, 1999, p. 12-22.

AUZERO (G.)
« La vie des conventions et accords collectifs de groupe », *RDT*, 2006, p. 230.
« Les syndicats, mandataires des salariés ? », *Sem. Soc. Lamy*, 2015, n° 1666.

BARÈGE (A.)
« Le pouvoir normatif des conventions et accords collectifs », *JCP, S*, 2014, I, 1432, p. 14.

BARTHÉLÉMY (J.)
« La fin de vie de l'accord collectif », *Sem. Soc. Lamy*, 2008, n°1361.

BARTHÉLÉMY (J.) et CETTE (G.)
« Pour une nouvelle articulation des normes en droit du travail », *Dr. Soc.*, 2013, p.20.

BAUMGARTEN (C.)
« Les accords de méthode », *Sem. Soc. Lamy, 2008*, n° 1380.

BÉAL (S.)
« Accords de groupe : la jurisprudence Axa du 30 avril 2003 est-elle dépassée près la loi du 4 mai 2004 sur la négociation collective ? », *JCP, S*, 2005, 166.

BÉLIER (G.)
« GPEC /PSE : deux dispositifs autonomes », *Sem. Soc. Lamy*, 2007, n° 1291.

BORENFREUND (G.)
« L'établissement distinct : unité de représentation », *Sem. Soc. Lamy*, 2003, n° 1140.
« La négociation collective dans les entreprises dépourvues de délégués syndicaux », *Dr. Soc.*, 2004, p. 606.
« Les fonctions des élections professionnelles dans l'entreprise », Vers un droit électoral professionnel, *Dr. Soc.*, 2013, p. 486.

BOUBLI (B.)
« La détermination de l'employeur dans les groupes de sociétés », in *Les groupes de sociétés et le droit du travail*, éd. Panthéon-Assas, 1999, p. 23-39.

CANAPLE (M.) et FRIEDERICH (R.)
« Dynamiser *le télétravail : un enjeu décisif pour la croissance et l'emploi », Sem. Soc. Lamy, 2011, 1510.*

CAUCHOIS (D.)
« Dialogue social : la stratégie de la CFDT », *Sem. Soc. Lamy*, 2006, n°1267.

CESARO (J.-F.)
« La négociation collective dans les groupes de sociétés », Groupes de sociétés et droit du travail, *Dr. Soc.*, 2010, p. 780.

CHAGNY (Y.)
« Une négociation pour les restructurations : la GPEC », Quel droit pour la négociation collective de demain ?, *Dr. Soc.*, 2008, p. 72.

CHAMPAUD (C.)
« Les méthodes de groupement des sociétés », *RTD Com.*, 1967, p. 1005.

CHAMPEAUX (F.)
« L'actualité de l'articulation entre l'accord collectif et le contrat de travail », *Sem. Soc. Lamy*, 2012, 1534.
« Le report de congés : une opération délicate », *Sem. Soc. Lamy*, 2014, 1642.

COLIN (E.)
« Des effets amplifiés de la dénonciation des accords collectifs », *Sem. Soc. Lamy, 2012*, n° 1527, suppl., P. 8.

COUTURIER (G.)
« Nouveaux contrats : conventions et accords de groupe », in *Le nouveau droit de la négociation collective (loi n°2004-391 du 4 mai 2004)*, éd. Panthéon-Assas, 2004, p. 79-94.
« L'extinction des relations de travail dans les groupes de sociétés », in *Les groupes de sociétés et le droit du travail*, éd. Panthéon-Assas, 1999, p. 75-94.
« Un nouveau droit des (grands) licenciements collectifs », Loi relative à la sécurisation de l'emploi, *Dr. Soc.*, 2013, p. 814.

CRÉDOZ – ROSIER(J.)
« La reconnaissance de l'UES : des interrogations subsistent », *JCP, S*, 2014, 1425.

CRÉDOZ -ROSIER(J.) et GRANGÉ (J.)
« Jusqu'où la stabilité syndicale peut-elle primer sur la légitimité syndicale ? », *Sem. Soc. Lamy*, 2013, 1599, suppl.

DAUXERRE (N.) et LAFERRIÈRE (G.)
« Unité économique et sociale et négociation collective », *JCP, S*, 2006, I, 1775.

DE RAVARAN (A.)
« L'expérience des cessions d'activité dans un groupe de sociétés », *JCP, S*, 2006, n° 14, 1274.

DEVAUX (E.)
« La négociation d'unité économique et sociale », *JCP, S*, 2012, n° 43, 1441.

DOCKÈS (E.)
« Les titulaires du droit de dénoncer efficacement une convention collective », *Dr. Soc.*, 2011, p. 1257.

DUMONT (F.)
« L'avantage individuel acquis doit être compatible avec l'organisation collective du travail », *JCP, S*, 2011, 1407.

DUQUESNE (F.)
« Autonomie du statut collectif au sein de l'unité économique et sociale », n. ssCass. Soc., 2 déc. 2003, *JCP, E*, 2004, 428.

FABRE (D.)
« En écho aux effets amplifiés de la dénonciation des accords collectifs », *Sem. Soc. Lamy, 2012*, n° 1527, suppl..

FAVENNEC-HÉRY (F.)
« Accords de mobilité interne : un rendez-vous manqué ? », Vingt-quatre regards sur la sécurisation de l'emploi, *Sem. Soc. Lamy*,2013,n° 1592, p. 47.
« La GPEC : l'environnement juridique », La GPEC : un défi social, économique et juridique, *Dr. Soc.*, 2007, p. 1068.
« L'accès à la représentativité », *JCP, S*, 2012, I, 1234.
« Licenciement collectif, un changement d'acteurs », *JCP*, *S*, 2013, I, 1258, p. 15.
« Pour une nouvelle articulation accord collectif/contrat de travail », *Sem. Soc. Lamy, 2014*, n° 1643.
« Restructurations : le rôle de la négociation collective », *Dr. Soc.*, 2004, p. 279.
« La représentation collective dans les groupes de sociétés », in *Les groupes de sociétés et le droit du travail*, éd. Panthéon-Assas, 1999, p. 125-147.
« Nouvelles légitimités : la référence majoritaire », in *Le nouveau droit de la négociation collective (loi n°2004-391 du 4 mai 2004)*, éd. Panthéon-Assas, 2004, p. 17-28.

GADRAT (M.)
« Le contenu des accords de groupe », *Dr. Soc.*, 2010, p. 651.

GAUDU (F.)
« Les accords de méthode », Un nouveau droit de la rupture du contrat de travail ?, *Dr. Soc.*, 2008, p. 915.

GÉA (F.)
« La réforme de l'information et de la consultation du comité d'entreprise : bâtir une culture de la confiance ? », *Dr. Soc.*, 2013, p.717.

GRANGÉ (J.)
« Les accords de mobilité », *JCP, S*, n° 18-19, 6 mai 2014, 1185.
« Les conventions et accords collectifs de groupe », *Sem. Soc. Lamy*, 2004, n° 1183, p. 73.
« La négociation de groupe », *Sem. Soc. Lamy*, 2003, 1144.

GRUMBACH (T.)
« Monopole syndical, contenu et négociation des accords de méthode », *Dr. Soc.*, 2006, p. 325.

HAUTEFORT (M.)
« Accord de maintien dans l'emploi », *Cah. DRH*, mars 2014, n° 207, p. 2.

IGALENS (J.)
« La GPEC : intérêts et limites pour la gestion du personnel », La GPEC : un défi social, économique et juridique, *Dr. Soc.*, 2007, p. 1074.

KARAKIOULAFIS (Ch.),
« Grèce. Les syndicats dans la ligne de mire de la Troïka », *Chr. Inter.IRES*, n°143-144, nov. 2013, p. 121 à 132.

KERBOURC'H (J. Y.)
« Les clauses d'interdiction de déroger par accord d'entreprise à une convention plus large », *Dr. Soc.*, 2008, p.834.
« Conditions de modification d'un accord en l'absence de clause de révision », *JCP, S*, 2009, n° 11, 1116.

LAGESSE (P.)
« Sur les conventions et accords de groupe », in *Le nouveau droit de la négociation collective (loi n°2004-391 du 4 mai 2004)*, éd. Panthéon-Assas, 2004, p. 96-100.

LAVALLART (J.-M.)
« Sur les relations collectives de travail dans les groupes de sociétés : le regard de l'avocat », in *Les groupes de sociétés et le droit du travail*, éd. Panthéon-Assas, 1999, p. 149-158.
« Sur la référence majoritaire », in Le nouveau droit de la négociation collective (loi n°2004-391 du 4 mai 2004), éd. Panthéon-Assas, 2004, p. 30-33.

LEGRAND (H.-J.)
« Accords collectifs de groupe et d'unité économique et sociale : une clarification inachevée », *Dr. Soc.*, 2008, p. 60.

LEGRAND (H.-J.) et BEZIZ (L.)
« La consultation annuelle sur les orientations stratégiques et leurs conséquences », *Sem. Soc. Lamy*, 2013, n° 1592, p. 28.

LYON-CAEN (G.)
« Pour une réforme enfin claire et imaginative du droit de la négociation collective », *Dr. Soc.*, 2003, p 355.
« La négociation collective dans ses dimensions internationales », *Dr. Soc.*, 1997, p. 352.

HAUTEFORT (M.)
« Le comité d'entreprise doit être consulté quand l'employeur applique un accord collectif », *JSL*, 2013, n° 335.

LAULOM (S.)
« Passé, présent et futur de la négociation collective transnationale », *Dr. Soc.,* 2007, p. 623.

MARTINON (A.)
« Les relations collectives de travail dans les groupes de sociétés à caractère transnational », Groupes de sociétés et droit du travail, *Dr. Soc.*, 2010, p. 789.

MASSON (P.)
« Entreprise et établissements : quelle mesure de la représentativité ? », *Sem. Soc. Lamy, 2010*, n° 1455.

MAZEAUD (A.)
« Accords collectifs et restructurations », Quel droit pour la négociation collective de demain ?, *Dr. Soc.*, 2008, p.68.

MORIN (M.-L.)
« Les accords collectifs de groupe, une variété d'accords collectifs de droit commun »,*RJS*, 10/03, p. 743.

MORVAN (P.)
« Conventions et accords dérogatoires après la loi du 4 mai 2004 : de la « théorie des flaques d'eau » », in *Le nouveau droit de la négociation collective (loi n°2004-391 du 4 mai 2004)*, éd. Panthéon-Assas, 2004, p. 37-51.
« L'articulation des normes sociales à travers les branches », *Dr. Soc.*, 2009, p. 679.

NADAL (S.)
« Fluctuations de la représentativité syndicale et perturbations de la vie juridique des conventions et accords collectifs de travail », *Dr. Soc.*, 2013, p. 323.

NEAU-LEDUC (C.)
« Perte de représentativité et sort de l'accord collectif d'entreprise », La négociation collective d'entreprise : questions d'actualité, *Dr. Soc.*, 2009, p. 910.

NIEL (S.)
« GPEC : les enjeux de la négociation », *Cah. DRH*, 2014, n° 210.

PAGNERRE (Y.), JEANSEN (E.),
« Des avantages individuels acquis au maintien de la rémunération annuelle : une notion byzantine chasse l'autre », *JCP, S,* 2016, 1420.

PALLI (B.)
« La révision des conventions collectives de travail à l'épreuve de la réforme de la représentativité syndicale », *RDT*, 2010, p. 155.

PÉCAUT-RIVOLIER (L.)
« La détermination des unités de représentation », Représentativité syndicale et négociation collective, *Dr. Soc.*, 2013, p. 316.

PETIT (F.)
« La représentativité acquise pour toute la durée d'un cycle électoral », *Dr. Soc.*, 2013, p. 374.
« Les périmètres de l'entreprise en matière syndicale et électorale », *Dr. Soc.*, 2010, p. 634.

SAVATIER (J.)
« L'organisation de la représentation syndicale dans les groupes de sociétés, l'exemple des accords du groupe Axa », *Dr. Soc.*, 2001, p. 498.

TEISSIER (A.)
« La politique de rémunération dans le groupe », *JCP, S*, 2013, n° 1080.

TEYSSIÉ (B.)
« De l'irrésistible (?) essor de l'accord dans le droit des relations de travail », *JCP, S*, 2014, I, 1180 ; p. 12.
« La négociation collective transnationale d'entreprise ou de groupe », *Dr. Soc.*, 2005, p. 982.
« Le syndicat dans le groupe », *Sem. Soc. Lamy*, 2006, n° 1263, suppl.
« Les conventions et accords collectifs de groupe », *Petites Affiches*, 2004, n° 967, p. 59.
« Variations sur les conventions et accords collectifs de groupe », *Dr. Soc.*, 2005, p. 643.
« Variations sur le groupe en droit du travail » ; *JCP, S*, 2013, I, 1076, p. 14.
« L'aménagement conventionnel de la norme légale », *JCP, E*, 2004, 1097, p. 1188.
« Les groupes de sociétés et le droit du travail », Groupes de sociétés et droit du travail, *Dr. Soc.*, 2010, p. 735.
« Mise en cause des conventions et accords collectifs de travail », in *Révision, dénonciation et mise en cause des conventions et accords collectifs de travail,*Litec 1997.

TOUREIL (J.-E.)
« Un temps de pause rémunéré n'est pas un avantage individuel acquis dès lorsqu'il est incompatible avec l'organisation collective du temps de travail », *JSL*, 2011, n° 304.

VACHET (G.)
« Convention collective : notion d'avantage individuel acquis », *JCP, E*, 2011, 1863.
« L'articulation accord d'entreprise, accord de branche : concurrence, complémentarité ou primauté ? », La négociation collective : questions d'actualité, *Dr. Soc.*, 2009, p. 896.
« La négociation collective dans les groupes de sociétés », in *Les groupes de sociétés et le droit du travail*, éd. Panthéon-Assas, 1999, p. 105-123.
« La révision des conventions et accords collectifs », *Dr. Soc.*, 1993, p. 134.
« Les problèmes spécifiques aux accords d'entreprise et de groupe », *Sem. Soc. Lamy, 2008*, n° 1361, suppl.

VATINET (R.)
« Développer la gestion prévisionnelle négociée des emplois et des compétences », *JCP, S.*, 2013, p. 1274.
« La pieuvre et l'Arlésienne », Groupes de sociétés et droit du travail, *Dr. Soc.*, 2010, p. 801.
« Négociation d'entreprise et négociation de groupe », *JCP, S*, 2012, n° 22, 1238.

VERKINDT (P.-Y.)
« La représentation du personnel dans les groupes de sociétés », Groupes de sociétés et droit du travail, *Dr. Soc.*, 2010, p. 771.
« L'exécution des relations de travail dans les groupes de sociétés », in *Les groupes de sociétés et le droit du travail*, éd. Panthéon-Assas, 1999, p. 42-64.

VIVIEN (P.)
« Quelques réflexions sur la mise en œuvre de la GPEC », La GPEC : un défi social, économique et juridique, *Dr. Soc.*, 2007, p. 1093.

WAQUET (Ph.)
« En marge de l'arrêt Air France (Cour Cass. Ch. Soc. 27 juin 2000) », *Dr. Soc.*, 2000, p. 1007.

WEISSMANN (R.)
« Les conséquences d'une modification du corps électoral sur la représentativité », *Sem. Soc. Lamy*, 2014, n° 1645, suppl.

RAPPORTS, GUIDES, ÉTUDES ET DOCUMENTS D'ORIENTATION

Ass. Nat., ANCIAUX (J.-P.), Rapport sur le projet de la loi relatif à la formation professionnelle tout au long de la vie et au dialogue social, 9 déc. 2003, n°1273.

Ass. Nat., Commission des Affaires sociales, Rapport n° 1754 : projet de loi relatif à la formation professionnelle, à l'emploi et à la démocratie sociale, Tome I, présenté par GILLE (J.-P.), 30 janv. 2014.

Ass. Nat., Débats parlementaires, Compte-rendu intégral, 7 juil. 2015, 1ère séance.

Ass. Nat., Débats parlementaires, Compte-rendu intégral, 17 déc. 2003, 1ère séance, JORF, 18 déc. 2003, n° 125, p.12493.

Ass. Nat., Rapport n° 847 de la Commission des affaires sociales sur le projet de loi relatif à la sécurisation de l'emploi, présenté par GERMAIN (J.-M.), 27 juin 2013.

Ass. Nat., Rapport n° 992 de la Commission des affaires culturelles, familiales et sociales sur le projet de loi, après déclaration d'urgence, portant rénovation de la démocratie sociale et réforme du temps de travail, présenté par POISSON (J.-F.), 25 juin 2008.

BROCHIER (D.), GUITTON (C.), LEGAY (A.) et MACHADO (J.), « Les groupes face à la réforme de la formation professionnelle continue, le cas de Véolia Environnement », CEREQ, n° 243, juil.-août 2007.

CECI-RENAUD (N.) et CHEVALIER (P.-A.), « Les seuils de 10, 20, 50 salariés : un impact limité sur la taille des entreprises françaises », INSEE Analyses, n° 2, déc. 2011.

CESARO (J.-F.), « *Propositions pour le droit du renouvellement et de l'extinction des conventions et accords collectifs de travail* », Rapport à la ministre du travail, de l'emploi, de la formation professionnelle et du dialogue social, 22 janv. 2016.

CGPME, « Les propositions de la CGPME concernant l'allègement du seuil « social » de 50 salariés », 12 fév. 2014.

COMBREXELLE (J.-D.), « *La négociation collective, le travail et l'emploi* », Rapport au premier ministre, France Stratégie, sept. 2015.

Compte rendu du conseil des ministres du 22 avril 2015, « Dialogue social et emploi ».

DARES, « Enquête Relations professionnelles et Négociations d'entreprise », 2012.

DARES, « Le développement du télétravail dans la société numérique de demain », nov. 2009, La Documentation française.

DGEFP, Les accords de méthode en matière de restructuration : vers une logique d'engagement, Présentation des résultats de l'étude réalisée par l'IDHE, sept. 2011.

DGEFP, Les accords en faveur du maintien de l'emploi des travailleurs handicapés, Guide méthodologique, juin, 2009,

DILA, « Représentation du personnel dans l'entreprise : les seuils sociaux en débat », 13 oct. 2014.

EURACTA 2, « Accords d'entreprise transnationaux : résultats de la recherche et recommandations ».

INSEE, « Enquête SRCV 2010 » : 3 % dans les TPE, contre 9 % dans les entreprises de plus de 11 salariés.

INSEE, « Images économiques des entreprises et des groupes au 1er janvier 2008 », *Insee Résultats,* n° 46 Économie, avril 2010.

INSEE, Enquêtes TIC 2007 et 2008, statistique publique.

MEDEF, « Négociation relative à la qualité et à l'efficacité du dialogue social dans l'entreprise et à l'amélioration de la représentation des salariés », 10 déc. 2014.

MORIN (M.), « Analyser les questions de santé et de bien-être au travail », Lettre de l'Observatoire Social International, n°13, fév. 2011.

OMS, Constitution du 22 juillet 1946, *Actes officiels de l'OMS*, n° 2, p. 100.

Projet de loi relatif au dialogue social et à l'emploi, NOR ETSX1508596L, Étude d'impact, 21 avril 2015, p. 112.

Projet de loi visant à instituer de nouvelles libertés et de nouvelles protections pour les entreprises et les actifs, NOR ETSX1604461L, Étude d'impact, 24 mars 2016.

Sénat, CHERIOUX (J.), Rapport fait au nom de la commission des affaires sociales, 28 janv. 2004, n°179 (2003-2004), art.40 III.

Sénat, Rapport n° 470 de la commission des affaires sociales sur le projet de loi, après déclaration d'urgence, portant rénovation de la démocratie sociale et réforme du temps de travail, présenté par GOURNAC (A.), 15 juil. 2008.

VIRVILLE (M.), « Pour un code du travail plus efficace : rapport au ministre des affaires sociales, du travail et de la solidarité », 15 janv. 2004.

RESSOURCES INTERNET, ARTICLES DE PRESSE, COMMUNICATIONS SYNDICALES

AIZICOVICI (F.), « L'échec des accords de maintien dans l'emploi, arme anti-chômage du gouvernement », *Le Monde*, 4 août 2014, .

CFDT AIRBUS GROUP, « *Temps de travail des cadres augmentation ? clap de fin !* », 1er avril 2015 ; « *L'accord de méthode groupe facilitera les destructions d'emploi !* », 16 oct. 2013.

CGT AREVA, « L'accord de méthode de réorganisation est un hold-up, un détournement calculé des droits du CCE », 14 sept. 2009.

Coordin. CGT Thalès, « *Négociation accord groupe sur le handicap* », 12 mai 2014 ; « *Projet d'accordgroupe sur la qualité de vie au travail : la CGT ouvre le débat !* », 30 janv. 2014.

CROUZEL (C.), « *Les accords de maintien dans l'emploi ne font pas recette* », Lefigaro.fr, 29 nov. 2013.

DEVILLECHABROLLE (V.), « Zoom sur... La machine infernale du compte épargne-temps »,*Liais. Soc. Mag.*, janv. 2008.

FAINSILBER (D.), « Accords de maintien dans l'emploi : un nouveau cadre juridique à étrenner », *Les Échos*, 29 mai 2013.

FO AREVA, « *Réorganisation du service santé au travail : FO dénonce une politique à effets différés dramatiques !* », 6 déc. 2012.

GHAZI (K.), « La voix des salariés compte moins pour la dénonciation des accords que pour leur conclusion », *Chr. ouvr.*, 8 janv. 2011, n° 197.

MIROIR SOCIAL, « *Dénonciation des accords programmée chez Bull* », 12 fév. 2014.

NOUEL (B.), « Les accords de maintien dans l'emploi, les dures leçons d'un échec prévisible », *Fond. IFRAP*, 15 janv. 2015.

SALEM (N.), « Les accords de méthode apaisent le dialogue sur les restructurations », *Liais. Soc. Mag*, n° 82, mai 2007.

NOTES, OBSERVATIONS ET COMMENTAIRES

ANTONMATTÉI, (P.-H.)
note sous Cass. Soc., 23 sept. 2009 ; *Rev. Lamy Dr. Aff.*, 2009, n° 43, p. 49.
note sous Cass. Soc., 13 mars 2001 ; *Dr. Patr.*, 2001, n° 97, p. 107.
obs. sous Cass. Soc., 29 juin 1994 ; *JCP, G*, 1995, I, 3818.

AUBONNET, F. et GAMET, (L.)
note sous Cass. Soc., 23 sept. 2009 ; *Sem. Soc. Lamy*, 2009, n° 1416, p. 12.

BALLET, (N.)
note sous Cass. Ass. Plén., 18 mars 1988 ; *Dr. Ouv.*, 1988, p. 515.

BARÈGE, (A.)
note sous Cass. Soc., 18 janv. 2011 ; *JCP, S*, 2011, n° 18, p. 49.

BÉAL, (S.)
note sous Cass. Soc., 7 juin 2006 ; *JCP, E*, 2006, n° 40, p. 1696.

BÉLIER, (G.)
obs. sous Cass. Soc., 19 oct. 1999 ; *Dr. Soc.*, 2000, p. 228.

BENOIT-ROHMER, (F.)
note sous Cons. Const., 25 juil. 1989 ; *AJDA*, 1989, p. 796.

BIED- CHARRETON, (M.-F.)
note sous Cass. Soc., 30 avril 2003 ; *Dr. Ouv.*, 2003, n° 662, p. 398.

BOUAZIZ (P.)
note sous Cass. Soc., 9 mars 1989 ; *Dr. Ouv.*, 1989, p. 359.

BOUBLI, (B.)
note sous Cass. Soc., 21 nov. 2006 ; *Gaz. Pal.*, 2007, n° 75, p. 19.
note sous Cass. Soc., 20 oct. 1999 ; *Gaz. Pal.*, 2000, n° 35, p. 12.
note sous Cass. Soc., 18 janv. 2011 ; *Gaz. Pal.*, 2011, n° 63, p. 48.

BOUSEZ, (F.)
note sous Cass. Soc., 27 juin 2002 ; *D.*, 2001, n° 26, p. 2061.

CANUT, (F.)
note sous Cass. Soc., 13 fév. 2013 ; *Dr. Ouv.*, 2013, n° 779, p. 429.
note sous Cass. Soc., 4 juin 2014 ; *CSBP*, 2014, n° 265, p. 437.

CHARBONNEAU, (C.)
obs. sous Cass. Soc., 13 mai 2003 ; *CSBP*, 2003, n° 152, p. 351.

CHAUCHARD, (J.-P.)
note sous Cass. Ass. Plén., 18 mars 1988 ; *D.*, 1989, p. 211.

COHEN, (M.)
note sous Cass. Soc., 13 mai 2003 ; *Dr. Soc.*, 2003, n° 11, p. 1030.

CORRIGNAN-CARSIN, (D.)
note sous Cass. Soc., 5 mars 2008 ; *JCP, S*, 2008, 22, p. 40.
note sous Cass. Soc., 23 juillet 2013, *JCP, G*, 2015, n° 22, p. 1051.

COUTURIER, (G.)
note sous Cass. Soc., 18 janv. 2011 ; *Dr. Soc.*, 2011, n° 3, p. 342.
note sous Cass. Soc., 16 nov. 2010 ; *Dr. Soc.*, 2011, p. 175.

CRÉDOZ-ROSIER, (J.)
note sous Cass. Soc., 5 nov. 2014 ; *JCP, S*, 2014, I, 1425.

DARDALHON, (L.)
note sous Cons. Const., 29 avril 2004 ; *RFDA*, 2005, n° 2, p. 409.

DARMARSSIN, (S.)
note sous Cass. Soc, 26 avril 2002 ; *JCP, E*, 2002, n° 49, p. 1964.

DAUXERRE, (L.)
note sous Cass. Soc., 18 mai 2011 ; *JCP, S*, 2011, n°26, p. 44.
note sous Cass. Soc., 2 déc. 2008 ; *JCP, S*, 2009, n°10, p. 53.

DESMOULIN, (G.)
note sous CA Versailles, 14ème ch., 18 déc. 2013 ; *JSL*, 2014, n° 360, p. 25.

DESPAX (M.)
obs. sous Cass. Soc., 9 mars 1989 ; *Dr. Soc.*, 1989, p. 635.
note sous Cass. Soc., 19 déc. 1972 ; *D.*, 1973, p. 381.

DOCKÈS, (E.)
note sous Cass. Soc., 9 fév.2000 ; *Dr. Ouv.*, 2001, n° 634, p. 261.

DUMONT, (F.)
note sous Cass. Soc., 1er juill 2008 ; *JCP, S*, 2008, n° 43, p. 32.
note sous Cass. Soc., 8 juin 2011 ; *JCP, S*, 2011, n° 37, p. 46.

DUQUESNE, (F.)
note sous Cass. Soc., 2 déc. 2003 ; *JCP, E*, 2004, 428.
obs. sous Cass. Crim., 28 oct. 2008 ; *Dr. Soc.*, 2009, n° 4, p. 504.

FAGÈS, (B.) et MESTRE, (J.)
note sous Cass. Soc., 7 juin 2006 ; *RTD Civ.*, 2007, n° 1, p. 110.

FAVENNEC-HÉRY, (F.)
note sous Cass. Soc., 9 mars 2011 ; *JCP, S*, 2011, n° 16, p. 34.

GAURIAU, (B.)
note sous Cass. Soc., 13 juil. 2010 ; *JCP, S*, 2010, n° 40, p. 37.
obs. sous Cass. Soc., 23 juin 1999 ; *Dr. Soc.*, 1999, p. 973.

GÉA, (F.)
note sous Cass. Soc., 13 janv. 2010 ; *RDT*, 2010, n° 4, p. 230.

GOINEAU, (J)
obs. sous Cass. Soc, 21 mars 1990 ; *D.*, 1991,somm. 155.

HALLER, (M.-C.)
note sous Cass. Soc., 23 sept. 2009 ; *JSL*, 2009, n° 265, p. 11.
note sous Cass. Soc., 27 juin 2002 ; *JSL*, 2002, n° 18, p. 14.
note sous Cass. Soc., 9 fév.2000 ; *JSL*, 2000, n° 53, p. 11.

HAUTEFORT, (M.)
note sous Cass. Soc., 20 déc. 2006 ; *JSL*, 2007, n° 204, p. 9.
note sous Cass, soc, 21 nov. 2012 ; *JSL*, 2013, n° 335, p. 20.
note sous Cass. Soc., 9 mars 2011 ; *JSL*, 2011, n° 298, p. 8.
note sous Cass. Soc., 11 mai 2004 ; *JSL*, 2004, n° 147, p. 8.
note sous Cass. Soc., 25 juin 2013 ; *JSL*, 2015, n° 387, p. 17.

HÉAS, (F.)
note sous Cass. Soc, 26 avril 2002 ; *Dr. Ouv.*, 2002, n° 651, p. 501.

JEAMMAUD, (A.)
note sous Cass. Soc., 17 juin 2003 ; Dr. Soc., 2004, n° 7/8, p. 694.

KERBOURC'H, (J.-Y.)
note sous Cass. Soc., 20 déc. 2006 ; *JCP, S*, 2007, n° 30, p. 37.
note sous Cass. Soc., 13 nov. 2008 ; *JCP, S*, 2009, I, 1116, p.834.

LANGLOIS, (Ph.)
note sous Cass. Soc., 12 oct. 2005 ; *JCP, S*, 2006, n° 3, p. 29.

LAVALLART, (J.-M.)
note sous Cass. Soc., 12 nov. 2008 ; *Opt. Fin.*, 2009, n° 1010, p. 32

LHERNOULD, (J.-P.)
note sous Cass. Soc., 8 juin 2011 ; *Sem. Soc. Lamy*, 2011, n° 304.

LOISEAU, (G.)
note sous Cass. Soc., 9 mars 2011 ; *Dr. Soc.*, 2011, n° 6, p. 681.

LYON-CAEN, (A.)
note sous Cass. Soc., 21 nov. 2006 ; *RDT*, 2007, n° 2, p. 105.
obs. sous Cass. Soc., 9 mars 1989 ; *D.*, 1990, somm., 165.

MARRON, (F.)
note sous Cass, soc, 21 nov. 2012 ; *Gaz. Pal.*, 2013, n° 81, p. 23.

MARTINON, (A.)
note sous Cass. Soc., 10 fév. 2010 ; *JCP, S*, 2010, n° 18, p. 29.

MEDEAU, (X.)
note sous Cass. Soc., 2 déc. 2008 ; *Dr. Ouv.*, 2009, n° 731, p. 293.

MEUNIER (M.)
note sous Cass. Soc., 9 mars 1989, *D.*, 1990, 227.

MOULY, (J.)
note sous Cass. Soc., 17 oct. 2000 ; *D.*, 2001, n° 26, p. 2061.

NEAU-LEDUC, (C.)
note sous Cass. Soc., 30 sept. 2009 ; *Rev. Lamy Dr. Aff.*, 2010, n° 45, p. 47.

NOUREDINE, (S.)
note sous Cass. Soc., 5 mars 2008 ; *CSBP*, 2008, n° 201, p. 243.
note sous Cass. Soc., 1er juill 2008 ; *CSBP*, 2008, n° 205, p. 386.

OLIVIER, (J.-M.)
note sous Cass. Soc., 13 janv. 2010 ; *JCP, S*, 2010, n° 23, p. 13.

PANSIER, (F.-J.)
note sous Cass. Soc., 13 juil. 2010 ; *CSBP*, 2010, n° 223, p. 310.
note sous Cass. Soc., 30 sept. 2009 ; *CSBP*, 2009, n° 215, p. 266.
note sous Cass. Soc., 16 nov. 2010 ; *CSBP*, 2011, n° 226, p. 23.
note sous Cass. Soc., 9 mars 2011 ; *CSBP*, 2011, n° 230, p. 158.
note sous Cass. Soc., 10 fév. 2010 ; *CSBP*, 2010, n° 22, p. 185.
note sous Cass. Soc., 8 juin 2011 ; *CSBP*, 2011, n° 233, p. 232.
note sous Cass. Soc., 18 janv. 2011 ; *CSBP*, 2011, n° 228, p. 94.

PÉCAUT-RIVOLLIER, (L.)
note sous Cass. Soc., 18 mai 2011 ; *Sem. Soc. Lamy*, 2011, n° 1507, p. 87.

PÉLISSIER, (J.)
note sous Cass. Soc., 7 juin 2006 ; *RDT*, 2006, n° 5, p. 313.

PÉTEL, (P.)
note sous Cass. Soc., 13 janv. 2010 ; *JCP, E*, 2010, n° 12, p. 30.

PETIT, (F.)
note sous Cass. Soc., 13 juil. 2010 ; *Dr. Soc.*, 2010, n° 11, p. 1133.
note sous Cass. Soc., 18 mai 2011 ; *Dr. Soc.*, 2011, n° 9/10, p. 1005.
note sous Cass. Soc., 4 juin 2014 ; *JCP, S*, 2014, n° 37, p. 37.
note sous Cass. Soc., 29 mai 2013 ; *Dr. Soc.*, 2013, n° 7/8, p. 653.

PIERROUX, (E.)
note sous Cass. Soc., 23 sept. 2009 ; *Gaz. Pal.*, 2010, n° 6-7, p. 11.

PRÉVOST, (S.)
Note sous Cass .Com., 15 nov. 2011 ; *Rev. Soc.*, 2012, n° 1, p. 37.

RADÉ, (Ch.)
note sous Cass. Soc., 19 fév.1997 ; *Dr. Soc.*, 2000, n° 4, p. 381.
note sous Cass. Soc., 13 mars 2001 ; *Dr. Soc.*, 2001, n° 5, p. 571.
obs. sous Cass. Soc., 1er juill 2008 ; *Dr. Soc.*, 2008, 1276.
obs. sous Cass. Soc., 2 déc. 2008 ; *Dr. Soc.*, 2009, n°2, p. 240.

RENNES, (P.)
note sous Cass. Soc., 18 mai 2011 ; *Dr. Ouv.*, 2011, n° 758, p. 577.

RÉROLLE, (N.)
note sous Cass. Soc, 26 avril 2002 ; *JSL*, 2002, n° 100, p. 14.
note sous Cass. Soc., 31 janv. 2007 ; *JSL*, 2007, n° 212, p. 27.
note sous Cass. Soc., 10 fév. 2010 ; *JSL*, 2010, n° 275, p. 28.

SAINTOURENS, (B.)
note sous Cass. Soc., 9 mars 2011 ; *BMIS*, 2011, n° 6, p. 514.

SAVATIER, (J.)
note sous Cass. Soc., 29 juin 1994 ; *Dr. Soc.*, 2001, n° 5, p. 498.
note sous Cass. Crim., 2 mars 1978, *Dr. Soc.*, 1978, p. 369.
note sous Cass. Soc., 17 oct. 2000 ; *Dr. Soc.*, 2000, n° 12, p. 1147.
note sous Cass. Soc., 2 déc. 2003 ; *Dr. Soc.*, 2004, n° 2, p. 212.
note sousCass. Soc., 7 juin 2005 ; *Dr.Soc.*, 2005, p.937.
obs. sous Cass. Ass. Plén., 20 mars 1992 ; *Dr. Soc.*, 1992, p. 371.

SEGUIN, (L.)
note sous Cass. Soc., 13 mars 2001 ; *JSL*, 2001, n° 77, p. 18.

TAQUET, (F.)
note sous Cass. Soc., 9 mars 2011 ; *Rev. Proc. Coll.*, 2011, n° 3, p. 54.

TILLE, (P.)
note sous Cass. Soc., 1er juill 2008 ; *Dr. Ouv.*, 2009, n° 726, p. 52.

TOUREIL, (J.-E.)
note sous Cass. Soc., 30 avril 2003 ; *JSL*, 2003, n° 125, p. 14.
note sous Cass. Soc., 2 déc. 2003 ; *JSL*, 2004, n° 137, p. 13.
note sous Cass. Soc., 2 déc. 2008 ; *JSL*, 2009, n° 247, p. 9.
note sous Cass. Soc., 17 juin 2003 ; *JSL*, 2003, n° 128, p. 16.
note sous Cass. Soc., 13 fév. 2013 ; *JSL*, 2013, n° 340, p. 20.
note sous Cass. Soc., 7 juin 2006 ; *JSL*, 2006, n° 193, p. 14.
note sous Cass. Soc., 8 juin 2011 ; *JSL*, 2011, n° 304, p. 17.

VACHET, (G.)
note sous Cass. Soc., 20 déc. 2006 ; *JCP, E*, 2007, n° 27/28, p. 44.
note sous Cass. Soc., 5 mars 2008 ; *JCP, E*, 2008, 40, p. 48.
comm.sousCass. Soc., 23 sept. 2009 ; *JCP, S*, 2009, I, 1599.
note sous Cass. Soc., 8 juin 2011 ; *JCP, E*, 2001, n° 48, p. 47.
comm. sous Cass. Soc., 5 nov. 2014 ; *JCP, S*, 2015, 1028.
note sous Cass. Ass. Plén., 20 mars 1992 ; *JCP, E*, 1992, II, p. 324.
note sous Cass. Soc., 25 juin 2015 ; *JCP, E*, 2015, n° 26, 1324.
note sous Cass. Soc., 23 juillet 2015 ; *JCP, E*, 2015, n° 30, 1381.

VATINET, (R.)
note sous Cass. Soc., 25 janv. 2006 ; *JCP, S*, I, 1281.

ZATTARRA-GROS, (A.-F.)
note sous Cass. Soc., 13 janv. 2010 ; *Gaz. Pal.*, 2010, n° 125, p. 9.

ACCORDS DE GROUPE

GPEC, FORMATION, MOBILITÉ, MAINTIEN DANS L'EMPLOI

Accord « DEFI Formation » pour le développement du patrimoine humain et industriel du groupe EDF, 10 sept. 2010.

Accord cadre portant sur les mesures et les modalités de la gestion anticipée des métiers, des emplois et des compétences au sein du groupe Rhodia en France, 20 juil. 2010.

Accord RSG sur l'accompagnement matériel de la mobilité géographique au sein du groupe AXA France, 21 oct. 2002.

Accord-cadre pour la mise en œuvre de la GPEC dans les entreprises françaises du *groupe* Saint-Gobain, 19 mars 2008.

Accord sur un dispositif de cessation anticipée au sein du groupe EADS en France, 11 fév. 2014.

Accord visant à favoriser le développement professionnel et l'emploi par des démarches d'anticipation, groupe Thalès, 26 avril 2013.

Accord sur le développement des compétences et la progression professionnelle, Véolia Environnement, 4 oct. 2004.

Accord de groupe KME France relatif à la gestion prévisionnelle des emplois et de compétences et au contrat de génération, 12 fév. 2014.

Accord relatif à la formation professionnelle, Société Générale, 18 déc. 2014.

Accord relatif à la gestion des emplois, des métiers et des compétences au sein du groupe Schneider Electric en France, 16 mai 2012.

Accord relatif à la gestion prévisionnelle des emplois et des compétences dans le groupe Caisse des Dépôts et Consignations 17 fév. 2012.

Accord relatif au développement de la mobilité individuelle au sein du groupe Schneider Electric en France, 14 mars 2013.

Accord sur la gestion prévisionnelle des emplois et des compétences, groupe Orange, 9 sept. 2014.

Accord sur la gestion prévisionnelle des emplois et des compétences (GPEC), groupe Carrefour, 21 déc. 2011.

Accord sur la gestion prévisionnelle des emplois et des compétences au sein du groupe AG2R LA MONDIALE, 21 fév. 2012.

Accord sur la gestion prévisionnelle des emplois et des compétences au sein du groupe Casino, 11 déc. 2008.

Accord « nouveau contrat social » de Peugeot Citroën Automobiles, 24 oct. 2013.

Accord de groupe "Contrat pour une nouvelle dynamique de croissance et de développement social de Renault en France », groupe Renault, 13 mars 2013.

Égalité professionnelle, handicap, diversité, contrat de génération

Accord cadre de groupe sur l'égalité professionnelle, groupe HP, 2 mars 2015.

Accord de groupe relatif à l'égalité professionnelle entre les femmes et les hommes au sein du groupe Alcatel-Lucent en France, 7 janv. 2011.

Accord de groupe sur la lutte contre les discriminations et la promotion de la diversité, groupe Chèque Déjeuner, 27 janv. 2011.

Accord relatif à l'égalité professionnelle entre les femmes et les hommes, groupe Société Générale, 29 nov. 2012.

Accord relatif à la diversité et à la cohésion sociale, groupe Peugeot Citroën Automobiles, 29 nov. 2011.

Accord-cadre de groupe relatif à la diversité, groupe Saint-Gobain, 6 sept. 2012.

Accord groupe Casino sur l'emploi des salariés en situation de handicap, 21 déc. 2010.

Accord groupe Casino sur l'emploi des salariés en situation de handicap,5 déc. 2013.

Accord pour l'emploi et l'insertion des personnes en situation du handicap, groupe Orange, 22 janv. 2014.

Accord groupe en faveur des personnes en situation de handicap, groupe Thalès, 11 juil. 2014.

Accord sur l'emploi des personnes en situation de handicap, Groupe Air France 19 déc. 2014.

Accord de groupe EADS en France sur un dispositif intergénérationnel, 18 juil. 2013.

Accord de groupe en faveur de la gestion des seniors, groupe Carbone Lorraine, 21 décembre 2009.

Accord groupe CAHORS relatif au contrat de génération, 12 nov. 2013.

Accord groupe relatif au contrat de génération, groupe Casino, 24 juil. 2013.

Accord de groupe relatif au contrat de génération au sein du groupe SEB en France 2013 - 2016, 5 sept. 2013.

Accord RSG sur le contrat de génération, groupe Axa, 25 juin 2013.

Accord groupe France GDF SUEZ relatif au contrat de génération, 25 sept. 2013.

Accord groupe relatif à l'engagement de Thalès en faveur de l'emploi des jeunes et des seniors et au soutien de la transmission des savoirs et des compétences, 23 juil. 2013.

Accord de groupe relatif au contrat de génération, groupe KORIAN, 10 sept. 2013.

Intéressement, participation et épargne salariale

Accord d'intéressement 2011/2012/2013, groupe Carrefour, 30 juin 2011.

Accord d'intéressement de Société Générale pour les années 2014, 2015, 2016, 30 juin 2014.

Accord d'intéressement Renault pour les années 2014 -2015 – 2016, groupe Renault, 17 fév. 2014.

Accord sur la mise en œuvre d'un système d'intéressement au sein du groupe EADS, 14 juin 2011.

Accord sur la participation du groupe, groupe Axa, 11 mai 2012.

Avenant n°1 à l'accord de groupe CM11-CIC de participation des salariés aux résultats de l'entreprise, 27 février 2014.

Accord sur le plan d'épargne groupe EADS en France, 17 déc. 2008.

Accord sur le plan d'épargne groupe, groupe Alcatel Lucent, 15 avril 2010.

Accord instituant le Plan d'Épargne pour la Retraite Collectif du groupe Casino, 29 sept. 2009.

Accord portant règlement du plan d'épargne groupe Total, 15 mars 2002.

Accord groupe d'intéressement – Exercices 2013 -2014-2015, groupe Casino, 20 mars 2013.

Plan d'action de groupe en faveur de la prévention de la pénibilité, groupe Michelin, 9 avril 2015.

Plan d'épargne groupe Casino, 31 juil. 2008.

Plan d'Epargne pour la Retraite Collectif Carrefour France, 17 juin 2010.

Plan d'Epargne pour la Retraite Collectif groupe GDF SUEZ, 25 nov. 2009.

Règlement du plan d'épargne groupe Carrefour France, 1er juin 2012.

Accord de participation aux résultats des salariés du groupe BNP Paribas, 30 juin 2010.

Accord de participation de groupe Carrefour France, 28 juin 2013.

Accord de participation du groupe Nexter, 26 oct. 2011.

Accord de participation du groupe PSA Peugeot Citroen, 6 juin 2013.

Accord collectif sur la prime annuelle aux résultats Serca (PARS) des salariés employés dans les centres techniques Serca, 11 déc. 2013.

Accord d'adhésion de la société Thalès Services SAS à l'accord de participation des salariés aux résultats des sociétés du groupe Thalès, 26 avril 2006.

Accord de groupe EADS sur la participation, 14 juin 2011.

Accord d'intéressement, groupe Carrefour, 30 juin 2011.

Accord de comité de groupe européen Véolia Environnement, 10 oct. 2005.

Accord de groupe CM11-CIC de participation des salariés aux résultats de l'entreprise, 29 juin 2012.

Accord de groupe concernant la mise en œuvre de la participation des salariés aux résultats (2011 -2012- 2013), groupe Michelin, 10 mai 2011.

Salaires

Accord relatif aux salaires 2015, groupe Total, 17 déc. 2014.

Accord salarial 2011, Peugeot Citroën Automobiles, 26 fév. 2010.

Accord salarial 2015, groupe Société Générale, 17 déc. 2014.

Négociations annuelles obligatoires, Accord d'entreprises, groupe Carrefour,9 mars 2012.

Négociations annuelles obligatoires, Accord du 23 février 2015, groupe Carrefour.

Négociations Annuelles Obligatoires, Carrefour, 27 fév. 2014.

ORGANISATION DU TEMPS DE TRAVAIL

Accord assurance temps collective (ATC), groupe Airbus, 17 décembre 2009.

Accord cadre de groupe relatif au compte épargne-temps, groupe EADS, 17 oct. 2005.

Accord cadre groupe relatif au télétravail, groupe Thalès, 24 avril 2015.

Accord de compte épargne-temps, groupe Casino, 20 mai 2008.

Accord d'entreprise sur la réduction et l'aménagement du temps de travail, ses modalités d'application, ses dispositions salariales et d'emploi, UES NORAUTO, 1er avril 1999.

Accord relatif au compte épargne-temps, groupe Total, 15 avril 2011.

Accord relatif au télétravail dans Axa France, 19 fév. 2013.

Accord sur le télétravail, groupe France Télécom, 17 mai 2013.

Accord sur la mise en place à titre expérimental du télétravail au sein de a Société Générale, 11 juil. 2013.

Accord collectif d'entreprise sur la durée du travail, les avantages sociaux et les conditions de travail pour 2015, Distribution Casino France, 3 avril 2015.

Accord collectif de groupe relatif au compte épargne-temps du groupe TF1, 6 mars 2007.

Accord de groupe relatif à l'aménagement du temps de travail, groupe Lactalis, 13 oct. 2010.

Accord relatif à la mise en place du congé de l'aidant familial, groupe Casino, 7 déc. 2012.

SANTÉ, QUALITÉ DE VIE AU TRAVAIL, COMPLÉMENTAIRE SANTÉ, PÉNIBILITÉ

Accord cadre relatif à la prévoyance complémentaire des salariés du groupe Areva, 26 sept. 2011.

Accord sur le développement de la qualité de vie au travail au sein du groupe Areva en France, 31 mai 2012,.

Accord portant sur la prévention de la pénibilité au sein du groupe Valophis, 20 déc. 2011,.

Accord collectif instituant une garantie complémentaire de remboursement des frais de santé aux salariés du groupe PSA Peugeot Citroën,25 nov. 2011.

Accord d'adhésion RTE au régime de retraite supplémentaire du groupe EDF, 26 février 2013.

Accord relatif à la mise en place d'un régime de retraite supplémentaire dans le groupe EDF, 12 décembre 2008.

Accord sur la pénibilité au sein du groupe Rhodia, 21 déc. 2011.

Accord sur la prévention du stress au travail, groupe Safran, 19 janvier 2011.

Accord sur la prévention et la protection des salariés contre les actes de harcèlement et de violence au travail, groupe Safran, 4 juin 2013.

Accord sur la qualité de vie au travail au sein du groupe Thalès, 4 fév. 2014.

Accord RSG relatif au stress au travail, groupe Axa, 25 fév. 2010.

Accord de groupe sur le régime de prévoyance et de frais de santé, groupe CM5-CIC, 19 mai 2010.

Accord instituant un régime obligatoire de remboursement de frais de soins de santé au profit des salariés de Renault, groupe Renault, 11 sept. 2014.

Accord mondial santé sécurité du groupe GDF Suez, 13 mai 2014.

Accord mondial sur la santé sécurité du groupe Orange, 21 nov. 2014.

Accord groupe concernant la prévention de la pénibilité au travail, groupe Casino, 4 juil. 2012.

Accord groupe sur la responsabilité sociale d'entreprise, groupe Casino, 18 avril 2014.

Accord groupe sur la santé et la sécurité au travail, groupe Casino, 8 déc. 2010.

ACCORDS DE MÉTHODE

Accord de méthode relatif à la prévention du stress professionnel, groupe Renault, 12 mars 2010.

Accord de méthode relatif aux procédures et à la gestion des problèmes d'emploi au sein des sociétés du groupe EADS en France, 25 oct. 2013.

Accord de méthode sur la négociation d'un accord de groupe de dialogue social, Groupe Nestlé, 24 juin 2014.

Accord de méthode sur la pénibilité, groupe Sanofi, 1er fév. 2011.

Accord de méthode sur le développement du dialogue social, Groupe Areva, 11 fév. 2002.

Accord-cadre relatif à l'articulation de la consultation et de la négociation dans les hypothèses de projets de restructuration, Groupe Bull, 28 déc. 2000.

COMITÉ DE GROUPE

Accord relatif à la constitution du comité de groupe France à compétences élargies, groupe AXA, 21 juin 2010.

Accord sur le comité de groupe Thalès, 2 juil. 2009.

Accord relatif à la constitution du comité de groupe France à compétences élargies, groupe AXA, 21 juin 2010.

Accord relatif à la constitution du comité de groupe GVSA, 21 fév. 2012.

Accord de mise en place du comité de groupe BPCE France, 21 mai 2010.

Comité de groupe Total, Accord de configuration, groupe Total, 28 nov. 2011.

Accord relatif à la mise en place d'un comité de groupe France d'EDF, 1er septembre 2008.

Accord relatif au comité de groupe Renault, 26 avril 2007.

Accord sur le comité de groupe Thalès, 2 juil. 2009.

Accord relatif à la constitution du comité de groupe GVSA, 21 fév. 2012.

Dialogue social

Accord-cadre sur le droit syndical au sein du groupe Axa en France, 24 mai 2013.

Accord collectif de groupe sur la mise en œuvre de la base de données économiques et sociales dans les sociétés du groupe Carrefour en France, 26 nov. 2014.

Droit syndical et dialogue social au sein du groupe EADS en France, 13 fév. 2009.

Accord sur le développement du dialogue social dans le groupe Safran, 19 juil. 2006.

Accord sur le dialogue social à France Télévisions, 8 déc. 2008.

Accord sur les dispositions sociales applicables aux salariés des sociétés du groupe Thalès, 22 nov. 2006.

Accord sur l'exercice du droit syndical et le dialogue social dans le groupe Veolia Transdev en France, 24 fév.2012.

Accord RSG sur le vote électronique, groupe Axa, 19 fév. 2008.

Accord-cadre relatif à l'articulation de la consultation et de la négociation dans les hypothèses de projets de restructuration, Groupe Bull, 28 déc. 2000.

Accord-cadre sur l'instance de négociation dans le groupe Sanofi, 8 sept 2009.

Accord de dialogue social au sein du groupe Casino, 30 juin 2009.

Accord de dialogue social au sein du groupe Casino, 5 nov. 2012

Accord de groupe relatif à la consultation sur les orientations stratégiques et la mise en œuvre au sein du groupe Thalès de la base de données économiques et sociales, 24 nov. 2014.

Accord de groupe sur l'exercice du droit syndical et le dialogue social, groupe Thalès, 18 déc. 2014.

Accord portant sur la mise en place d'une BDES informatisée et l'organisation de la consultation du CCE sur les orientations stratégiques, groupe Total, 10 juil. 2014.

Accord relatif à la mise en place d'un coordinateur syndical groupe AREVA « Tricastin », 8 juin 2009.

Accord relatif à la représentation syndicale du groupe Axa en France, 30 juin 2010.

Accord sur l'organisation du vote électronique dans les sites tertiaires et de recherche et développement, groupe Peugeot Citroën Automobiles, 22 déc. 2010.

Accord sur la base de données économiques et sociales, groupe Areva, 31 oct. 2014.

Accord relatif à la mise en place d'un observatoire de la vie sociale, groupe Valéo, 21 juin 2013.

INDEX

TABLE DES MATIÈRES

Questions juridiques aux éditions L'Harmattan

Dernières parutions

LES OBJECTIFS DE LA RÉGULATION ÉCONOMIQUE ET FINANCIÈRE
Sous la direction de Gabriel Eckert et Jean-Philippe Kovar
Les buts de la régulation économique et financière impriment profondément le droit de la régulation mais semblent avoir considérablement évolué depuis une trentaine d'années. Ainsi l'objectif traditionnel de la construction de marchés concurrentiels, dans des secteurs anciennement sous monopole ou très fortement réglementés, est complété par de nouveaux objectifs extraconcurrentiels. La diversité des buts assignés aux régulateurs oblige les autorités de régulation à opérer une conciliation des objectifs au risque de dénaturer leur office.
(Coll. Logiques Juridiques, 28.50 euros, 276 p.)
ISBN : 978-2-343-11504-7, ISBN EBOOK : 978-2-14-003398-8

LA RESPONSABILITÉ CIVILE DES ENSEIGNANTS EN CAS D'ACCIDENT SCOLAIRE
Brusorio Aillaud Marjorie
Le régime de responsabilité civile des enseignants en cas d'accident scolaire fut envisagé dans le Code civil dès 1804 puis modifié en 1899 et 1937. La loi est actuellement inadaptée et critiquée à la fois par les victimes et les enseignants, mais les tentatives de la jurisprudence pour la réformer se révèlent insuffisantes. Il faut rechercher un autre fondement pour engager la responsabilité civile de l'enseignant ou un autre débiteur que ce dernier, afin que les victimes d'accidents scolaires obtiennent facilement réparation.
(Coll. Logiques Juridiques, 55.00 euros, 750 p.)
ISBN : 978-2-343-11346-3, ISBN EBOOK : 978-2-14-003367-4

SPORT ET DROIT EUROPÉEN
Miège Colin
Le droit européen a eu une influence déterminante sur le sport, à mesure que celui-ci devenait une activité économique à part entière. Lorsque le sport a été intégré dans les compétences de l'Union par le traité de Lisbonne en 2007, les organisations sportives avaient déjà subi de plein fouet l'impact du droit européen avec notamment l'arrêt Bosman de 1995. Voici un panorama complet des règlements ou décisions de justice qui ont eu un impact sur le sport depuis les débuts de la construction européenne.
(Coll. Le Droit aujourd'hui, 34.00 euros, 328 p.)
ISBN : 978-2-343-11822-2, ISBN EBOOK : 978-2-14-003468-8

LES INNOVATIONS CRIMINOLOGIQUES
Sous la direction de Erwan Dieu
Ce livre s'attelle à circonscrire la théorie et la pratique des modèles d'évaluation et d'accompagnement des auteurs et victimes d'infractions via des présentations d'outils d'exercices et de programmes. Les populations visées sont variées : problèmes d'addiction, de violence,

d'infraction sexuelle ou conjugale, etc. Au sein des différents chapitres, des présentations de méthodes concrètes explicitent les modèles qui aujourd'hui démontrent des effets pertinents.
(Coll. Logiques des pénalités contemporaines, 39 euros, 406 p.)
ISBN : 978-2-343-11337-1, ISBN EBOOK : 978-2-14-003517-3

70 ANS DE JUSTICE PÉNALE DES MINEURS
Entre spécialisation et despécialisation
Beddiar Nadia
L'année 2015 marque la célébration des 70 ans de l'ordonnance du 2 février 1945 relative à l'enfance délinquante. Par ce texte, la France a institué, après bien d'autres pays, une justice et un traitement pénal des mineurs véritablement spécifiques. Cet anniversaire offre l'occasion de revenir sur le passé, d'aborder le présent et de se projeter dans l'avenir de cette justice qui se veut singulière. Cet ouvrage permettra au lecteur d'apprécier la richesse des débats et les enjeux fondamentaux de ce sujet pour notre société.
(Coll. Colloques et rencontres, 20.50 euros, 196 p.)
ISBN : 978-2-343-11815-4, ISBN EBOOK : 978-2-14-003530-2

LA JURISPRUDENCE ET LA DOCTRINE
Barraud Boris
La jurisprudence est l'un des phénomènes juridiques les plus problématiques, comme source du droit réel mais non officielle. Ce livre retrace son parcours dans l'histoire de la pensée juridique, longtemps dominée par le légicentrisme. Il s'intéresse également à la difficile identification doctrinale des jugements, arrêts et décisions à portée jurisprudentielle. Il s'attache enfin à la jurisprudentialisation du droit, qui constitue l'une des données les plus remarquables du droit contemporain, ainsi qu'aux critiques que la doctrine adresse à un droit trop abandonné au « gouvernement des juges ».
(Coll. Le Droit aujourd'hui, 29.00 euros, 290 p.)
ISBN : 978-2-343-11552-8, ISBN EBOOK : 978-2-14-003187-8

MESURER LE PLURALISME JURIDIQUE
Une expérience
Barraud Boris
Cet ouvrage propose une approche et une analyse scientifiques et statistiques du pluralisme juridique. Défini en tant que coexistence de sources étatiques et non étatiques de règles de droit, le pluralisme juridique appelle à la fois une réponse théorique et empirique. Ce livre procède à une enquête de terrain et pose les jalons de ce travail scientifique visant à évaluer l'effectivité du pluralisme juridique en n'ayant d'égards que pour les seuls faits normatifs.
(Coll. Le Droit aujourd'hui, 32.00 euros, 308 p.)
ISBN : 978-2-343-11264-0, ISBN EBOOK : 978-2-14-003156-4

ANNALES DE LA FACULTÉ DE DROIT ET SCIENCE POLITIQUE DE NICE
Année 2016
Strickler Yves
Comme les éditions précédentes, ces annales de l'année 2016 parcourent des domaines très variés passant par l'histoire (affaire Calas), l'actualité (laïcité, statut du Ministère public, relations amoureuses au travail, lanceur d'alertes etc.) sans négliger les questions de principe (la liberté académique).
(Coll. Droit privé et sciences criminelles, 36.00 euros, 354 p.)
ISBN : 978-2-343-11519-1, ISBN EBOOK : 978-2-14-003271-4

L'EXPERTISE SOUS LE REGARD DE LA PSYCHANALYSE
« Faux-Pas » ou la question des mères
Villa-Portenseigne Arlette
C'est toujours un enrichissement personnel et professionnel pour un-e psychologue que d'être nommé-e par la justice pour éclaircir les zones d'ombre qui obscurcissent la vérité. De pratique hospitalière en expertises judiciaires, la psychanalyse a fait voyager l'auteure de cet ouvrage

dans tout ce qu'il y a d'intime dans l'être humain. Au-delà des crimes dont la chronique se fait régulièrement l'écho, ce livre émerge d'une réflexion sur la pratique. Croisant les démarches des juges, des soignants et des travailleurs sociaux, il témoigne des ressources de la clinique face aux itinéraires complexes des individus confrontés à la loi.
(Coll. Psycho-Logiques, 17.50 euros, 164 p.)
ISBN : 978-2-343-11083-7, ISBN EBOOK : 978-2-14-003119-9

LE DROIT DU BIEN-ÊTRE ANIMAL DANS LE MONDE
Évolution et universalisation
Brels Sabine
En ce début de XXIe siècle, les consciences s'éveillent de plus en plus à la protection des animaux. La société reconnaît aujourd'hui la sensibilité de ces êtres vivants et le droit à la protection de leur bien-être contre les souffrances évitables qui leur sont infligées. Un tournant s'opère et modifie profondément notre rapport aux animaux dans la société comme dans le droit. Cet ouvrage fait état de la protection juridique du bien-être animal à l'échelle mondiale et de la possibilité d'établir une protection universelle à l'ONU.
(Coll. Le Droit aujourd'hui, 42.00 euros, 500 p.)
ISBN : 978-2-343-10666-3, ISBN EBOOK : 978-2-14-003201-1

MÉLANGES EN L'HONNEUR DU DOYEN ROGER BERNARDINI
Parcours pénal
Les « mélanges » sont un recueil d'articles rédigés par ses amis en hommage à un maître. Le doyen Roger Bernardini a été un grand serviteur de l'Université et fait partie de ces professeurs qui marquent les esprits. Ses amis ont choisi, pour intitulé de ses mélanges « Parcours pénal », champ qu'il n'a jamais cessé d'arpenter, d'explorer, d'approfondir et de rénover.
(Coll. Droit privé et sciences criminelles, 32.50 euros, 315 p.)
ISBN : 978-2-343-10962-6, ISBN EBOOK : 978-2-14-002983-7

OHADA
Traité de fiscalité des entreprises (première édition)
Amboulou Hygin Didace
La politique fiscale est souvent reconnue comme le domaine par excellence où chaque État exerce sa souveraineté économique en fonction de ses réalités, ses objectifs et ses potentialités. Mais pour réussir l'intégration économique de l'espace OHADA, encourager les investissements, assainir l'environnement des affaires et atténuer la pression fiscale sur les entreprises, les États doivent harmoniser, unifier ou coordonner leurs politiques fiscales. C'est l'objet de ce traité.
(Coll. Études africaines, 29.00 euros, 278 p.)
ISBN : 978-2-343-10523-9, ISBN EBOOK : 978-2-14-003211-0

OHADA
Code des investissements et des activités économiques (première édition)
Amboulou Hygin Didace
Pour mieux accompagner les opérateurs économiques de toutes origines et promouvoir ainsi les investissements, les États membres de l'OHADA disposent chacun d'une législation et d'une réglementation qui régissent l'ensemble des activités économiques, celles des petites et moyennes entreprises et celles des petites et moyennes industries. En attendant l'harmonisation de ces différentes législations, les voici présentées pour chaque État concerné.
(Coll. Études africaines, 42.00 euros, 464 p.)
ISBN : 978-2-343-10520-8, ISBN EBOOK : 978-2-14-003208-0

OHADA
Traité de droit des transports de marchandises par route et des opérations de dédouanement (première édition)
Amboulou Hygin Didace
Pour mieux comprendre la place qu'occupe le droit des transports dans la politique d'intégration économique des États membres de l'OHADA, ce livre analyse en profondeur les dispositions

de l'Acte uniforme du 22 mars 2003 et celles de la Convention de Genève dite «CMR» du 19 mai 1956 encore applicable, ces deux législations étant complémentaires et relatives au contrat de transport de marchandises par route. Grâce à une actualité juridique récente et sélectionnée, ce livre s'impose comme un outil de travail de référence, avec un apport remarquable sur la procédure de dédouanement.
(Coll. Études africaines, 31.00 euros, 306 p.)
ISBN : 978-2-343-10524-6, ISBN EBOOK : 978-2-14-003213-4

OHADA
La construction du marché commun africain et la problématique de l'harmonisation des traités régionaux
Amboulou Hygin Didace
Comment vaincre les résistances et les réticences des États et construire un marché commun en Afrique ? Comment supprimer les barrières douanières et fondre en une seule toutes les unions économiques sectorielles ? Comment harmoniser les traités régionaux (UEMOA, CEEAC, CEMAC, CEDEAO) ? La construction du marché commun africain exige une politique de solidarité entre les États membres et leurs ressortissants, en suscitant une forte adhésion aux valeurs d'intégration, de démocratie et de citoyenneté. Ce livre traite les questions qui peuvent accélérer l'assimilation du droit OHADA et faciliter la construction de l'Union africaine.
(Coll. Études africaines, 23.50 euros, 222 p.)
ISBN : 978-2-343-10521-5, ISBN EBOOK : 978-2-14-003207-3

OHADA
La problématique du conflit de normes et de compétences dans la situation de coexistence des juridictions communautaires
Amboulou Hygin Didace
Depuis l'entrée en vigueur du traité en 1993, l'OHADA dispose d'une Cour commune de justice et d'arbitrage. Toutefois, dans ce même espace économique, se juxtaposent, entres autres, la Cour de justice de la CEMAC, la Cour de justice de l'UEMOA et la Cour de justice de la CEDEAO, celle de la CEAAC n'étant pas encore fonctionnelle. Comment gérer leur cohabitation et quelle solution apporter à la question du conflit de normes et de compétences ? C'est l'objet de ce livre.
(Coll. Études africaines, 28.00 euros, 272 p.)
ISBN : 978-2-343-10522-2, ISBN EBOOK : 978-2-14-003210-3

LE JURIDIQUE
Cahiers de l'IREA n°9 - 2017
Au sommaire de ce numéro : Situation du travail domestique au Cameroun : indicateurs de vulnérabilité et violations des droits (Alain Roger Boulla Meva'a, Adonis Toukoo et Célestin Pierre Mboua) ; Migrations, à la fois problème et solution pour l'Europe - quelles mesures prendre en Afrique pour mettre fin aux migrations massives ? (Claude Garrier) ; Les transformations du principe d'équilibre budgétaire : la problématique (Pierre Belebenie) ; De la suspension de l'exercice des droits politiques pour la consolidation des droits de l'homme : respect ou violation de la charte africaine de la démocratie, des élections et de la gouvernance - l'expérience du Burkina-Faso est-elle extrapolable en RD Congo ? (Dieudonné Kalindye Byanjira)...
(Coll. Cahiers de l'IREA, 22.50 euros, 224 p.)
ISBN : 978-2-343-11607-5, ISBN EBOOK : 978-2-14-003247-9

DÉLINQUANCE SÉRIELLE ET POLICE JUDICIAIRE
Impini Jean-François
Sérialité de la délinquance, information judiciaire, analyse criminelle sérielle désignent des notions familières mais peu étudiées par les sciences criminelles. Postulant l'idée assez commune d'une délinquance largement réitérante, l'ouvrage tente de dérouler le fil logique que pourrait suivre l'investigation policière pour exploiter de façon systématique ce caractère sériel des infractions.
(Coll. Sécurité et société, 37.50 euros, 372 p.)
ISBN : 978-2-343-11147-6, ISBN EBOOK : 978-2-14-002864-9

L'HARMATTAN ITALIA
Via Degli Artisti 15; 10124 Torino
harmattan.italia@gmail.com

L'HARMATTAN HONGRIE
Könyvesbolt ; Kossuth L. u. 14-16
1053 Budapest

L'HARMATTAN KINSHASA
185, avenue Nyangwe
Commune de Lingwala
Kinshasa, R.D. Congo
(00243) 998697603 ou (00243) 999229662

L'HARMATTAN CONGO
67, av. E. P. Lumumba
Bât. – Congo Pharmacie (Bib. Nat.)
BP2874 Brazzaville
harmattan.congo@yahoo.fr

L'HARMATTAN GUINÉE
Almamya Rue KA 028, en face
du restaurant Le Cèdre
OKB agency BP 3470 Conakry
(00224) 657 20 85 08 / 664 28 91 96
harmattanguinee@yahoo.fr

L'HARMATTAN MALI
Rue 73, Porte 536, Niamakoro,
Cité Unicef, Bamako
Tél. 00 (223) 20205724 / +(223) 76378082
poudiougopaul@yahoo.fr
pp.harmattan@gmail.com

L'HARMATTAN CAMEROUN
TSINGA/FECAFOOT
BP 11486 Yaoundé
699198028/675441949
harmattancam@yahoo.com

L'HARMATTAN CÔTE D'IVOIRE
Résidence Karl / cité des arts
Abidjan-Cocody 03 BP 1588 Abidjan 03
(00225) 05 77 87 31
etien_nda@yahoo.fr

L'HARMATTAN BURKINA
Penou Achille Some
Ouagadougou
(+226) 70 26 88 27

L'HARMATTAN SÉNÉGAL
10 VDN en face Mermoz, après le pont de Fann
BP 45034 Dakar Fann
33 825 98 58 / 33 860 9858
senharmattan@gmail.com / senlibraire@gmail.com
www.harmattansenegal.com

www.ingramcontent.com/pod-product-compliance
Lightning Source LLC
LaVergne TN
LVHW020555110826
845149LV00002B/276
9782343122694